Columbus 74

Der neue

Columbus '74

Das
internationale
Jugendbuch

Herausgegeben
von
Edy Hubacher
und
Jürgen Blum

Hallwag Verlag
Bern
und Stuttgart

Umschlagbilder: Walter Studer, Bern

Schüttelreime und Verse:
Hannes Häsler

Zeichnungen:
vom jeweiligen Autor, außer:
Seiten 15, 17, 19 Franz Schär
178, 179 Monika Frick-Kutscha

Fotos:
vom jeweiligen Autor, außer:
24, 26, 28, 30, 31 Ullstein Bilderdienst
53, 55 Keystone
100 Peter Meyer
130–131, 135 Heinz Kindlimann
145, 147, 149, 150 Werner Stuhler
196, 197, 199, 201, 203 Automobil Revue, Bern
211, 215 SIN
217 L. P. Gray, FBI
225, 226 Othmar Danesch
245 Photopress Zürich
249, 250 Südafrikanische Botschaft, Bern
251 Hansueli Trachsel
253, 254, 255 Photopress Zürich
288 Radio Times, London
289 DPA
292/293 AP, London
307 o., 309 o. Kaletsch
307 u. H. J. Obermayer
309 u., 313 G. Binanzer
311 o. H. J. Mausolf
311 u. J. Heveling

Inhalt

Der arbeitende Mensch

Berichte aus anderen Ländern

Wissenschaft und Technik

Pflanzen und Tiere

Sport

Basteln, Bauen, Versuchen

Wettbewerb

Lieber Leser,

im letztjährigen Band hatten wir das Thema Rauschgift in den Vordergrund gestellt, weil wir es für notwendig hielten, möglichst viele Jugendliche über dieses erschreckende Problem unserer Zeit zu informieren.

In diesem Jahr steht ein ganz anderes Thema an erster Stelle, ein nicht weniger wichtiges: »Der arbeitende Mensch«, der »Homo faber«, wie er lateinisch heißt. Das ist nun freilich ein Thema, über das Schriftsteller, Wissenschaftler und Journalisten ganze Schränke voll Bücher schreiben könnten und es auch schon getan haben. Wir haben hier nur einige wichtige Teilprobleme bringen können, hoffen aber, daß Ihr viel Neues, Interessantes und Nachdenkenswertes erfahren und auf zahlreiche Fragen Antworten finden werdet.

Was ist überhaupt Arbeit? Man kann sagen, Arbeit sei die wichtigste »soziale Tätigkeit des Menschen«, das heißt, nur durch Arbeit ist menschliches Leben auf der Erde möglich. Ihr wißt sicher, wo der Satz steht: »Im Schweiße deines Angesichts sollst du dein Brot essen . . .«, in einem Buch also, das mehr als 2000 Jahre alt ist. Geändert hat sich seither nicht viel mit dem arbeitenden Menschen. Seit dem Alten Testament sind nur die Lebens- und Arbeitsbedingungen schwieriger oder zumindest komplizierter geworden.

Viele Schüler stehen schon mit 15 Jahren vor der schwierigen Entscheidung, welchen Beruf sie erlernen sollen. Ihnen könnte der eine oder andere Artikel weiterhelfen, zum Beispiel der über die »Möglichkeiten und Grenzen der Berufsberatung«. Wer das Glück hat, eine weiterführende Schule zu besuchen – ist es ein glücklicher Zufall oder doch eher so, daß schlechter gestellte Eltern für ihre Kinder einfach weniger tun können? –, wird spätestens bei Abschluß der Schule vor der Frage der Berufswahl stehen. Viele von Euch werden hoffentlich beim Lesen gewisser Beiträge dazu angeregt, kritischer zu denken und den eigenen Beruf sehr sorgfältig auszuwählen.

Wir berichten über bekannte, aber auch über seltene und ungewöhnliche Berufe. Manche Leserin, und wir hoffen, daß viele Mädchen unter den Besitzern dieses Buches sein werden, wird es sich nachher sehr gut überlegen, ob sie wirklich Stewardeß oder Sängerin werden will.

Neben dem Hauptthema »Der arbeitende Mensch« gibt es in diesem Band noch zwei andere wichtige Kapitel, das eine über die sogenannte Dritte Welt, also Asien, Afrika und Südamerika, und eines, in dem besonders interessante wissenschaftliche und technische Fragen behandelt sind. Biologie, Zoologie, Sport und Selbermachen fehlen natürlich nicht. Als besondere Überraschung haben wir uns einen Wettbewerb ausgedacht, bei dem alle mitmachen können. Näheres findet Ihr am Schluß des Buches. Noch eine Bemerkung zum Untertitel »Das internationale Jugendbuch«: Dieses Buch ist aus mehreren Gründen international. Es ist in Deutschland, Österreich und der Schweiz verbreitet. Seine Verfasser leben in ganz verschiedenen Ländern, vor allem aber richtet sich der Blick dieser Autoren, die auf unsere Bitte ihre Artikel schreiben, weit über die Grenzen des einzelnen Landes hinaus. Sie greifen Probleme auf, die ganz Europa, ja die ganze Welt beschäftigen. Und außerdem erscheint dieses Buch sogar schon in finnischer Sprache – aber das wird wohl kaum einer von Euch lesen können.

Die Herausgeber
Edy Hubacher und Jürgen Blum

Viel Schule oder schnelles Geld

Beruf, Berufung oder Job in unserer Zeit

Jochen Klicker

Die Arbeit war von Anfang an dabei

Fragt mal herum, wie die verschiedenen Menschen sich das Paradies vorstellen! Ich habe das auch getan. Herausgekommen ist im Grunde immer dasselbe: die Trauminsel in der Südsee, kein Lärm, keine Hast. Ausschlafen, essen, trinken, baden. Braunhäutige, schöne, stille, schlanke Mädchen. Dazu Sonne, Wärme und Meer. Einig wurden sich meine Gesprächspartner nur bei der Frage mit dem Auto nicht. Für einige gehörte der Traumschlitten zum Paradies dazu. Die anderen konnten sich Motorengebrumm und Auspuffgas im Paradies nicht gut vorstellen. Aber sonst, wie gesagt, immer dasselbe: Genießen auf Dauer, Genuß ohne Reue. Ist dies das Paradies?

Das Wonneland Eden, von dem das Alte Testament erzählt, ist zunächst auch ein tropischer Garten, der Trauminsel in der Südsee gar nicht so unähnlich. Aber er ist kein Zaubergarten, kein Schlaraffenland, kein Genießen auf Dauer, sondern ein schönes Fleckchen Erde zum Bewahren und Bebauen. Ja, richtig gelesen: zum Bebauen. Mit anderen Worten: Im biblischen Paradies gehört die Arbeit des Menschen von Anfang an dazu. Denn ein volles, erfülltes Leben und der Genuß ohne Reue, das sind offensichtlich doch zwei Paar Schuhe, die nur schlecht zueinander passen. Aber Arbeit im Paradies, kann man sich das eigentlich ausmalen?

Arbeit macht aus Affen Menschen

Der Philosoph Friedrich Engels – übrigens ein Fabrikantensohn – meinte, unsere Vorfahren in der grauen Urzeit wären äffisch geblieben, wenn sie nicht eines Tages entdeckt hätten, daß

Klicker, Jochen R(obert), Jahrgang 1935, also noch Bunkerkind und besatzungsgeschädigt, wobei ich niemals so recht lernen wollte, warum wir Rotarmisten zu hassen und GI's zu lieben hätten. 1955 Abitur an einer Schule, die behauptete, uns für den demokratischen Staat fit gemacht zu haben. Theologie, Philosophie, Politikwissenschaft, Wissenschaft vom Judentum, Psychologie und Geschichte bis 1963 (mit Pausen) studiert, um Pfarrer zu werden. Tatsächlich Journalist, Schriftsteller und Regisseur geworden; gemäß dem Bonmot eines prominenten Berufskollegen: »Haben Sie auch Theologie studiert, oder sind Sie gleich Journalist geworden?« Seit langem bemühe ich mich, total verspielt zu sein, weil ich gerne ein Mensch werden möchte. Leider denke ich dazu immer noch viel zuviel nach – ein echter Spieler bin ich also immer noch nicht. Geschrieben habe ich über fast alles, was meine Neugierde gereizt hat: über das Rote Telefon beim NATO-Hauptquartier und Lenins Leben, über die Stadt von morgen und die Bestattungsformen von heute, über Kinder, Blinde und Spieler.

sie mit ihren Händen etwas Sinnvolles anfangen könnten. Nämlich Feuer machen, Werkzeuge herstellen, jagen, fischen, malen und modellieren. Diese Auffassung muß man nicht unbedingt teilen. Richtig daran ist jedoch mindestens: So richtig zum Menschen wird der Mensch erst dadurch, daß er seine körperlichen und geistigen Kräfte bewußt und planmäßig entfaltet.

Auch der Lehrer und Freund von Friedrich Engels, Karl Marx, konnte sich ein Paradies ohne Arbeit nicht ausmalen. Aber in seinem Paradies, »Kommunismus« genannt, sollte die Arbeit einen vollkommen anderen Inhalt bekommen. Erst im Paradies könne sie zum wichtigsten Bedürfnis des Menschen werden. Die Fesseln, in denen der Mensch bisher arbeitet, würden fallen: keine Arbeit unter Zwang mehr; kein Druck mehr, Geld verdienen zu müssen; nur noch ganz kurze notwendige Arbeitszeiten. Endlich wird Arbeit zu dem, was sie wirklich ist: der größte Spaß des Menschen.

Wo aber Spaß und Spiel, Lust und Glück herrschen, da sind paradiesische Zustände nicht weit. Ich glaube, wir können uns nur deshalb so schwer ausmalen, daß auch im Paradies gearbeitet wird, weil wir immer nur sehen, wie sehr die Arbeit den Menschen in ein Gefängnis von Zwängen einsperrt. Wer aber aus diesem Gefängnis ausbrechen kann, wer also mal spielen, mal arbeiten kann, ganz wie er will, der wird spüren, wie sehr zweckgebundene Tätigkeit – also Arbeit – und zweckfreies Tun – also Spiel – zur Bestimmung des Menschen gehören.

40000 Chancen für das große Geld?

Fleißige Fachleute haben sich einmal die Mühe gemacht, zusammenzuzählen, wie viele Jobs unsere Arbeitswelt heute anzubieten hat. Das Ergebnis ist gigantisch, jedoch kaum vorstellbar: Wir kennen auf dem Arbeitsmarkt über 40000 bezahlte Tätigkeiten. Das Abc der Jobs fängt beim Abdecker an, der verendetes Vieh verwertet, und hört beim Zweizylinderspinner auf, der Garne herstellt. Dazwischen tummeln

sich Leichenwäscher und Kloakenreiniger, Testflieger und Tankwarte, Hebammen und Hausmakler, Regierungssprecher und Vorstandsvorsitzende. Es scheint, als sei die Welt der Arbeit so etwas wie ein Land der unbegrenzten Möglichkeiten: 40000 Chancen, um das kleine oder große Geld zu machen.

Da fallen einem ja dann auch immer gleich die entsprechenden Geschichten ein: Armer kleiner Junge, Sohn armenischer Einwanderer, wird mehrfacher amerikanischer Millionär über die Jobs Tellerwäscher, Schuhputzer, Taxifahrer, Bürogehilfe, Buchhalter, Assistent der Geschäftsleitung und so weiter und so weiter. Oder: Verarmter amerikanischer Ingenieur bekommt Auftrag, in Mittelamerika eine Bahnlinie zu bauen. Verheizt Tausende von Arbeitern in der Urwaldhölle. Legt Plantagen an, damit die Bahn überhaupt etwas zu transportieren hat. Boxt mit härtesten Bandagen mögliche Konkurrenten im Südfrüchtehandel aus dem Geschäft. Baut ein Riesenbananenimperium auf. Und kontrolliert schließlich mehrere mittelamerikanische Bananenrepubliken auch politisch.

Neben solchen spannenden Geschichten nimmt sich dann eine Warnung wie diese hier ernüchternd und bescheiden aus: »In fast allen Abschlußklassen gibt es auch heute noch junge Leute, Jungen und Mädchen, die aus Geldgründen gleich ›in Arbeit‹ wollen. Vorsicht! Wer das tut, nimmt schwerwiegende Nachteile fürs ganze Leben in Kauf. Gute Ausbildung ist besser. Wer etwas gelernt hat, kann mehr. Er verdient mehr.« (Aus »Beruf aktuell 71«, Taschenbuch zur Berufswahl.)

Gibt es also die Chance für das große Geld nicht mehr? Vermutlich hat es sie immer nur in Ausnahmefällen gegeben. Geschichten wie die vom armen Einwandererkind werden wohl deshalb so geflissentlich weitererzählt, weil sie unsere unerfüllten Wünsche so romantisch widerspiegeln. Ähnlich wie die Storys vom 500000er im Lotto oder vom Totomillionär. Auch schon früher – und selbst im Land der sogenannten unbegrenzten Möglichkeiten, USA – hing beruflicher Aufstieg und damit auch finanzieller Erfolg immer wieder von zwei Startbedingungen ab: Entweder man erbte ein Vermögen und verstand es, dieses Geld gut für sich arbeiten zu lassen. Oder man wußte viel, weil man sich gut hatte ausbilden lassen.

Job = Verkauf der nackten Arbeitskraft

»Zum Teufel, was ist denn nun eigentlich ein Job? Du quasselst und quasselst, das ist alles, was du kannst«, sagt Zazie in der Pariser Metro. Also greife ich erst mal zum Lexikon. Job, amerikanisch: Beschäftigung, Stelle; Geschäft. Hm. Und im Duden? Job, englisch-amerikanisch: Beschäftigung, Verdienst, Stelle. Hm. Vielleicht im Fachwörterbuch . . . Job, Mittel zum Erwerb des Lebensunterhalts. Schließlich ein großer Berufsreport: Job, alle Erwerbstätigkeiten, die ohne abgeschlossene Ausbildung ausgeübt werden können. Mir scheint, das Dunkel lichtet sich etwas.

Zum Job gehört zunächst, daß man ihn wechseln kann wie das Hemd. Finde ich einen besser bezahlten, nehme ich den. Hängt mir der alte zum Halse heraus, suche ich mir einen neuen. Clevere Typen machen daraus fast ein System. Liegt im letzten Job keine Gehaltserhöhung mehr drin, suchen sie sich den nächsten – und steigen meistens mit höherem Anfangsgehalt ein. Das kann eine Reihe von Jahren gutgehen. Aber ist ein Arbeitnehmer erst einmal so um die 40, dann setzt dieses System unversehens aus. Die Personalchefs bleiben zwar freundlich, aber bedauern . . . Wer mit 40 Jahren immer noch nichts anderes geworden ist als ein ständig wechselnder Jobber, der gilt als unzuverlässig. Und für demnächst ausgebrannt.

Weil zum Job in der Regel auch gehört, daß er einen auffrißt. Wer lieber eine ruhige Kugel bei der Arbeit schiebt, der läßt das Jobben am besten gleich sein. Denn im Job warten Streß und Nervenpeitsche auf ihre Opfer. Und vor der Tür steht grinsend bereits der nächste, der diesen Job gerne übernimmt. Wer jobbt, muß wissen, daß er damit seine nackte Arbeitskraft auf die brutalste Art und Weise verkauft. Im Job herrschen krasseste Ausbeutung und härteste

Rücksichtslosigkeit. Chancen für das schnelle Geld? Sicherlich. Chancen für das große Geld? Auch, wenngleich selten. Chancen für ein erfülltes Leben? Auf keinen Fall.

Trotzdem – wir müssen wechseln lernen

Früher war – natürlich – alles anders. Wer auf einem Bauernhof zur Welt kam oder in einer Gerberwerkstatt oder in einem Kaufmannshaus oder in einem Gasthof oder . . . oder . . . oder . . . , für den war die berufliche Zukunft im Grunde entschieden. Wie ihre Väter wurden die Söhne Bauer oder Knecht, Gerber, Handelsherr oder Faktorist, Wirt oder Koch. Niemand kann sich seine Eltern aussuchen, kaum jemand konnte sich seinen Beruf frei wählen; und selbst auf die sprichwörtliche Brautschau gingen die Eltern für ihre Kinder.

Für Jahre und Jahrzehnte lebte und lernte die neue Generation bei der alten; höchstens gelegentlich – und in einigen wenigen Berufen – unterbrochen von einer Wanderschaft zu anderen Meistern in fremden Städten. Aber selbst dort war alles nicht viel anders. Vielleicht lernte der wandernde Handwerksbursche ein paar neue Kenntnisse und Fertigkeiten. Vielleicht verliebte er sich sogar in Meisters Töchterlein und »heiratete ein«. Beruf und Familienleben, Regeln, Sitten und Gebräuche blieben jedoch im Grunde die gleichen von Hamburg bis Zürich und von Wien bis Brüssel. Und wenn sich schon irgend etwas veränderte, dann über lange Zeiten hinweg sehr langsam. Beruf und Ehe, beides bedeutete für den jungen Menschen: lebenslänglich!

Ein bißchen davon ragt auch noch in unsere Tage hinein: Wer 25 oder 40 oder gar 50 Jahre im selben Betrieb gearbeitet hat, wird stolzer Mittelpunkt einer Jubiläumsfeier. In Ludwigsburg bei Stuttgart kenne ich sogar eine alte Haushalthilfe, eine sprichwörtliche schwäbische Perle, die zu ihrem 60. Jubiläum das Bundesverdienstkreuz verliehen bekam. Aber die so Geehrte war eher verwirrt und ratlos über den Orden. Sie meinte, das sei doch selbstverständliche Pflicht gewesen: »Treue ist doch keinen Orden wert!«

Mag sein, daß unsere Gesellschaft in absehbarer Zeit die rechtverstandene Untreue belohnen wird. Denn zur Berufswelt gehört – schon heute und erst recht morgen –, daß wir wechseln lernen müssen. Wenn kürzlich in einem Beratungsheft für Eltern zu lesen war, daß »Sie bestimmt den richtigen Beruf für Ihren Sohn oder für Ihre Tochter finden – einen Beruf, der auch noch in 20 Jahren der richtige ist«, dann ist eine solche Behauptung leichtfertig. Im Gegenteil: So, wie unsere Welt sich jeden Tag rasend schnell verändert, so verändern sich auch unsere Berufe ständig. Sei es, daß sie einfach aufhören; sei es, daß sich ihre Inhalte – und damit zugleich die notwendigen Anforderungen an den Berufstätigen – vollkommen wandeln. Gehen wir also alle doch auf eine Arbeitswelt zu, die vom Job beherrscht wird?

Nicht mehr lebenslänglich

Nein, das tun wir nicht! Was wir jedoch tun müssen: Wir müssen ein neues Berufsverständnis finden und lernen. Jeder von uns wird in Zukunft in seinem Leben mehrfach den Beruf wechseln. Berufszeit und Weiterbildungszeit werden einander ablösen. Niemand wird mehr einen Beruf ein- für allemal wählen können. Niemand wird in Schule, Lehre und Berufsschule genügend lernen können, um lebenslang ein und derselben Erwerbstätigkeit nachzugehen. Das Schlagwort dafür heißt »Berufliche Mobilität«.

Dieses Schlagwort widerspricht jedoch ganz eindeutig dem Inhalt dessen, was wir bisher unter »Beruf« verstanden haben. Dieser Inhalt hatte sich bisher wenig verändert, seit der Reformator Martin Luther das Wort »Beruf« in die deutsche Sprache einführte. Für ihn galt jede Erwerbstätigkeit als etwas von Gott Geordnetes. Und in diese Ordnung »berief« Gott auf Lebenszeit. In Luthers Bibelübersetzung schlug sich seine Auffassung ganz deutlich nieder: »Ein jeglicher bleibe in dem Beruf, darin er berufen ist. Bist du als Knecht berufen, sorge dich

nicht; doch kannst du frei werden, so brauche es viel lieber. Denn wer als Knecht berufen ist dem Herrn, der ist ein Freigelassener des Herrn; desgleichen, wer als Freier berufen ist, der ist ein Knecht Christi. Ein jeglicher, liebe Brüder, worin er berufen ist, darin bleibe er bei Gott.«

Seither galt es als selbstverständlich, daß alle Pflichten, die einem Menschen in seinem Beruf auferlegt sind, zugleich als Befehle zu verstehen seien, die Gott selbst an ihn richtet. Für die Chefs aller Art eine famose Grundlage, ihre Leute bei der Stange zu halten. Pflichterfüllung war gottgewollt. Härte des Berufs war gottgewollt. 16 Stunden Arbeitszeit waren gottgewollt. Zehn Jahre Lehrzeit waren gottgewollt. Erwerbstätige auszubeuten und auszupowern – alles ist gottgewollt.

Und wo das immer noch nicht reichte, den arbeitenden Menschen lebenslang in der Knechtschaft eines solchen »Berufes« zu halten, da kam zusätzlicher Druck hinzu: In deiner Arbeit bist du dazu berufen, dich deinem Mitmenschen hinzugeben. Auch diese Forderung galt selbstverständlich lebenslänglich. So gab es denn kein Entrinnen mehr: Der Zwang zum Broterwerb gehörte zu Gottes Ordnung, die Fron der Arbeit ebenso und schließlich auch die Beziehung zum Nächsten. Das Ganze hieß Beruf.

Wozu ich mich berufen fühle

Unsere Sprache ist gelegentlich verräterisch. Ich fühle mich zu Höherem berufen, sagt einer, der unten herumkrebst. Oder: Zum Sänger ist der wirklich nicht berufen, mosern wir, wenn wir Rudi Schuricke schmalzen hören. Unsere Sprache verrät: Wenn jemand etwas wirklich gut kann oder wenn er sich auf seine Tätigkeit wirklich persönlich einläßt, dann halten wir ihn für berufen.

Leider schleppen wir seit dem Beginn der Industrialisierung dazu eine mißliche Unterscheidung mit. Wir meinen nämlich, gewerbliche und Handarbeit sei etwas Niedriges; Arbeit mit Menschen und geistige Arbeit dagegen seien wertvoller. Niemand käme auf den Gedanken zu sagen, der und der sei zum Klempner berufen. Während wir ganz selbstverständlich meinen, jemand sei zum Lehrer oder zum Arzt, zum Priester oder zum Forscher berufen.

Ich schlage vor, wir lassen diesen ganzen Ballast in Sachen Berufung endlich hinter uns, um eine nüchterne Einstellung zum Beruf finden zu können. Und zwar vor allem an drei Stellen:

1. Immer mehr Aufgaben, die früher nebenher miterledigt werden konnten, werden heute in neu entstandenen und entstehenden Berufspositionen gelöst: Jugendwohlfahrtspfleger, Mutter im Kinderdorf, Berufspolitiker.

2. Durch die Verwissenschaftlichung unseres Zeitalters entstehen ständig neue Anforderungen an spezielles technisches Wissen. Wir müssen uns also darauf einstellen, unsere Ausbildung ständig zu vervollkommnen: Weiterbildungskurse, Schulung, Bildungsurlaub, Kontaktstudium.

3. Wir sehen immer deutlicher, daß Berufstätigkeit eine ungeheure gesellschaftspolitische Bedeutung hat. Darum ist es notwendig, bereits in der Berufserziehung und Berufsausbildung kritische Einstellungen zur beruflichen Tätigkeit schaffen zu helfen: Wem nützt meine Arbeit? Wer hat davon den meisten Gewinn? Wie sehen menschenwürdige Arbeitsplätze aus? Wie kann ich wirkungsvoll mitbestimmen?

Wenn ihr also vor der Berufswahl fragt, wozu ihr euch eigentlich »berufen« fühlt, dann sollte die Antwort ungefähr so ausfallen können: zur Spezialisierung, zur ständigen Weiterbildung und zum politischen Durchblick.

Viel Schule oder schnelles Geld?

Meine Antwort auf diese Frage ergibt sich ganz klar aus dem bisher Erzählten: Soviel Schule wie überhaupt nur möglich! Wobei ich meine, daß die Schule vor allem die Aufgabe hat, das Lernen zu lehren. Wie arbeite ich? Wo finde ich wichtige Informationen? Wer ist mein Verbündeter beim Lernen?

Und es ergibt sich für mich aus dem Erzählten außerdem, daß sich junge Menschen gar nicht erst darauf einlassen sollten, in irgendeinem Betrieb für irgendeine Erwerbstätigkeit angelernt, sprich: möglichst schnell und begrenzt fit gemacht zu werden. Berufsausbildung muß technischen und wissenschaftlichen Überblick schaffen. Dann kann das notwendige Spezialwissen schnell nachgelernt werden, wenn man vor einer neuen Aufgabe steht.

Und schließlich: Schon vor dem Eintritt in den Beruf sollte man ehrlich darüber nachdenken, wozu man eigentlich arbeiten will. Auch das bedeutet: Mehr lernen – mehr politisch denken lernen. Will ich einen Job? Einen gutbezahlten Broterwerb? Ein erfülltes, menschenwürdiges Leben? Soviel scheint mir sicher zu sein: Wer meint, Beruf ist sowieso Mist und das Leben beginnt erst nach Feierabend, der ist eigentlich nicht arbeitsfähig. Der quält sich. Der erfährt niemals, daß die Arbeit den Menschen erst wirklich zum Menschen macht. Siehe oben: Auch im Paradies wird's Berufe geben.

Die Gaben entfalten

Ich bin Christ. Das bedeutet für mich: Ich trete dafür ein, daß sich jeder Mensch voll entfalten können muß. Weil er auf jeden Fall liebenswert, einfallsreich und fähig zur Verantwortung ist. In Richtung auf Arbeit *und* Freizeit heißt das: Rund um die Uhr hat jeder Mensch den unaufgebbaren Anspruch darauf, alle seine Gaben, Fähigkeiten und Neigungen zu testen, anzuwenden und auszuleben. Denn nur dann wird er glücklich. Das Glück seines Menschen aber, das will Gott.

Homo faber – der arbeitende Mensch

Rudolf Schürch

1. Vergangenheit
Der Höhlenmensch lernt arbeiten

Ich schätze das Kino. Es gibt sogar zwei bis drei Filme, die ich mir immer wieder anschaue, wenn sie in meiner Heimatstadt gezeigt werden. Einer davon ist Stanley Kubricks »Odyssee 2001«, und ich will kurz das schildern, was mir die ersten Szenen dieses Filmes so unvergeßlich macht.

Der Film beginnt Jahrhunderttausende vor unserer Zeitrechnung, in der grauesten Vorzeit des Menschengeschlechts. Wir sehen eine bizarre, kalte Höhlen- und Felslandschaft. Vor der Kamera tummeln sich affenähnliche Gestalten, stoßen unartikulierte und eigentümliche Laute aus: Bilder und Töne aus dem frühesten Morgen der Menschheit.

Das Zusammenleben dieser »Tiermenschen« läßt kaum einen Sinn erkennen. Sie fressen rohes Wild, das sie fangen können, weil es sich in ihre Nähe verirrt, sie fliehen vor starken Feinden, sie kämpfen mit einer andern Sippe um den kleinen Tümpel klaren Wassers vor den Höhlen – aber vor allem liegen sie, gleichgültig gegen alles und jedes, tagsüber an der matten Sonne und nachts in ihren feuchten Höhlen.

Schlagartig ändert sich das Bild:

Eines Morgens steht unweit der Höhle einer Sippe ein großer, unheimlich glatt geschliffener und quaderförmig gegen den langsam aufhellenden Himmel emporragender »Stein«. Ein leises, kaum wahrnehmbares, aber im Verlauf der weiteren Handlung ständig anschwellendes Summen geht von »ihm« aus. Ein Summen, das in tiefen Tonlagen beginnt und immer höhere Frequenzen erreicht.

Die ersten »Tiermenschen« verlassen ihre Höhle, erblicken den Stein, der sich wie unwirklich von der übrigen Landschaft abhebt, und sie stoßen verwunderte Schreie aus. Sie holen die Stammesgenossen; gemeinsam umstehen alle den »Stein«, starren ihn fasziniert an, nähern sich ihm in unsicheren Sprüngen, berühren, zitternd vor Angst, seine glatte Oberfläche, zucken vor dem Unbekannten zurück, und derweil die Sonne aufgeht, genau über dem Scheitel des »Steins«, und das sirrende

Rudolf Schürch: Ich wurde am 16. Oktober 1948 in der Nähe der Stadt Bern geboren. Mit 16 Jahren trat ich in ein bernisches Lehrerseminar ein und brachte diesen Ausbildungsgang trotz gelegentlichen Widerwillens zu einem glücklichen Abschluß. Ich unterrichtete dann 2¹/₂ Jahre in einem Mädchenerziehungsheim sogenannt »schwierige Kinder« – und merkte dabei, wie wenig meine bisherige Ausbildung mich auf meinen Beruf vorbereitet hatte. Um mich für diesen Beruf besser auszurüsten, begann ich vor zwei Jahren mein Studium an der Universität Bern mit den Schwerpunkten Psychologie, Jugend- und Schulpsychologie und Pädagogik. Ich betätige mich am psychologischen Institut auch als Redaktor der Fachschaftszeitung. Seit 1970 schreibe ich Artikel für dieses Buch.

In grauer Vorzeit: Die Menschheit erfindet
das Holzrad – und einen Verwendungszweck

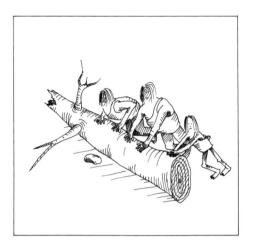 

Summen immer schriller wird, unbarmherzig laut das Tal durchdringt, während die Sonnensichel zum Rund wird, umtanzen die »Menschen-Tiere«, sich die Ohren zuhaltend und wie wahnsinnig geworden, schreiend, ihren »Gott«, den eigenartigen Stein. Und dann, als die Sonne genau über der Mitte des »Steins« steht, das durchdringende Summen die Grenzen des Unerträglichen streift und das Tal von einem schier göttlichen Glanz beherrscht wird, nimmt der »Spuk« ein Ende.

Aber etwas davon bleibt zurück. Es ist, als hätte der »Stein« etwas in das Leben dieser »Menschen-Tiere« gebracht, das von nun an auf ewig Einfluß üben wird. Am Mittag desselben Tages findet der Ranghöchste der Sippe einen langen, starken Saurierschenkelknochen, der, von der Sonne gebleicht, neben dem bulligen Schädel eines urzeitlichen Tieres liegt.

Da ist ihm, als höre er noch einmal das furchtbare Summen des »göttlichen Steins«, und er ergreift aus einer plötzlichen Eingebung heraus den Schenkelknochen, wiegt ihn in seiner behaarten Faust hin und her, schwingt ihn und läßt ihn von hoch oben mit aller Wucht auf den Tierschädel niedersausen. Knochensplitter fliegen, er sieht vor seinem geistigen Auge einen Bison zusammenbrechen.

Und schließlich, gegen Abend des gleichen Tages, gebraucht er sein Werkzeug und seine Waffe im Kampf um das frische Wasser gegen die benachbarte Sippe, die seine Überlegenheit anerkennen muß.

Das ist Stanley Kubricks Erklärung des Morgens der Menschheit. So sieht er das Erwachen des Menschengeschlechts aus dem rein tierischen Dasein der Urzeit: Ein »göttlicher Funke« – er steht hier für die schöpferische Eingebung – gab dem Menschen die Waffe und das Werkzeug als Mittel, die Umwelt nach seinem Willen zu gestalten, sie sich zu unterwerfen – und, vielleicht auch dies, sich selbst und seinesgleichen zu zerstören.

2. Zukunft
Das Ende des Homo faber

In jüngster Zeit habe ich eine nun schon fast leidenschaftliche Liebe zu der phantastischen Literatur der Science-fiction-Autoren entwickelt. Viele Leute meines Bekanntenkreises verstehen das nicht. Sie werfen mir etwa vor, ich hätte Wichtigeres zu tun, als meine Zeit mit den

»Hirngespinsten« dieser Schreiberlinge zu verschwenden. Aber sie vergessen dabei, daß ein solch »verrückter Schreiberling« schon im vorigen Jahrhundert den Flug zum Mond vorausgesehen hat – und niemand weiß, von wie vielen er damals verlacht worden ist. Ich spreche von Jules Verne, dem Vater des Zukunftsromans, und unsere Zeit hat Schriftsteller hervorgebracht, die mindestens von seinem Rang sind. Sogar ernste Wissenschaftler bedienen sich dieser literarischen Form, um ihre Ideen darzustellen.

Einer der bemerkenswertesten Autoren ist der Deutsche Herbert W. Franke. Ich will einige Stellen aus seiner vielleicht besten Erzählung (»Einsteins Erben«, 1972 im Insel-Verlag erschienen) kurz erläutern und dabei vor allem auf das zukünftige Menschenbild eingehen, das der Autor entwirft.

Franke schildert in dieser Story eine bis ins kleinste Detail perfektionierte Welt. Der Mensch in ihr ist nicht mehr von Bedeutung. Seine Umwelt ist seit Jahrhunderten von einer Vollkommenheit, die ihn überflüssig gemacht hat. Vor Jahrhunderten hat die damalige Weltregierung beschlossen, daß künftig keine technologischen Fortschritte mehr geplant und ausgeführt werden dürfen. Seither verkehren die Bahnen mit jener Geschwindigkeit, die man als »die richtige« befunden hat, seit jener Zeit fliegen die Flugzeuge lautlos, abgasfrei und programmiert. Der Verkehr verläuft nun automatisch, die Produktion der Konsumgüter wird durch Computer gesteuert und durch Roboter vollzogen, Maschinen führen die Arbeiten aus und sorgen für die Verteilung der Güter.

Die Menschheit hat nichts mehr zu tun. Der damalige Regierungsbeschluß bildete das Ende des menschlichen Erfindergeistes, das Ende des »Homo faber«. Sogar das Weiterleben dieser Menschen wird durch Maschinen garantiert: Spitalautomaten, die Ärzte ersetzen, pflegen Kranke, Alte und Gebrechliche.

Nur einer einzigen Aufgabe darf sich die Menschheit nicht entziehen: Sie hat dafür zu sorgen, daß alles so bleibt, wie es ist – perfekt, automatisiert und dabei langweilig und leer, obschon jedem einzelnen ein Maximum an

In unserer Zeit: Das Holzrad hat keinen
Verwendungszweck mehr; gelegentlich
taucht es aber völlig unvorhergesehen aus
der Versenkung auf . . .

Komfort, Unterhaltung und Zerstreuung ange-
boten wird.
Dies scheint eine einfache Aufgabe zu sein.
Aber sie erweist sich als schwierig, obschon die
Erkenntnis, daß der technische Fortschritt
letztlich die Schuld an der Gefährdung des
Menschengeschlechts trägt, in die Köpfe aller
Weltbürger eingehämmert worden ist.
Warum schwierig? Weil es immer und immer
wieder Menschen gibt, die sich gegen die vorgeschriebene Eintönigkeit zur Wehr setzen. Es
sind Menschen, die sich nicht mit Spiel und
Sport und Unterhaltung begnügen, sondern
die Gesetze ihrer Welt studieren und ergründen
wollen, die forschen und grübeln und nachdenken, die Uhrwerke auseinandernehmen,
um ihren Mechanismus zu verstehen, die, obschon darauf schwerste Strafen stehen, Auto-
maten zerlegen und im geheimen von Verbes-
serungen träumen, von schnelleren Verkehrs-
mitteln, von höheren Bauten – Träume also, wie
wir sie in *unserer* Zeit träumen.
Solche Menschen aber sind die Gefahr dieser
künftigen Zeit. Sie sind die Zerstörer des
Gleichgewichts, das allein dafür garantiert, daß
Katastrophen wie Umweltverschmutzung,
Kriege und Elend endgültig der Vergangenheit
angehören.

Diese Menschen werden deshalb grausam bestraft: Sie werden in einem Gerichtsverfahren dazu verurteilt, ihre Persönlichkeit zu verlieren. Ein automatischer Hirnchirurg ersetzt ihre Hirnmasse – und damit alle ihre Erinnerungen, ihr Fühlen und Denken – durch eine andere. Sie werden dadurch zu Menschen, die ohne jede Initiative alles hinnehmen, wie es ist, die in gleichgültigem Trott und genußsüchtig wie alle andern in maximaler Bequemlichkeit leben. So sieht ein Science-fiction-Autor eine mögliche künftige Entwicklung. Wir werden sehen, wie utopisch sie wirklich ist.

3. In unserer Zeit
Der Mensch, ein Arbeitstier?

Homo faber heißt, frei übersetzt, »der werktätige Mensch«. Das Wort meint den Menschen als Arbeiter, als Handwerker, als aktiven Gestalter der Welt, der er angehört, und es wahrt seine Bedeutung auch dort, wo der Handelnde nicht mehr *direkt* auf das Umweltgeschehen Einfluß nimmt, sondern mehr vom Schreibtisch oder vom Zeichentisch her bestimmt, was zu geschehen hat. Homo faber ist also auch der Architekt, der Ingenieur, und im übertragenen Sinn kann jeder Mensch zu dieser Gattung gerechnet werden, weil jeder in seine Umwelt bestimmend und gestaltend eingreift.

Wir haben gute Gründe anzunehmen, daß in der Urzeit das Arbeitsverhalten des Menschen in erster Linie durch den Trieb zum Überleben bestimmt war. Das bedingte den Einsatz eines jeden einzelnen der Urgemeinschaft auf seinem Platz. Man tat, was nötig war – und jeder tat es.

Eine zweite Grundstufe der menschlichen Geschichte war die Sklaverei. In jener Gesellschaft unterschieden sich die Mächtigen von den Ohnmächtigen, Elenden, und letztere wurden zu reinen Arbeitstieren degradiert (als Galeerenruderer, beim Pyramidenbau, im Hausdienst, als Bauernknechte). Sie hatten als solche kein Anrecht auf Freiheit, eigenes Denken und schöpferisches Handeln, sondern mußten sogar ihr Leben dem Arbeitsherrn anheimstellen. Von diesem erhielten sie nur, was zum Überleben unbedingt nötig war – und auch dies nur, weil tote Sklaven keine Pyramiden bauen und keine Baumwollernte einbringen.

Später genügten die beiden Möglichkeiten, einerseits Sklaventum, andererseits Herrschaft über Leben und Tod des Sklaven (oder Leibeigenen), nicht mehr. Je mehr Produktionsgüter die Menschheit brauchte, je weiter die Technik fortschritt, desto wichtiger wurde es, daß der Arbeiter ein gewisses Interesse seiner Arbeit gegenüber empfand. Wo früher stumpf und gedankenlos arbeitende Sklaven genügt hatten, erforderte jetzt die Bedienung komplizierter Maschinen Arbeiter einer höheren Kulturstufe. Sie mußten ausgebildet werden, schöpferisch denken lernen, und dazu mußte ihnen mehr Freiheit zugestanden werden.

Aus diesem Grund hat der Arbeiter gelernt, über seine Werktätigkeit nachzudenken, wie er auch gelernt hat, Arbeiten zu leisten, die Denken erfordern. Er ist nicht mehr ohne weiteres gewillt, sich und seine Arbeitskraft (die sein einziges Kapital ist) ausnützen zu lassen. Er verkauft sie gegen einen möglichst hohen Lohn, und er kämpft um bessere Arbeitsbedingungen, um längere Ferien, um mehr Freizeit und oft auch um bessere Ausbildung, bessere Schulen und Berufsschulen.

Sein Kampf ist schwer, und seine Gegner sind die Stärkeren. Es sind jene, die das Kapital (und damit die Mittel, mit denen produziert wird) besitzen und die darüber wachen, daß ihnen nicht zuviel von diesen Mitteln entrissen werden. Es sind jene, die die Löhne auszahlen, die die Preise für die geschaffenen Güter festlegen (vom Eßbesteck bis zum Farbfernseher), und es sind vielfach auch jene, die die Höhe der Mietzinse festsetzen. Sie können das tun, weil sie die Besitzenden sind. Dieser Status verhilft ihnen zu dreifachem Gewinn: Sie verdienen an der Arbeit, die der Besitzlose für sie leistet, sie verdienen an den Konsumgütern, die er kauft oder kaufen muß, und sie verdienen schließlich an den viel zu hohen Wohnungszinsen, die er entrichten muß.

Aber im Streit mit diesen Mächtigen der Gesellschaft hat der Arbeiter wenigstens in unsern

In ferner Zukunft: Das Holzrad ist längst vergessen. Aber ein auf Erfindungen spezialisierter Roboter entwirft die Formel neu, programmiert sie und sieht sich in seinen Träumen bereits als vielfach geehrtes Genie.

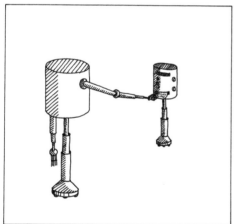

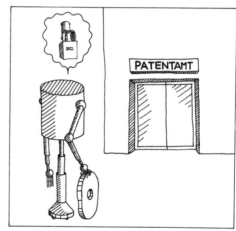

abendländischen Regionen gegenüber früheren Jahrhunderten heute schon viel erreicht. Und er wird noch mehr erreichen, wenn er sich einmal *ganz* seiner Macht und seiner Rechte bewußt wird.

Wie sich die Arbeit (der »Produktionsprozeß«) gewandelt hat, so hat sich auch der Mensch geändert. Dieser Vorgang ist sogar in kurzen Zeiträumen feststellbar. Wessen Vater oder Mutter hat nicht schon darauf hingewiesen, daß »früher dies und jenes nie (nie!) denkbar gewesen wäre«, und auch, daß »man früher viel mehr habe arbeiten müssen, um nur das Lebensnotwendigste verdienen zu können«.

Das stimmt, wenn man Härte und Dauer der Arbeit vergleicht. Aber es stimmt nicht, wenn man das, was damals erreicht wurde, mit dem heutigen Stand vergleicht. Die Arbeits*leistungen* sind heute weitaus größer, als sie es zur Zeit unserer Eltern oder gar unserer Großväter waren. Wo früher eine Autofabrik zehn Autos pro Tag herstellte, steht heute ein Konzern mit einer Jahresproduktion von über 300 000 Fahrzeugen. Und wo früher ein Schreiner mit seinen Gesellen 12 Stunden am Tag und 72 Stunden in der Woche an drei Schränken arbeitete, werden heute mit Hilfe rationeller Maschinen in einer 40-Stunden-Woche tausend hergestellt.

Wozu noch arbeiten?

Deshalb ist es falsch, die Arbeit des Homo faber von früher und diejenige von heute direkt miteinander zu vergleichen.
Die meisten Arbeiten werden heute schon maschinell verrichtet, und das Ende dieser Entwicklung ist kaum absehbar. Je länger, je mehr wird der Mensch zum Aufsichtsorgan über rasch und zuverlässig arbeitende Maschinen. Es braucht immer weniger Leute, die direkt und selber Hand anlegen. Es braucht in Zukunft immer weniger »Arbeiter«.
Viele von euch werden jetzt wohl den Kopf schütteln, und vielleicht möchtet ihr das Buch sogar ungläubig weglegen. Ist es denn nicht so, fragt ihr euch sicher, daß wir in den hochindustrialisierten Ländern sogar auf Gastarbeiter angewiesen sind, weil das eigene Land zuwenig qualifizierte Arbeiter hervorbringt?
Das stimmt für den Moment, und es wird noch für eine Reihe von Jahren gültig bleiben. Aber es stimmt nicht mehr überall, und es wird in 20 oder 30 Jahren, vielleicht schon früher, auch für unsere mitteleuropäischen Länder nicht mehr stimmen.
In den USA, dem höchstindustrialisierten Land der Welt, ist unter der Regierung Nixons der Harst der Arbeitslosen auf über 5 Millionen angewachsen. Weiter gibt es in diesem Land zahllose Arbeiter, die nur noch 30 Stunden in der Woche beschäftigt werden.
Was aber am meisten zu denken gibt: Viele Arbeiter sind nur noch angestellt, weil die Gewerkschaften (die Organisationen, in denen die Arbeiter zusammengeschlossen sind) es von den Unternehmern verlangen. Sie stehen alle nutzlos herum, vor Maschinen, zu deren Bedienung sie längst überflüssig geworden sind. Aber sie dürfen nicht auf die Straße gestellt, sie müssen weiterhin bezahlt werden, sie beziehen Lohn für nicht geleistete Arbeit.
Und während bei uns die Gewerkschaften (noch) für eine Verkürzung der Arbeitszeit kämpfen, müssen in den Vereinigten Staaten die Arbeiter bereits für ihr »Recht auf Arbeit« eintreten. Trotzdem werden täglich Tausende entlassen.

Auch wir werden dieser Entwicklung entgegensteuern. Wenn die Rationalisierung weiter fortgeschritten und der Arbeitsmarkt gesättigt sein wird, dann werden auch bei uns die Arbeiter zu Tausenden aus den Fabriken entlassen werden. Sie werden entweder hungern oder aber eine andere Arbeit finden müssen.
Der Mensch in seinem Drang, alles zu perfektionieren, hat sich selber überflüssig gemacht. Dies müßte man sagen, wenn man pessimistisch eingestellt ist. Und man müßte jenen Zeiten nachtrauern, in denen es ein Heer von Hilfsarbeitern, gelernten Maurern und andern Fachleuten brauchte, um ein Haus zu bauen, und nicht, wie es in naher Zukunft der Fall sein wird, nur noch eine Handvoll Ingenieure, Architekten und Techniker, die das maschinelle Zusammensetzen von fertig verarbeiteten Elementen überwachen. Aber dieser Pessimismus ist nicht unbedingt am Platz.
Wozu noch arbeiten? Das Bild des Arbeiters, wie wir es kennen, wird bald nur noch geschichtlich bedeutsam sein. An seine Stelle tritt ein neues Bild: das des Dienstleistenden, der für das Wohl eines ihm zugewiesenen Kreises an seinem ihm zugewiesenen Platz verantwortlich ist.
Dies bedingt ein radikales Umdenken. Viel Zeit hierzu steht nicht mehr zur Verfügung. Wir müssen heute schon damit beginnen, und wir können dies, wenn wir den Hebel am richtigen Ort ansetzen. Wir müssen für eine bessere Schulung und für eine vertiefte Bildung für *alle* Volksschichten eintreten, auch für die, die bis heute in jeder Hinsicht vernachlässigt worden sind: für die Kinder der Arbeiter.
Wir sind auf dem Weg dazu. Hemmend wirkt sich allerdings aus, daß unsere Unternehmer, die Besitzer der Produktionsbetriebe, vorläufig noch kein Interesse daran haben, diesen Weg zu gehen. Sie sind – vorläufig noch – auf Arbeitskräfte im herkömmlichen Sinn angewiesen. Was sie wollen, sind letztlich Arbeitskräfte wie die Sklaven früherer Jahrhunderte. (Der Bedarf an Führungskräften in den Betrieben wird leichter gedeckt.)
Die maschinelle Bearbeitung roher Stoffe und die Produktion am Fließband haben dazu ge-

führt, daß die unterste Schicht der Fabrikarbeiter wieder auf eine Stufe zurückgefallen ist, die der der Galeerensklaven gleicht. Das Arbeitstempo wird durch das Förderband bestimmt, die Arbeitsgriffe bleiben sich täglich, wöchentlich, ja auf Jahre hinaus gleich, der Arbeit geht jedes gestalterische und schöpferische Moment ab. Wir sprechen in diesem Fall von »entfremdeter Arbeit«. Wer je in einen modernen Fabrikationsbetrieb hineingesehen hat, der weiß, was ich meine. Und der wird auch verstehen, weshalb die Unternehmer an einer vertieften Bildung ihrer Angestellten *nicht* interessiert sind. Gebildete Menschen lassen sich für den Produktionsprozeß auf dieser Ebene nicht einspannen. Sie wollen eine Arbeit, die ihnen persönliche Freiheit läßt.

Deshalb hemmen die Geldgeber im Staat den Ausbau der Schulen von jenem Punkt an, wo sie *wirkliche Chancengleichheit* garantieren könnte. Tatsächlich erlaubt unser heutiges Bildungssystem nur den wenigsten Kindern aus Arbeiterkreisen den Aufstieg in höhere soziale Klassen, und an der Universität ist der Prozentsatz der Arbeiterkinder im Verhältnis zur Zahl der Arbeiter lächerlich gering.

Unsere Gesellschaft erreicht mit ihrem Bildungssystem, daß die Kinder der Arbeiter von heute die Arbeiter von morgen werden.

Aber es gibt Anzeichen dafür, daß unsere Jugend nicht mehr gewillt ist, sich in die Rolle des auszubeutenden Fabrikarbeiters drängen zu lassen. In viel stärkerem Maße als früher regen sich Wünsche nach wirklicher, schöpferischer Arbeit. Ausdrucksformen dieser Wünsche finden sich in den zahlreichen amerikanischen Kommunen, die fernab der Großstädte ein ländliches Bauernleben suchen, außerdem in der erhöhten Anzahl von Mittelschulabschlüssen, in der stark gestiegenen Anzahl von abgeschlossenen Berufslehren, in neuen Berufswünschen, in der wachsenden Bedeutung des zweiten Bildungsweges (der Umschulung auf einen neuen Beruf) und nicht zuletzt im Lebensstil der jungen Leute.

Arbeit – das äußert sich durchgängig überall – ist nur dort verhaßt, wo es sich um die geschilderte *entfremdete* Arbeit handelt. *Diese* Arbeit braucht der Mensch nicht mehr zu leisten. Für diese Arbeiten lassen sich Maschinen konstruieren. Einer Maschine mögen sie würdig sein – menschenwürdig sind sie nicht.

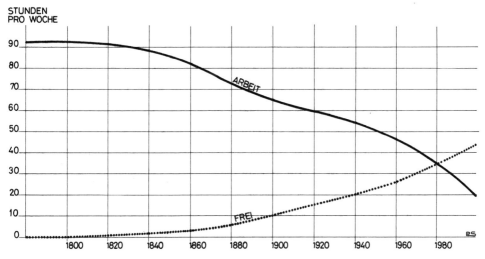

ABFALL DER ARBEITSZEIT UND ANSTIEG DER FREIZEIT

(NACH C. A. ANDREA)

Wenigstens hat aber dieser Begriff der *Menschenunwürdigkeit der Arbeit in Produktionsbetrieben* zur Entwicklung des Begriffs der *Freizeit* beigetragen.

Während der Reformationszeit galt die Arbeit als »gottgefällig«, und in den nachfolgenden Jahrhunderten, bis zum Höhepunkt im Zeitalter der Industrialisierung, steigerte sich diese Arbeitshaltung bis zu einer grundsätzlichen Freizeitfeindlichkeit. Erst im 19. Jahrhundert konnten sich einzelne »Pioniere der Freizeit« an die Reduktion der Arbeitszeit heranwagen.

Und ich möchte nochmals auf die Frage hinweisen: »Wozu noch arbeiten?« Tatsächlich ist es nicht verwunderlich, wenn viele Eltern und Erzieher ihre Hauptaufgabe nicht mehr in der »Erziehung zur Arbeit«, sondern in der »Erziehung zur Freizeit« sehen. Denn: Wo die Arbeit jede persönliche Freiheit und jeden schöpferischen Gedanken erstickt, muß die Freizeit als Gegengewicht wirken. Wichtig allerdings ist, daß ein Gedanke dabei nicht verlorengeht:

Von größter Bedeutung für den »neuen Menschen« ist die Erziehung zum richtigen Gebrauch der menschlichen Freiheit. Und Freiheit liegt nicht nur in der Freizeit, sondern auch in der schöpferischen Tätigkeit.

Vom Arbeitstier zum genußsüchtigen Untermenschen?

Wie nötig dieser Gedanke in der Erziehung ist, können wir jetzt schon ahnen. Durch die verkürzte Arbeitszeit einerseits und die geistlos auszuführende Arbeit im Produktionsbetrieb andererseits ist ein völlig neuer Industriezweig in unserer Gesellschaft mächtig geworden: die Freizeitindustrie.

Sie verfolgt in erster Linie das Ziel, sich zu bereichern. In zweiter Linie erstrebt sie, den Heerscharen der Freizeithungrigen und Vergnügungssüchtigen jene Unterhaltung zu bieten, die sie den täglichen Kleinkram vergessen macht, sie einzulullen in pausenlose Vergnügungen und immer neue Veranstaltungen.

Was aber am schlimmsten ist: Sie wird sich weiter perfektionieren. Der Homo faber mußte sich ein neues Betätigungsfeld suchen, und seine Pioniere haben es gefunden. Es wird nicht mehr lange dauern, und der Mensch wird in einen pausenlosen Vergnügungsstrudel hineingerissen werden, er wird, statt seiner Berufung gemäß schöpferisch und gestaltend tätig zu sein, sinnlosen und auf die Dauer geisttötenden Zerstreuungen erliegen.

Man verstehe mich recht: Ich klage nicht »die Freizeit an sich« an. Aber ich klage jene genußsüchtige »Leerlaufgesellschaft« an, die ihr erliegt.

Nur wer zum richtigen Gebrauch seiner Freizeit erzogen worden ist, mißbraucht sie nicht. Nur er wird in der Lage sein, mit seinen Problemen fertig zu werden, statt sie zu übertönen.

Wenn es uns nicht gelingt, den neuen Menschen wahr werden zu lassen, wird jene Vision vom gleichgeschalteten, unselbständigen und programmierten Zukunftsmenschen wahr, wie sie einige Science-fiction-Autoren in ihren Romanen schildern.

Ich begann mit einem Blick auf die Anfänge des Homo faber. In der Bibel, in der die Anfänge der Menschheit in eine Sage gekleidet geschildert werden, sagt Gott zu den ersten Menschen (1. Mose 28): ». . . und füllet die Erde und machet sie euch untertan . . .«

Kein anderes göttliches Gebot hat der Mensch in solcher Weise befolgt wie dieses. Er hat sich die Welt untertan gemacht, und er hat sogar noch mehr getan: Er hat den Keim der Zerstörung in sie gelegt und damit auch den Keim der Zerstörung seiner selbst. Vor allem seine Nachfahren werden darunter zu leiden haben. Sie werden kein natürliches Trinkwasser vorfinden, sie werden eine verschmutzte Luft einatmen, sie werden in Unfreiheit großwachsen, in engen Städten, die durch ihre Menschenmassen zu Aggressionen gegenüber der Gesellschaft und damit zu Kriminalität verleiten. Sie werden zur Ohnmacht gegenüber den schrecklichsten Auswüchsen des Krieges verdammt sein, und sie werden ihr bißchen Leben unerfüllt verbringen müssen, wenn nicht . . . ja, wenn nicht!

Wer hat die Pyramiden und Tempel gebaut?

Hermann Schreiber

An den Wänden ägyptischer Tempel sehen wir Bilder, auf denen riesige Götterfiguren, erhaben und ruhig auf ihrem steinernen Thron sitzend, von Hunderten von Sklaven an langen Tauen auf ungefügen Rollen unendlich langsam bewegt werden. Die Bilder sagen alles: der Zwang, die Unfreiheit, die Überanstrengung, die nutzlose Bündelung von Menschenkraft auf der einen Seite, und Härte, Ausbeutung, Unbelehrbarkeit, Unmenschlichkeit auf der anderen.

Neben den Bildern gibt es auch Schriftquellen, die großen Satiren eines Juvenal, in denen der römische Dichter mit so vielen Einzelheiten, daß man an der Wahrheit seiner Erzählung kaum zu zweifeln vermag, all das beschreibt, dem eine Sklavin oder ein Sklave im Haushalt reicher Römer ausgesetzt waren, vor allem, wenn die Herrin schlechte Laune hatte.

Demnach scheint es über die Sklaverei der alten Kulturstaaten rund um das Mittelmeer nur ein Urteil geben zu können: die Abscheu, die uns dazu verpflichtet, dieser längst vergangenen Ausbeutergesellschaft keine Träne nachzuweinen.

Schon die großen Geschichtsschreiber des vergangenen Jahrhunderts aber waren über die Sklaverei und ihre Rolle in der Antike verschiedener Meinung. Viktor Hehn, dem wir großartige Bücher über Goethe, über Italien und über die Kulturgeschichte der Nutzpflanzen verdanken, sagte es bündig: Die Sklaverei sei »der ewige Schandfleck des Altertums«. Der Dresdener Generalssohn Heinrich von Treitschke hingegen sieht in der Sklaverei, zumindest in der Antike, »eine rettende Tat der Kultur«, wobei er vielleicht gemeint hat: eine die Kultur rettende Tat, und setzt hinzu: »Die Millionen müssen ackern und schmieden und hobeln, damit einige Tausend forschen, malen und regieren können« in dieser antik-aristokratischen Gesellschaft, »welche alle gemeinen Sorgen des Lebens auf die geduldigen Schultern ihrer Sklaven türmte, und sicherlich

Dr. Hermann Schreiber, geb. 1920, ist der Sohn eines Wiener Buchhändlerehepaares. Er besuchte die österreichische Musterschule »Schule am Turm« in Wiener Neustadt, empfing von hervorragenden Lehrern starke Anregungen und blieb ihnen z. T. bis heute freundschaftlich verbunden. Er studierte, durch Kriegsdienste in Frankreich und Rußland kompliziert, Germanistik, Kunstwissenschaft und Reine Philosophie und promovierte 1944 mit einer Psychoanalyse des Gerhart Hauptmannschen Alterswerks, die 1946 als Schreibers erstes Buch erschien. Nach Jahren emsiger Tätigkeit als Literaturkritiker und Chefredakteur einer deutsch-französischen Wochenschrift in Wien ging Schreiber 1960 in die Bundesrepublik und lebt dort seither als freier Schriftsteller vor allem auf dem Gebiet des historischen Sachbuchs. Er verfaßte aber auch mehrere Jugendbücher, von denen die meisten Auszeichnungen erhielten, und eine umfangreiche Geschichte der Stadt Paris, die ihm besonders viel Anerkennung einbrachte.

Das Volk Israel als Sklaven in Ägypten,
hier als Bäcker in einer altägyptischen
Darstellung

---

sind die Tragödien des Sophokles und der Zeus des Phidias um den Preis des Sklavenelends nicht zu teuer erkauft«. Das hört sich nicht nur unmenschlich an, es *ist* auch unmenschlich und vor allem nicht richtig, denn eine ganze Reihe von Dichtungen von ewigem Wert entstand unter bedrängtesten Verhältnissen, von den ewig verschuldeten römischen Poeten angefangen bis herauf zu Balzac, Dostojewski, Peter Hille. Einige Großleistungen der antiken Kultur stammen zweifelsfrei nicht von Sklavenhaltern, sondern von den Sklaven selbst oder von ehemaligen Sklaven, den sogenannten Freigelassenen. Das Schöpfertum ist nicht an Muße gebunden; Ovid hat seine herrlichsten Werke nicht im römischen Wohlleben, sondern in der Verbannung am Schwarzen Meer geschrieben, wo ihm alles fehlte. Eine Unzahl reicher und kultivierter Lebemänner des alten Rom haben zur antiken Kultur nicht einmal eine Gedichtzeile beigetragen. Das Sklavenelend läßt sich zu schöpferischen Leistungen keinesfalls in Bezug setzen. Man kann aber mit einiger Vorsicht sagen, daß eine große Zahl sehr billiger Arbeitskräfte die

gewaltige Zivilisationsmaschinerie der antiken Kulturstaaten in Gang hielt. Ihre Leistung mußte noch nicht in Pferdestärken, sondern in Menschenkräften angegeben werden.

Kehren wir zu unseren ägyptischen Wandbildern zurück, zu der ältesten Kultur des Mittelmeerraums, so drängt sich uns als das auffälligste Ergebnis der Sklavenarbeit die Reihe der Pyramiden in Nordägypten auf. Es sind eindrucksvolle Kolossalbauten, die nach den Herrschern heißen, deren Grabkammern sie schützend umgaben. Waren hier 200 000 Arbeiter tätig, wie Herodot behauptet, oder nur 100 000, wie die moderne Wissenschaft schätzt? Jedenfalls war es eine ungeheuerliche Veranstaltung, die nur dem steinernen Totenkult diente. Spätere Pharaonen mit nicht minder erlauchten Namen wurden gleich zu Dutzenden in Felsengräbern zusammengedrängt.

Beschäftigt man sich aber ein wenig näher mit den Pyramiden, Arbeitern und Pharaonen, so tauchen unerwartete Gesichtspunkte auf. Es stellt sich heraus, daß an den Pyramiden immer nur gearbeitet wurde, wenn die Felder der Bau-

ern vom fruchtbaren Nilschlamm überflutet waren. Viele Tausende von Menschen hätten arbeitslos und hungernd im Überschwemmungsgebiet herumgesessen ohne die Pyramiden, an denen sie zwar ohne nennenswerten Lohn, aber doch gegen Lebensmittel und Kleidung arbeiten konnten, bis die heimatliche Erde sie wieder zu ernähren vermochte.

Nur 4000 Spezialisten waren ganzjährig verpflichtet, hatten ihre festen Unterkünfte in der Nähe der Pyramiden, suchten in den Steinbrüchen geeignete Blöcke aus, bezeichneten sie mit dem Zeichen ihrer Gruppe und verstanden sich auf das Zuhauen, Einpassen, auf die Aufführung schiefer Ebenen und auf den Bau großer Transportschiffe. Aus ihrer Mitte, dafür liegen Beweise vor, konnten tüchtige Männer bis zu den höchsten Rängen im Staat aufsteigen, Reichtum erwerben und sich schließlich selbst kleine Pyramiden bauen lassen.

Selbst die Forderung, daß es sinnvollere Arbeiten für Arbeitslose gebe als die keinem Lebenden nützenden Pyramiden, erfüllten einige Pharaonen. Necho zum Beispiel ließ einen Kanal durch die Meerenge von Suez bauen, mußte aber aufgeben, als das Fieber in den Salzsümpfen Tausende seiner Fronarbeiter dahinraffte. Andere Pharaonen bauten lange Befestigungslinien am sogenannten Horusweg, an der Einfallspforte aus Asien nach Ägypten. Das Elend, das unter den Gottkönigen des Nillandes unter den kleinen Leuten und armen Bauern herrschte, war, nach allem, was wir aus den Papyrusurkunden wissen, jedenfalls nicht größer als heute, drei- bis viertausend Jahre später, unter den armen Fellachen und dem Großstadtproletariat Kairos oder Alexandriens.

Auch die griechische Frühzeit lehrt uns, daß mehr als Viktor Hehns Verdammungsurteil die vorsichtige Äußerung Friedrich Nietzsches begründet ist, die uns sagt: »Nichts wird mir von Jahr zu Jahr deutlicher, als daß alles griechische und antike Wesen, so schlicht und weltbekannt es vor uns zu liegen scheint, sehr schwer verständlich, ja kaum zugänglich ist.« Die Helden des Kampfes um Troja, für Generationen von Gymnasiallehrern leuchtende Vorbilder aller männlichen Tugenden, befolgten noch den allgemeinen Grundsatz frühgriechischer Kriegführung: In eroberten Städten wurden alle Männer getötet, die Frauen und Kinder aber in die Sklaverei verschleppt. Vornehme Frauen, wie zum Beispiel Chryseis und Briseis in der Ilias, spielten dabei eine gewisse Rolle, denn sie wurden als Ehrengeschenke verdienten Heerführern oder Fürsten überlassen, und ein Streit um die beiden schönen Ehrengeschenke spielt denn auch in dem Kampf um die meerbeherrschende Festung Troja eine so große Rolle, daß Unkundige vergessen könnten, wie wichtig die freie Durchfahrt durch die Meerengen für die griechischen Getreideschiffe aus dem Schwarzen Meer war. Weniger vornehme Frauen kamen als Sklavinnen in die Haushalte der Sieger oder wurden Ehefrauen einfacher Krieger.

Irgendwann »zwischen Ilias und Odyssee« entdeckten dann findige Händler, daß man für Menschen auch Geld bekommen könne. Damit war eines der unmenschlichsten Kapitel der Geschichte eröffnet, nämlich der Sklavenhandel. Andererseits aber überlegte fortan jeder Sieger, der das Schwert schon zum tödlichen Hieb zückte, wieviel er auf dem Sklavenmarkt für diesen armen Überwundenen lösen könnte – und damit blieb der Besiegte künftig am Leben. Homer schildert uns in der Odyssee phönizische Händler, die jungen Damen auf den Schiffen schöne Seidenstoffe vorlegen, plötzlich aber die Anker lichten, mit den Kundinnen absegeln und sie auf der nächsten Insel einfach verkaufen.

Die geschicktesten Sklavenhändler im Mittelmeerraum blieben von mindestens 1000 vor bis 1800 nach Christus die Seeräuber. Die neutralen Sklavenmärkte, auf denen Familien ihre von Piraten gekidnappten Angehörigen auslösen konnten, funktionierten annähernd dreitausend Jahre lang bald auf Delos, bald in Livorno. Nur weil es sie gab, nur weil es Geld für Gefangene gab, blieben Tausende und im Lauf der Jahrtausende wohl Millionen überhaupt am Leben, die man sonst kurzerhand ins Wasser geworfen hätte.

Die Vorbilder aus den phönizischen Handelsstädten und den kilikischen Seeräubernestern

Oben: Römischer Sklavenmarkt um
250 n. Chr., nach einem Gemälde

Unten: »Sklaven zu verkaufen«. Gemälde
von J. L. Gerome

brachten schließlich auch die Griechen dazu, sich Sklaven zu halten. Zunächst verwendete man sie im Haushalt, wo ja in alten Zeiten sehr viele Arbeiten anfielen, die einem heute die Industrie und die Haushaltsmaschinen abnehmen. Aber es gab auch Großbetriebe, die ausschließlich auf Sklavenarbeit angewiesen waren, wie zum Beispiel die Bergwerke von Laureion im südöstlichen Attika, wo Silber gewonnen wurde. Nur in Kleinbetrieben kam es vor, daß der Besitzer einer Grube, ein freier Mann, selbst mitarbeitete. Im allgemeinen waren alle Bergarbeiter Sklaven. Denn wenn auch in vielen griechischen Handwerksbetrieben Sklaven und freie Lohnarbeiter nebeneinander beschäftigt waren, galt die Bergarbeit doch als so niedrig und vor allem so gesundheitsschädlich, daß jeder, der die Wahl des Arbeitsplatzes hatte, sie vermied.

Angesichts der vielen Beweise von Selbstbewußtsein und Bürgerstolz, welche uns die Griechen in ihrer großen Zeit geben, darf man daher sagen, daß Großunternehmen wie der Betrieb eines Silberbergbaus vom Vorhandensein einer rechtlosen Arbeiterschicht abhängig waren. Diese Arbeiter kannten keine Wahl des Arbeitsplatzes (wie noch heute die nur scheinbar freien Bergarbeiter zum Beispiel in Bolivien).

Weder Plato noch Aristoteles nahmen an diesen Zuständen Anstoß, ja Aristoteles führte sogar einen komplizierten Beweis dafür, daß die Sklaven durchaus zu Recht und von Natur aus »lebendiges Eigentum« seien, die Barbarenvölker hingegen geborene Sklaven der Hellenen: »Die Sklaverei ist eine Einrichtung der Natur. Die Sklaven müssen beherrscht werden, denn sie haben an der Vernunft nur soweit teil, daß sie sie vernehmen können, aber sie besitzen sie nicht. Der Sklave ist Besitz des andern, hat keinen Anspruch auf Liebe und kein Recht gegen seinen Herrn.«

Plato macht gegenüber diesen Sätzen zumindest den einen Vorbehalt, daß Griechen keine Griechen als Sklaven halten sollten, und gibt zu, daß die Sklaven zwar eine »natürliche Einrichtung« seien, die Sklaverei aber doch aus der »Niedrigkeit der natürlichen Gesinnung

fließt«. Womit er zweifellos recht hat, denn eben diese Niedrigkeit hielt ja die Sklaverei Jahrtausende hindurch auch in christlichen Staaten am Leben, mochte sie auch andere Namen wie Hörigkeit oder Leibeigenschaft führen.

Eben diese Niedrigkeit kann auch noch heute zur Versklavung einer Arbeitskraft führen. Ein geringfügiger Rückgang des Wachstums unserer Wirtschaft zeigt uns dies sofort, schon ein kleines Tief in einem Wirtschaftszweig führt zu dem, was die Unternehmer »bessere Arbeitsmoral« nennen: Man wagt nicht mehr, sich krank zu melden, man wagt nicht mehr, um Gehaltserhöhung zu bitten, ja man würde am liebsten gar nicht in den Urlaub fahren aus Angst, bei der Rückkehr den Arbeitsplatz besetzt zu finden. Und dann ist es schon nicht mehr viel anders als bei Aristoteles: Der Sklave hat keinen Anspruch auf Liebe (lies Fürsorge) und kein Recht (keinen Mut, Rechtsmittel einzusetzen) gegen seinen Herrn . . .

Trotz Ägypten und Griechenland, die sich geistig und wirtschaftlich schon stark auf die Sklavenarbeit eingestellt hatten, kam die große Zeit der Sklaven erst unter der perfekten Organisation des Römischen Weltreichs. Seit der Eroberung Griechenlands strömten geschickte, in Athen und Korinth bereits angelernte Sklavenarbeiter, Handwerker, Spezialisten, aber auch Schreiber, Schauspieler, Rezitatoren, Haarkünstler, Hetären und Köche in die Hauptstadt des Reiches. Erst in Rom konnten sich jene Auswüchse des Sklaveneinsatzes entfalten, die das moderne Bild der Antike mitbestimmt haben. Aber Rom bezeichnet eben schon die Spätantike, und die Verhältnisse, an die man bei dem Wort Sklaverei denkt, herrschten in Wahrheit nur einige Jahrhunderte.

In der römischen Gesellschaft spielte das Haus, spielten Familie, Gesinde, häusliches Leben und die Art dieses Lebens eine größere Rolle als bei den Griechen, die sich nach orientalischem Muster viel lieber in der Öffentlichkeit ihrer kleineren Städte, auf den Plätzen und Begegnungsorten aufhielten und den Gemahlinnen die Hetären vorzogen, wenn sie sich einmal kultiviert entspannen wollten.

Villa mit Garten, den ein Sklave mit dem
Schöpfeimer bewässert. Wandbild aus
einem Grab in Theben

Anders der Römer, dessen Sittengesetz aus
dem latinischen Bauerntum kam. Sein Heim
war seine Welt, und in dem ganzen Weltreich
war Rom die Heimat für jeden römischen Bürger und noch für den fernsten Kolonialoffizier.
Der Pracht und dem Wohlleben auf dem Land-
sitz oder im Stadtpalais dienten fortan ganze
Armeen von Sklaven. »Das römische Haus«,
sagt Theodor Mommsen, »war eine Maschine,
in der dem Herrn auch die geistigen Kräfte seiner Sklaven und Freigelassenen zuwuchsen;
ein Herr, der diese zu regieren verstand, arbeitete gleichsam mit unzähligen Geistern.«
Nun, hübscher hätte der große Historiker den
ihm unbekannten Zauberlehrling Computer
gar nicht definieren können. Und Demokrit,
dem die Atomwissenschaft bis heute ein eh-
rendes Andenken bewahrt, sagte: »Bediene
dich der Sklaven wie der Glieder deines Leibes,
eines jeden zu anderen Zwecken.«
Wer, der die Möglichkeit zu solcher Arbeitstei-
lung hatte, ließ sich dies zweimal sagen? Es
kam zu Haushalten, in denen die Erbverzeich-
nisse mehr als 4000 Sklaven aufführten! Es gab
Sklaven, die nichts anderes zu tun hatten, als
ihre in der Sänfte dösenden Herren darauf aufmerksam zu machen, nun komme dieser oder
jener, den man begrüßen müsse. Es gab einen

ungebildeten Neureichen, der sich ein Halb-
dutzend Sklaven hielt, die ihm bei Festmählern
geistvoll-passende Zitate aus Horaz, Homer
und anderen Schriftstellern zuflüstern mußten.
Und es kam so weit, daß einer dieser umhüpf-
ten, umkosten, verwöhnten Sklavenbesitzer,
als man ihn aus dem Bad heraus und auf den
Lesestuhl hob, vorsichtig gefragt haben soll:
»Sitze ich?«
Plinius verspottete den Mann, der sich die Namen der Entgegenkommenden zuflüstern ließ:
»Er grüßt mit fremdem Gedächtnis.« Plinius
selbst konnte die Riesenarbeit, seine Naturge-
schichte zu schreiben, nur bewältigen, indem
er Dutzende von Lese- und Schreibsklaven ein-
setzte. Sie rächten sich dadurch, daß sie falsche
Unterlagen lieferten – nicht immer, aber doch,
wie man festgestellt hat, in etwa fünftausend
Fällen.
Nur diese Bosheiten unterscheiden die »Computer der Antike« von der schnarrenden Neu-
tralität des Elektronengehirns. Die Kultur jedoch, die sie nach der Meinung Treitschkes
gerettet haben, erlag eben der sozialen Unge-
rechtigkeit, auf die sie sich glaubte stützen zu
können, und ging unter. Aber eine soziale Religion, eine Religion der Unterdrückten begann,
das Christentum.

Kinder ernähren ihre Familie

Judith König

Kinderarbeit als Ferienspaß

Die Windschutzscheibe des roten Volvo ist wieder klar. Paul greift nach dem Trinkgeld, das ihm die Hand des Fahrers aus dem Wagenfenster reicht. Die Münze gleitet in die Tasche seiner grauen Arbeitshose. Der dreizehnjährige Paul verbringt seine Ferien als Tankwartgehilfe. Nicht nur die Arbeit macht ihm Vergnügen, sondern auch sein anschwellendes Vermögen. Bald wird es für ein Moped ausreichen. Die meisten seiner Kameraden besitzen eines. Falls die Kundschaft weiterhin großzügig bleibt, wird er schon nächstes Wochenende mit den andern Jungen losziehen. Die sonntäglichen Autofahrten mit den Eltern hat er endgültig satt.

Erna steht am Fließband. Vor ihr zieht ein breiter Strom grüner Erbsen vorbei. Auch braune, graue und schwarze sind darunter. Erna sucht sie heraus und wirft sie in die Abfallrinne. Die Frau links tut dasselbe. Die Frau rechts tut dasselbe. Den ganzen Tag tun sie dasselbe. Die fünfzehnjährige Erna prahlt vor ihren Schulfreundinnen mit ihrer Fabrikarbeit. Doch sie ist froh, keine Fabrikarbeiterin zu sein. Sie ist freiwillig in der Konservenfabrik, um etwas Taschengeld zu verdienen. In zwei Wochen wird sie wieder auf der Schulbank sitzen. Dann wird sie auch eine Stereoanlage besitzen mit mindestens fünf Platten.

Kinderarbeit mit weniger Spaß

Tim ist neun Jahre alt. Seine schmächtige Gestalt ist die eines Sechsjährigen, seine heisere rauhe Stimme die eines Erwachsenen. Tim ist Fabrikarbeiter. Mit geschickten Händen wechselt er die Spulen an der Spinnmaschine. Links und rechts neben ihm stehen kleine Jungen und Mädchen, die dasselbe tun. Zwölf Stunden täglich ist Tim in dem düsteren, feuchtheißen Fabriksaal. Das Leinengarn wird naß gesponnen. Zwölf Stunden täglich spritzen Wassertropfen auf den vorderen Teil seiner verflickten Manchesterjacke. Tim ist an Brust und Bauch bis auf die Haut durchnäßt. Seine nackten Füße stehen in kleinen Wasserlachen.

Tims Familie lebt in London, im Arbeiterbezirk Whitechapel, östlich vom Tower. Er ist das zweitälteste von sechs Geschwistern. Die Mutter ist tot. Der Vater hat in einer Maschine die rechte Hand verloren und findet keine Arbeit. Die sieben Menschen wohnen in einem kleinen Raum, der Tims Arbeitgeber gehört. Er zieht die hohe Miete direkt von Tims Lohn ab. Tims Familie besitzt einen Tisch, eine Schüssel, drei Tassen und zwei blecherne Löffel. Das einzige Bett ist verkauft worden. Die Bettücher sind verpfändet. Lumpen bilden den Ersatz. Zum Schlafen dienen mit Stroh und Hobelspänen gefüllte Säcke.

Dr. Judith König: Ich war zweieinhalb Jahre Primarlehrerin. Dann arbeitete ich sieben Jahre als Entwicklungshelferin in Griechenland. Anschließend absolvierte ich in Bern ein Studium in Soziologie (Gesellschaftslehre), Nationalökonomie (Volkswirtschaftslehre) und Ethnologie (Völkerkunde).

Kinderarbeit in einer Seidenweberei

Tim muß sich mit schlechtem Essen begnügen. Samstagabend, wenn ihm der Lohn ausbezahlt wird, sind nur noch minderwertige Waren auf dem Markt: halbfaule Kartoffeln, welkes Gemüse, grauer Käse und ranziger Speck. Oft stammt das ausgestellte Fleisch von verendeten Tieren. Die guten Lebensmittel sind Stunden vorher von den wohlhabenden Stadtbewohnern aufgekauft worden.

Tims Schwester Ann ist vierzehn Jahre alt. Sie arbeitet in einem Hutmachergeschäft in London. Wenn der Ansturm der Londoner Damen auf neue Modelle groß ist, näht sie oft bis zu achtzehn Stunden täglich.

Außer Ann arbeiten noch zwei Dutzend zwölf- bis zwanzigjährige Mädchen im Atelier. Läßt eines die Nadel kurz ruhen, droht die aufgebrachte Aufseherin mit Entlassung. Die Furcht, den Lohn zu verlieren, läßt Ann trotz größter Erschöpfung durchhalten. Manchmal muß sie neun Tage an der Arbeit sitzen, ohne aus den Kleidern zu kommen. Sie legt sich dann ab-

wechselnd mit ihren Kolleginnen für einige Stunden auf eine Matratze im Hinterraum. Damit bei den Mahlzeiten nicht kostbare Minuten verlorengehen, wird den Mädchen das Essen kleingeschnitten vorgesetzt. Ann fehlt oft vor Müdigkeit der Appetit. Sie leidet ständig an Kopf- und Augenschmerzen.

Das war früher

Der Fabrikjunge Tim und die Hutmacherin Ann lebten um 1830. Zu dieser Zeit begannen sich verschiedene Leute um das Schicksal der ausgebeuteten Kinder zu kümmern, die für einen Spottlohn wie Erwachsene arbeiten mußten und mithalfen, den Reichtum einiger Fabrikherren zu vergrößern. Es erschienen zahlreiche Berichte, die das elende Los dieser kleinen Arbeiter an eindrücklichen Beispielen darstellten. Unter den Verfassern war auch eine Anzahl Ärzte.

Kinderarbeit im Bergwerk. Zeitgenössische
Darstellung aus dem 19. Jahrhundert

So berichtet Francis Sharp, ein Mitglied des königlichen Kollegiums der Wundärzte, von einer eigentümlichen Knochenverwachsung bei acht- bis vierzehnjährigen Kindern der Stadt Leeds. Er hatte diese sonderbare Verkrüppelung des Rückgrats und der Beine vorher nie gesehen und erkannte in ihr eine eindeutige Folge der Überarbeitung in der Fabrik. Einer der Knaben war so mißgestalt, daß er keine Treppe emporsteigen konnte.
Fabrikanten stellten Kinder manchmal mit fünf, meistens mit acht bis neun Jahren ein. Durchweg dauerte die Arbeitszeit vierzehn bis sechzehn Stunden, ohne Freistunden und Pausen für die Mahlzeiten.
Das Schlagen und Mißhandeln der Kinder durch die Fabrikaufseher war verbreitet. Ein schottischer Fabrikant ritt eines Tages einem flüchtigen sechzehnjährigen Arbeiter nach und zwang ihn zum Umkehren. Der Junge mußte, so rasch wie das Pferd trabte, vor ihm her zurücklaufen. Dabei hieb der Brotherr unerbittlich mit der Peitsche auf ihn ein.

Es kam auch vor, daß Kinder von den Aufsehern nackt aus den Betten geholt und mit den Kleidern unter dem Arm mit Schlägen und Tritten in die Fabrik gejagt wurden. Häufig schliefen Kinder über der Arbeit ein.
Ein eingenicktes Kind sprang einst auf den Zuruf eines Aufsehers in die Höhe und vollzog mit geschlossenen Augen die Handgriffe seiner Arbeit, ohne zu merken, daß die Maschine schon abgestellt war.
Besonders hart war die Arbeit unter Tag, in der Nacht der Eisenerz- und Kohlenbergwerke. In den naßkalten Stollen konnte man schon Vierjährigen begegnen. Sie hatten die Aufgabe, die Zugtüren zu öffnen und zu schließen, die die verschiedenen Abteilungen des Bergwerks trennten. Die Kinder mußten für diese Arbeit zwölf Stunden täglich einsam in einem dunklen Gang sitzen. Ältere Kinder und heranwachsende Mädchen transportierten Kohle oder Eisenstein von der Bruchstelle zum Pferdeweg oder Hauptschacht. In hölzernen Kisten mit Kufen schleppten sie die schwere Last durch Was-

serpfützen, über feuchten Lehm oder holperigen Boden die Abhänge hinauf und hinunter. Manchmal waren die Gänge so schmal, daß die Kinder durchkriechen mußten. Abends waren sie oft dermaßen müde, daß sie sich auf dem Heimweg am Wegrand niederlegten und schliefen, bis die Eltern sie fanden. Trugen die Beine sie bis nach Hause, warfen sie sich vor dem Herd auf den Steinboden und schliefen sogleich ein. Die Erschöpfung war so groß, daß sie zu müde waren, um etwas zu essen. Den freien Sonntag verbrachten sie hauptsächlich im Bett.

Die Kinder, die in der Fabrik, in Bergwerken oder in Nähstuben arbeiten mußten, waren meistens schon seit ihrer Geburt gesundheitlich geschwächt. Bereits als Säuglinge erhielten sie nicht die richtige Nahrung und litten früh an kranken Verdauungsorganen. Häufig verabreichten arbeitende Eltern den Kleinkindern Rauschgift und Alkohol, damit sie sich zu Hause ruhig verhielten, während sie in der Fabrik weilten. Die Todesfälle unter den Arbeiterkindern waren besonders hoch. So starben in der großen Industriestadt Manchester von hundert Kindern siebenundfünfzig vor dem fünften Lebensjahr an Pocken, Masern, Keuchhusten oder Scharlach.

Gesetze zum Schutz der Kinder

Aufgrund der Berichte über die unmenschlichen Lebensverhältnisse in Arbeiterkreisen erließ das englische Parlament 1834 ein Fabrikgesetz. Darin wurde die Arbeit für Kinder unter neun Jahren verboten. Kinder im Alter von neun bis dreizehn Jahren durften bei einer täglichen Arbeitszeit von neun Stunden nicht über achtundvierzig Wochenstunden beschäftigt werden. Für junge Leute zwischen dem vierzehnten und achtzehnten Lebensjahr wurde die wöchentliche Arbeitszeit bei einem Maximum von zwölf Stunden im Tag auf neunundsechzig Stunden beschränkt. Allen Jugendlichen unter achtzehn Jahren wurde die Nachtarbeit untersagt. Für Kinder unter vierzehn

wurde außerdem ein obligatorischer Schulbesuch eingeführt. Damit die im Gesetz festgehaltenen Forderungen eingehalten wurden, ernannte die Regierung Fabrikärzte und Fabrikinspektoren.

Das Gesetz wurde nur zum Teil befolgt. Es fehlten Leute, die seine Ausführung kontrollierten, es fehlten gute Schulen. Weiterhin wurden zahlreiche Kinder beschäftigt, denn die Fabrikherren zogen es vor, ab und zu eine Buße zu bezahlen, statt auf den zusätzlichen Gewinn durch Kinderarbeit zu verzichten.

Geschäfte mit Maschinenkindern

Auch in der Schweiz verdienten Fabrikherren viel Geld dank billiger Kinderarbeiter. Kinder aus armen Bauernfamilien mußten häufig mit sieben oder acht Jahren das elterliche Haus verlassen. Sie wurden bei einer fremden Familie in der Nähe einer Fabrik in Kost gegeben. Oft nützten geschäftüchtige Leute diese Gelegenheit aus. So baute sich Jakob Honegger in Rüti ein neues Haus und quartierte darin etwa dreißig Mädchen, sogenannte Maschinenkinder, ein, die in Rapperswil arbeiteten. Vom Kostgeld, das den Kindern von ihrem Fabriklohn abgezogen wurde, blieb ihm ein schöner Gewinn in der Tasche.

Pfarrer Rohrdorf aus Seen berichtete 1834 von Kindern, die in einer Spinnerei täglich achtzehn Stunden arbeiten mußten. Einige darunter, die etwas abseits wohnten, hatten jeden Morgen um vier Uhr aufzustehen.

Wie in England, überwachten auch in der Schweiz strenge Aufseher die Arbeit. Verspätete sich ein Kind auf dem Arbeitsweg oder passierte ihm das Mißgeschick, daß es Material oder einen Maschinenbestandteil beschädigte, konnte es auf der Stelle davongejagt werden. Oft folgten dann, wenn das Kind ohne Geld nach Hause kam, auf die Prügel des Aufsehers die Prügel der Eltern. Denn viele Familien waren auf den Lohn ihrer Kinder angewiesen. Fabrikkinder mußten jahrelang dieselbe Arbeit verrichten. Sie lernten daher nichts als einige

Jugendlicher Schuhputzer in Tunesien

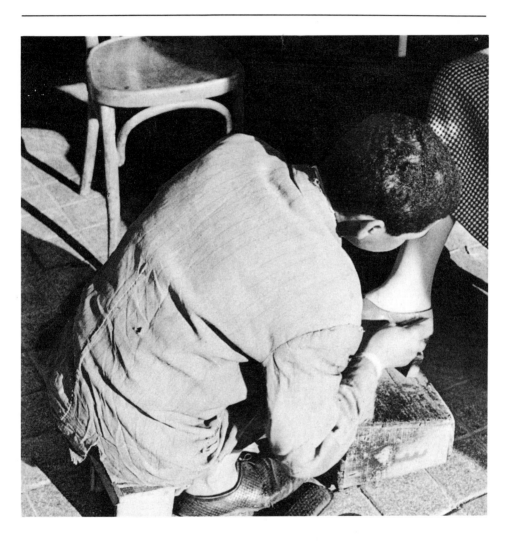

mechanische Handgriffe an einer bestimmten Maschine. Viele Kinder besuchten vor und nach der Fabrikarbeit die Schule. Die Schulstuben in den Fabrikgemeinden glichen jedoch eher Schlafsälen. Ein Besucher der Schule von Uster schrieb 1836: »In einem dunklen Raum saßen eingekeilt die Sechs- und Neunjährigen. Bald sah ich, daß mehrere schlafend auf der Schulbank niedergesunken waren. ›Sehen Sie‹, sagte der Lehrer, ›das sind die armen Kinder, welche heute nacht von zwölf Uhr bis morgens sechs Uhr in der Fabrik gearbeitet haben.‹«

Der Gemeindeschulpfleger von Uster stellte fest, daß Fabrikkinder in der Schule sogleich zu erkennen seien. Sie hätten ein blasses, Erschöpfung verratendes Aussehen, unordentliche und unreinliche Kleider und schienen von dummer Gedankenlosigkeit und träger Unaufmerksamkeit. Die meisten blieben deshalb Analphabeten.

Wie in England, setzten sich auch in der Schweiz einzelne, Gruppen und Behörden für die Kinder ein. 1815 verlangte der Zürcher Regierungsrat, daß Kinder unter neun Jahren nicht mehr in Fabriken beschäftigt werden dürften. Für Zehn- bis Sechzehnjährige beschränkte er die Arbeitszeit auf dreizehn Stunden täglich und verbot gleichzeitig die Nachtarbeit. Die Regierung des Kantons Thurgau erließ eine ähnliche Verordnung. Doch gelang es auch dieser Behörde nicht, die Forderungen in der Wirklichkeit durchzusetzen.

Im Kanton Glarus wurde 1864 ein Fabrikgesetz von der Stimmbevölkerung angenommen, das unter anderem die Fabrikarbeit für Kinder unter zwölf Jahren vollständig verbot.

In Deutschland war die Situation der Fabrikkinder kaum anders als in England und in der Schweiz. Versuche zu einer Verbesserung der Verhältnisse wurden auch hier unternommen. So untersagte 1839 in Preußen ein Fabrikgesetz die regelmäßige Fabrik- und Bergwerksarbeit vor dem neunten Lebensjahr.

Billige Arbeitskräfte

Conzuelo ist eine zwölfjährige Kolumbianerin. Sie arbeitet in einem Nähatelier in der Hauptstadt Bogotá. Conzuelos Hände sind flink und ihre Nadelstiche sauber, doch ihre Meisterin denkt nicht daran, sie zur Schneiderin auszubilden. Was sie braucht, sind billige Hilfskräfte, die die langweilige Arbeit verrichten. Sie will nicht Konkurrentinnen heranziehen, die ihr später die Kundschaft abspenstig machen. Conzuelo arbeitet häufig über zwölf Stunden am Tag. Läßt sie die Hände ein bißchen ruhen, droht ihr die Meisterin mit Entlassung. Conzuelo fehlt oft vor Müdigkeit der Appetit. Sie leidet an Kopf- und Augenschmerzen.

Conzuelos Eltern zogen vor einigen Monaten in die Großstadt. Vorher waren sie Landarbeiter bei einem Grundbesitzer, dessen Ländereien so groß waren, daß man drei Tage benötigte, um sie auf dem Pferd zu durchreiten. Die Arbeit auf dem Landgut dauerte von morgens früh bis spätnachts, und der ausbezahlte Lohn war eher ein lächerliches Trinkgeld. Mit dem kleinen Sümmchen, das das Ehepaar nach jahrelan-

gem Sparen zur Seite legen konnte, kaufte es schließlich für sich und die drei Kinder Busbillette. Sie packten gedörrtes Fleisch, Wolldecken und einigen Hausrat in geflochtene Körbe und fuhren nach der Großstadt. In Bogotá hofften sie Arbeit, Schulen, Ärzte, Filme, Musik und Tanz vorzufinden.

Die Landeshauptstadt hatte jedoch nicht auf sie gewartet. In Bogotá gab es keine Arbeitsplätze, sondern Hunderttausende, die Arbeit suchten, Hunderttausende, die wie Conzuelos Familie ihre Heimat verlassen hatten, um dem Elend auf dem Lande zu entgehen. Conzuelos Familie blieb nichts anderes übrig, als das Beispiel ihrer Leidensgenossen nachzuahmen. Sie sammelten auf den öffentlichen Müllhalden Kisten und Kanister und bauten sich daraus inmitten ähnlicher elender Behausungen einen Unterschlupf am Rande der Stadt.

Dann fand Conzuelo durch eine Nachbarin ihren Arbeitsplatz im Nähatelier. Conzuelo ist vorläufig das einzige Familienmitglied, das regelmäßig Geld nach Hause bringt. Die Summe, die ihr ausbezahlt wird, reicht knapp für das Allernötigste. Arbeitet Conzuelo nicht, hungert die ganze Familie. Deshalb gibt die Zwölfjährige nicht auf, trotz Kopf- und Augenschmerzen, trotz Schimpfworten der Meisterin.

So ist es heute

Von den zweihundertfünfzig Millionen Menschen, die heute, 1973, in Lateinamerika leben, ist die Hälfte weniger als fünfzehn Jahre alt. Eines dieser Kinder ist Conzuelo.

Während ein kleiner Teil von Bevorzugten in einem reichen oder wohlhabenden Elternhaus aufwächst, teilen Millionen Kinder Conzuelos Schicksal. Oft müssen schon vierjährige Knirpse für den Unterhalt ihrer Familien sorgen. Kinder, die in europäischen Ländern noch zu jung für den Kindergarten sind, ernähren in Lateinamerika eine Familie. Mit vier bis acht Jahren beginnen sie voll zu arbeiten. Sie ziehen als Schuhputzer durch die Straßen, verkaufen Früchte, Bonbons, Zigaretten, Zeitungen und Lotterielose, sie bewachen Autos und singen

Kleiner Junge in Tunesien, der zum
Lebensunterhalt der Familie beitragen
muß

und tanzen auf Terrassen oder in Cafés. In der Nacht schlafen sie in den Elendshütten oder legen sich auf alte Zeitungen auf die Gehsteige. In einem solchen Leben hat die Schule kaum Platz. Eine Minderheit besucht zeitweise den Unterricht, jedoch selten länger als drei Jahre. Doch selbst dann finden diese Kinder keine richtige Arbeit, denn sie haben wohl halbwegs Lesen und Schreiben, jedoch keinen Beruf erlernt. Es gibt für sie keine Möglichkeiten, dem Leben in den Elendsquartieren zu entkommen.

Dreiundvierzig Millionen Kinderarbeiter

Heute gibt es zahlreiche Organisationen und Vereinigungen, die sich um das Schicksal der Kinder kümmern. Eine der wichtigsten ist die Internationale Arbeitsorganisation. Sie wurde nach dem Ersten Weltkrieg, 1919, gegründet und hat ihren Sitz in Genf. Die Internationale Arbeitsorganisation hat zum Ziel, die soziale Gerechtigkeit in der Welt zu fördern. Heute zählt sie hundertvierzehn Mitgliedsstaaten, die durch Delegierte der Regierung, der Arbeit-nehmer- und Arbeitgeberverbände vertreten sind.

Im Juni 1972 diskutierte die Internationale Arbeitsorganisation einen Vertragsentwurf. Darin wurde das Mindestalter für die Beschäftigung der Jugendlichen in Industrie und Landwirtschaft auf vierzehn Jahre festgesetzt. Die Internationale Arbeitsorganisation kann ihren Mitgliedsstaaten diese Bestimmungen nur vorschlagen. Sie hat jedoch keine Macht, sie aufzuzwingen.

Die Kinderarbeit in den Fabriken und Bergwerken Europas gehört weitgehend der Vergangenheit an. Doch heute müssen wir über Europa hinaussehen. Fernsehen und Radio, Zeitschriften und Zeitungen, Plakate und Bücher helfen uns dabei. Wir stoßen auf eine Bildreportage, die uns kleine Kinder in Kaschmir beim Teppichknüpfen zeigt, wir sehen das Foto eines schwarzen Mädchens, das schwere Lasten auf dem Kopfe schleppt, wir lesen von einem indianischen Jungen, der unter sengender Sonne auf einer Bananenplantage arbeitet.

Heute, neunzehnhundertdreiundsiebzig, gibt es in der Welt dreiundvierzig Millionen Kinder unter vierzehn Jahren, die schlechtentlohnte Arbeit leisten müssen, um zu überleben.

Dichterfrühling

Heraus aus den Kellern,
der Winterstorm ist vorbei,
hinaus in die Eichendörffer,
mit den Klopstöcken in der Hand
durch Hofmannsthäler streifen,
an Vogelweiden vorbei,
hören wir die ersten Grillen parzen
und sehen, wie sie schillern,
die bunten Liniencronen
bis hinein in die weiten Uhländer –
seht, sie haben ihn besser beschrieben!

Was willst du werden?

Möglichkeiten und Grenzen der Berufsberatung

Maya Liggenstorfer

Schweigend packten die beiden Freunde ihre Schulmappen auf den Gepäckträger und schoben die Fahrräder über den Pausenplatz. Für einen Augenblick gab ihnen die Mathematikaufgabe von vornhin noch zu denken; Urs jedenfalls sah man deutlich an, daß er noch der Lösung auf die Spur zu kommen versuchte. »Du hast noch Geduld zum Knobeln«, lachte Beat. »Morgen werden wir schon erfahren, welcher Weg der richtige gewesen wäre!« Sie fuhren nebeneinanderher. Der tägliche Schulweg gab Gelegenheit zur Besprechung aller Probleme, und überdies steckten die beiden auch sonst immer zusammen: beim Schwimmen, bei den Schulaufgaben, beim Bauen von Flugzeugmodellen und beim Fußballspielen. Sie ergänzten sich auch gut, denn der lebhafte, praktische Beat sorgte für immer neue Ideen, während Urs zäh bei der Verwirklichung der Pläne half.

»Wie war es nun gestern beim Berufsberater?« fragte Urs. Beat zuckte die Achseln: »Hm, ich glaube nicht, daß ich nochmals zu ihm gehe, es hat wohl keinen Zweck.« Auf Urs' fragende Miene hin erklärte er weiter: »Herr Sieber hat nur so mit mir geplaudert, über unsere Flugzeuge und über die Schule und über die Modelleisenbahn, die ich mit Vater gebaut habe. Und dann bestellte er mich für nächste Woche,

und ich konnte gehen. Von Beruf hat er nicht viel gesagt, und ich weiß genauso wenig wie vorher, was ich nun werden soll. Da hat es doch wohl keinen Sinn, wieder zu gehen und zu plaudern, oder?« Urs lachte: »Hast du denn wirklich gedacht, der Berufsberater könne dir so auf den Kopf zusagen, was du werden sollest? Er kennt dich ja noch gar nicht!« Urs erzählte nun, während sie gemütlich radelten, wie es ihm letzte Woche bei seinem ersten Besuch in der Berufsberatung ergangen war. Er traf in der Sprechstunde auf Herrn Gerber. Der besprach mit ihm zunächst, wie sie zusammen vorgehen würden, denn eine Berufsberatung kann man nicht in einer einzigen Sprechstunde »erledigen«. Die Berufsberatung ist eine Zusammenarbeit zwischen Berater und Ratsuchendem; *beide* müssen zusammenspannen, um den besten Weg zu finden. Herr Gerber zeichnete ein Schema dieser notwendigen Zusammenarbeit für Urs auf ein Blatt, und es sah sehr übersichtlich aus.

Natürlich, erklärte Herr Gerber zu diesem Plan, gehe es manchmal noch ordentlich länger bis zur endgültigen Wahl, und manchmal seien auch weniger Zusammenkünfte nötig, aber das Gezeichnete sei so ungefähr das übliche Vorgehen. Außerdem sei es mit der Wahl des Ratsuchenden meist noch nicht getan, weil die Be-

Maya Liggenstorfer-Jost, geb. 1942. Schulen in Thun und Bern, mit 20 Jahren Beginn der Ausbildung zur Berufsberaterin. Praktisch tätig war ich von 1965 bis 1970, und zwar fast ausschließlich in der Beratung für Knaben. Heute widme ich mich nun »hauptamtlich« meinen zwei kleinen Kindern, behalte aber im Nebenamt die Verbindung zur Berufsberatung bei und erteile noch Berufskundeunterricht.

rufsberatung ja auch Lehrstellen vermitteln kann und Auskünfte über Weiterbildungs-, Aufstiegs- und Spezialisierungsmöglichkeiten gibt.

Mittlerweile waren die beiden Buben vor dem Haus angelangt, aber Urs erzählte so eifrig von Herrn Gerbers Zeichnung und Plan, daß sie noch geraume Zeit stehenblieben. Beat fand schließlich, er könne es ja nochmals versuchen und am nächsten Mittwoch wieder zum Berufsberater gehen.

Der nächste Mittwoch brachte nun gleich einige Testaufgaben für Beat. Das hatte er erwartet, aber er sah doch nicht ganz ein, was denn Figurendeuten mit seinem künftigen Beruf zu tun haben könnte. Er hatte viel eher Bruchrechnungen und eine geometrische Konstruktionsaufgabe erwartet, weil doch sein Interesse vor allem der Technik und dem Zeichnen galt. Beat verlangte – ermuntert durch die Erklärungen seines Freundes – Aufschluß darüber von Herrn Sieber. »Siehst du«, bekam er zur Antwort, »deine technischen Zeichnungen sind mir auch wichtig; du hast sie mitgebracht, und wir haben sie zusammen genau angeschaut. Aber ich möchte nicht nur sehen, was du bis jetzt gelernt hast in der Schule, sondern noch viel wichtiger ist es, wie du an eine ganz unbekannte Aufgabe herantrittst und wie du selbständig überlegst. Darauf wirst du im Beruf in erster Linie bauen, wenn auch natürlich die Schulleistungen für die Lehre als Grundlage wichtig sind. Deshalb möchte ich dir jetzt noch mehr Aufgaben stellen, die dir ganz neu sind und die mir etwas zeigen über deine besonderen technischen Fähigkeiten.« Damit kramte Herr Sieber einen Karton aus seinem Schrank und legte glänzende Bestandteile vor Beat hin. »Etwas zum Zusammenbauen«, dachte Beat und machte sich ans Werk.

Urs bekam gerade an diesem Mittwoch einen Brief von Herrn Gerber. Darin teilte ihm der Berufsberater mit, eine Schnupperlehrstelle als Tiefbauzeichner sei nun gefunden. Diesen Beruf wollte Urs nämlich genauer unter die Lupe nehmen – alle die verschiedenen technischen Zeichnerberufe hatte er bereits in Berufsbeschreibungen studiert. Mit seinen Zeichnerplä-

nen hatte er auch gerade Beat angesteckt, und er fragte sich, ob wohl Beat auch eine Schnupperlehre in dieser Richtung machen würde. Es wäre ja fein, wenn sie gleich zusammen . . . Aber nein, eigentlich sollte doch jetzt jeder einmal für sich die Sache prüfen, denn in allem gleich waren sie nun doch nicht.

Eine Schnupperlehre wollte aber Beat auch machen, und sein Berufsberater war sehr dafür, denn er fand, Beat müsse die Arbeit am Zeichentisch wirklich einmal erleben. Außerdem mußten sie nun einmal die verschiedenen Ergebnisse, die Herr Sieber gesammelt hatte, zusammen besprechen. Ganz alles begriff Beat nicht, was Herr Sieber ihm sagte, er behielt vor allem den Satz: »Du bist einer von jenen praktischen Menschen, die immer sehen und spüren, wie eine Sache funktionieren muß.« Und weil Herr Sieber dann sah, wie fest sich Beat vorgenommen hatte, Tiefbauzeichner zu werden wie sein Freund, schlug er ihm vor, nun vor allem Weiteren auch eine solche Schnupperlehre zu machen und sich die Sache anzusehen. »Du mußt die Arbeit unter den Händen haben, Beat, um dir ein wirkliches Bild machen zu können und um zu sehen, ob Arbeit und Umgebung des Berufes dir Freude machen. Wenn deine Eltern einverstanden sind, suchen wir eine passende Stelle für die Sommerferien.«

In den Sommerferien arbeiteten dann die beiden Buben in zwei verschiedenen Ingenieurbüros. Ohne Lohn natürlich, dafür mußten sie aber auch nicht Hilfsarbeiten machen, sondern konnten unter Anleitung für sich selbst richtige Berufsarbeiten ausführen – freilich nur soweit es ohne Lehre geht. Am Samstag trafen sie sich erst wieder. Zwei begeisterte Zeichner? Mitnichten! Urs, ja, dem hatte der Betrieb bei Planix, »seinem« Ingenieurbüro, gefallen. Mit Freude hatte er Schriften geübt und Vermessungszahlen sorgfältig eingetragen, Materiallisten geschrieben (einmal sogar ohne neu anfangen oder korrigieren zu müssen), und er hatte ganz selbständig für sich einige Detailzeichnungen angefertigt, auf die er besonders stolz war. Richtig befriedigt erklärte er, es sei noch besser gewesen als die TZ-Stunden in der Schule.

Der Beruf des technischen Zeichners
erfordert eine spezielle Begabung und
liegt nicht jedem

Beat schüttelte den Kopf. Bei ihm hatte der Funken nicht gezündet. Er konnte sich gar nicht mehr vorstellen, den Tag, oder auch nur den halben, am großen Zeichentisch zu verbringen, und so gut ihm die Planungsarbeit an sich gefallen würde, das Zeichnen von immer wieder neuen Details und in veränderten Maßstäben war ihm zuwider. »Ich glaube nicht, daß wir in die gleiche Gewerbeschulklasse gehen werden, Urs; ich muß mir etwas Neues suchen.«

Beat besprach die Sache mit Herrn Sieber, aber er war ordentlich enttäuscht von dessen Reaktion. Beat hatte nämlich erwartet, daß Herr Sieber ihm jetzt sage, was zu tun sei und wo er Ersatz für seinen Berufswunsch finde – aber gerade das wollte Herr Sieber nicht. Sie mußten jetzt zusammen die verschiedenen Berufsrichtungen durchgehen und Vor- und Nachteile diskutieren. Ans Diskutieren mußte sich Beat etwas gewöhnen, denn es war ja nicht überall »Brauch«, vor Erwachsenen auch eine andere Meinung zu vertreten und zu begründen: aber gerade das ist für gute Berufsberatung nötig.

Möglichkeiten für Beat boten sich viele. Er prüfte, machte Besichtigungen, besprach sich mit seinem Vater und mit Urs, der mittlerweile schon eine Lehrstelle in Aussicht hatte. Beat beneidete ihn darum, und das lange Suchen mißfiel ihm. Und doch hatte gerade das sein Gutes: Beat merkte immer deutlicher, auf was es ihm eigentlich ankam. Je mehr Möglichkeiten er mit seinem Berufsberater besprochen und wieder fallengelassen hatte, desto klarer wurde ihm, was er vom Beruf erwartete. Und in den Herbstferien zog er am Montagmorgen ein blaues Überkleid an und trat seine zweite Schnupperlehre an: Herr Sieber hatte ihm eine solche Lehrstelle als Maschinenschlosser vermittelt, und Beat lernte an der Werkbank und in der Montagehalle eine neue Welt kennen – *seine* Welt, dessen war er von Tag zu Tag sicherer. Hier kam er nun zum Zug, konnte seine geschickten Hände brauchen, und er hatte richtig Freude, zu sehen, wie aus exaktesten Einzelteilen nach und nach eine Maschine entstand, bis man sie auf dem Versuchsstand überprüfen konnte. Das Feilen könne einen ja

schon verdrießen, sagten ihm die Erstjahr-Lehrlinge etwa, aber man sah doch allenthalben über diese Übungsarbeiten hinaus.

Von sich aus konnte nun Beat seinen Entschluß Herrn Sieber mitteilen, er selber war soweit gekommen, seinen Weg zu finden, und er hatte gelernt, sich selbst Rechenschaft zu geben über seine Eigenschaften und die Vor- und Nachteile der verschiedenen Berufswelten damit zu vergleichen. Deshalb hat er mit offenen Augen selbst gewählt, und *dazu* wollte ihm Herr Sieber verhelfen, denn dazu, und nicht zum »Personal-Auslesen«, ist die Beratung da.

Was kannst du von der Berufsberatung erwarten?

– Zum Beispiel Auskunft über die Berufswelt. Du kannst Information finden über Berufstätigkeiten, Anforderungen und Besonderheiten der Berufe und vielleicht auch Hinweise auf Berufe, die dir noch gar nicht bekannt sind – es gibt überall Neues, auf technischem, gewerblichem und kaufmännischem Gebiet, und die Ausbildungswege werden gerade jetzt in vielen Zweigen geändert.

– Auskunft bekommst du auch über Schulen, Prüfungsanforderungen, Stipendien, Weiterbildungs- und Kursmöglichkeiten.

– Der Berufsberater vermittelt dir, damit du die Berufe nicht nur vom Hörensagen kennst, Berufsbesichtigungen und Schnupperlehren. Mach Gebrauch davon!

– Im Berufsberater kannst du, wenn er dich kennengelernt hat (im Gespräch eben und mit Tests), einen »neutralen« Gesprächspartner finden. Du kannst mit ihm deine Probleme besprechen und mit ihm zusammen Vor- und Nachteile der verschiedenen Möglichkeiten erwägen. Dazu mußt du aber mitmachen! Äußere deine Meinungen, versuche sie zu begründen, beziehe Stellung! Nur damit kommt ihr dann soweit wie Beat, der zuletzt selbst entschied. Das ist das Ziel der richtigen Berufsberatung: Jeder sollte dazu kommen, sich und die Berufsmöglichkeiten so gut einzuschätzen, daß ihm ein eigener Entschluß möglich ist.

– Wenn du und deine Eltern die Entscheidung getroffen haben, kann der Berufsberater dir eine Lehrstelle vermitteln oder dir über einzelne, in Frage kommende Betriebe Auskunft geben.

Bitte erwarte nicht,
– daß die Berufsberatung in einer Besprechung erledigt ist. Es kommt sehr selten vor, daß man schon in der ersten Besprechung klarsieht – auf beiden Seiten noch nicht!
– Erwarte auch nicht ein Rezept vom Berufsberater, das dir angibt, was du werden sollst oder gar mußt. Das ist zwar eine recht verbreitete Meinung, die aber keine Berechtigung hat. Die Entscheidung liegt bei dir und bei deinen Eltern.

Fragen?

– Was ein *Berufsberater* eigentlich ist? Er ist ein Fachmann, der über Berufe besonders viel weiß, und er hält sich auf dem laufenden über jeweilige Änderungen und Neuheiten in der Berufswelt. Weil er außerdem gelernt hat, die Fähigkeiten und Neigungen eines Menschen zu erfassen und mit den Besonderheiten der Berufe zu vergleichen, kannst du deine Berufsprobleme mit ihm besprechen, und er kann dir helfen, klarzusehen und etwas zu finden, was deinem Wesen wirklich entspricht und wo du dank deiner Fähigkeiten erfolgreich sein

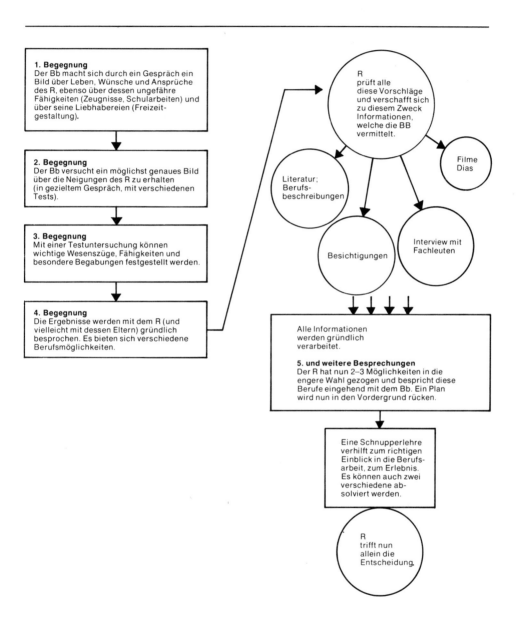

1. Begegnung
Der Bb macht sich durch ein Gespräch ein Bild über Leben, Wünsche und Ansprüche des R, ebenso über dessen ungefähre Fähigkeiten (Zeugnisse, Schularbeiten) und über seine Liebhabereien (Freizeitgestaltung).

2. Begegnung
Der Bb versucht ein möglichst genaues Bild über die Neigungen des R zu erhalten (in gezieltem Gespräch, mit verschiedenen Tests).

3. Begegnung
Mit einer Testuntersuchung können wichtige Wesenszüge, Fähigkeiten und besondere Begabungen festgestellt werden.

4. Begegnung
Die Ergebnisse werden mit dem R (und vielleicht mit dessen Eltern) gründlich besprochen. Es bieten sich verschiedene Berufsmöglichkeiten.

R prüft alle diese Vorschläge und verschafft sich zu diesem Zweck Informationen, welche die BB vermittelt.

Filme Dias

Literatur; Berufsbeschreibungen

Besichtigungen

Interview mit Fachleuten

Alle Informationen werden gründlich verarbeitet.

5. und weitere Besprechungen
Der R hat nun 2–3 Möglichkeiten in die engere Wahl gezogen und bespricht diese Berufe eingehend mit dem Bb. Ein Plan wird nun in den Vordergrund rücken.

Eine Schnupperlehre verhilft zum richtigen Einblick in die Berufsarbeit, zum Erlebnis. Es können auch zwei verschiedene absolviert werden.

R trifft nun allein die Entscheidung.

kannst. Du kannst aber auch persönliche Probleme mit ihm besprechen; im gemeinsamen Gespräch findet sich manche Lösung leichter.
– Ob die Berufsberatung *überall gleich* arbeitet? Nein. Zwar ist das Ziel, daß die Berufsberatung zu einem eigenen, klaren Entscheid helfen will, überall das gleiche, und das Vorgehen ist

ähnlich. Jeder Berufsberater entwickelt aber seine eigene Methode, und weil die Ratsuchenden immer wieder anders sind und jeder seine eigenen Probleme hat, verläuft keine Beratung ganz gleich wie die andere. Urs und Beat sind Beispiele, wie es gehen *kann*. Deine Probleme sind wieder anders und erfordern einen anderen, wenn auch ähnlichen Lösungsweg. Wenn du in *Deutschland* oder *Österreich* die Berufsberatung aufsuchst, wirst du wieder etwas andere Arten des Vorgehens antreffen, obgleich das Ziel dasselbe ist. Besonders die Schnupperlehre ist noch nicht im selben Maße eingebaut wie in der Schweiz (und damit in unserem Beispiel). Da sie aber ein wirklich nützliches Mittel auf dem Weg zur Berufswahl ist, läßt sich in vielen Fällen privat eine Möglichkeit dazu finden.

Hauptsache bleibt überall deine Einstellung: deine Bereitschaft zum Mitmachen, zum Mitdenken, zum Fragen. Ein Vorschlag des Berufsberaters ist nirgends ein Rezept, sondern überall eine Anregung.

– Was man unter *Schnupperlehre* genau versteht? So nennt man die probeweise Beschäftigung (etwa drei bis sechs Tage) in einem bestimmten Beruf, und zwar erst dann, wenn man den Beruf schon etwas geprüft und in die engste Wahl gezogen hat. Das wichtigste ist, daß die Schnupperlehre richtig geplant und vorbereitet wird (und es gibt für viele Berufe richtige Schnupperlehr-Programme, jedenfalls in der Schweiz), so daß der Schnupperlehrling Gelegenheit hat, die typischen Berufsarbeiten kennenzulernen und selber zu arbeiten.

Die Schnupperlehre ist deshalb die beste Möglichkeit, einen Beruf kennenzulernen, wenn du aufmerksam deine Umgebung im Betrieb und die Berufsleute beobachtest und wenn du fragst, was dir nicht klar ist. Aufpassen: Eine Ferienbeschäftigung zum Geldverdienen ist das nicht, denn in der Schnupperlehre sollst du den Beruf erleben können (und störst dabei eben auch etwa die Berufsleute, was aber vorgesehen ist). Du hilfst also nicht so, daß du Recht auf Lohn hättest! Außerdem ist es vernünftig, wenn deine Eltern für die Zeit der Schnupperlehre eine kurzfristige Versicherung für dich abschließen (Haftpflicht für den Fall, daß du einen Schaden, z. B. an einer Maschine,

anrichtest, und Unfall). Das kostet für so kurze Zeit nur wenig, könnte aber sehr nützlich sein.

– Was du von einem *Test* zu erwarten hast? Keine Probe oder Prüfung, wie du sie von der Schule kennst, sondern eine Aufgabe, an die man ganz unvorbereitet herangehen kann. Es gibt Tests, die deine Neigungen, Interessen erforschen. Andere zeigen besondere Wesenszüge auf (zum Beispiel Geduld, Lebhaftigkeit, Freude am Umgang mit Menschen usw.), und eine weitere Gruppe stellt Fähigkeiten und besondere Begabungen fest. Weil du ja einen Beruf suchst, der deinen Neigungen, deiner Wesensart und deiner Begabung richtig entspricht, können die Testresultate gar nicht gut oder schlecht ausfallen wie jene einer Prüfung, sondern sie ergeben einfach zusammen ein Bild deiner Person, das möglichst gut zum Bild eines Berufes passen sollte. Hemmungen oder gar Angst vor Tests sind also wirklich nicht am Platz!

– Ist dir der Ausdruck *Stipendium* unklar? Ein Stipendium ist ein Geldbeitrag von einer öffentlichen Stelle oder von einer privaten Stiftung an eine Lehre oder Schulausbildung, wenn die Eltern die Kosten nicht allein tragen können. Unter welchen Bedingungen du Stipendien bekommen kannst und wie ein Gesuch abzufassen ist, darüber kann die Berufsberatung Auskunft geben.

– Hast du weitere Fragen, die Berufswahl, Berufe, Ausbildung, Weiterbildung, Laufbahn, Berufswechsel betreffen? Lege sie dem Berufsberater vor, er ist Fachmann dafür. Allerdings ist der Erfolg der Beratung, wenn es sich nicht nur um eine allgemeine Auskunft handelt, auch davon abhängig, ob ihr richtig zusammenarbeitet, du und der Berufsberater. Warte nicht auf das Rezept, sondern sei bereit, mit dem Berufsberater gemeinsam den Weg zu suchen, der für dich die besten Möglichkeiten bietet. Zuletzt wirst *du deine* Entscheidung treffen.

»Im Märzen der Bauer…«
»Arbeit« in den Lesebüchern

Alexa Lindner

Was ist »Arbeit«? Bedeutet »arbeiten« seine Arbeitskraft für eine bestimmte Zeit verkaufen, wie die Marxisten sagen? Oder bedeutet Arbeit schöpferisches Tun? Wenn ein Dichter seinen Entwurf noch einmal umschreibt, arbeitet er doch auch. Warum kann man den Ehemann einer vielbeschäftigten Frau und Mutter von drei kleinen Kindern sagen hören: »Meine Frau arbeitet nicht«? Heute verstehen wir unter Arbeit im alltäglichen Sprachgebrauch vorwiegend bezahlte Erwerbsarbeit außer Haus.

Nicht immer waren Wohnen und Arbeiten so streng geschieden wie heute. Nicht nur in der Landwirtschaft, auch im Handwerk bildeten vor hundertfünfzig Jahren Berufsarbeit und Haushalt eine Einheit; die Kinder erhielten durch tägliche Anschauung gleichzeitig die ersten Anleitungen und Einblicke in die Welt der Arbeit. Mehr und mehr ging die Selbstversorgung in die Erwerbswirtschaft über. Zuerst wurden die einzelnen Tätigkeiten spezialisiert: Nicht mehr die einzelne Familie webte den Stoff und nähte das Kleid, sondern der Weber und der Schneider. Dann kamen die Manufakturen und schließlich die Fabriken, und hier wurden die Arbeitsgänge an einem einzelnen Stück nochmals so aufgeteilt, daß es Arbeiter gibt, die oft mehr als achtzigtausendmal im Tag die gleiche Handbewegung ausführen müssen.

Heute ist die Erwerbsarbeit dem Kind fremd geworden. Es erlebt »Arbeit« oft einfach als Abwesenheit des Vaters. Und wenn er müde und ruhebedürftig heimkehrt, erscheint die Arbeit erst recht als fremd und feindlich. Deshalb ist die Beschreibung der Arbeit, zum Beispiel in den Schulbüchern, von ganz wesentlicher Bedeutung.

Versucht man, eine Wunschliste aufzustellen, wie die Arbeit in den Schulbüchern gezeigt werden sollte, wären folgende Forderungen zu stellen:

a) Die Arbeit soll möglichst wirklichkeitsnah und anschaulich geschildert sein.

b) Die besonderen Schönheiten und Widerwärtigkeiten in den verschiedenen Berufen müssen erkennbar werden.

c) Die Leser sollten vielseitige Anregungen für ihre eigene Berufswahl bekommen.

1. Von den in der Schweiz benützten Schulbüchern erfüllt keines diese Forderungen.

Die Texte sind größtenteils veraltet und schildern deshalb vor allem landwirtschaftliche Berufe und ein Handwerk, wie es nur noch im Buche steht. An sich könnte auch der Vergleich

Alexa Lindner: Wegen der beruflichen Versetzungen meines Vaters besuchte ich die Primar- und Sekundarschulen an verschiedenen Orten meines Heimatkantons. Dann machte ich eine kaufmännische Lehre bei einem Rechtsanwalt. Seit 1962 gebe ich Unterricht in Stenografie und Maschinenschreiben an der Mädchensekundar- und Töchterschule Talhof in St. Gallen. Seit 20 Jahren arbeite ich in der Sozialdemokratischen Partei mit, die mich im Herbst 1972 als Präsidentin ihrer Kantonalpartei wählte. Nach Einführung des Frauenstimmrechtes im Kanton St. Gallen wurde ich als Gemeinderat der Stadt St. Gallen gewählt (Legislative).

von Arbeitstechniken des Mittelalters mit den heutigen durchaus aufschlußreich sein; aber dann müßte bei den Texten stehen, auf welche Zeit sie sich beziehen.
Zwar ist öfter von rauchenden Fabrikschloten die Rede – in der Zeit des Umweltschutzes ohnehin etwas Skandalöses, hier fehlen ganz einfach wirksame Luftfilteranlagen, und die Schlote sind zu niedrig –, doch eine Fabrik wird nirgends von innen gezeigt. Die Fließbandproduktion ist für die Schulbücher noch nicht erfunden. Im Bestreben, interessante Begebenheiten darzustellen, werden zu viele Arbeitsunfälle geschildert. Von Unfallschutz und Unfallverhütung wird nie gesprochen.
Das neue interkantonale Lesebuch für die sechste Klasse der ostschweizer Kantone vermeidet zwar Fehler älterer und anderer Schulbücher: die Texte sind fast durchweg von Muff befreit. Die Autoren sind um Generationen jünger und beschreiben die Welt von heute. Gut gewählt sind die Beispiele für eine mitmenschliche Haltung. Die Kinder handeln spontaner; wenn sie Fehler machen, werden diese sachlicher ausgebügelt, ohne daß die armen Kleinen vor Gewissensbissen nächtelang nicht schlafen können. Aber die Arbeitswelt kommt auch in diesem Lesebuch zu kurz. Die meisten Berufe werden lediglich erwähnt, eine Schilderung der Arbeit fehlt. Unter »Erzählungen, Kurzgeschichten, Berichte« habe ich lediglich sechs eigentliche Arbeitsbeschreibungen gezählt, bei 45 Texten. Und zwar wird die Arbeit folgender Berufe näher beschrieben: Clown, Lehrer, Artist, Chauffeur, Pilot, Meisterknecht. Dann kommen folgende Berufe vor: Kaufmann, Maschinenschlosser, Wirt, Geometer, Köchin, Kutscher, Maronibrater, Polizist, Offizier, Kranführer, Kantinenbursche, Telefonist, Arzt, Ingenieur, Richter, Arbeiter, Bulldozerführer, Fischer, Schleusenwart, Bahnwärter, Seemann, Bauer.
2. Nehmen wir zwei Berufe, die ich aus eigener Erfahrung gut kenne, den der Sekretärin und den der Lehrerin. Eine Sekretärin habe ich in keinem mir bekannten Schulbuch gefunden. Was sind nun die besonderen Schönheiten und Widerwärtigkeiten dieses Berufs? Als ich sel-

ber Sekretärin war, gefiel es mir, jeden Tag etwas Neues zu lernen. Von Monat zu Monat lernte ich die schwierigen Texte eines Rechtsanwalts rascher und fehlerloser stenografieren und tippen und schließlich sogar verstehen – auch beim Abschreiben kann man lernen, wenn es nicht gerade fünfzigmal der gleiche Satz als Strafaufgabe ist! Ich begann mich für die Fälle zu interessieren, bei denen knifflige Rechtsfragen mitspielten, und erwartete gespannt das Urteil des Gerichts. Ich schätzte den gepflegten Stil meiner Chefs und versuchte, den Briefen ein ebenso gepflegtes Aussehen zu geben. Besonders befriedigend war der persönliche Kontakt mit den Klienten, die manchmal so gar nicht dem Bild entsprachen, das ich mir nach den Akten von ihnen gemacht hatte. Oft kamen Leute ganz verzweifelt zu uns, und immer wieder sah ich sie allein dadurch getröstet weggehen, daß sie sich ausgesprochen hatten. Aber wie in vielen Berufen, nahmen die Routinearbeiten einen breiten Raum ein, und ich erarbeitete mir deshalb zwei Diplome, um noch Fachlehrerin zu werden.
Ein Lehrer hat wenig Routinearbeiten zu machen. Unangenehm ist höchstens das Korrigieren und die Errechnung der Notendurchschnitte. Ungemein befriedigend ist jedoch, daß jede Stunde anders ist. Jedesmal sitzt eine andere Klasse da, und man weiß eigentlich nie, wie eine Lektion verläuft, weil ja die Schüler jedesmal anders sind. Gerade diese Überraschungen sorgen für Abwechslung.
Die Lehrer in den Schulbüchern kommen mir ganz anders vor als meine Kollegen. Ich kenne zum Beispiel keinen Lehrer, der mit der Pfeife im Mund unterrichtet. Und ich habe immer die Erfahrung gemacht, daß die Schüler es nur zu gut verstehen, den Lehrer von seinem Hobby erzählen zu lassen; unsere wenigstens warten nicht, bis der Lehrer Geburtstag hat und dann selber damit beginnt, wie es in einem Schulbuch heißt.
3. Bei der kleinen Zahl von Arbeitsbeschreibungen kann keine Rede davon sein, daß sie den Lesern Anregungen für die Berufswahl bieten. Hier kommen die Mädchen besonders schlecht weg: Der Hauptberuf der Frau ist Ehe-

frau und Mutter. Wie würden die Buben wohl reagieren, wollte man ihr Leben auf eine reine Familienfunktion beschränken und von ihnen erwarten, ausschließlich »Ehemann und Vater« zu werden?

Das Berufsleben ist streng, der Aufstieg nur durch gezielte Weiterbildung zu erreichen. Zwar sind sich die Fachleute schon lange im klaren darüber, daß das Lernen auch im Leben eines Erwachsenen nie aufhören darf und viele Berufe nach zehn oder zwanzig Jahren nicht mehr ausgeübt werden können. Doch wird auch die Weiterbildung in den Lesebüchern nie erwähnt. Überhaupt wird darin kaum Zeitung, fast nie ein Buch gelesen, äußerst selten Radio gehört und schon gar nicht ferngesehen. Und dabei können diese Massenmedien viel zur Weiterbildung beitragen, wenn sie nicht nur zur Unterhaltung benutzt werden.

Aber nicht nur, was der einzelne zu einem erfüllten, befriedigenden Berufsleben beitragen könnte, wird in den Schulbüchern verschwiegen. Leider wird auch gar nie erwähnt, was eine Belegschaft gemeinsam unternehmen könnte, um die Arbeit sicherer, die Arbeitsbedingungen angenehmer, die Freizeit schöpferischer zu gestalten.

Und daß die Gesellschaft und der Staat auch ihre Pflichten gegenüber den Arbeitern haben, das erfährt man schon gar nicht aus den Lesebüchern. Der Schutz vor Arbeitsunfällen und gesundheitlicher Gefährdung in den Betrieben ist dem Staate überbunden. Davon ist aber so wenig die Rede wie von den Gewerkschaften, die doch in den einzelnen Berufsverbänden versuchen, die Interessen der Arbeiter gegenüber den Unternehmern zu wahren.

Noch eine andere Verpflichtung der Gesellschaft gegenüber den Arbeitern wird nirgends erwähnt, und doch scheint mir diese Frage lebenswichtig für die Zukunft zu sein. Oscar Wilde sagt: »Einen kotigen Straßenübergang bei scharfem Ostwind acht Stunden im Tag zu fegen ist eine widerwärtige Beschäftigung. Ihn mit geistiger, moralischer oder körperlicher Würde zu fegen scheint mir unmöglich. Ihn freudig zu fegen wäre schauderhaft. Der Mensch ist zu etwas Besserem da, als Schmutz zu entfernen. Alle Arbeit dieser Art müßte von einer Maschine besorgt werden.«

Seit 1891, als Wilde das schrieb, ist die Maschine, die Straßen fegt, erfunden worden. Aber es gibt noch viele Arbeiten, die ebenso widerwärtig sind wie Straßen fegen und doch ebenso notwendig für die Allgemeinheit. Deshalb müssen wir sie aufteilen. Wenn acht Stunden im Tag einer unangenehmen Arbeit nicht auszuhalten sind, so sind es doch zwei Stunden oder eine Stunde, auf mehrere Personen aufgeteilt. Wir haben uns in der Schweiz noch gar nicht mit diesem Problem befaßt, weil wir uns daran gewöhnt haben, daß ausländische Arbeiter jene Tätigkeiten ausüben, die von uns nicht mehr gerne ausgeführt werden.

Um es zusammenzufassen: Das Bild der Arbeit in den schweizerischen Lesebüchern besteht bestenfalls aus ein paar Mosaiksteinchen. Da die Arbeit doch fast ein Drittel des Erwachsenenlebens ausfüllt, müßten noch viele weitere Mosaiksteine dazukommen, bis der Schüler weiß, wie schön und befriedigend, wie häßlich und widerwärtig Arbeit sein kann.

Arbeit ist das, was die Menschen, einzeln oder in Gemeinschaft, aus ihr machen.

Wenn einer eine Stelle sucht

Stelleninserate genauer gelesen

Hedi Wyss

»Früher, da mußte man froh sein, wenn man überhaupt Arbeit bekam, da konnte man nicht wählerisch sein. Ihr wißt gar nicht, wie gut ihr es heute habt . . .« Wir kennen sie alle, diese Erzählungen aus Kriegs- und Krisenjahren. Es sind meist bittere Bemerkungen von Menschen, die sich jahrzehntelang geduldig in einem Beruf abrackerten und deren größte und wichtigste Hoffnung die auf ein einigermaßen gesichertes Alter nach einem Leben ohne allzu harte Perioden der Arbeitslosigkeit war.

». . . wie gut ihr es heute habt.« Die Rubriken mit Stellenangeboten in den Zeitungen, die immer umfangreicher werden, scheinen es zu bestätigen. Auch die Anzeigen werden immer aufwendiger. Groß und verlockend sind die Schlagzeilen. Begehrt und umschwärmt ist der »Arbeitnehmer«, das heißt seine Arbeitskraft, seine Zeit, seine Kenntnisse. Er bekommt einiges dafür geboten, daß er seine Arbeitskraft einem andern und dessen Plänen und Projekten zur Verfügung stellt.

Der Neid in den Stimmen der Älteren, der nicht zu überhören ist, ist eigentlich begreiflich: Sie standen noch vor verschlossenen Fabriktoren, an die man ein Schild gehängt hatte: »Nachfragen zwecklos, es werden keine Arbeiter eingestellt.« Heute dagegen wird man mit immer dikkeren Lettern aufgefordert: »Wählen Sie!« Chancen, Karrieren, hohes Gehalt, attraktive Arbeit. Ist das nicht ein Paradies für die Umworbenen, die offensichtlich nur zuzugreifen brauchen, um in einem Traumjob in »angenehmem Arbeitsklima«, in »dynamischem Team« und unter »fortschrittlichen Arbeitsbedingungen« ihr Brot zu verdienen?

Arbeitsmarkt

Wörter kann man nicht immer beim Wort nehmen. Ihre Bedeutung ändert sich, je nachdem, von wem und in welchem Zusammenhang sie benutzt werden. Allzuoft verbergen sie etwas, oder ihre Bedeutung ist vage und läßt viel Raum für Vermutungen. Wenn Wörter, wie etwa in der Werbung, nicht nur der Verständigung dienen, sondern eine ganz bestimmte, genau berechnete Wirkung hervorrufen sollen, dann kann man ihnen am wenigsten trauen. In Stellenanzeigen wird für Arbeit geworben, denn Arbeit ist so etwas wie Ware, die gekauft

Hedi Wyss wurde 1940 in Bern geboren. Sie war zunächst Lehrerin, dann Redakteurin einer Frauenzeitschrift. Sie ist heute freie Mitarbeiterin mehrerer Zeitungen. Hedi Wyss beschäftigt sich vor allem mit gesellschaftlichen Problemen, der Situation der Frau heute, Erziehungsfragen und Kunstkritik. Sie sammelte Erfahrungen als Verkäuferin, Hilfspflegerin in einer Nervenheilanstalt, Werbetexterin, Reisen per Autostopp durch Europa und nicht zuletzt als berufstätige Mutter. Ihr erstes Buch ist vor wenigen Monaten im Hallwag Verlag erschienen: »Das rosarote Mädchenbuch. Ermutigung zu einem neuen Bewußtsein«.

und verkauft wird, wie jede andere Ware auch. In unserer Gesellschaft, in der kaum einer mehr seine Arbeitskraft direkt für sich selbst einsetzen kann – etwa dadurch, daß er die Dinge, die er braucht, selbst herstellt –, ist sie eine besonders wichtige Ware. Damit in Massen das produziert werden kann, was wir alle in reichhaltigen Geschäften kaufen können, braucht es große Betriebe, in denen viele Menschen zusammenarbeiten.

Da eine umfangreiche und kostensparende Produktion Spezialisierung verlangt, gibt es nur noch wenige Arbeitnehmer, die befriedigt das »Produkt ihrer Arbeit« betrachten können, denn es gibt kein solches Produkt mehr, sondern nur einen Arbeitsvorgang, den sie auf Wunsch ihres Arbeitgebers beigesteuert haben. Anstelle der Befriedigung – die etwa noch ein Handwerker empfinden kann, der nach eigenen Ideen und Plänen ein Möbelstück bis zur letzten Verzierung selbst herstellt – braucht es andere und neue Anreize zur Arbeit.

Wenn die Arbeitskräfte – wie heute – zur Mangelware werden und es mehr offene Stellen als Stellensuchende gibt, werden Stellenangebote zu raffinierten Werbeanzeigen. Man stellt – neben der fast selbstverständlichen Bedingung einer angemessenen Bezahlung – dem umworbenen Angestellten alles Mögliche in Aussicht.

Um seine Arbeitskraft zu gewinnen, geht man kaum anders vor als die Waschmittelfirma, die ihre Produkte verkaufen will. Verkaufswerbung arbeitet meistens mit Superlativen, mit Übertreibungen. Sie macht sich auf geschickte Weise die Wunschträume der Menschen zunutze, die sie ansprechen will, indem sie ihnen vorgaukelt, sie könnten mit einem Kauf solche Träume erfüllen.

Idyll und große, weite Welt

Auch in Stellenanzeigen operiert man mit Träumen. Man wirbt oft nicht so sehr für einen bestimmten Arbeitsplatz als vielmehr für einen Lebensstil und verspricht Befriedigung von Bedürfnissen, die kaum am Arbeitsort befriedigt werden können. Jeder Mensch hat das Bedürfnis, einer Gruppe anzugehören, in der er engen Kontakt zu andern Menschen hat, in der er akzeptiert, geliebt und anerkannt wird und geborgen ist. Ein »kleines Team«, ein »freundliches« oder »angenehmes Arbeitsklima« scheinen ein bißchen von dieser Geborgenheit auch am Arbeitsplatz zu versprechen, als ob das Büro da und dort zu einem Ersatz für Familie und Freundeskreis werden könnte.

Die Arbeit, die nicht in eigener Regie verrichtet werden kann, wird mit vagen Begriffen wie »modern« oder »aktuell« reizvoller gemacht. Eine Nuance Gefühl, einen Hauch von Leben bringt man überall hinein: »Lieben Sie Zahlen?« – »Haben Sie ein Flair für . . .« Auch die kleine Schmeichelei gehört dazu: »Sie sind unser Mann . . .« – »Dann sind Sie genau die Richtige für uns.« Persönliche Anteilnahme, Sympathie werden so auf dem Papier aufs Geratewohl dem unbekannten Leser aufgetischt, und man vermittelt Illusionen wie die von Freiheit, die es nicht gibt. »Wählen Sie . . .«, ruft man der Schreibkraft zu, die wahrscheinlich keine große Wahl mehr hat, wenn sie einmal wirklich am Schreibtisch sitzt.

Die Tatsache, daß Arbeit für andere entfremdete Arbeit ist, Arbeit, die nicht den eigenen Zwecken dient, sondern den Zwecken dessen, der sie bezahlt, wird überspielt mit Suggestion. Wenn von »Verantwortung«, »selbständiger Arbeit«, von »großartigen Aufstiegsmöglichkeiten« gesprochen wird, appelliert man geschickt an das Selbstgefühl des Bewerbers. Man spricht den zukünftigen Verkäufer als »Vollblut-Verkäufer« an und versüßt die Aussicht auf lange Bürotage mit dem Hinweis auf »einmalige Entfaltungsmöglichkeiten«.

Oft spricht man weniger von der Arbeit als von dem Drum und Dran. Man erwähnt nicht nur reale Vorteile, zum Beispiel Sportmöglichkeiten oder die gepflegte Firmenkantine. Die »weltweiten Verbindungen« einer Firma, das Klima in einem Unternehmen von »internationaler Bedeutung« müssen dazu herhalten, den Traum des kleinen Angestellten von der weiten Welt scheinbar zu erfüllen und ihm wenigstens einen Hauch davon zu versprechen.

Arbeit im weißen Kragen

Es stimmt einen nachdenklich, daß in einer gewöhnlichen Zeitung so wenig Leute gesucht werden, die direkt etwas herstellen oder selbst etwas planen und erfinden, aber viele, die bloß verwalten, das heißt verkaufen und kaufen, organisieren und all die Arbeit tun, die eigentlich kein sichtbares Resultat zeigt. Es sind Leute, die mit Papier und Schreibmaschine umgehen können und mit der eigentlichen Herstellung kaum in Kontakt kommen, Leute, die über das schreiben und reden, was eigentlich in ihrem Betrieb geschieht. Vielleicht täuscht es, aber es ist auffallend, wie eine Doppelseite mit Stellenanzeigen in einer Tageszeitung einem das Gefühl geben könnte, Sekretärinnen, Verkäufer und Manager seien die wichtigsten Berufsgruppen.

Beschönigungen

Ist es ein Zufall, daß auch in der Werbung der Manager, der »Chef«, als männliches und die adrette Sekretärin, die mit ihrer Mannequinfigur sein Vorzimmer dekoriert, als weibliches Idealbild so oft herhalten müssen? Sie lächeln uns auch immer wieder aus Zigarettenreklamen und Modejournalen entgegen. Ist unsere Welt der Arbeit wirklich diese eintönige Papierwelt, die Welt der glänzenden Telefone und Schreibmaschinen hinter Glasfassaden? Natürlich nicht. Aber der Karrieremann und die smarte »rechte Hand« im modernen Büro scheinen Idealbilder zu sein, die bestimmend sind. Arbeit, die keine Aufstiegschancen bietet oder nicht in die glatte Spiegelwelt des Büros paßt, wird deshalb recht verschämt behandelt. Man nennt sie in den Stellenanzeigen oft nicht beim Namen, man braucht schöne Umschreibungen, die den Anzuwerbenden, der sich sonst minderwertig vorkommen könnte, von vornherein zu versöhnen suchen. Eine Putzfrau läßt sich vielleicht eher dazu erweichen, eine Stelle anzunehmen, wenn man sie als »Raumpflegerin« anspricht, und eine Hilfsarbeiterin hat wenigstens die Illusion einer echten Verantwortung, wenn man sie »Mitarbeiterin«

nennt. »Aus Lehrtöchtern werden Damen«, verspricht ein Inserat ganz unumwunden. Daß die Sekretärin nie Chef werden kann, darüber tröstet man sie mit schmeichelhaften Ausdrükken hinweg, auf die eine Frau besonders ansprechen muß: die »rechte Hand des Chefs« zu sein ist offenbar ein ebenso legitimes Ziel für eine Frau wie das, die Haushälterin eines Ehemannes zu werden.

Hier läßt sich aus den Stellenanzeigen noch etwas Wichtiges über die Wirklichkeit der Arbeitswelt ablesen. Es gibt ganz bestimmte Frauenberufe und ganz bestimmte Männerberufe. Die Ausnahmen sind nicht sehr zahlreich. Meistens wird ausdrücklich eine Frau oder ausdrücklich ein Mann gesucht. Die Art der Arbeit, die angeboten wird, ist ganz verschieden, auch dann, wenn dieselbe Firma zwei Kräfte für dieselbe Abteilung braucht. Männerarbeit ist die des Chefs, Frauenarbeit ist Hilfsarbeit. Die Bürokraft, die Stenotypistin, die nach Diktat schreibt, die »rechte Hand«, das Mädchen für alles, die Assistentin sind weiblich; der Personalchef, der Manager, der Verkaufsleiter sind männlich. Bei Stellen, für die ein männlicher Bewerber in Frage kommt, wirbt man mit Aussichten auf Aufstieg und Karriere, während man das bei Arbeitsplatzangeboten für Kandidatinnen fast immer beiseite läßt und dafür das »Gefühl« anspricht: Die »freundliche«, »charmante« Kollegin wird mit der Aussicht auf viel Licht im modernen Büro und humorvolle, attraktive Chefs zu überzeugen versucht. Aber Aufstiegsmöglichkeiten gibt es für die Chefsekretärin ja sowieso nicht. Es ist im Beruf wie im Privatleben. Die einen haben sich draußen zu bewähren und mit der Verantwortung auch die Macht zu übernehmen; die andern haben möglichst unauffällig und selbstlos dafür zu sorgen, daß der Kampf, den die »Herren der Schöpfung« zu bestehen haben, nicht zu beschwer-

lich wird. An der Wirklichkeit haben bis jetzt Gesetze und Verordnungen und viele, viele Diskussionen kaum etwas geändert. Gleichberechtigung ist oft ein Fremdwort, auch gerade dort, wo Frauen selbst ihr Geld zum Leben verdienen. Sie bleiben Hilfskräfte; die Macht, die ein hoher Posten in der Industrie garantiert, geben Männer nicht gern aus den Händen. »Idealalter 25–35 Jahre« – »Wir suchen eine junge Frau« – »jung und dynamisch«, »energiegeladen« und »unternehmungslustig« sollte man sein. Junge Leute sind lukrativer. Man kann sie formen, man kann von ihrer Ausdauer und ihrem Schneid profitieren.

Auch wenn die Anzeigen noch so sehr in dicken Lettern prangen und eine die andere auszustechen sucht, es gibt auch heute ältere Leute, die es sich nicht leisten können umzuziehen, weil sie in ihrem Alter, manchmal schon mit vierzig, Schwierigkeiten haben, eine neue Stellung zu finden. Manager schiebt man oft ab, wenn sie ihren Schneid nicht mehr haben, Fachleute stellt man kalt, wenn sie nicht mehr mit ihrer Jugendlichkeit demonstrieren, daß sie »up to date« sind. In der idealen, glänzenden Bürowelt gibt es keine Alten – sie würden nur stören.

Was hinter großen Lettern und blumigen Adjektiven in den Stellenanzeigen wirklich steckt, das zeigt natürlich von Fall zu Fall die Praxis am sichersten. Aber man braucht nicht immer gleich die Realität zu erproben. Ein etwas längerer und nachdenklicher Blick auf das, was schwarz und weiß dasteht, läßt einen doch ein bißchen daran zweifeln, ob für den Arbeitnehmer in unserer Zeit wirklich alles so rosig aussieht. Wissen die, die sich weigern, mitzumachen, zum Beispiel die Hippies, wirklich nicht, wie gut sie es haben könnten? Und hat es der, der sein Leben verdienen muß, indem er für andere arbeitet, wirklich so gut?

Traumberuf und Wirklichkeit
Die Dienstmädchenarbeit einer Stewardeß

Ursula Flensow

Die Welt liegt ihr zu Füßen. Heute in Athen, morgen in Bangkok. In ihrer schicken Uniform und mit strahlendem Lächeln plaudert sie mit interessanten Leuten, erhält Heiratsanträge von Millionären, durchtanzt tropische Nächte und wird mit Geschenken und Komplimenten überhäuft. So stellt man sich das Leben einer Stewardeß vor. Träume – und der Alltag?

Es ist halb sechs Uhr morgens. Renate schläft tief in ihrem Hotelbett in Rom. Sie kam spätnachts mit dem letzten Flug von Paris in Fiumicino an, mußte die umständliche Zollkontrolle über sich ergehen lassen und die Crew-Liste unterschreiben. Endlich stand der Bus bereit, der die Besatzung, Piloten und Stewardessen, ins Hotel führte. Dort mußte noch das Anmeldeformular ausgefüllt werden, bevor Renate einen Zimmerschlüssel erhielt. So müde sie auch war, den schweren Koffer trug sie selbst in den 3. Stock hinauf, um nicht noch länger warten zu müssen. Die Uniform sorgfältig aufgehängt, eine frische Bluse aus dem Koffer genommen, alles für den nächsten Flug bereitgelegt . . . und schon war sie eingeschlafen.

Das Telefon klingelt. Renate antwortet automatisch: »Pronto. Camera 316.« – »Hier *Operations* Fiumicino. Guten Morgen. Es ist jetzt 6.00 Uhr. In einer Stunde ist *pick-up* für den Flug 703 nach Athen und Tel Aviv.«

Renate ist noch sehr müde, aber sie muß sofort aufstehen, sich duschen, die Uniform anziehen, sich frisieren. O weh, ein Fingernagel ist abgebrochen, als sie gestern in der *galley* eine Blechschublade mit Gewalt aufriß. Hat sie die richtige Flugnummer auf das Kofferetikett geschrieben? Wo sind die weißen Handschuhe? Auch die Schuhe müssen schnell nochmals geputzt werden. Ein Tel-Aviv-Flug, du meine Güte, das wird wieder ein anstrengender Tag, überlegt das Mädchen. Sie hat Lampenfieber, wenn sie an die vielen Touristen denkt, die alle beaufsichtigt und bedient werden sollen. Man hat auch immer so wenig Zeit auf diesen Flügen, knapp eineinhalb Stunden, um das Essen zu servieren, Getränke und Zigaretten zu verkaufen, und meistens ist die Maschine im Sommer bis auf den letzten Platz besetzt.

Frühstück. Die andern Mädchen sitzen zum Teil schon an der Bar und nippen an einem Orangensaft. Keines hat Hunger, aber unterwegs werden sie kaum Zeit zum Essen haben. Sie haben alle den Hut noch nicht aufgesetzt, denn nach kurzer Zeit drückt er bereits unangenehm, und man bekommt leicht Kopf-

Ursula Flensow: eigentlich Barbara Thöni, geb. 1943. Nach dem Handelsschuldiplom lernte ich Französisch in Genf und Englisch in London. Seit meinem Aufenthalt in Nigeria als Sekretärin bei der Schweiz. Botschaft in Lagos habe ich immer ein wenig Heimweh nach Afrika. Später landete ich zufälligerweise bei Trans World Airlines (TWA) und wurde (zusammen mit 13 Chinesinnen) in Paris und Kansas City zur Stewardeß ausgebildet. Fast zwei Jahre lang flog ich zwischen Paris und Hongkong hin und her und kehrte dann auf den Boden zurück.

schmerzen. Es ist ein heißer Julitag, aber die Stewardessen müssen Strümpfe, die langärmlige Uniformjacke und Handschuhe tragen, wie es vorgeschrieben ist. Selbst in den Tropen dürfen sie sich nicht einfach in der Bluse in der Öffentlichkeit zeigen. Nur für das Servieren in der Kabine wird die Jacke mit einer Nylonschürze vertauscht.

»Wo muß ich wohl arbeiten?« fragt sich Renate. Sie ist erst seit einigen Monaten Stewardeß, ihre Kolleginnen können vor ihr wählen, ob sie in der Ersten oder Zweiten Klasse, in der *galley* oder in der Kabine arbeiten wollen.

Die Fahrt zum Flughafen dauert etwa 40 Minuten. Niemand sagt viel. Die Mädchen sitzen mißmutig und müde da, das *Beauty-case* und die bis oben gefüllte Handtasche neben sich; sie rauchen, und keine lächelt. Unterwegs wird die Arbeit eingeteilt. Wie erwartet, muß Renate den Verkauf von Alkohol und Zigaretten übernehmen, die unangenehmste Aufgabe. Sie hat jetzt noch Mühe, jeweils mit der Abrechnung des fremden Geldes, einem Durcheinander aller möglichen Währungen, und der Inventarliste kurz vor der Landung fertig zu werden.

Mitten im Lärm des Flughafens macht Peter, der Steward – er ist der Chef der Mädchen – schnell das *briefing*, die Sicherheitseinrichtungen der Boeing 707 werden repetiert, alles Wichtige für den Flug erwähnt. Von Rom bis Athen: Imbiß, nachher ein warmes Mittagessen. *Full load* (oh, Schreck!), die Maschine ist also ganz voll. Der Kapitän heißt David Glewenson.

Fast eine Stunde vor Abflug betreten die Mädchen die Boeing 707, die soeben aus Boston hereingeflogen wurde. Die Reinigungsmannschaft ist noch dabei, Kissenüberzüge auszuwechseln, Abfälle und alte Zeitungen wegzuräumen und Teppiche staubzusaugen. Zuerst müssen die Stewardessen kontrollieren, ob die Sicherheitseinrichtungen alle in Ordnung sind: Sauerstoffmasken und -flaschen, Feuerlöscher, Rettungsboote (wie viele und wo befinden sie sich?), aufblasbare Rutschbahnen an den Türen, Schwimmwesten, Apotheke, Feuerlöscher im Cockpit usw. Renate steht nachher an der Bar hinten im Flugzeug, zählt die Fläschchen Whisky, Bier, Wein, die Zigaretten

und vergleicht alles mit einer Liste. Von jetzt an ist sie dafür verantwortlich, daß die Abrechnung über die verkauften Waren bei der nächsten Landung genau stimmt. Schnell hilft sie dann noch mit, Tabletts mit Zahnpasta, Kamm, Seife, Rasierwasser in die Toiletten zu stellen, die Sauerstoffmaske und die Schwimmweste für die Demonstration bereitzulegen, ihre Servierschürze aufzuhängen. Hinter dem Vorhang der *galley* werden die Mahlzeiten eingeladen und gezählt. Keine einzige darf fehlen. Was soll man sonst den Passagieren sagen, wenn es für die zwei vordersten Reihen kein Essen mehr gibt? Alles ist schon vorgekommen. Als Stewardeß darf man nie den Kopf verlieren.

Die Flugvorbereitungen sind kaum beendet, da wird über Funk schon gemeldet: »Die Passagiere kommen!« Schnell den Hut zurechtrücken, die Handschuhe überstreifen – ach, schon haben sie einen schwarzen Fleck abbekommen! –, vorschriftsgemäß da stehen, wo man stehen muß: Renate am hintern Eingang. Lächeln, lächeln und nochmals lächeln: »Good morning, Sir. Good morning, Madam. Welcome on board. Hello. Bonjour. Guten Morgen. Buongiorno. Hello . . .« Die Flugscheine müssen alle nochmals geprüft werden, damit man auch weiß, welche Plätze man den Leuten anweisen soll. Wie eine Horde ungezogener Kinder stürmen diese die Treppe herauf mit Sack und Pack, mit Souvenirs, Handtaschen, Schirmen, Mänteln, Kartonschachteln, Kindern, manche schlechtgelaunt, andere übermütig und frech, einige ängstlich. Alle sind aber ungeduldig, alle möchten einen Fensterplatz erwischen oder ganz vorne sitzen oder in der Mitte. Und immer wieder muß man aufpassen, daß die Passagiere ihre schweren Taschen nicht oben ins Hutgestell legen, sondern unter den Sitz und daß sie sich nicht auf den falschen Platz setzen. Schon will eine Dame sich in der Toilette die Hände waschen, jemand bittet um ein Glas Wasser. Endlich hat sich der erste Sturm gelegt, die Plätze sind voll besetzt, es wird heiß in der Kabine. Ein Kleinkind schreit, eine Stewardeß verteilt Zeitungen, der Steward erklärt, wie die Landungskarten ausgefüllt werden müssen, und zählt nochmals die Passagiere. Sind alle an Bord? Dann können die Türen sorgfältig geschlossen werden, was ziemlich viel Kraft erfordert.

Renate steht schon in der Mitte der Kabine. Gleich wird die Sicherheitsdemonstration folgen, sie macht das gar nicht gern. (Aber in erster Linie ist eine Stewardeß wegen der Sicherheit an Bord, nicht etwa wegen des Essens, wie die meisten Leute annehmen. Bei jedem Flug muß eine Stewardeß sich theoretisch auf eine Notlandung vorbereiten und genau wissen, was sie in einem solchen Fall zu tun hätte. Es ist ihre Pflicht, mit den Sicherheitseinrichtungen so vertraut zu sein, daß sie automatisch die richtigen Handgriffe tun würde, um die Türen zu öffnen und die Rutschbahnen aufzublasen, die Passagiere möglichst rasch hinauszubefördern und dann selber nachzuspringen. Sekunden können entscheidend sein. Immer und immer wieder wird dies geübt, während der Ausbildung und später in Wiederholungskursen.) Aber nun führt Renate zuerst die Sauerstoffmaske – über jedem Sitz befindet sich eine – und die Schwimmweste vor. Aller Augen sind auf sie gerichtet, und wieder muß sie lächeln, lächeln, lächeln . . . Dabei überlegt sie schon, wie sie den Wagen mit den Getränken am schnellsten bereitmacht und wie viele Drachmen ein Paket Zigaretten kostet. Haben alle Passagiere die Sicherheitsgurte geschlossen? Sind die Sitzlehnen senkrecht gestellt? Drei-, viermal geht sie in der Kabine auf und ab, lächelt, beantwortet Fragen, beruhigt nervöse Leute, verteilt Kaugummi. Das Flugzeug rollt schon auf die Startbahn, und immer noch kann sie sich nicht an ihren Platz setzen. Endlich sitzt auch sie beim Notausgang, innerlich gespannt, auf jedes Geräusch achtend. Ein Blick zurück in die Kabine. Haben alle Leute die Zigaretten ausgelöscht? Ist der Vorhang der *galley* geöffnet, damit auch dort der Notausgang freisteht? Renate hat Durst und Kopfschmerzen vom Druck in der Kabine und von der Hitze, aber sie hat jetzt keine Sekunde Zeit, an sich zu denken.

Kaum hat das Flugzeug an Höhe gewonnen, läuft sie nach hinten, wirft ihre Jacke über einen Kleiderbügel, stürzt sich in die Schürze und holt den Servierwagen aus dem Behälter. Flaschen, Gläser, Büchsen, Eis, Zitrone, Milch, Servietten – und schon beginnt die Hetzerei von Sitzreihe zu Sitzreihe.

»Was möchten Sie trinken, Sir?« – »Ein Bier.« – »Gerne. 25 Cents, bitte.« Und so geht es weiter in größter Eile, denn anschließend müssen sämtliche 120 Tabletts mit dem Imbiß verteilt werden. Renate läuft damit durch die Kabine, zwei, drei Stück auf einmal balancierend. (Wenn ihr nur niemand ein Bein stellt. Manchmal gibt es Kinder, die sich einen Spaß daraus machen, der Stewardeß im Weg zu stehen, oder Taschen ragen in den Gang hinaus, und man stolpert darüber. Es gibt auch immer noch Männer, die glauben, sich bei einer Stewardeß alles erlauben zu dürfen, sie zu kneifen oder an der Schürze zu ziehen.) Das Flugzeug schüttelt ziemlich heftig heute, man muß besonders beim Kaffeeausschenken aufpassen, damit man nicht ein paar Herrenhosen oder gar ein kostbares Damenkleid verspritzt. Es ist ein richtiger Marathonlauf ohne Ende über immer wieder neue Hindernisse. Noch sind die Leute in den vordersten Reihen nicht bedient, da möchten diejenigen hinten bereits wieder frischen Kaffee. Einige Passagiere schreien buchstäblich nach Kaffee, und wenn Renate nicht gleich zur Stelle ist mit der schweren, silbernen Kaffeekanne, die sie kunstvoll über die Köpfe hinweghebt, wird aufbegehrt, der Service lasse wirklich zu wünschen übrig. Monika hilft mit beim Servieren, trägt schon die Tabletts – fünf auf einmal – in die *galley* zurück, wo sie alle versorgt werden müssen. Nichts darf beim Landen herumliegen, alles muß in die Behälter eingeräumt werden.

Kaum sind die leeren Tabletts abgetragen, muß Renate Zigaretten verkaufen. Manchmal wollen einen Passagiere übers Ohr hauen, zuwenig Geld geben oder schnell eine Stange Kent verschwinden lassen; andere zahlen mit großen Banknoten, und man hat zuwenig Wechselgeld. Es ist oft zum Verzweifeln. Aber Renate muß auf die Lippen beißen, eine unhöfliche Bemerkung darf sie sich nie erlauben, muß immer nur lächeln, freundlich sein, lächeln. Ihre Bluse ist schon ganz naßgeschwitzt, die Beine sind

Oben: Eine Gruppe von Stewardessen, die soeben ihre Ausbildung abgeschlossen hat

Unten: Auch der Schnitt der Arbeitskleidung geht mit der Mode. So entspannt sehen Stewardessen jedoch nicht immer aus

geschwollen, die Füße schmerzen, die Luft ist trocken in der Kabine, doch die Mädchen haben kaum Zeit, selber etwas zu trinken.

Während Renate das Geld zählt und in Dollars umrechnet, leuchten bereits die »Bitte sich anschnallen«-Signale auf. Sie kommt gerade noch zurecht, die Schürze mit der Uniformjacke zu vertauschen, mit dem Kamm durch die Haare zu fahren, Lippenstift neu aufzutragen und sich auf ihrem Sitz anzuschnallen, bevor die Boeing donnernd auf der *Run-way* aufsetzt. Während die Maschine in den Flugplatz hineinrollt, müssen Mäntel und Taschen verteilt, Fragen über Wetter, Hotelunterkunft, Anschlußflüge, Zollvorschriften beantwortet und zwei, drei gefüllte Papiersäcke diskret entgegengenommen werden. Schon steht Renate wieder an der Tür und lächelt. (Wie soll dabei das ewige Lächeln nicht zu einer Maske werden?) Und die Passagiere drängen sich an ihr vorbei die Treppe hinunter, kaum einer bedankt sich, nur Vorwürfe hört man. (»Miß, es ist keine Seife mehr in der Toilette, es ist zu heiß in der Kabine, die Kuchen waren überhaupt nicht frisch . . .«) Nicht einmal richtig aufatmen kann Renate, denn nach einer halben Stunde wird nochmals eine ganze Ladung Passagiere erwartet, der Flug geht weiter. Nochmals die ganzen Vorbereitungen, nochmals Sauerstoffmaske, Schwimmweste, Kaugummi, Fragen, weinende Kinder, unzufriedene Erwachsene, nochmals die uneingestandene Angst vor dem Start. (Klappt alles, hat man nichts vergessen?)

Eine Toilette ist verstopft. In der *galley* wird es den Stewardessen fast übel, und jetzt, auf der Strecke Athen–Tel Aviv folgt das warme Mittagessen. Wiederum der Marathonlauf mit den schweren Tabletts durch die Kabine. Wie viele Kilometer sind die Mädchen heute schon gelaufen? Renate hat nicht Zeit, ein paar Worte mit einem sympathischen Passagier zu wechseln, sie muß jede Minute einteilen, kann nur mit den Augen sprechen. Zuerst wird den Kindern serviert, damit diese mit dem Essen fertig werden, dann den Erwachsenen. Auf diesem Flug sind auch Juden dabei, die eine *Koscher*-Mahlzeit bestellt haben. In welcher Reihe sitzen sie?

Zwei Männer sind schon halb betrunken an Bord gestiegen und trinken jetzt weiter Whisky, einen nach dem andern. Was soll man tun? Solange sie bezahlen, muß man ihnen das Gewünschte bringen. Zum Glück kommt jetzt Peter, der in der 1. Klasse Wein und Champagner ausgeschenkt hat, nach hinten und hilft beim Kaffee-Einschenken. Plötzlich läuft eine Kanne Kaffee über, die eine Maschine ist defekt. Die *galley* sieht bald aus wie ein Schlachtfeld, und schon spürt Renate deutlich, daß die Maschine an Höhe verliert. Tel Aviv, Flugplatz Lod. Bald wird es überstanden sein, sie kann nicht mehr, sie hat so genug, daß sie vor Erschöpfung weinen möchte. Aber eben: lächeln, lächeln . . . Wenn sie Menschen nicht so gern hätte, würde Renate es oft nicht aushalten, würde sie diese Touristen hassen; wenn sie keinen Humor hätte, wären diese Tel-Aviv-Flüge überhaupt nicht zu überstehen. Und jedesmal, wenn sie dann endlich mit ihrem Handgepäck über den Flugplatz zur Zollkontrolle geht – nicht mehr mit dem forschen Stewardessenschritt, sondern leicht hinkend, verschwitzt und mit Flekken auf der am Morgen weiß gewesenen Bluse und schmutzigen Fingernägeln – denkt sie: Ich kann nicht mehr, ich höre auf.
Endlich, nach einer langen Fahrt durch staubige Straßen: das Hilton-Hotel. Komfort, ein Badezimmer, draußen das Meer. Eine fremde Stadt, ein Abend voller Romantik für die vielen Touristen, die hierher in die Ferien gekommen sind. Wie soll Renate dies jetzt noch genießen? Am liebsten würde sie in der Badewanne liegenbleiben und gleich im Wasser einschlafen. Aber sie muß noch Maniküre machen, eine Bluse bügeln, einen Fleck auf der Jacke entfernen, ein neues Etikett für den Koffer anschreiben, den Flugplan für den nächsten Tag studieren. Sie ärgert sich darüber, daß die Zigaretten-Abrechnung nicht stimmt. Es fehlten zwei Dollar, die sie nun selber bezahlen muß. Schnell zieht sie sich um, um mit den Piloten und Kolleginnen essen zu gehen, vielleicht wird noch getanzt.
Spät kehrt sie in ihr Zimmer zurück und darf endlich aufs Bett sinken. Ist ihr das Essen nicht gut bekommen? Sie träumt schwer.

Das Flugzeug schwankt auf und ab. Renate stößt den Wagen mit Zigaretten mühsam durch die Kabine, kommt kaum vorwärts und muß zusehen, wie ihr von allen Seiten Zigaretten gestohlen werden. »Lächeln, lächeln!« befiehlt eine Stimme, und Renate lächelt, bis ihr die Gesichtsmuskeln weh tun. Dann plötzlich steht sie in der *galley,* und aus den elektrischen Öfen quellen die heißen Frühstücksomeletten auf sie zu, und wie der Zauberlehrling das Wasser, kann sie auch diese Flut von Omeletten nicht aufhalten und steht bald bis zum Hals in der heißen Masse. Dann ertönt die Stimme der *Check*-Stewardeß: »Renate, die Waage zeigt zwei Kilos zuviel an, du bist zu schwer, wir müssen deinen nächsten Hongkong-Flug streichen. Und deine Nase glänzt, trägst du denn keinen Puder auf? Wann wirst du lernen, mit Lockenwicklern zu schlafen? Eine Stewardeß muß jederzeit eine tadellose Erscheinung sein. Das Image unserer Fluggesellschaft steht auf dem Spiel . . .« Aus dem Cockpit dringt schrill der Alarm: Notlandung. Türen öffnen! Renate reißt mit letzter Kraft die schwere Kabinentür auf, die Passagiere stürmen mitsamt dem Gepäck über sie hinweg, hinaus ins Leere – die Rutschbahn hat sich nicht geöffnet, die Maschine brennt . . .
Renate erwacht, schweißüberströmt. Da liegt sie in diesem Hotelzimmer in einer Stadt im Vorderen Orient. Tel Aviv oder Kairo? Einmal hier, einmal dort. Sie hat plötzlich Sehnsucht nach einem ganz gewöhnlichen Leben, nach einer regelmäßigen Arbeit, nach Beständigkeit und Geborgenheit. Ich bin ja doch nur ein Mädchen für alles in der Luft, alles ist mir vorgeschrieben, überlegt sie sich. Es scheint ihr manchmal, als warte sie immer irgendwo auf einen Abflug und als entglitte ihr die Zeit dazwischen.
Als Stewardeß beginnt man jeden Tag von vorne. Die Reihenfolge der Arbeiten bleibt stets gleich. Renate lebt von einer Reise zur andern, von Monat zu Monat, von Urlaub zu Urlaub, ohne ein Ziel. Sie denkt kaum je daran, was für ein Tag eigentlich ist, ihr ganzer Lebensrhythmus ist völlig auf den Kopf gestellt worden durch dieses rast- und ruhelose, oberflächliche

Auf einem Transatlantikflug wird eine Auswahl von acht verschiedenen Gerichten angeboten. Man stelle sich vor, welche Mühe für die Stewardessen damit verbunden ist

Leben. Renate findet sich überall in den Großstädten zurecht und hat doch kein richtiges Zuhause mehr. Sie ist eine Zigeunerin des 20. Jahrhunderts. Ihr Studio ist nur Absteigequartier für ein paar Tage zwischen den Flügen, und oft packt sie nicht einmal den Koffer richtig aus. Meistens ist sie dann vom schnellen Klimawechsel, den Flügen nachts und den Zeitverschiebungen so erschöpft, daß sie niemanden mehr sehen mag, nur schnell die schmutzige Uniform in die Reinigung bringt und viel schläft. Aber diese freien Tage braucht sie nicht nur zum Ausruhen. Meist ist auch irgendeine Impfung fällig – Cholera oder Gelbfieber –, oder sie wird unerwartet zu einem Wiederholungskurs aufgeboten. Die ungeheuren Entfernungen, die Renate zurücklegt, sind eine Selbstverständlichkeit geworden, und genauso, wie sie früher mit der Eisenbahn 20 Minuten zum Arbeitsplatz fuhr, fliegt sie jetzt eben sechs Stunden von Athen nach Bombay. Ein 14tägiger Asienflug kann sehr schön sein, wenn die Piloten und Stewardessen gut miteinander auskommen, einander helfen und abends zusammen etwas unternehmen. Doch wie schrecklich sind Flüge, auf denen man ja Tag und Nacht aufeinander angewiesen ist, wenn die Mädchen Streit anfangen, gegenseitig eifersüchtig sind und sich täglich mehr auf die Nerven gehen. Wie soll man da noch jeden Flug fröhlich und gut gelaunt überstehen und es den Passagieren behaglich machen?

Auf solch schwierigen Flügen beneidet Renate die Freundinnen, die irgendwo in einem Büro in aller Ruhe arbeiten, die jede Woche ihre Freizeit einteilen können und sich abends mit ihrem Freund verabreden. Sie dagegen weiß kaum je im voraus, wann sie frei hat, und im Winter ist es besonders schlimm: stundenlanges, zermürbendes Warten auf Flugplätzen, wenn Nebel ist, manchmal Umwege und Landungen in ganz andern Städten, wenn ein Flugplatz plötzlich geschlossen wird. Oder man kehrt aus Bombay zurück, wo man im Bikini in der Sonne lag, und erfriert in Zürich bei −15 °C fast. Ist man dann erkältet, darf man nicht fliegen. Renate weiß, wie verwöhnt sie ist. Kaviar zum Frühstück, Champagner und andere Lekkerbissen – das alles gehört bei ihr zum Alltag wie Seidenkleider aus Hongkong und Haareschneiden in Rom. Manchmal kommt sie sich vor wie ein Kind, das täglich Geburtstagstorte essen darf. Wie leicht überfrißt man sich am süßen Zeug, bis einem schlecht wird und man sich auf ein Stück ganz gewöhnlichen Brotes freut. Wie oft fühlt sie sich gar nicht wohl, hat Kopfschmerzen, Magenverstimmungen, ist nervös und schläft schlecht. Viele ihrer Kolleginnen schlucken sogar regelmäßig Schlaftabletten und Aufputschmittel oder rauchen ununterbrochen. Und die Heiratsanträge? Die meisten Männer, die fliegen, sind Geschäftsleute und haben keine Zeit, auf Stewardessen zu achten. Oder man verliebt sich einen Abend lang und muß sich am nächsten Tag für immer trennen. Aber die Piloten? Fast alle sind verheiratet. Und vor allem: Man hat nicht Zeit, jemanden richtig kennenzulernen. Das Leben einer Stewardeß wird in Zukunft noch gehetzter. Mit dem Aufkommen der

Jumbo-Jets hat sich der Massentourismus gesteigert, man hat noch weniger Zeit für die Passagiere, muß noch flinker servieren. Die Verantwortung des Personals in bezug auf Sicherheit ist dafür um so größer. Auch die zahlreichen Flugzeugentführungen der letzten Jahre müssen erwähnt werden; für die Besatzung bedeuten sie eine ungeheure Nervenbelastung.

Nein, Stewardeß zu sein ist kein Vergnügen mehr. All das Schöne und Aufregende, das man dabei erleben darf, fällt einem nicht einfach in den Schoß. Wie in andern sogenannten Traumberufen stecken viel Arbeit und persönliche Opfer dahinter. Wer sich aber durch alles Unangenehme nicht abschrecken läßt, als Stewardeß – oder Steward – zwei, drei Jahre von einer Stadt zur andern zu fliegen, wird Menschen aller Nationen und Hautfarben kennenlernen und ein großes Stück der Welt mit eigenen Augen sehen. Wahrscheinlich wird es den Piloten, diesen sympathischen Kameraden unterwegs, sogar gelingen, einen für die Fliegerei zu begeistern. Dabei sollte man sich im klaren sein, daß dieser Beruf eigentlich nur ein Provisorium ohne Aufstiegsmöglichkeiten ist; irgendwann wird man sich danach sehnen, wieder mit beiden Füßen auf dem Boden zu stehen, und die Umstellung wird einem nicht leichtfallen.

Auch Renate kehrte nach zwei Jahren wieder »auf den Boden« zurück. All das, was sie unterwegs erlebt hat, Begegnungen mit Menschen, mit Fremdem, Faszinierendem, hat sie nicht vergessen. Hat es sich gelohnt, all die Strapazen auf sich zu nehmen? Renate hat es trotz allem nie bereut, Stewardeß geworden zu sein.

Zur Ausbildung

Wie wird man Stewardeß oder Steward? Am besten erkundigt man sich bei einer Fluggesellschaft über die Anstellungsbedingungen, die verschieden sind. Einige Voraussetzungen:

– Sehr gute mündliche Sprachkenntnisse, vor allem in Englisch (Flugsprache) und einer weiteren Fremdsprache. (Ein Englandaufenthalt ist also sehr empfehlenswert.)

– Gute Gesundheit, eventuell Tropentauglichkeit.

– Gepflegte äußere Erscheinung, Gewicht im Verhältnis zur Größe normal.

– Alter und Größe sind meistens eingeschränkt (z. B. Größe mindestens 158 cm, Mindestalter 20 Jahre).

Worauf wird bei einer Stewardeß besonders Wert gelegt? Auf:

– Freude am Umgang mit Menschen
– Toleranz
– Freude am Reisen
– Anpassungsfähigkeit und geistige Beweglichkeit
– Humor, Charme, Liebenswürdigkeit, Ausgeglichenheit.

Beauty-case kleines Handköfferchen mit Schönheitsutensilien

briefing Flugbesprechung, Flugvorbereitung

Check-Stewardeß Vorgesetzte, die Stewardessen prüft

crew Besatzung

full load volle Ladung (ausgebuchtes Flugzeug)

galley Küche eines Flugzeugs

Koscher-Mahlzeit »saubere« Mahlzeit im Hinblick auf die Speisegesetze der Juden

Operations Flugbetriebsbüro

pick-up das Abholen beim Hotel (Flugsprache)

run-way Rollbahn für Flugzeuge zum Starten und Landen

Musiker werden ist schon schwer, Musiker bleiben noch viel mehr

Peter Stephan

Lieber Martin, nun trittst Du bald aus der Schule. Die Aufnahmeprüfung ins Gymnasium hast Du bestanden, der Weg zu einem Studium wäre frei. Plötzlich zauderst Du: Sollte ich nicht Berufsmusiker, Geiger, werden?

Dir zu raten fällt mir schwer. Der Kunst zu dienen ist etwas Schönes und Großes. Viele Künstler fühlen sich wahrhaft berufen, vorbehaltlos bejahen sie ihr reiches und erfülltes Leben; doch ist auch hier nicht alles Gold, was glänzt. Du übtest jahrelang fleißig, auch an der Begabung fehlt es nicht. Einige Hinweise sollen Dir die Augen öffnen, zu einem Entschluß mußt Du Dich selber durchringen.

Schon stellt sich die alte Streitfrage: Was ist gescheiter, zuerst wenigstens die Maturität, das Abitur, zu erreichen oder sogleich in die Berufsklasse eines Konservatoriums einzutreten? Für den international bekannten Schweizer Dirigenten S. ist ein Künstler ohne eine gründliche Allgemeinbildung undenkbar; andere Musiker dagegen befürworten eine unverzügliche fachliche Schulung, um keine Zeit zu verlieren. Wer hat recht?

Man könnte heute ein Orchesterdiplom erwerben, aber die wenigsten wollen sich damit zufriedengeben. Fast jeder, der ein Konservatorium besucht, hofft insgeheim, einmal berühmt zu werden. Daran sind die Lehrer nicht unschuldig. Wem es gelingt, einen Schüler groß herauszubringen, auf den fällt ein Schimmer des Ruhms zurück.

Die Ausbildung, eine der längsten, ist spannend, schwer und teuer. An den Vortragsübungen weist sich der Kunstbeflissene über seine Fortschritte aus, nach etlichen Semestern erhält der Fleißige und Geduldige das Lehrdiplom. »Junger Mann«, sagte

Peter Stephan – er heißt in Wirklichkeit anders – wurde 1915 im Berner Oberland geboren. Zunächst Ausbildung zum Lehrer in Bern, später während der Wirtschaftskrise Geigenstudien. 1940 verheiratet, Vater dreier Töchter und eines Sohnes. Seit vielen Jahren erster Konzertmeister eines städtischen Orchesters (Abonnementskonzerte) und Primgeiger eines Streichquartetts. Er lernte unzählige Künstler – Musiker, Maler und Schriftsteller – kennen und schätzen. Liebhabereien: Lesen, Wandern, Skifahren; mit Vergnügen besucht er wie früher der größte schweizerische Komponist, Arthur Honegger, Fußballspiele, denn »der Mensch spielt nur, wo er in voller Bedeutung des Wortes Mensch ist, und er ist nur da ganz Mensch, wo er spielt« (Schiller).

seinerzeit Stefi Geyer, eine der führenden Geigerinnen in der ersten Hälfte unseres Jahrhunderts, zu mir, »das ist nichts als ein Wisch Papier. Üben Sie, spielen Sie!« Wer A sagt, möchte weiter buchstabieren, also setzt der nun bereits zur Gilde der Berufsmusiker Zählende seine Arbeit hoffnungsfroh und begeistert fort bis zum Konzertdiplom. Welche Freude, welcher Stolz! Gemach, jetzt beginnt es erst recht, es heißt, ein Repertoire aufzubauen, mit zwei, drei Violinkonzerten kommt niemand aus.

Angenommen, Martin, Du seiest eines Tages gerüstet und zum Auftreten in jeder Beziehung bereit. Glaubst Du ernsthaft, die Welt habe auf Dich gewartet?

Was jetzt folgt, endet meistens mit einer bitteren Enttäuschung. Schlage Dir von vornherein aus dem Sinn, auf eigene Rechnung zu konzertieren! Propaganda und Saalmiete verschlingen so viel, daß ein solches Abenteuer unweigerlich einen Fehlbetrag bedingt. Vielleicht setzt Dich ein Konzertagent auf seine Liste, zuunterst natürlich. Neben den Berühmtheiten verschwindest Du unmerklich, der Agent empfiehlt seine Zugnummern, mit ihnen verdient er am meisten. Die Konzertgesellschaften überlegen es sich zweimal, einem jungen Unbekannten eine Chance zu bieten. Leider gilt hier: Je berühmter und teurer der Solist, desto günstiger der finanzielle Abschluß.

Ausnahmen bestätigen die Regel, Glücksfälle gibt es immer wieder. Möglicherweise gewinnst Du einen der zahlreichen Wettbewerbe oder kannst für einen erkrankten Großen einspringen und schlägst ein. Verlasse Dich nicht darauf!

Reicht es wenigstens zu einem Konzertmeisterposten? Mit einem Konzertdiplom erhofft jeder den begehrten Platz am ersten Pult, er verzichtet bewußt darauf, hinten im Orchester zu sitzen. Es braucht jedoch allerhand, bis ein Konzertmeister einem Nachfolger weicht . . . Nebenbei: Wolfgang Schneiderhan bewährte sich mit 17 Jahren als Erster Konzertmeister der Wiener Sinfoniker – eine unglaubliche Leistung.

Es folgt der »Weg zurück«. Du mußt froh sein, unterrichten zu können. In einem schlichten Zimmer der Kunst einen neuen Jünger zuzuführen belohnt bisweilen so reich wie glanzvolles Musizieren im Konzertsaal. Nicht jeder – Lehrer *und* Schüler – eignet sich dazu, und es kommt sehr darauf an, ob man ein Instrument spielen lernen will oder muß. Je mehr Schüler bei Dir anklopfen, desto besser verdienst Du, aber desto weniger Zeit bleibt Dir zum Üben – ein wahrer Teufelskreis. Schließlich bist Du zufrieden, eine sichere Stelle mit Pensionsberechtigung zu finden.

Übrigens ist es für die Pianisten am schwersten. Sie sind auf sich selber angewiesen und müssen sich nebenbei oft als Begleiter durchschlagen. Streicher und Bläser sind in jedem Orchester willkommen, hier fehlt zum Teil der tüchtige Nachwuchs. Du ahnst aber nicht, wie viele »verhinderte« Solisten mißmutig in den anscheinend so idealen Klangkörpern sitzen, und kennst die Einstellung manches Berufsmusikers nicht.

Ohne zu verallgemeinern, darf ich Dir zwei Erlebnisse nicht vorenthalten; sie geben einem zu denken.

In jungen Jahren wurde ich einmal in einem Orchester zur Verstärkung der ersten Geigen engagiert. Mitten in einer Bruckner-Messe streikten plötzlich die Musiker und for-

Musiker werden 59
ist schon schwer, Musiker bleiben
noch viel mehr

derten ihre Pause. Nach einigem Hin und Her glückte es dem angesehenen Präsidenten des großen Chors, die Unzufriedenen zu bewegen, wenigstens zuerst den unterbrochenen Satz zu Ende zu spielen.

Ein von mir hochgeschätzter Cellist, ein Vorbild an Genauigkeit, Zuverlässigkeit und Ausdauer, wirkte vor rund 20 Jahren im Luzerner Festspielorchester mit. In Haydns »Jahreszeiten« schien Herbert von Karajan das Ensemble zu groß, er beurlaubte eine Reihe von Musikern, darunter auch den erwähnten Cellisten. Nach den Festwochen trafen wir uns in einer Quartettprobe. »Wie war's in Luzern? Erzähle!« – Unser Cellist hatte offensichtlich Mühe, alle Werke, die Dirigenten und Solisten aufzuzählen, aber eines hatte er nicht vergessen: »Stellt euch vor, die andern mußten bei schönstem Wetter unter Karajan proben, wir waren dienstfrei, konnten treiben, was uns gefiel, und dabei büßten wir erst noch keinen Franken des Honorars ein.«

Denkst Du daran, ein Kammerensemble zu gründen, ein Duo, ein Trio oder gar ein Quartett? Es sieht noch schlimmer aus. Die Gage muß verteilt werden, davon leben können nur ganz wenige. Sogar ein Norbert Brainin, der Primgeiger des weltberühmten Amadeus-Quartetts, gibt zu, daß »sie viel zuviel spielen müssen«.

Die Frage des Kaufs einer wertvollen Geige sei bloß gestreift. Die Preise klettern in schwindelnde Höhen, es gibt Streicher, die das geliebte Instrument nie ganz ihr eigen nennen können.

Du schüttelst ungläubig den Kopf und glaubst, ich hätte übertrieben. Ein paar Beispiele dürften Dich eines Besseren belehren.

Aus nächster Nähe erlebte ich den Kampf eines Cellisten, der mit dem Premier Prix aus Paris in die Schweiz zog. Heute wirkt er als bewunderter Solocellist in einem berühmten Orchester. Der Traum als internationaler Cellosolist – merkst Du den Unterschied? – verblaßt langsam. Natürlich konzertiert er ab und zu, der eigentliche Durchbruch aber mißlang. Er gründete eine Familie, für die er sorgen muß, und unterdessen stiegen neue Sterne am Konzerthimmel auf.

Ein ausgezeichneter Geiger bestimmte jahrzehntelang das Musikleben (Orchester, Quartett, Konzertausbildungsklasse) einer außergewöhnlich kunstliebenden Stadt. Überraschenderweise brach er eines Tages alle Brücken hinter sich ab und wagte den Schritt zum freien Künstler. Heute begegnet man ihm wieder als Konzertmeister in einem bekannten Orchester.

Im Frühling 1972 kehrte der berühmteste Schüler Franz Schmidts (1874–1939) von einer Tournee aus Japan zurück, wo der Siebziger als Pianist stürmisch gefeiert worden war. Zu meinem Erstaunen vertraute er mir an: »Ich bin dankbar, als ehemaliger Professor zweier Musikhochschulen Deutschlands ein Ruhegehalt zu beziehen; nur wenige Auserwählte können ohne eine solche finanzielle Sicherung dem Lebensabend getrost entgegensehen.«

Ich fragte einen hervorragenden Geiger, weshalb er als geborener Primus kein Quartett anführe. »Einerseits«, erläuterte er, »grenzt es beinahe an ein Wunder, drei gleichwertige und vor allem gleichgesinnte Partner aufzutreiben. Andererseits leben wir im Zeitalter des Spezialistentums; als Quartettprimgeiger kann man nicht zwei Herren dienen, ich müßte auf eine weitere Tätigkeit als Solist verzichten.«

Der reisende Solist ist häufig einsam, seine aufreibende Aufgabe zehrt an seiner künstlerischen, nervlichen und physischen Spannkraft. Wer sich körperlich nicht in Form fühlt – das zahlende Publikum kümmert sich nicht darum –, vollbringt keine Höchstleistungen.

Der heutige Hörer ist durch die Schallplatten verwöhnt und gegenüber früher viel anspruchsvoller geworden. Wer einmal hinter die Kulissen der Schallplattenaufnahmen blickte, weiß, wie verhängnisvoll sich dieser Perfektionismus auswirkt. Jede Stelle, die nicht tadellos sitzt, wird so lange wiederholt, bis sie ohne Makel eingesetzt, geschnitten werden kann.

Als ich einen Geiger von Weltruf vor seinem Auftreten begrüßte – auf dem Programm stand ein Konzert Paganinis –, spielte er mir auf seiner prachtvollen Guarneri del Gesù rasch eine der berüchtigtsten Flageolettpassagen vor. »Jetzt«, äußerte er, »klingt alles wie gewünscht. Nachher im Saal weiß man nie, ob nicht ein Ton pfeift.«

Du verstehst nun den unvergleichlichen Klarinettisten Louis Cahusac besser. Eine Dame fragte ihn: »Meister, müssen Sie überhaupt noch üben?« – Aufgebracht erwiderte der alte Mann in seinem köstlichen Südfranzösisch: »Glauben Sie, es gehe ohne tägliche Arbeit? Konzertieren ist stets eine Schlacht. Man kann sie gewinnen, aber, Madame, man kann sie auch verlieren.« – »Sie dirigieren auch?« wollte die hartnäckige Fragerin weiter wissen. Schelmisch antwortete Cahusac: »Natürlich. Das ist aber etwas ganz anderes. Da braucht es keinen Ansatz, da gibt es keine Gedächtnislücken. Ravels La Valse z. B., sehen Sie: man schlägt un, deux, trois – et voilà tout.«

Was für die Musiker gilt, trifft ohne Zweifel auch auf die Schauspieler und Tänzer zu.

Über den Werdegang der schöpferischen Menschen – Maler, Bildhauer, Komponisten, Schriftsteller – urteilt einer meiner Freunde, ein anerkannter Maler in den Siebzigern: »Der Künstler soll zuerst einmal zwanzig Jahre an sich arbeiten. Es schadet nicht, wenn die Begabung – im biblischen Sinn – wie ein Weizenkorn im Acker vergraben wird. Vermag sich der Keim nicht zum Licht emporzukämpfen, gibt es kein Bedauern.«

Lieber Martin, hoffentlich läßt Du Dich nicht zu sehr abschrecken. Wenn es Dich, wie so viele andere Jungen, drängt, den künstlerischen Weg trotz aller Einwände einzuschlagen: wage es! Jedes mutige Wagnis beglückt, wenn ein ernsthaftes Bestreben dahintersteht. Die innere Befriedigung an einer künstlerischen Arbeit wiegt den einträglichsten bürgerlichen Beruf auf, den man bloß gezwungenermaßen ausübt. Bescheide Dich, Ansehen und Wohlstand allein machen nicht glücklich.

Einige Gedanken Gotthard Jedlickas – sie schildern zwar in erster Linie die Lage der Maler und Bildhauer, bleiben aber trotzdem allgemein gültig – mögen Dich mit meinen kritischen Ausführungen versöhnen: »Fast alle Künstler leben ein schweres inneres und äußeres Leben, ein Leben voll Opfer und Entsagung. Und die Menschen um sie

Musiker werden
ist schon schwer, Musiker bleiben
noch viel mehr

61

herum anerkennen es viel weniger, als daß sie darin hin und wieder einen schweren Vorwurf erblicken. Ein solches Leben ist schon an sich eine Tat, von der sich ein Mensch, der irgendwie gesichert dasteht, kein wahres Bild zu machen vermag. Es setzt den bewußten Verzicht auf jede Sicherheit voraus und ist eine der letzten Formen von Heroismus in unserer Zeit: ein Heroismus, der für ein ganzes Volk seinen Sinn hat. Die Künstler sind überall ein Ferment, das gegen geistigen Tod und gegen seelische Erstarrung wirkt. Sie schaffen Befreiung.«
Beide verehren wir Fridtjof Nansen. In seinem Bericht »In Nacht und Eis« bekennt der große Forscher am Abend nach der Heimkehr von der Expedition mit der »Fram«: »Welchen Wert hätte das Leben ohne seine Träume?«

Herzlich
Dein Pate Peter

Mathematisches Gedicht

Die Zahlen neun und sechs quadriert, sind zu addieren,
worauf man frisch und froh durch fünfzehn teilt,
und da bei kleinen Werten man nicht gern verweilt,
so wollen schleunigst wir das Resultat kubieren.

Errechnen dann die Differenz zum vollen Hundert
und subtrahieren dreizehn von der neuen Zahl,
vergrößern schließlich hundertfünfunddreißigmal
und wollen radizieren unverwundert.

Zu dem, was wir mit nicht geringem Stolz erhielten,
addiere voller Einfalt zehn, dann dividier
durch die Potenz, der dritten, von der Wurzel vier.
Weißt Du's jetzt? Wir haben heute den wievielten?

Doch nun genug von diesen trüben Ungeschichten:
um zwölfeinhalb verkleinert wird der Quotient,
worauf man einwandfrei und sauber auch erkennt
den hohen Wert von mathematischen Gedichten.

»Hört ihr Leut' und laßt euch sagen...«

Nachtwächter einst und jetzt

Heinz Niklaus

Seit es Menschen gibt, besteht ein ureigenes Bedürfnis nach Sicherheit und Geborgenheit. Denn neben seinen vielen guten Eigenschaften hat der Homo sapiens leider auch deren schlechte: Gewalttat, Habgier, Mutwille, dazu noch Nachlässigkeit und Vergeßlichkeit. So ist seit Urzeiten irgendeine Form der Bewachung von Hab und Gut, speziell während der Nacht, notwendig. Während die einfallende Dunkelheit den rechtschaffenen Bürger zu Sorglosigkeit und Schlaf einlädt, verleitet dieselbe schützende Finsternis andere zu ungesetzlichen Taten. Daher wurde mit dem Entstehen von Siedlungen, die zum Teil mit Schutzwällen und Mauern umgeben waren, das Amt des berufsmäßigen Nachtwächters eingeführt.

Schon im alten Griechenland wanderten zu nächtlicher Stunde die Thesmoteten durch die Gassen Athens und anderer Städte. Auch im antiken Rom, so weiß man aus Chroniken, war die Sorge um die Sicherheit während der Nacht einer Wache übertragen. Die »Cohortes vigilium« waren militärisch aufgebaut und bestanden aus Sklaven und Freigelassenen. Dem Präfekten der Nachtwache wurde der Auftrag wie folgt umschrieben: ». . . den Schlafenden Sicherheit zu geben, den Heimen ein Hüter, den Pforten ein Wächter zu sein . . .« (Eris securitas soporantium, munimen domorum, tutela claustrum.)

Die Geschichtsschreibung hat die Nachtwächter des Mittelalters eher vernachlässigt. Aus den wenigen überlieferten Angaben weiß man, daß König Clotarius II. ihre Tätigkeit um 595 reglementiert hat. Karl der Große hat in zwei Edikten (803 und 813) diese Reglements bestätigt. Von Paris weiß man, daß es im Jahre 1583 von einer Bürgerwache, die 50 Berittene und 100 Mann zu Fuß aufwies, bewacht wurde.

Heinz Niklaus: Ein jeder Lebenslauf beginnt naturgemäß mit der Geburt, in diesem Falle am 7. März 1934 im Zähringer Städtchen Burgdorf. Hier verbrachte ich meine Jugendzeit, Besuch des Progymnasiums und Lehre als Mechaniker. Auf dem sogenannten zweiten Weg erwarb ich mir eine technische Ausbildung sowie die Mittelschulbildung (Vorbereitungskurs für das Abitur am Ferngymnasium Zürich). Heute bin ich verheiratet und Vater eines Sohnes. Beruflich als technischer Redaktor tätig, widme ich mich in meiner Freizeit als Präsident der Jugendmusik Zollikofen. Als sportliche Betätigung liebe ich das Wandern, Fußball und Skifahren.

Für kleinere Orte war eine solche ständige Bewachungstruppe für Friedenszeiten viel zu aufwendig. Deshalb gab es eine kleinere Besatzung, die dieselben Aufgaben hatte: Der Torwächter entschied, wem bei Tag und Nacht Einlaß gewährt werden durfte. »Das thor mit allen trüwen zu versehen«, das war der Auftrag der Torwache. Sie gewährleistete vor allem die militärische Sicherheit, hatte aber auch die Aufgabe, unerwünschte Leute fernzuhalten (»uff die frömbden landstrycher und starcken Gassenbettler eine flyssige achtung geben . . .«). Dazu kam der Turmwächter, der von hoher Warte aus die Vorgänge inner- und außerhalb der Stadtmauern zu beobachten hatte; außerdem waren dem Türmer von jeher feuerpolizeiliche Aufgaben übertragen sowie

das Ausrufen der Stunden. Die sehr raren schlagenden Turmuhren und die Tatsache,
daß Sonnenuhren nur zu bestimmten Tageszeiten brauchbar sind, schufen das Bedürfnis nach dem Wächterruf: Damit wurde gleichzeitig eine gewisse Kontrolle erreicht,
daß der Wächter tatsächlich seine Pflicht erfüllte und nicht etwa schlief.
Die Texte für die Stundenrufe wurden vielfach von den wachhabenden Männern selbst
gedichtet, soweit sie nicht an dienstliche Vorschriften gebunden waren.
Ein Glarner Nachtwächter zum Beispiel sang im letzten Jahrhundert:
»Ich tret' wohl auf die Abendwacht.
Gott geb' euch allen eine gute Nacht.
Die Glocke hat neun Uhr geschlagen.
Neun Uhr!«
Da der Torwächter an seinen Platz gebunden war, brauchte es noch sogenannte Gassenwächter, die, wie der Name sagt, in den Gassen ihre Tätigkeit ausübten. Ihnen war
z.B. die Kontrolle in den Gaststätten übertragen oder die Schlichtung von Streitigkeiten in den Familien. Zudem überwachten sich die Hochwächter und Tiefwächter gegenseitig durch Anrufen. Dieses Rufen zur Sicherung der Präsenz – zum Turm hinauf
und umgekehrt – blieb in allen größeren Städten bis weit ins 19. Jahrhundert hinein
üblich.
Mit der Bevölkerungszunahme und der sich wandelnden Bauart der Ortschaften
(Häuser außerhalb der Stadtmauern, Dörfer und Weiler ohne Schutzbauten) reichte
die herkömmliche Art der Bewachung nicht mehr aus. Es entstand eine Organisation,
die wir heute als Polizei kennen. Ihre Pflichten wurden aber so zahlreich (wenn wir
nur heute an den Straßenverkehr denken), daß auch die Polizei nicht alles alleine bewältigen konnte. Mit dem Aufkommen von Fabriken und Geschäften aller Art nahm
die Anzahl der zu bewachenden Objekte ständig zu. Seit 1907 besteht zum Beispiel
in der Schweiz eine private Nachtwache, die Securitas, die sich dem Lebensrhythmus
der modernen Gesellschaft des 20. Jahrhunderts angepaßt hat. Ihr Bestand zählt gegen
tausend Mann. In anderen Ländern bestehen ähnlich organisierte Nachtwachen.
Die stürmische Entwicklung der Technik der letzten 25 Jahre hat das Bild des Nachtwächters und seiner Aufgaben geprägt. Die gemütliche Petroleumlaterne und die historische Hellebarde sind vertauscht mit der elektrischen Taschenlampe, dem Gummiknüppel und dem schweren Schlüsselbund. Die Technik bestimmt weitgehend die
Funktion des heutigen Nachtwächters. Er bewacht zwar, wie seine Vorgänger aus vergangenen Zeiten, immer noch menschliches Leben, Hab und Gut. Die Hilfsmittel aber
und die Art und Weise der Nachtwache haben sich geändert: Die Verantwortung ist
allerdings geblieben.
Begleiten wir doch einmal einen Wächter auf einem seiner Rundgänge. Auch heute
noch beginnt er seine Arbeit, wie vor hundert oder mehr Jahren, bei jedem Wetter,
während der Durchschnittsbürger den Feierabend im Kreise seiner Familie genießt.
Für ihn wird die Nacht zum Tag und umgekehrt. Er geht treppauf, treppab, durch

Straßen und Gänge. Unzählige Türen werden kontrolliert, hier wird eine unverschlos-
sene verriegelt, dort ein Fenster geschlossen, ein laufender Motor abgestellt oder eine
Maschine im Betrieb überwacht. Die modernen automatischen Alarmanlagen, die den
Nachtwächter in seiner Tätigkeit unterstützen, müssen auf ihre Funktionsbereitschaft
überprüft werden. Irgendwo brennt zu später Stunde noch Licht. Die Ursache wird
geklärt: ist es Vergeßlichkeit, arbeitet noch jemand, oder sind Einbrecher am Werk?
Richtig, man vernimmt verdächtige Geräusche. Durch das kluge Verhalten des Wäch-
ters können die Diebe der Polizei übergeben werden. Weiter geht die Runde: Müdigkeit und Schlaf wollen die Aufmerksamkeit verdrängen, aber die Pflicht muß erfüllt
werden. In einer Wohnung, deren Besitzer in den Ferien sind, wird ein offener Was-
serhahn zugedreht, ein eingeschlossenes Kätzchen befreit und gefüttert. Der Morgen
dämmert schon, die ersten Leute sind auf dem Weg zu ihrer Tagesarbeit. Der Nachtwächter kehrt müde von seiner Diensttour nach Hause. Gewissenhaft und zuverlässig,
oft unter Lebensgefahr, kommt er seiner Pflicht nach.
Die folgende Statistik zeigt, wie pflichtbewußt die Wächter ihre Aufgaben erfüllen; dabei sind in der Tabelle die ihnen aufgetragenen, regelmäßigen Besorgungen nicht enthalten. Im Jahre 1970 wurden aus der ganzen Schweiz diese Vorkommnisse gemeldet:

Art der Begebenheit:	Anzahl Meldungen:
Feuergefahr	
Brandausbrüche gemeldet	262
Brandausbrüche selbst gelöscht	106
Offene Gashähne und -apparate	9 544
Elektrische Apparate ausgeschaltet	50 958
Laufende Motoren ausgeschaltet	11 213
Feuerverhütende Maßnahmen	21 431
Wassergefahr	
Überschwemmungen gemeldet	1 566
Defekte Wasserleitungen	2 019
Offene Wasserhähne	10 967
Andere Gefahren	
Fundgegenstände	1 307
Brennende Beleuchtungen	170 552
Pferde wieder angebunden	193
Sachbeschädigungen gemeldet	6 259
Defekte Straßenbeleuchtung gemeldet	11 024
Personen weggewiesen	1 552
Personen zur Ruhe gewiesen	1 628

Personen der Polizei zugeführt	619
Der Polizei Hilfe geleistet	91
Polizeirapporte	922
Diverse	27 186

Diebstahlsgefahr

Offene Toren, Türen, Umzäunungen	11 093
Gebäudeeingänge	61 220
Garagen- und Nebeneingänge	38 009
Innere Türen	73 255
Offene Schiebegitter	5 789
Offene Fenster	102 819
Offene Schaukästen	1 072
Offene Roll- und Fensterläden	8 631
Offene Benzin- und Öltanks	1 532
Offene Kassenschränke	1 343
Offene Behälter und Schränke	4 845
Offene Kühlschränke	1 787
Offene Bahn- und Güterwagen	673
Steckengebliebene Schlüssel	11 330
Im Freien gebliebene Gegenstände	1 586
Totalmeldungen 1970	654 383

Diese Aufstellung zeigt deutlich, daß der Mensch, wie eingangs erwähnt, sehr nachlässig und vergeßlich ist.
(Die geschichtlichen Angaben stammen aus der Jubiläumsschrift »Hört ihr Herrn und laßt euch sagen« von Peter Sommer.)

Hilfsarbeiter aus Neugier

Jürgen Blum

Im Kaufhaus

Ich kann eigentlich nicht sagen, warum ich das Bedürfnis hatte, das erste Mal in den Schulferien als Sechzehnjähriger irgendwo zu arbeiten. Ich erinnere mich, daß ich zum Arbeitsamt fuhr und mich nach einem Ferienjob erkundigte, meine 16 Jahre dem Beamten offenbar aber zu wenig waren und er mich wegschickte. Am gleichen Tag ging ich in das größte Kaufhaus meiner Heimatstadt Saarbrücken und fragte nach dem Personalchef, fand ihn auch, wurde nicht nach meinem Alter gefragt und für sechs Wochen eingestellt. Zunächst mußte ich jedoch ein Diktat schreiben, von dem ich nur weiß, daß ich nicht wußte, ob man »herrlich« mit einem oder zwei r schreibt. Als Arbeitslohn wurde 1,82 DM pro Stunde ausgemacht. Ich sollte mich am nächsten Montag um 8 Uhr wieder bei ihm melden.

Voller Spannung fuhr ich schon um halb acht Uhr mit dem Fahrrad in den Hof des Kaufhauses ein und schaute zu, wie von großen Lastwagen Gemüse, Obst, Konserven und anderes verladen wurde. Der Personalchef führte mich später in die Buchhaltung.

Meine Arbeit sollte darin bestehen, bei der Inventur zu helfen. Siehe da, ich wurde einer vielleicht 17jährigen schönen Blonden zugeteilt und hatte mit ihr Inventarlisten zu vergleichen. Das ging so, daß man abwechselnd eine Stunde lang Zahlen vorlesen mußte, die der Arbeitskollege auf einer zweiten Liste abzuhaken hatte. Zunächst fand

Jürgen Blum: Ich bin seit ein paar Jahren Lektor im Hallwag Verlag. Meine Hauptaufgabe besteht darin, immer neue Buchprojekte auszudenken, zu planen, mit den Autoren zu sprechen, sie zu beraten und ihre Manuskripte zu überprüfen. Besonders gerne arbeite ich an diesem Buch, das ich zusammen mit Edy Hubacher herausgebe. Es ist nicht immer leicht für einen 36jährigen, sich vorzustellen, was jugendliche Leser und Leserinnen gerne haben. Ich hoffe aber, daß dieses Problem ein bißchen leichter wird, wenn meine drei Kinder alt genug sind, um dieses Buch selber lesen zu können. Vielleicht interessiert Euch noch, was ich früher gemacht habe. Ich bin in Saarbrücken aufgewachsen; dort spielen auch die meisten der unten folgenden Hilfsarbeiter-Erlebnisse. Ich studierte Deutsch, Musik und Geographie, um Lehrer zu werden, später Theologie, um Pfarrer zu werden, aber beides wurde ich dann doch nicht, sondern machte nach dem Studium eine Verlagsbuchhändlerlehre und war seitdem in mehreren Verlagen Lektor.

ich das sehr lustig, zumal mir das Mädchen gefiel. Von 12 bis 12.30 Uhr war Mittagspause. Alle gingen in die Kantine. Man holte sich an einem Schalter seinen Teller ab. In die Runde blickend, stellte ich erstaunt fest, daß in dem riesigen Saal etwa 90% Mädchen und Frauen saßen und nur in einer Ecke ein paar männliche Wesen. An diesem Tag erlebte ich zum ersten Mal, daß viele Menschen, im Gegensatz zu der Erziehung in meinem Elternhaus, den Teller nicht leer aßen, sondern meistens nur das Fleisch. Gemüse und Bratkartoffeln ließen sie liegen. Ich war deshalb in Versuchung, meine Tischnachbarin zu fragen, ob sie ihr restliches Gemüse nicht mir geben würde, ließ es aber dann sein, da sie sehr unfreundlich dreinblickte. Von halb ein Uhr bis halb fünf Uhr mußte ich dann weiter Zahlen vorlesen bzw. Zahlen abhaken. Wünschenswert war, möglichst schnell zu lesen und möglichst schnell abzuhaken. Akkordlohn jedoch gab es nicht.

Nicht weit von meinem Tisch war ein Team zweier älterer Frauen, die in der Geschwindigkeit der Arbeit alle andern weit in den Schatten stellten. Dies wurde vom Assistenten des Buchhaltungschefs uns allen eindringlich vor Augen gestellt. Vor dem Nachhausegehen erhielt ich vom Personalchef eine Karte, die beim Betreten des Kaufhauses und beim Verlassen desselben in eine Steckuhr zu stecken war, und meine Kollegin wies mich darauf hin, daß jede Minute, die man zu spät käme, mit dem Abzug einer Arbeitsstunde geahndet würde. Zu früh zu kommen sei hingegen sinnlos, das würde nicht berücksichtigt.

Also kam ich jeden Tag pünktlich zwei Minuten vor acht. Am dritten Tag ergab sich jedoch die Schwierigkeit, daß vor mir eine Schlange von 30 oder mehr Personen stand und ich beim besten Willen meine Karte erst eine Minute nach acht stempeln konnte. Im Laufe des Nachmittags kam der Assistent des Personalchefs und ermahnte mich, daß dies eine unerhörte Schlamperei sei und ich gleich nach Hause gehen könne, wenn ich nicht pünktlich anfangen wolle. Eine Mark 82 würde mir ohnehin vom Tageslohn abgezogen.

Am vierten Tag kam das Gerücht auf, man könne sich als Aufpasser im Sommerausverkauf bewerben, da werde für die Stunde 2,50 DM bezahlt. Ich bewarb mich auch gleich, wurde aber als zu unerfahren abgelehnt.

So ging ein Tag um den andern dahin. Die Kaufhausangestellten hatten den großen Vorzug, mit 10% Nachlaß sämtliche Waren aller Abteilungen kaufen zu können. Um das zu tun, bekam man einen besonderen Ausweis, der an der jeweiligen Kasse vorzuzeigen war. Meine Kollegin, die mich offenbar ganz gern hatte, nahm mich eines Tages in der Mittagspause beiseite und erklärte mir, wie man richtig einkaufen könne. Das ging so: Man sprach sich mit einer Verkäuferin ab, die einfach nur den halben Rechnungsbetrag in ihre Kasse eintippte. Man konnte also somit 50% plus 10%, das heißt 60% sparen. Nachzukontrollieren war dieses spezielle Verfahren nicht, und ich vermute, daß viele der über tausend Angestellten des Hauses so den schlechten Lohn, den sie erhielten, auszugleichen versuchten.

Nach sechs Wochen war ich heilfroh, daß die Schule wieder anfing, und ich beschloß: nie wieder in ein Kaufhaus! Das einzige, was mir bei der Inventur interessant schien, war ein spezielles Ergebnis: Es fehlten nämlich 11,3% der Waren, die eigentlich hätten in den Lagern vorhanden sein müssen. Sie waren wahrscheinlich vom Publikum und vom Personal gestohlen worden, trotz strenger Kontrolle an den Personalausgängen, wo man jeden Abend seine Tasche öffnen mußte. Dies sei zwar schlimm, sagte mir der Personalchef beim Abschiedsgespräch, aber die Verlustsumme würde ohnehin in die Preise einkalkuliert.

In der Sparkasse

In den darauffolgenden Sommerferien beschloß ich, weil mein Vater eine Zeitlang bei einer Bank gearbeitet hatte, zu sehen, wie es hinter einem Bankschalter zugeht. Ich sagte dem Sparkassendirektor, ich hätte schon im Kaufhaus gearbeitet, worauf ich gerne akzeptiert wurde und nun als Haupttätigkeit die Originalbelege des letzten Jahres mit der Jahresabrechnung zu vergleichen hatte. Eine völlig sinnlose Tätigkeit, denn die Bilanz war schon mehrfach überprüft worden und stimmte ohnehin. Ich beklagte mich aber auch bald und erbat eine interessantere Tätigkeit. Zum Glück wurde ich Nutznießer der Grippewelle, denn drei Angestellte fielen aus. Ich durfte Prämienmarken verkaufen, am Schalter direkt mit den Leuten reden und forderte sie auf, viel mehr Marken zu kaufen, als sie ursprünglich vorhatten. Leider ging das nur kurze Zeit gut, denn ich hatte am Abend 32 Mark zuviel in meiner Kasse. Dies hieß, ich hatte irgend jemandem oder auch mehreren Kunden zuwenig Geld herausgegeben. Meine Ansicht, daß mit diesem zusätzlichen Gewinn der Verlust von anderen Tagen ausgeglichen werden könne, erwies sich als eine fast kriminelle Einstellung, und der Bankdirektor wies mich energisch zurecht, es müsse die Kasse auf den Pfennig jeden Abend stimmen und ich solle mir noch einmal gründlich überlegen, welcher von den vielen Kunden mir welches Geld bezahlt habe, und rekonstruieren, woher der falsche Kassenbetrag stammen könne.

Am dritten Tag lag auf meinem Schreibtisch eine 50-Pfennig-Münze, die dort nicht hingehörte. Ich ließ sie zunächst liegen und dachte mir nichts weiter dabei. Als sie am darauffolgenden Tag immer noch dalag, überlegte ich, ob ich sie nicht einstecken sollte, denn mein Stundenlohn betrug ohnehin nur 2,01 DM. Aber dann ging ich zu einem Kollegen und fragte ihn, woher denn die fünfzig Pfennig wohl stammten. Er tat zunächst so, als wisse er von nichts, erklärte mir aber in der Mittagspause, in der alle Kollegen zum Biertrinken gingen, das werde in der Bank immer so gemacht, wenn ein Neuer käme, und sei ein Test für meine Ehrlichkeit. Man habe mir absichtlich das Geldstück hingelegt, um einmal zu sehen, wie ich reagieren würde. Von dem Tag an war ich akzeptiert.

Ein weiterer Kollege fiel aus, und nun mußte ich einen Schalter ganz allein bedienen. Die Leute kamen von morgens bis abends, um ihre restlichen Frankensparbeträge, die sie zu Hause im Küchenschrank, unter der Matratze oder im Keller angesammelt hatten, einzutauschen, denn der Termin lief ab, und das Saarland sollte in Kürze wirtschaftlich der Bundesrepublik Deutschland angegliedert werden. Ich träumte jede Nacht von langen Zahlenreihen, und eines Morgens um sieben Uhr, als ich ein bißchen früher zu meiner Arbeitsstelle kam, saßen die Kollegen alle schon da, wie mir schien. Aber es stellte sich heraus, daß sie immer noch da saßen, denn der Direktor hatte verlangt, daß sie so lange alle Belege und das Bargeld prüfen müßten, bis herausgekommen sei, wo die Differenz von 2,34 DM entstanden sei. An diesem Morgen war der Fehlbetrag immer noch nicht entdeckt.

Bei der enormen Personalknappheit sollte ich eines Abends mit dem ältesten Kollegen zusammen eine große Summe Geld, insgesamt 62 500,– DM, zur Post tragen, denn unsere Zweigstelle war nur gegen Diebstahl gesichert in Höhe eines bestimmten Betrages des Kassenbestandes, und die 62 500,– DM waren zuviel in der Kasse. Der altgediente Kollege verabschiedete sich an der Ecke bei der Post, weil er keine Lust hatte, dort lange zu warten, und übergab mir das viele Geld zu treuen Händen. Es war im übrigen ein Freitagabend, und ich überlegte, wie weit mir die Summe, wenn ich mit ihr davonliefe, reichen würde, ging dann aber doch zum Postschalter und lieferte alles ordnungsgemäß gegen Quittung ab. Mit gut 60 000,– Mark wäre ich ja auch sicher nicht sehr weit gekommen.

Ich fragte in der Woche darauf die Kollegen alle einzeln, ob es ihnen nie in den Sinn gekommen sei, einmal den Tresor auszurauben. Sie verneinten alle. Zwei von ihnen meinten jedoch, viel erfolgreicher sei es, Schecks zu fälschen. Dazu müsse man aber an Schecks einer großen Firma kommen, die sechsstellige Summen bei der Bank gelagert haben. Es stellte sich heraus, daß alle Angestellten insgeheim Überlegungen anstellten, wie man zum großen Geld kommen könne, aber ein gangbarer Weg war keinem von ihnen eingefallen.

Nach zwei Wochen konnte ich sie alle nicht mehr leiden, denn was mir an lustigen Sprüchen zunächst gefallen hatte, wiederholte sich Tag für Tag, und ich merkte, daß sie immer gleiche und ähnliche Sprüche von sich gaben. Zwar waren sie zu mir freundlich, aber allmählich bin ich ihnen sicher auf die Nerven gegangen, und alle waren froh, als meine sechs Wochen um waren.

In der Hebezeugfabrik

Mein Vetter Hans war technischer Zeichner in einer Fabrik, die Aufzüge und Kräne herstellte. Zwar wollte ich später nicht Ingenieur werden, aber jetzt interessierte mich, was die Leute in den Fabrikhallen machten, an denen ich auf dem Weg in die Schule jahrelang vorbeigefahren war. Ich durfte drei Wochen lang im Zeichensaal mitarbeiten für 2,40 DM die Stunde.

Es ist nicht so einfach, sich an stundenlanges ruhiges Stehen vor einem Zeichenbrett zu gewöhnen und dazu noch gleichmäßige Linien zu ziehen. Meine Aufgabe war, immer neue Metallschilder zu zeichnen, eben die, die in jeder Aufzugkabine angebracht sind. Oben steht der Name der Firma, dann die Nummern der einzelnen Etagen, daneben immer Löcher für die Druckknöpfe. Einige Tage lang ging das ganz gut und war interessant, bis ich mit Lineal, Winkeln, Bleistiften und Tuschfedern richtig umgehen konnte, dann wurde die Arbeit ungemein langweilig. Tagaus, tagein immer die gleichen Schilder zeichnen.

Vetter Hans schien es nichts auszumachen, immer nur vor seinem Brett zu stehen. Er hatte zwar öfter neue Dinge zu zeichnen und konnte hier und da konstruktive Vorschläge für den Oberingenieur machen, denn jeder neue Kran mußte nach den Wünschen des Bestellers ganz von vorne neu konstruiert werden, wobei nur das Material, also Profilmetalle, Schrauben, Nieten, Drahtseile und Motoren, genormt waren.

Ich schwor mir insgeheim, daß ich lieber alles andere als technischer Zeichner werden wollte. Denn es wiederholte sich die gleiche Art Arbeit immer wieder.

Vetter Hans hatte Frau und zwei Kinder, verdiente also Geld, um die Familie ernähren zu können. Er wäre lieber Diplomingenieur geworden. Ich ahnte zum ersten Mal im Leben, was es heißt, arbeiten zu müssen, weil man Geld verdienen muß, weil man Frau und Kinder ernähren muß, weil man geheiratet hat, weil das alle tun.

Im Autohandel

Für die geplante große Wanderung von Trier nach Aachen und zurück zu Fuß brauchte ich Geld und arbeitete drei Wochen bei der Generalvertretung einer großen Autofirma für 2,80 DM die Stunde. Hauptaufgabe war, Neuwagen kurz vor der Übergabe an den Käufer zu putzen und zu polieren. Bei ruhigerem Geschäftsverlauf mußte ich an der Tankstelle aushelfen oder in der Waschanlage.

Es stand mir kein weißer Kittel, sondern nur ein grauer Kittel zu. Weiße Kittel durften der Werkstattmeister und der Tankwart tragen. Grauer Kittel bedeutete etwas mehr als blaue Trägerhosen. Die Arbeit in der Waschanlage machte am meisten Spaß, vor allem nachdem ich herausgefunden hatte, wo man sich hinstellen mußte, um von den Kunden ein mehr oder weniger gutes Trinkgeld zu bekommen. Das Sich-am-rechten-Ort-in-Positur-Stellen nützte jedoch bei Stammkunden nichts, denn die zog der Vorarbeiter sofort ins Gespräch, und er bekam das Trinkgeld, obwohl er nicht viel mehr getan hatte, als im rechten Moment in Erscheinung zu treten.

Da die neuen Autos auf einem großen Platz im Freien herumstanden, waren sie natürlich schmutzig und mußten sorgfältig gewaschen und poliert werden. Dabei stellte sich fast immer heraus, daß die Fahrzeuge voll kleiner Rostflecken waren. Man erklärte mir, durch den langen Eisenbahntransport und den von Dampflokomotiven hervorgerufenen Funkenflug seien die Lackschäden unvermeidlich, aber die Kunden sollten das nicht sehen. Ich mußte mit einem scharfen Politurmittel und weichen Lappen die Roststellen so lange polieren, bis sie mit bloßem Auge nicht mehr zu sehen waren. Es war ganz klar, daß nach wenigen Wochen schon der Rost wieder durchschlagen würde, aber das ahnten die Kunden natürlich nicht und fuhren stolz als Neuwagenbesitzer nach Hause. Es war mir immer sehr peinlich, von den Neuwagenkunden recht viel Trinkgeld zu bekommen, aber ich hatte nicht den Mut, sie aufzuklären.

Ich hatte mir vorgenommen, in den Schulferien jedesmal in einer ganz anderen Branche zu arbeiten, weil ich neugierig war und wissen wollte, wie es hinter den Fabriktoren und Bürohausfassaden zuging. Andererseits wollte ich auch mein Feriengeld verdienen. Ich arbeitete mehrmals ein paar Wochen lang bei der Forstverwaltung, mußte Lärchen pflanzen, Eichen und Buchen säen, Weichhölzer (Birken, Hainbuchen, Eschen und Ahorn) aus den Kiefernschonungen herausschlagen und Müll aus dem Wald heraussammeln. Es ist unglaublich, was man da so alles finden kann. Bei vielen gefundenen Gegenständen gelang es mir nicht, mir vorzustellen, wie sie in die entferntesten Winkel des Waldes gekommen waren. Ich arbeitete als Hilfselektriker bei der Montage eines elektronisch gesteuerten Drahtwalzwerks, hatte aber hauptsächlich irrsinnig schwere Kupferkabel zu schleppen mit einem Vorarbeiter, den man in Ägypten sicher sofort zum Sklaventreiber gemacht hätte beim Bau der Pyramiden, und ich war froh, als die vier Wochen vorbei waren. Am meisten hätte es mich interessiert, in einer Kohlengrube unter Tage zu arbeiten, aber aus Sicherheitsgründen ging das nicht. So blieben also nur Schülerjobs – beim Finanzamt, als Kellner oder auf Baustellen.

Im Zementwerk

Eine Zeitlang wollte ich unbedingt Cellist werden, und um ein Cello kaufen zu können, das damals zwischen ein- und zweitausend Mark kostete, bewarb ich mich als Betriebsschlosser bei einer Montagefirma und wurde nach Esch-sur-Alzette in Luxemburg geschickt. Ich hatte natürlich keine Ausbildung als Betriebsschlosser, aber das merkte ja niemand. Esch-sur-Alzette ist die scheußlichste Industriestadt, die ich je gesehen habe, wenigstens in Erinnerung. Dort stehen drei große Eisenhüttenwerke, und zu einem Werk gehörte die Zementfabrik, denn Zement wird zu einem Teil aus gemahlener Hochofenschlacke hergestellt. Ich war zum ersten Mal im Leben Proletarier unter Proletariern in einem riesigen Industrieunternehmen, schlief in einer Wohnbaracke mit den verschiedensten Ausländern und höchst merkwürdigen Existenzen in einem großen Schlafsaal zusammen. Der Arbeitstag dauerte zwölf Stunden, von montags bis samstags, sonntags wurde nur acht Stunden gearbeitet.

In der ganzen Stadt gab es offenbar nur Männer. Viele Familien in der Stadt hatten ihr Wohnzimmer zu einem kleinen Restaurant umfunktioniert, wo es immer das gleiche Essen gab: Schnitzel, Pommes frites und Salat. Und dies für wenig Geld. Manchmal dachte ich, ich sei in einer italienischen Stadt, denn die meisten Lebensmittelgeschäfte hatten italienische Besitzer, und die meisten Filme liefen in italienischer Sprache, manche mit französischen Untertiteln.

Man mußte um 5.15 Uhr aufstehen, an einer Waschrinne Schlange stehen, aber mit dem eiskalten Wasser war das Schmieröl-Eisen-Rußgemisch kaum von der Haut zu bringen. Frühstück gab es nicht. Um 5.40 Uhr fuhr der kleine Bus zum Zementwerk ab und holte einen abends um 18.15 Uhr wieder in die Stadt zurück. Die Mittagspause dauerte von Sirenenton zu Sirenenton dreißig Minuten. Am Abend ging man nach irgendeinem Essen von 8 bis 10 Uhr ins Kino. Vor Erschöpfung und Verzweiflung fiel mir nichts anderes ein, denn wohnen konnte man im Schlafsaal ja nicht. Ich erinnere mich noch, daß ich auf dem billigsten Rang im Kino immer ganz allein saß, nur Balkon und Logen waren bis zum letzten Platz gefüllt.

Meine Arbeit bestand darin, mit einem alten luxemburgischen Schlosser zusammen Getriebe auseinanderzubauen, und das hieß, bis über die Ellbogen mit beiden Armen im Schmieröl zu stecken. Ein paar Tage später sollte ich Stahlbleche von 25 mm Stärke zu Zementstaubkanälen zusammenschweißen, und ich hatte doch noch nie im Leben ein elektrisches Schweißgerät in der Hand gehabt. Die schweren Eisenplatten wurden von einer Laufkatze eingefahren und an der richtigen Stelle vorläufig verkeilt, dann wurde am Transformator des Schweißgeräts große Stromstärke eingestellt. Man mußte mit dem Schweißstab die Stahlplatten kurz berühren, um einen Lichtbogen zu erzeugen, der dann während des Schweißvorgangs Stahlplattenkanten und Schweißstab zum Schmelzen brachte. Da ich keine Ahnung hatte, gelang mir natürlich keine Schweißnaht, sondern ich brannte Löcher in die Stahlplatten und wurde entsetzlich angeflucht. Ich gab mir aber einen halben Tag lang Mühe und setzte allen Ehrgeiz hinein, anständige Schweißnähte zu vollbringen. Das ging dann auch ganz gut, und ich bin heute noch stolz darauf. Die Arbeitskollegen akzeptierten mich nach und nach, und man half sich in meiner Gruppe gegenseitig. Das ging so weit, daß einer während der Arbeit schlafen gehen konnte und die andern seine Arbeit mitmachten. Nur mußte man höllisch aufpassen, wenn Kontrollen kamen. Ich hatte die ganze Zeit über Angst, vor allem nachdem ich ein Geräusch gehört hatte, instinktiv ruckartig stehenblieb und einen halben Meter vor mir eine Eisenstange auf den Boden krachte.

Es wurde auch viel von Schlägereien erzählt, ich erlebte allerdings nur zwei Großschlägereien mit. Meistens handelte es sich um grundlose Auseinandersetzungen, die nach meinem Eindruck von den durch die unmenschlichen Arbeitsverhältnisse aufgestauten Aggressionen herrührten. Einmal mußte ich miterleben, wie mehrere Typen einen Kollegen am Boden festhielten und ein anderer einen Zigarettenstummel auf seinem Unterarm ausdrückte. Ich werde das mörderische Geschrei nie vergessen. Werksleitung und Polizei kümmerten sich nicht darum. Es herrschte so eine Art Selbstjustiz unter den Arbeitern.

Der Stundenlohn im Zementwerk war für meine Verhältnisse sehr gut. Ich bekam obendrein einen Zuschlag, weil die Arbeitsstelle im Ausland war, man nennt das Auslösung, und hatte nach sechs Wochen tausendneunhundert Mark verdient. Das reichte für ein Cello.

Im Hamburger Hafen

Am liebsten erinnere ich mich an meine Arbeit als Schauermann im Hafen, wenn dies auch über zehn Jahre her ist.

Papa Lüders wohnte mit seiner Frau in Hamburg-Eimsbüttel halb unter der Erde. Das Fenster seines Schlafzimmers, das er mir vermietete für wenig Geld, ging auf einen Hinterhof mit genau 24 Mülltonnen und einer Andeutung von Pflaumenbaum, der immerhin noch jedes Jahr ein paar Blätter hervorbrachte. Mir als Landratte gefiel das dumpfe Tuten der Ozeandampfer, das man von St. Pauli herüberhören konnte. Später stellte ich fest, daß die Hamburger viel sentimentaler sind, als man meint, und das Tuten auch sehr schön fanden. Papa Lüders war früher Schauspieler gewesen und hatte nie Geld. Aus Mitleid vielleicht und weil er mir ganze dramatische Szenen in der Nacht vorspielte aus Macbeth, Hamlet oder Luise Millerin, brachte ich ihm fast jeden Abend eine halbe Flasche Pott-Rum, damit er Grog trinken konnte und in Stimmung kam. Das Grogrezept geht so: Du nimmst Zucker und heißes Wasser, füllst mit Rum auf, trinkst – und füllst mit Rum auf.

Ich hatte deshalb in kurzer Zeit überhaupt kein Geld mehr und mußte es im Hafen verdienen gehen. Der beste Job war die dritte Schicht, denn die meisten Schiffe wurden in drei Schichten ausgeladen, und oft hatten die erste und zweite Schicht so gut gearbeitet, daß die dritte Schicht (von 22 bis 6.00 Uhr morgens) nur noch sieben oder sechs Stunden Arbeit hatte.

Es war Januar, bitterkalt, und Eisschollen trieben auf der Elbe. Der Arbeitsschluß um vier Uhr am Morgen nützte aber nicht viel, denn die Fähre ging vom Fruchthafen nach St. Pauli erst gegen sechs Uhr, und man mußte zwei Stunden in der Kälte stehen.

Der Verdienst für Schauerleute war damals 23,50 DM die Schicht, viel Geld für meine Verhältnisse. Ich hatte meistens Glück und wurde im Fruchthafen eingeteilt. Freunde von mir gerieten manchmal in den Stückguthafen und mußten Stacheldrahtrollen oder ähnliche unerfreuliche Waren, zum Beispiel Zement, verladen.

Bei meiner allerersten Schicht und kaum an Bord des Dampfers, faßte mich ein alter Schauermann bei der Schulter und fragte: »Na, min Jung, hast du auch die richtige Ausrüstung?« Er erklärte mir, im Fruchthafen müsse man zumindest Dosenöffner und Löffel bei sich haben. Im Fruchthafen werden nicht nur Bananenstauden aus Mittelamerika verladen, sondern Rosinen aus Griechenland, Feigen aus der Türkei, Orangen aus Israel und Spanien, Kokosflocken und Erdnüsse aus Afrika und Thunfischkonserven aus Japan.

Ein Frachtschiff sieht von innen aus wie ein riesiges Lagerhaus mit vielen Etagen (Decks), durch die vom Dach (dem Oberdeck) bis hinunter die Luken gehen, viereckige, verschließbare Öffnungen. Ein Hafenkran läßt an einem langen Drahtseil eine Palette herab, auf die das Stückgut, in unserem Fall die Orangenkisten, oder die in getrocknete Bananenblätter eingewickelten zentnerschweren Bananenstauden von den Schauerleuten gestapelt werden. Die Orangenkisten waren aus starkem Holz, und man hätte ein Stemmeisen oder größeres Werkzeug haben müssen, um heimlich eine Kiste aufzubrechen, aber der alte Schauermann wußte sich zu helfen. Wir stellten die oberste Kiste von mehreren Lagen ein wenig verkantet, und als der Kran die Palette anzog, gab er der Palette einen leichten Stoß, den niemand sah, so daß die Palette an der über uns liegenden Lukenkante anschlug und die Kiste auf unser Deck herunterfiel, aufplatzte und wir mitten in den Apfelsinen standen und über sie stolperten wie einst die Heinzelmännchen in Köln, als die Schneidersfrau die Erbsen streute. Wir teilten uns die Arbeit so ein wie damals im Zementwerk. Vier Mann arbeiteten, und einer schlief hinter den Kisten, wo das Licht der Scheinwerfer ihn nicht erreichen konnte.

Die Schauermänner waren immer kameradschaftlich. Viele von ihnen arbeiteten nur deshalb, um Geld für zwei Tage Kneipentour zu haben. Viele waren Außenseiter der Gesellschaft und hatten keine Chance, je aus dem Hafen herauszukommen, aber ich glaube, ich habe etwas kennengelernt, was sehr wichtig ist: die »Solidarität der Werktätigen«.

INEINEMWORT

Dieseshieristeinpoem-
ineinemeinziglangenwort-
esliestsichsichernichtbequem-
dennungeordnetfließtesfort-
undwirdzumoptischenproblem-
undistdochnichtsalseinrekord-
mitziemlichdummemgrundsystem.

Fischt Fischers Fritz noch frische Fische? Fischerei am Oberrhein

Max Baumann

Der Rheinabschnitt von Schaffhausen stromaufwärts bis zum Ausfluß des Rheins aus dem Untersee gilt seit jeher als vorzügliches Fischereigewässer. Neben der Forelle wird vor allem die Äsche als eigentlicher »Brotfisch« der Steiner Fischer bezeichnet. Die Grenzen ihrer Fischereireviere (»Fischenzen«) haben sich seit dem Mittelalter kaum geändert. Nur die Besitzer haben gewechselt. Verfügten früher Klöster und Fürsten über die Fischereirechte, so ist es heute der Staat, das heißt der Kanton. Sogar die einzelnen Fischzüge sind noch die gleichen wie eh und je, denn sie richten sich nach der Beschaffenheit des Rheinbettes und des Ufers. Die Steiner Fischer nennen jeden Fischzug bei seinem überlieferten Namen: einer heißt »Hägli«, ein anderer »Mörder«, ein dritter »Grafenkopf«. Der sehr einträgliche Grafenkopfzug ist schon in einem Lehensbrief aus dem Jahre 1566 erwähnt.

Bevor wir uns jedoch näher mit dem traditionsreichen Fischereigewerbe befassen, wollen wir die Berufsfischer von Stein am Rhein auf einen Fischzug begleiten.

Petri Heil!

Der dreifache Ruf »Petri Heil!« widerhallt von den Fassaden des Städtchens. Die Männer stoßen die beiden Fangboote vom Ufer ab und starten die Außenbordmotoren. Es ist kalt und neblig; die Novembersonne steht als milchige Scheibe über dem Dunst und taucht den Fluß und die Ufer in unwirkliches Licht. Die mit je vier Fischern besetzten Boote ziehen silberne Keile auf dem Wasser. Unser Ziel sind die fischreichen Kiesgründe unterhalb des Städtchens Stein am Rhein.

An Bord herrscht geschäftige Tätigkeit: Das Netz wird sorgfältig gefaltet, damit es ungehindert auslaufen kann, die Geräte werden griffbereit in den Booten verteilt. Unter

Max Baumann: geboren 1931 in Schaffhausen, Lehre als Graveur, Reisen in alle Welt, verheiratet, eine Tochter; Schriftsteller, Fotograf und Journalist in Schaffhausen. Bereits erschienene Werke: »Dampflokomotive« (1969), »Im Schatten des Kilimandscharo« (1970), »Auf den Spuren des Feuerrosses« (1972); alle vier sind illustrierte Erzähl- und Sachbücher.

Das Städtchen Stein am Oberrhein,
wenig unterhalb der Stelle, wo der Rhein
aus dem Bodensee herausfließt

langen braunen Gummischürzen tragen die Fischer hüfthohe Stiefel und alte Militär-
kleider. Zwei von ihnen sind Berufsfischer und Pächter des »Steiner Wassers«, die
Gebrüder Graf. Die übrigen, ebenfalls erfahrene Fischer, arbeiten als Gehilfen.
»Fischerknechte« nannte man die im Taglohn beschäftigten Gehilfen früher.
Das Revier ist erreicht, die Motoren verstummen. Das zusammengerollte Seilende des
Netzes fliegt hinüber zum Geschwisterboot; es wird aufgefangen und an der Bord-
wand festgeknüpft. Nun tauchen die Männer die Stechruder ins Wasser und treiben die
Boote mit regelmäßigen Schlägen aus der Flußmitte dem Ufer zu, wobei das 40 Meter
lange Zuggarn (Netz) ausläuft und dann in weitem Bogen nachschleppt. In Ufernähe
springen aus jedem Boot drei Fischer ins Wasser und waten, das schwere Garn nachzie-
hend, an Land. Hand über Hand wird die Beute bis ins seichte Wasser geführt, wo
die wild um sich schlagenden Fische so schonend wie möglich aus den Maschen gelöst
werden. Sie kommen zuerst in ein »Hemmel« (andernorts auch »Behren« oder »Feu-
mer« genannt), dann in die Fischkästen der Boote. 36 Forellen, 17 Äschen und einige
Ruchfische sind ins Netz gegangen. Als Ruchfische bezeichnet man die nicht sehr begehrten Barsch- und Karpfenarten. Zufrieden mit der Ausbeute, entfernen die Fischer
Unrat und Algenrückstände aus dem Garn und bereiten den nächsten Zug vor.
Außer mit dem großen Zuggarn, das vor allem beim Laichfischfang verwendet wird,
arbeiten die Steiner Fischer auch mit einem wesentlich kleineren Spiegelgarn. Es setzt
sich aus drei Netzwänden zusammen. Die beiden äußeren, die »Spiegel«, sind so weit-

maschig, daß Fische jeder Größe durchschlüpfen können, doch befindet sich dazwischen ein engmaschiges, locker angebrachtes Innengarn. Gelangt nun ein Fisch durch den einen Spiegel, so durchstößt er zusammen mit dem Innengarn den zweiten Spiegel, das heißt, es bildet sich ein Sack, in dem er gefangen bleibt. Das Spiegelgarn wird von einem am Ufer stehenden Gehilfen mit einem Seil gehalten, während der mit dem Boot hinausfahrende Fischer das Netz auslegt. Gehilfe und Fischer bewegen sich nun eine Strecke flußabwärts, dann fährt das Boot in einem Bogen ans Ufer, so daß auch jene Fische, die noch frei vor dem Garn herschwimmen, eingeschlossen sind und schließlich an Land gezogen werden können.

An jedem Gewässer sind die Geräte natürlich den örtlichen Verhältnissen angepaßt, denn was sich am See bewährt, kann für die Flußfischerei ungeeignet sein. Im großen und ganzen aber sind die Fangmethoden überall ähnlich. Die zum Fischfang verwendeten Gerätschaften sind im Grunde genommen seit Jahrtausenden die gleichen geblieben.

Von der Steinzeit zur Neuzeit

Zur Überraschung von Laien und Fachleuten sind bei Robenhausen am Pfäffikersee guterhaltene Stücke von Fischernetzen ausgegraben worden, die aus der Pfahlbauzeit stammen. Ihre Schnüre sind aus Flachs gedreht. Das Erstaunlichste an diesen Funden aber ist, daß die Knoten der Maschen so geknüpft sind wie oft noch heute.

Über die Netzfischerei zur Zeit von Christi Geburt wird in biblischen Darstellungen berichtet. Petrus war ein Netzfischer; er übte seinen Beruf zeitweise noch aus, als er sich bereits zu den Jüngern Christi zählte. Petrus gilt als Schutzpatron der Fischer.

Auf die kulturelle Entwicklung übte die Fischerei als wichtiger Zweig der Urproduktion einen tiefen Einfluß aus. Schon die irischen Mönche, die in unserem Land das Christentum ausbreiteten, müssen eifrige Fischer gewesen sein. Da ihnen die strengen Fastengebote den Genuß von Fleisch an vielen Tagen im Jahr untersagten, war Fisch ihre eigentliche Fastenkost. Für ihre Niederlassungen wählten sie daher mit sicherem Blick die besten Fangplätze. So baute der heilige Gallus im Jahre 614 seine Mönchszelle an einem fischreichen Weiher neben der Steinach. Aus ihr entstanden im Laufe der Zeit das Kloster und die Stadt St. Gallen.

Die Legende erzählt auch, wie der heilige Meinrad durch den Fischreichtum der Sihl veranlaßt worden sei, sich im Finsterwald niederzulassen. Aus seiner Zelle entwickelte sich das Kloster und der Wallfahrtsort Einsiedeln. Das berühmte Kloster Rheinau liegt auf einer Insel mitten im Rhein. Als die Rheinauer Mönche einmal nichts mehr zu essen hatten, so berichtet die Legende, sei ein mächtiger Lachs vom Rhein durchs offene Fenster direkt in die Küche gesprungen. Zur Erinnerung an das Ereignis wird in Rheinau noch heute alljährlich »in den Lachs« geläutet.

Rheinfischer bei der Arbeit

Das Kloster St. Georgen in Stein am Rhein dürfte ebenfalls auf Grund des Fischreichtums am Ausfluß des Untersees entstanden sein. Vielleicht geht der Name »Stein« auf eine uralte Fischereigrenze zurück. Die zu den besten zählenden Garnzüge bei der Insel Werd oberhalb von Stein am Rhein sind noch heute im Besitz des Klosters Einsiedeln.

Neben den Klöstern haben sehr bald auch Könige und Fürsten die Fischerei für sich beansprucht. Das Recht zum Fang wurde als Lehen an Vögte und Meier (Verwalter) vergeben. Diese wiederum setzten »Wassermannen« ein, um die Fischer, die jahrein, jahraus ihre »Zinsfische« abliefern mußten, zu kontrollieren. Die Fischer waren Leibeigene und wohnten in Uferdörfern oder in den wassernahen Quartieren der Städte.

Im Bestreben nach mehr Freiheit und besserer Wahrung ihrer Berufsanliegen schlossen sich die Fischer zu Zünften zusammen. An ihren großen Zusammenkünften, den »Meyentagen«, gaben sie sich Ordnungen, welche die Ausübung der Fischerei regelten. Obwohl unsere Gewässer damals ungeheure Mengen von Fischen beherbergt haben müssen, enthielten die Satzungen Schutzbestimmungen, wie sie in ähnlicher Form auch heute wieder Gültigkeit haben. Im Interesse ihres Gewerbes auferlegten sich die Fischer viele Vorschriften über Schonzeiten, über die Maschenweite der Netze und über das Mindestmaß beim Fang der einzelnen Fischarten. Fischbrutanstalten wie heute gab es natürlich noch nicht, doch wurden die Plätze, wo sich mit Vorliebe die

Jungbrut tummelte, geschont und gehegt. Eine weitere Schutzmaßnahme war das Fangverbot an allen möglichen Feiertagen. Zählt man alle diese Schontage zusammen, so kommt man für Stein am Rhein auf über 100 Tage im Jahr, an denen nicht gefischt werden durfte. Man trug in jener Zeit wahrhaftig Sorge zum natürlichen Reichtum der Gewässer.

Dennoch, oder vielleicht müßte man sagen deswegen, war das Angebot auf den vielen Fischmärkten riesengroß. Fisch war die Hauptspeise von arm und reich. Am Rhein war der Lachsfang besonders ergiebig. Der heute als Delikatesse begehrte Fisch war in solchem Überfluß vorhanden, daß die Dienstboten in den Herrschaftshäusern der Städte des billigen Nahrungsmittels überdrüssig wurden. In Laufenburg und an andern Orten wurden daher gesetzliche Vorschriften erlassen, die besagten, es dürfe den Dienstboten nicht mehr als zweimal in der Woche Lachs vorgesetzt werden!

Der Lachs oder Salm drang auf seinen Laichzügen vom Meer bis ins Quellgebiet der Flüsse hinauf. Dies änderte sich erst, als die Stauwehre zur Gewinnung von Wasserkraft und Elektrizität gebaut wurden. Im Rheinfallbecken wurde der letzte Lachs im Jahre 1913 gefangen.

Krise der Fischerei

Einen ersten Niedergang erlebte die Fischerei, als mit der Reformation die Fastengebote abgeschafft und viele Fischmärkte verboten wurden. Die alten Fischereirechte gingen an den Staat, der sich vorerst wenig darum kümmerte. An Stelle der Hege und Pflege trat eine eigentliche Raubwirtschaft. Im Gefolge der Französischen Revolution verschlimmerte sich die Situation noch. Die Feudalrechte und mit ihnen auch die Fischereirechte wurden als aufgehoben erklärt. Da die Revolutions- und Kriegsjahre auch Hungerjahre waren, begann in allen Gewässern ein rastloses Fischen: Jedermann wurde zum Selbstversorger.

Zwar sind im 19. Jahrhundert zum Schutze der »Nationalgüter«, wie die Fische nun bezeichnet wurden, die alten Gesetze und Verordnungen fast überall wieder eingeführt worden. Aber da erfolgte auch schon jener Generalangriff, dem die Fischerei bis heute ausgesetzt geblieben ist: die Verunreinigung der Gewässer.

In der zweiten Hälfte des letzten Jahrhunderts entstanden überall im schweizerischen Mittelland Industriebetriebe, die ihre Abwässer in die Seen und Flüsse leiteten. Gleichzeitig wurde in Städten und Dörfern die Leitungswasserversorgung und die Schwemmkanalisation eingeführt. Dem natürlichen Wasserhaushalt wurde frisches Quell- und Grundwasser in fast unbegrenzter Menge entzogen und nach Gebrauch als Schmutzwasser direkt in Seen und Flüsse geleitet. Die Neuerung war so bequem, daß an den negativen Folgen, die der Fortschritt mit sich brachte, jahrzehntelang niemand Anstoß nahm.

Oben: Mit dem schweren Netz im Schlepp
rudern die Männer von der Flußmitte
zu einem flachen Uferstreifen

Unten: Das Abstreifen und Befruchten des
Laichs wird durch den Fischereiaufseher
ausgeführt

Links: Der Fang wird behutsam von Hand
ans Land manövriert

Für die Fischerei hatte diese Entwicklung katastrophale Folgen. Das Beispiel des Sempachersees, wo die Fangerträge seit über 400 Jahren registriert werden, spricht eine deutliche Sprache: In den Jahren um 1680 betrug der Jahresfang von Felchen durchschnittlich 118 000 Kilogramm oder 82 Kilogramm pro Hektar Wasseroberfläche. Um 1850 waren es noch 30 000 Kilogramm oder 20 Kilogramm pro Hektar, und heute werden noch 11 500 Kilogramm oder 8 Kilogramm Felchen pro Hektar gefangen.

Wären in den letzten hundert Jahren nicht im ganzen Land Fischzuchtanstalten errichtet worden, stünde es um den Edelfischbestand unserer Gewässer noch weit schlimmer. Die Fischzucht bezweckt, aus den Eiern der Laichfische eine weit größere Zahl von Jungfischen zu gewinnen, als es bei der natürlichen Verlaichung je möglich ist. Wenn wir den Sinn dieses Eingriffs in die Natur verstehen wollen, müssen wir zuerst über das Leben der Fische etwas erfahren.

Die natürliche und die künstliche Fortpflanzung

Die Salmoniden gelten als die Aristokraten unter den Fischen. Sie sind die schmackhaftesten, aber sie vertragen die Verunreinigung der Gewässer am wenigsten gut. Zu den Salmoniden gehören Forellen, Felchen und Äschen. Im Rhein laicht die Forelle im November, die Äsche im Mai. Der weibliche Fisch heißt dann Rogner, der männliche Milchner. Im Gegensatz zu den höher entwickelten Wirbeltieren wie Reptilien oder Hühner legen die Fische keine befruchteten Eier, die Befruchtung erfolgt erst nach der Eiablage.

Wenn die Laichzeit naht, finden sich die Fische zu größeren Gesellschaften zusammen. Dabei kommt es zu »Hochzeitstänzen«, aber auch erbitterte Kämpfe zwischen den Milchnern sind keine Seltenheit. Kurz vor der Eiablage graben die Weibchen mit dem Schwanz Vertiefungen in den kiesigen Grund. Solche Laichgruben kann man von erhöhtem Standort, zum Beispiel von einer Brücke aus, gut erkennen, da sie sich als weißer Fleck von der meist mit Algen überzogenen Umgebung abheben.

Im Moment der Eiablage erfolgt die Befruchtung durch die Samenflüssigkeit des männlichen Fisches. Die an Milch erinnernde Substanz enthält mikroskopisch kleine Samentierchen in ungeheurer Zahl, welche augenblicklich versuchen, in das Ei einzudringen. Der nadelfeine Kanal, der ins dotterreiche Innere des Eis führt, schließt sich schon nach ganz kurzer Zeit. Erfolgt die Befruchtung nicht in diesen wenigen Sekunden, dann muß das Ei unbefruchtet bleiben und absterben. Nach der Eiablage wirft der Fisch mit dem Schwanz Kies über das Gelege und kümmert sich dann nicht mehr um die Nachkommenschaft.

Die Befruchtung ist also eine sehr unsichere, allerlei Zufälligkeiten ausgesetzte Angelegenheit. Diesen Umstand berücksichtigt die Natur, indem sie die Fische mit gewaltigen Mengen von Eiern und Samen ausstattet. Die Forelle produziert Tausende von Eiern

in jeder Laichzeit, die Äsche etwa 800 bis 1200. Man vermutet, daß aus 1000 Forellenei-
ern im Durchschnitt nur 2 Fische heranwachsen.

Für den Sportfischer ist die Laichzeit zugleich auch Schonzeit. Für den Berufsfischer
aber beginnt kurz vor der Eiablage der Edelfische der Laichfischfang. Er bringt ihm
die größten Erträge, da die Fische zu dieser Zeit in Schwärmen leben. Hauptziel des
Laichfischfanges ist jedoch die Gewinnung der Laichmasse.

Eine überaus wichtige und verantwortungsvolle Arbeit ist das sogenannte Streifen der
Laichfische. Sie obliegt dem Personal der Fischzuchtanstalten. Dabei wird der Fisch
mit der einen Hand festgehalten, während mit Daumen und Zeigefinger der andern
Hand durch vorsichtiges Abstreifen des Fisches die Eier oder die »Milch« zum Ausflie-
ßen gebracht werden. Die mit Samenflüssigkeit übergossenen Eier werden mit einer
Schwanenfeder umgerührt, worauf der befruchtete Laich unverzüglich in die Bruttröge
verbracht wird. Im zehngrädigen Quellwasser der Schaffhauser Fischzuchtanstalt beträgt die Brutzeit des Forellenlaichs 40 bis 41 Tage, jene des Äschenlaichs 18 Tage. Im
Durchschnitt entwickeln sich 90 Prozent der Eier zu Brutfischchen.

In der Schweiz gibt es fast 200 Fischzuchtanstalten. Ihnen ist es zu verdanken, wenn
der Edelfischbestand selbst dort erhalten werden konnte, wo die natürliche Verlaichung infolge Verunreinigung oder Kanalisierung nicht mehr möglich ist. Allein die
Fischer von Stein am Rhein sorgen jedes Jahr für Millionen von Brutfischchen. Diese
werden größtenteils unmittelbar nach dem Schlüpfen in verschiedenen Rheinabschnit-
ten ausgesetzt. Aber auch die Wutach und andere Zuflüsse erhalten oft einen »Zustupf«
an gesundem Edelfischnachwuchs.

Natürlich ist die Überlebenschance auch der Jungbrut noch sehr klein, der weitaus
größte Teil fällt Fischen und Wasservögeln zum Fraß oder geht sonstwie zugrunde.
Daher ist der Schaffhauser Fischereiaufseher dazu übergegangen, jährlich etwa 40000
der wertvollen Äschenbrutfischchen mit Plankton aus dem Rhein bis zu einer Größe
von 4 bis 5 Zentimetern aufzuziehen. Nach einigen Wochen »Anstreckzeit« werden
diese »Sömmerlinge« mit viel größeren Überlebenschancen dann ebenfalls in ihr natürliches Element eingesetzt. Der Erfolg ist nicht ausgeblieben: Trotz zunehmender Verunreinigung auch des Rheins sind die Fangerträge heute fast doppelt so hoch wie noch
Mitte der sechziger Jahre.

Was bringt die Zukunft?

Es ist klar, daß die Arbeit des Berufsfischers nicht zuletzt auch der Sportfischerei zugute kommt. Mit seinem Netz sorgt er für die Gewinnung des Laichs und damit für
die Erhaltung des Fischbestandes. Immer mehr Menschen drängen ans Wasser, immer
mehr Städter entdecken den Angelsport als willkommenen Ausgleich zu ihrer täglichen
Arbeit in Industrie und Gewerbe. Es gibt in der Schweiz über 100000 Sportfischer.

Verschiedene Arbeitsvorgänge
bei der Fischerei am Oberrhein

Vielleicht liegt in Zukunft die volkswirtschaftliche Bedeutung der Binnenfischerei fast noch mehr auf dem Gebiet der Erholung als in ihrem Beitrag zur Lebensmittelversorgung.

Aber auch als Nahrungslieferant erfüllt der Fischer eine wichtige Aufgabe. Der heutige Schweizer ißt zwar wenig Fisch, pro Kopf der Bevölkerung nur etwa 2 Kilogramm im Jahr, gegenüber etwa 14 Kilogramm pro Kopf und Jahr der englischen Bevölkerung. In letzter Zeit macht sich jedoch eine steigende Nachfrage nach frischen Edelfischen aus natürlichen Gewässern bemerkbar. Der von Berufs- und Sportfischern aus unseren Flüssen und Seen gewonnene Fangertrag beläuft sich denn auch auf die ansehnliche Menge von 2000 Tonnen Fischfleisch im Jahr. Was aber wird die Zukunft den Fischen und der Fischerei bringen?

Die Berufsfischerfamilie Graf hat zwei Söhne im Alter von 12 und 14 Jahren, die bereits ab und zu mit hinausfahren. So erlernen sie die Handhabung der Netze und wachsen allmählich in das für den Außenstehenden so geheimnisvolle Handwerk des Berufsfischers hinein. Sollten sie die Pacht dereinst übernehmen, wären sie die vierte Generation Graf, die im Steiner Wasser die Fischerei ausübt. Aber die Zukunft ist ungewiß, denn das technische Zeitalter bekommt der Fischerei nicht gut. Die Familie Graf hat daher ihren Rebbesitz an den Hängen über dem Städtchen erweitert. Für den Fall, daß es mit der Fischerei endgültig bergab geht. Warum so pessimistisch?

Die Fischer nennen mehrere Gründe. Es wird immer schwieriger, Hilfskräfte zu finden, die mit Boot und Netzen umgehen können. Im Sommer wird die Fischerei durch den immer noch zunehmenden Motorbootverkehr fast verunmöglicht. Wenn der Gewässerverschmutzung nicht Einhalt geboten wird, kann der Edelfischbestand trotz der Fischzucht nicht erhalten werden. Der Untersee und der Rhein sind in den letzten Jahren sehr stark mit Phosphaten aus industriellen und häuslichen Abwässern überdüngt worden. Die Folge davon ist ein Algenwuchs, der heute jedes vertretbare Maß übersteigt. Auf weite Strecken zieht sich ein Algenteppich vom Ufer bis fast zur Flußmitte. Wie soll man da noch Netze ziehen können?

Die größte Gefahr für die Fischerei im Steiner Wasser aber bedeuten jene Pläne, nach welchen der Bodensee durch ein Stauwehr bei Hemishofen reguliert werden soll. Hemishofen liegt 4 Kilometer unterhalb von Stein am Rhein. Dieses Wehr, das die Rhein- und Seeanwohner einhellig ablehnen, würde den Untergang der Steiner Flußfischerei bedeuten, denn in gestautem Wasser kann die Äsche nicht leben.

Nun, noch ist es nicht soweit. Man sollte annehmen, daß die sich immer weiter entwickelnde Technik imstande ist, die Schäden, welche sie der Umwelt zugefügt hat, auch wieder gutzumachen. Es gibt viele Gründe, warum wir unsere Gewässer und damit auch den so artenreichen Fischbestand retten müssen. In erster Linie aber ist diese Rettung eine ideelle Aufgabe. Ein Ziel, für das auch die jetzt heranwachsende Generation noch wird kämpfen müssen.

Experiment Israel

Hannes Häsler

»An das Klima gewöhnt man sich nicht. Unter der sommerlichen Hitze hier in Israel leiden nicht nur Sie als Touristen. Sie macht auch uns zu schaffen und sogar auch den im Lande geborenen Arabern«. Dies erklärt uns der Gärtner der Moschaw-Siedlung abends bei einer Zusammenkunft im Gemeinschaftshaus. Ein Ventilator surrt leise, aber es ist trotzdem ordentlich warm, und Herr Neufließ, seit mehr als 30 Jahren im Land, putzt sich den Schweiß von der Stirne. Früh am Morgen, noch vor sechs Uhr, hat er seinen Arbeitstag begonnen. Die Bäume, Blumen und bunten Bougainvillea-sträucher, die das Wohnquartier der Siedler und das Gästehaus umgeben und zieren, lassen den Fleiß eines geübten Landschaftsgärtners erkennen, der es verstanden hat, in jahrelanger Arbeit mit andern zusammen der Siedlung jenen erfreulichen Anblick zu verleihen, den sie heute bietet.

Beinahe könnte man als Feriengast inmitten prächtiger Parkanlagen und üppigen Grüns vergessen, daß hier vor allem gearbeitet wird. Abends finden die Siedler Zeit, uns staunenden Feriengästen zu erzählen und zu erklären, wie das Zusammenleben hier funktioniert . . . Doch nun rasch hinaus in die dunkle Nacht – Herr Neufließ hat noch eine Überraschung bereit. Stolz führt er uns zu einer »Königin der Nacht«, die gerade heute, an diesem Juliabend, ihre Blüte geöffnet hat. Mit grellen Fotoblitzen wird das Wunder eingefangen. Später legt man sich zufrieden im angenehm klimati-sierten Hotelzimmer zur Ruhe.

Doch die Ruhe ist kurz. Spätestens um drei Uhr früh beginnt in der nahen Geflügel-farm der Spektakel. Ins Krähen der Hähne mischt sich bald das eifrige Gegacker der

Hannes Häsler: geboren 1942, aufgewachsen in Interlaken und Bern. Aus dem Schüler der Schülerschule wird in der Lehrerschule ein Schullehrer. Dann mit Unterbrechungen an verschiedenen Volksschulen tätig, im gemütlichen Berner Oberland, im berühmten Emmental, in der Nähe der Stadt Bern. Dazwischen Aufenthalt und Reisen in Skandi-navien. Berufliche Seitensprünge aus Neugier und Lust an der Abwechslung: Arbeit in einer Leihbücherei, im Buchhandel, in Genf als Lochkartenmensch. Hobbys? Ich stelle nicht gern viele Dinge zurück, um mich ausschließlich einem Ding widmen zu können. Im Lehrerberuf stößt man auf viele interessante Themen – nicht nur von Amtes wegen. Fragen von Kindern können Anstoß sein dazu. Trotzdem einige Steckenpferde: Klavierjazz, Schüttelverse, Reisen, Bücher, mitunter schreiben.

Hennen. Schon bald beginnt für die Leute des Kollektivs die Arbeit. Die kühlen Morgenstunden müssen genutzt werden, denn die Arbeit in der Tageshitze ist mühsam und wenig angenehm.

Kühe fressen Abfälle

Shavei Zion – so heißt die Siedlung – liegt einige Kilometer nördlich von Haifa an der Mittelmeerküste. Ende der dreißiger Jahre wurde sie von deutschen Einwanderern gegründet. Die jüdischen Emigranten, die fast ausschließlich aus einem einzigen Dorf im Schwarzwald stammen, fanden hier in Israel eine neue Heimat, oder besser, sie fanden die »alte« Heimat wieder. Der hebräische Name Shavei Zion bedeutet »Rückkehrer nach Zion«. Unbebautes und brachliegendes Land wurde erschlossen und in eine fruchtbare und wohnliche Zone verwandelt. Es war keine leichte Aufgabe, durch langjähriges Experimentieren herauszufinden, zu welcher Bewirtschaftung der Boden am besten geeignet ist. Heute haben es die Einwanderer geschafft, ja der intensiv genutzte Ackerboden wird bereits knapp, und man sucht nach weiteren Verdienstmöglichkeiten. Nicht von ungefähr wurde das Gästehaus erbaut. Aus dem Bauerndorf ist auch ein Feriendorf geworden. Durch eine prächtige Palmenallee und an Rosenhäusern vorbei gelangt man ins Innere der Siedlung, und von da aus ist man in drei Minuten am Badestrand.

»Die Kartoffeln werden im Februar gesteckt und im Juni geerntet«, erklärt uns Herr Neufließ auf einem Rundgang. Wir Europäer staunen nicht wenig und begeben uns weiter zu den Baumwollplantagen. Auch an Tomatenfeldern kommen wir vorbei. Auf diesen wird eine amerikanische Tomatensorte angebaut, bei der durch Zuchtversuche eine gleichmäßige Größe der Früchte erzielt werden konnte. Diese genormten Tomaten können ohne langwieriges Vorsortieren problemlos den Fabriken zugeführt werden, wo man sie zu Saft und Ketchup verarbeitet.

Am Weg stehen auch ausgedehnte Orangenhaine und Dattelpalmen, und vereinzelt rauschen einige hohe Eukalyptusbäume im Wind. Ihres raschen Wachstums wegen sind sie sehr beliebt und als wirksame Schattenspender wichtig. Allerlei bekannte, aber auch fremdartige Singvögel tummeln sich in ihrem Geäst, ein Wiedehopf kreuzt unsern Weg, und im Grün der Büsche entdecken wir sogar ein kleines und sich äußerst geschickt tarnendes Chamäleon, das sich langsam und zaghaft vorwärtsbewegt. Die Vegetation macht in ihrer Vielfalt einen fast tropischen Eindruck. Wir werden mit einer großen Anzahl fremdländischer, meist lateinischer Pflanzennamen bekannt gemacht: Der Gärtner ist hier in seinem Element.

Inzwischen sind wir wieder bei den Lagerhäusern und Landwirtschaftsgebäuden am Dorfrand angelangt. Hier wird vor allem Vieh- und Geflügelzucht betrieben. 300 Kühe sind der stolze Besitz von Shavei Zion. Ihr tägliches Leben sieht etwas anders aus als

Marktbetrieb in Bethlehem. Hier ist mehr
Licht und Luft als in den engen Gassen
Altjerusalems

dasjenige ihrer europäischen Verwandten. Die Kühe in der Siedlung leben auf kleinem Raum und kennen keine fette Grasweide. Trotzdem ist ihr Speisezettel abwechslungsreich. Mit Staunen sehen wir zu, welche Menüs man den Vierbeinern hier serviert: Tomaten, Wassermelonen, Rüben und große Mengen von Frucht- und Gemüseabfällen verschlingen sie anscheinend mit großem Behagen.

In der Hühnerfarm drängen sich auf engem Raum die weißen und wohlgenährten Hennen. Allerdings will einem nicht recht gefallen, wie sie hier, in ihren Käfigen zusammengepfercht lebend, keine andere Aufgabe haben, als groß und fett zu werden. Aber die Genossenschaft muß auch auf diesem Sektor konkurrenzfähig bleiben. 20 000 Stück Geflügel nennt der Moschaw sein eigen. Man betreibt einen schwungvollen Handel nach dem fernen Persien, das interessierter Abnehmer von kleinen Aufzuchtküken ist.

Wenn man nicht wüßte, daß die Geflügelzucht ein einträgliches Geschäft ist, würde man vermuten, sie sei ein Hobby der Israelis. Wer im Lande herumreist und im Speiserestaurant einfach das jeweilige Tagesmenü bestellt, ohne nach der Karte zu fragen, muß schon Glück haben, wenn er auf diese Weise einen Tag ohne Masthähnchen oder -hühnchen verbringen kann. Immerhin, dies muß man sagen: Das Fleisch ist zart und schmackhaft.

Rosen aus dem Moschaw

Aus den Berichten heimkehrender Israelbesucher, die sich für kürzere oder längere Zeit in einem Kibbuz aufgehalten und sogar dort gearbeitet haben, kennen wir diese typisch israelische Siedlungsform recht genau. Doch von dem strengen Kibbuzleben, in dem jeder ohne Privateigentum auskommen muß und sich strikt an die geltenden Bestimmungen zu halten hat, soll für einmal nicht die Rede sein. Ohnehin ist man ja geneigt, diese ländliche Siedlungsform als die einzige Israels anzusehen, weil sie in Aufbau und Funktion wohl einzigartig ist und deshalb als Kuriosum weiterum bekannt geworden ist.

Der Moschaw von Shavei Zion stellt eine Mischform zwischen dem Kibbuz und dem privaten Landwirtschaftsunternehmen dar. Hier stellt das Kollektiv jedem ein eigenes Haus – und nicht nur einen Schlafraum wie im Kibbuz – zur Verfügung. Hier werden die Kinder zu Hause und nicht im kollektiveigenen Schulheim erzogen. Die fünf Stunden Siedlungsarbeit, die die Frauen pro Tag zu leisten haben, ermöglichen ihnen, in der übrigen Zeit für die Familie zu kochen und den einfachen Haushalt zu besorgen. Die Männer haben neun Stunden zu arbeiten. Während dieser offiziellen Werkzeiten ist Privatarbeit nicht erlaubt.

Jeder bekommt hier die gleiche Entlöhnung, ob er nun dem Ferienhotel als Direktor vorsteht oder ein einfacher Landarbeiter ist. Die Hälfte des Lohns wird in Coupons

Shavei Zion – Bauernhof und Feriendorf
zugleich. Die Palmenallee führt ins Innere
der Siedlung

ausbezahlt, die im genossenschaftseigenen Dorfladen – und nur dort! – in Lebensmittel
oder andere Waren umgesetzt werden können. Übrigens – der Lohn ist klein. Konjunkturverwöhnte Europäer wundern sich, wie man mit 120 israelischen Pfund, die
ungefähr der DM- oder der Schweizer-Franken-Währung entsprechen, zurechtkommen kann.
»Vergessen Sie aber die Vorteile nicht, die uns das Kollektiv bietet«, sagt man uns. »Es
übernimmt für seine Mitglieder sämtliche Steuern und Hauszinsen. Die Weiterbildung
Jugendlicher an auswärtigen Schulen, Arztbesuch und Spitalaufenthalt, Urlaubsreisen
und Ferien sowie Altersversorgung – für die daraus entstehenden Auslagen kommt die
Genossenschaft auf.«
In Shavei Zion schwimmt wohl niemand im Geld. Aber für jeden, auch für den
Untüchtigen und Ungeschickten, ist die Existenz gesichert. Wer nicht mit dem Gedanken aufgewachsen ist, möglichst viel Geld zu verdienen, um auch möglichst viel ausgeben zu können, der kann hier gut und glücklich leben. Auf den eigenen Wagen verzichtet man im allgemeinen gern, denn Transportkosten für Autobus und Taxis sind
ohnehin in Israel äußerst niedrig. Man hat sein Häuschen, seinen Fernseher, seinen
Kühlschrank. Daneben sorgt die Geselligkeit im Dorf und der enge Kontakt zu den
andern Siedlern für eine Zufriedenheit, die der Europäer in seiner oft isolierten gesellschaftlichen Stellung kaum mehr kennt. Den wirtschaftlichen Gewinn, der für die Siedlung übrigbleibt, investiert man in neue Maschinen und Einrichtungen.

Im Rosenhaus verpacken einige junge Mädchen frisch geschnittene Rosen zum Abtransport. Die Arbeit ist zwar eintönig – sortieren, abzählen, in Cellophan einwikkeln, in Kisten verpacken –, doch sie scheinen zufrieden zu sein und lächeln den Besuchern zu. Noch heute abend werden die Blumen in Kühlwagen zum Frachtflughafen gefahren – morgen wird man sie in den Bahnhofstraßen der europäischen Großstädte kaufen können.

»An heiligen Wassern«

Von der Mittelmeerküste weg haben wir uns heute morgen ins Landesinnere hineingewagt. In recht mühsamer Fahrt hat sich der Bus über die steilen Straßen des Galiläischen Berglandes emporgearbeitet. Bei Adamit mußten wir umkehren und eine andere Route einschlagen. »Zu nahe an der libanesischen Grenze«, sagten uns israelische Militärposten. »Man weiß nie, plötzlich wird dort geschossen. Die Straße ist gesperrt.« Später passierten wir die Tigerschlucht. Ob hier wohl einst Tiger hausten? Durch fruchtbares Gebiet, an Obstkulturen, Olivenhainen und Tabakfeldern vorbei ging's weiter, über die Künstlerstadt Safed wiederum abwärts in die obere Jordansenke. Eben sind wir im bekannten und mustergültig geführten Kibbuz Ayelet Ha Shahar angekommen.

Eine Schar von Mädchen im uniformierten Servierdreß stürzt sich pflichtbewußt auf die hungrigen Gäste. Schneller als einem lieb sein kann, bekommt man seinen Teller vor die Nase gesetzt. Im Eiltempo wird später abgeräumt, man hat nicht einmal Zeit, sich zu überlegen, ob man den Hühnerschenkel noch zu Ende benagen soll oder nicht. Auch nach dem anschließenden Rundgang im durchrationalisierten Kibbuz kann man sich des Eindrucks einer gewissen Ungemütlichkeit nicht erwehren. Ayelet ist eine beinahe zu perfekt funktionierende Maschinerie. Doch unsere Zeit ist zu knapp bemessen, um hier nachdenklich zu werden. Israel bietet, auch wenn es sich auf der Weltkarte nur als kleiner Fleck abzeichnet, tausend und mehr Sehenswürdigkeiten. Weiter geht's.

Schnell klettern wir wieder in unseren Reisebus. Die Sonne hat ihn über die Mittagszeit mehr als angenehm angeheizt. Doch nun soll es ja nordwärts gehen zu den Jordanquellen. Der Name allein verspricht Erfrischung und Kühlung. Durch das fruchtbare Hula-Tal fahrend, gelangen wir bald in den nördlichsten Zipfel Israels.

Hier vereinigen sich die verschiedenen Zuflüsse aus den angrenzenden syrischen und libanesischen Quellgebieten zum sagenumwobenen Jordan. Hart an den nicht sehr gemütlichen Grenzen dieser Nachbarstaaten befindet sich eines der schönsten Naturreservate. Der Besucher wird durch verschlungene und an den Dschungelwald erinnernde Pfade geführt, an umgestürzten Baumriesen vorbei über kleine sprudelnde Rinnsale und mitten durch das romantische Geflecht herabhängender Luftwurzeln und

Rankenpflanzen gelotst. Nur der geringste Teil des sich hier vereinigenden und lebenswichtigen Jordanwassers sammelt sich auf israelischem Territorium. Die Israelis sind also gewissermaßen angewiesen auf das kühle Naß, das ihnen die feindlichen Nachbarn nur ungern spenden.

Arabische Versuche, den Israelis das Wasser abzugraben und unverwertet ins Mittelmeer oder anderswohin abzuleiten, blieben denn auch nicht aus. Zwei arabische Gipfelkonferenzen des Jahres 1964 beschäftigten sich ausschließlich mit solchen Plänen. Die israelischen Reaktionen waren aber so scharf, daß entsprechende Versuche in ihren Anfängen steckenblieben. Wenn man weiß, daß Israel heute einen Großteil seines täglichen Wasserbedarfs aus den Quellen des Jordans deckt, begreift man, warum so empfindlich auf ein derartiges Ansinnen der Araber geantwortet werden mußte. Zudem spielt der Jordan als Lebensspender und auch als Symbol schon seit jeher nicht nur in der christlichen, sondern auch in der jüdischen Geschichte und Religion eine äußerst wichtige Rolle. Fabeln und Legenden aus allen Zeiten schildern den Jordan als Vater der Fruchtbarkeit, verleihen ihm die Gestalt eines mächtigen Löwen und messen ihm die größte Bedeutung zu. Für den Gläubigen gehört es deshalb zu den ganz besonderen Erlebnissen, an diesen Quellen niederzuknien und von dem reinen, »heiligen« Wasser zu trinken.

Kostbarer, kostspieliger Jordan

Die immer wiederkehrende Nennung des Jordans in geschichtlichen und biblischen Texten kann leicht zu der irrigen Annahme führen, der Jordan sei ein mächtiger Strom, dem Rhein oder einem noch größeren Wasser vergleichbar. Dem ist indessen nicht so. Wer auf ein imposantes Erlebnis angesichts dieses Flusses gewartet hat, der sieht sich enttäuscht. Der Jordan ist, wenigstens zur heißen und trockenen Sommerzeit, nicht viel mehr als ein äußerst bescheidenes Flüßchen. Er führt zu dieser Zeit knappe 20 Kubikmeter Wasser pro Sekunde mit sich. Im Vergleich zum bereits erwähnten und uns bekannteren Mittelrhein kommt er schlecht weg: Seine Wasserführung ist hundertmal geringer. In den Monaten Januar bis März, wenn in den Berggebieten des Hermon ausgiebige Winterregenfälle zu verzeichnen sind, verdreifachen sich zwar die Wassermengen des Jordans, ein großer Fluß ist er indessen noch lange nicht. Die israelischen Landesplaner haben es aber verstanden, das wenige derart intensiv und gewinnbringend zu nutzen, daß heute das Leben und Arbeiten ohne Jordan kaum mehr denkbar ist. Wer unter klimatisch oft harten Bedingungen in relativ regenarmen und teilweise wüstenartigen Gebieten lebt wie der Israeli, der ist schon mit dem sparsamen Jordan mehr als zufrieden.

In den bis vor kurzem unwegsamen und unerschlossenen Gebieten Palästinas beschränkte sich die Möglichkeit der Bewässerung seit frühester Zeit auf die Nutzung
der natürlichen Grundwasserbrunnen. Wasservorkommen bildeten zentrale Stellen,
an denen sich – vor allem in den Wüsten – Menschen und Tiere sammelten. Die Bedeutung der Oasen hatte sich aus vorbiblischer Zeit her erhalten, die dazwischenliegenden
öden und fast unfruchtbaren Landstriche blieben ungenutzt. Die Agrarreformen moderner Pioniere und Siedler machten diesem Umstand ein Ende. Mit dem Einzug der
Technik und ihrer industriellen Möglichkeiten veränderte sich auch das Landschafts-
bild Israels. Seit dem Jahre 1955 wurden dem Jordan Wassermengen in größerem Ausmaß zur künstlichen Bewässerung entnommen. Im Zuge der UNO-Hilfe an die Palä-
stinaflüchtlinge entstanden am Jordan zwischen dem See Genezareth und dem Toten
Meer an die hundert Pumpstationen. So wurden größere Gebiete für den Feldbau erschlossen. Wüstenzonen verwandelten sich in Grünzonen. Das Gewirr von Uferpflan-
zen, Weiden und Tamarisken längs des Jordans wurde breiter, der Pflanzengürtel
dehnte sich aus, und der Anbau von Bananen, Zuckerrohr und Rizinus blieb nicht mehr
auf die uralte Oase Jericho beschränkt. In den höhergelegenen nördlichen Gebieten
wirkte sich die Flußwasserentnahme aber vor allem auf den Getreideanbau günstig
aus.

Im Bau und zum Teil bereits fertiggestellt ist das wohl kühnste Projekt, mit den Was-
sern des Jordans die riesige Negev-Wüste zu beliefern und fruchtbar zu machen. Der
Negev liegt jedoch weit im Süden. Mittels einer Pipeline wird Jordanwasser aus dem
See Genezareth gepumpt und zwei- bis dreihundert Kilometer weit südwärts in die
Nähe von Gaza geleitet. Das Wasser muß allerdings zuerst vierhundert Meter hoch
hinaufgepumpt werden, denn das gesamte Jordantal und der See Genezareth liegen ja,
wie man aus den Geographiestunden weiß, weit unter dem Meeresspiegel in einer sogenannten Depression. Diese geologische Kuriosität kompliziert natürlich das Vorhaben gewaltig, aber die Israelis scheuen heute weder Kosten noch Mühe, um zu ihrem
Wasser zu gelangen, mit dessen Hilfe allein sie den Lebensstandard heben und ein ge-
wünschtes industrielles und wirtschaftliches Wachstum verwirklichen können.

Geisterstadt Kuneitra

In dem von Israel besetzten syrischen Niemandsland östlich der Jordanquellen finden
sich Spuren einer unfernen Vergangenheit. Hier hat der Junikrieg vom Jahre 1967 seine
häßlichen Zeichen hinterlassen. Überall stößt man auf verlassene und ausrangierte
Militärlager, auf halbzerstörte Häuser und Siedlungen, auf gesprengte Bunker und
verrostende Militärfahrzeuge. Über schlechte Straßen rumpelt unser Wagen den
Golanhöhen entgegen. Ein phantastisch trostloses Gebiet: karge und schwärzliche
Erde, Stacheldrahtverhaue, Minenwarntafeln, Kontrollposten der israelischen Armee.

Am Eingang der zerstörten Stadt Kuneitra
posiert ein Drusensoldat fürs Fotoalbum

Ein frischer Wind streicht über das hügelige Hochland und pfeift durch die leeren und verlassenen Dörfer: Die gesamte arabische Bevölkerung ist geflohen. Nur die Drusen, ein kleines Bergvolk zwischen den Fronten, sind zurückgeblieben. Ihre Ziegen grasen zwischen den leeren Schützengräben und den einst so gefürchteten Stellungen, von denen aus vor dem Krieg die Kibbuzim im Jordantal drüben ständig unter Beschuß genommen worden waren. Man kann erahnen, wie schnell und überstürzt sich die Syrer im Sechstagekrieg von hier zurückgezogen haben.
In Kuneitra, Hauptort des Hochlandes und einst syrisches Hauptquartier, ist es ungemütlich. Hierher könnte man ausziehen, um das Fürchten zu lernen. Die Stadt ist tot. Aus abgedeckten Häusern und zerbombten Fassaden recken sich nackte Dachbalken wie Teile von Skeletten gegen den Himmel. Die Leere grinst aus schwarzen Fenstern, lautlos bewegt sich Gras im Wind, das aus Mauerspalten wuchert. Hier wohnt niemand mehr. Nur ein abenteuerlich aussehender Wächter dieser Geisterstadt nähert sich uns und posiert stolz mit seiner Flinte für ein Foto. An den geschenkten Zigaretten scheint der Druse vom Dienst mehr Freude zu haben als an seiner militärischen Aufgabe. Es ist denn auch nicht klar zu erkennen, was und wen er hier eigentlich bewacht oder beschützt.
Ganz gern steigt man wieder in den Autobus. Wir möchten nun den äußeren Grenzen des besetzten Gebietes entlangfahren in Richtung Fazarah. Auf der Landkarte heißen diese Grenzen im Militärjargon »Cease Fire Lines June 1967«. Aber wir werden aufge-

halten. Eine Straßensperre ist errichtet, ein kleiner Soldat mit einer noch kleineren Maschinenpistole steht mitten in der Einöde und dirigiert uns mit einer lässigen Kopfbewegung zurück nach Kuneitra. Den syrischen Vergeltungskommandos traut man noch weniger als den libanesischen. Auf Umwegen erreichen wir die Straße gegen Westen, die sich wieder abwärts dem Jordan zu windet.

Hier finden sich wieder Anzeichen von Leben. Links und rechts der Straße kann man vereinzeltes Grün erblicken, und man fährt an entkarsteten Äckern vorbei. Es sind die ersten kühnen Kibbuzniks, die sich hier in diesem unfreundlichen Gebiet niedergelassen haben. Es müssen zähe Leute sein, die diesem seit Jahrhunderten kaum kultivierten Boden etwas abgewinnen wollen. Die Tatsache, daß sie das Brachland als erstes fein säuberlich von Steinbrocken befreien, läßt darauf schließen, daß sie hier endgültig Fuß fassen wollen. Ob es richtig ist, daß die Regierung hier Neusiedler hinschickt? In ein Gebiet, das bis vor kurzem den Arabern gehörte, die jetzt irgendwo in der Nähe von Damaskus in Flüchtlingslagern wohnen und auf die Rückkehr warten? Jedenfalls läßt diese Haltung darauf schließen, daß Israel diese Gebiete kaum zurückgeben wird.

Über Kafr Naffakh geht es wieder hinunter ins grüne Jordantal. Auf der Narrow Bridge, die über den Fluß und zurück in bewohntes Gebiet führt, machen wir kurz halt. Fast hat man hier das Gefühl, als käme man aus einer andern Welt in eine bereits vertrautere zurück. Wie lange wird wohl dieser schmale Jordan noch trennende Grenze zwischen zwei Völkern sein?

Wildwest am Roten Meer

Legenden und Kinderbibeln schildern den König Salomo als einen weisen und gnädigen Herrscher. Dieses Bild bedarf einer Korrektur. Wohl war Salomo ein bedeutender Dichter und ein kluger Staatsmann von großer Fähigkeit. Ebenso groß war aber seine Bauleidenschaft, und unter dieser hatte sein Volk viel zu leiden. In Jerusalem entstand während Salomos Regierungszeit der erste Tempel, der ein einmaliges Baudenkmal gewesen sein muß. Aus fernen Ländern ließ er die kostbarsten Baustoffe herbeiführen, und in jahrelanger, harter Fronarbeit hatten seine Untertanen den Transport und den Aufbau zu bewältigen. Die mächtigen Zedernstämme, die aus dem nördlichen Libanon auf dem Land- und Seeweg unter schwierigsten Bedingungen herbeigeschafft wurden, sprechen für sich.

Als der König starb und sein Sohn und Nachfolger Rehabeam den Israeliten ankündigte, daß sie unter seiner Herrschaft noch viel mehr zu leiden und zu leisten haben würden, lehnte sich das erschöpfte Volk auf. Die zehn Nordstämme Israels fielen vom Königshaus ab und wählten einen neuen Führer aus dem Volk. Nur die beiden Südstämme Juda und Benjamin blieben dem alten Hause David treu. Damit zerfiel Israel in ein Nord- und in ein Südreich.

Zeichen des Krieges auf den besetzten
Golan-Höhen. Wer sich hier ansiedelt,
braucht eine Menge Optimismus

Überwältigt steht man heute vor den Felsen von Timna, in einer phantastisch farbigen
Wüstengegend am Südende des Wadi el Arabah. Die mächtigen roten und ausge-
waschenen Steinriesen, die sich vor uns auftürmen, haben den Namen »Säulen Salomos« zu Recht erhalten. Hier, in dieser Gegend, Hunderte von Kilometern südlich
Jerusalems, quälten sich einst die Sklaven ab und erbeuteten in mühseliger Arbeit kostbares Kupfer für den Tempelbau. Jetzt, nach dreitausend Jahren, kommt der Kupfer-
gewinnung erneute Bedeutung zu. Mit dem Aufblühen der Stadt Eilat sind in der Nähe
mehrere moderne Kupferbergwerke entstanden.
Wo die purpurfarbene Wüste und das tiefblaue Rote Meer sich berühren, liegt die Stadt
und legt Zeugnis ab vom Pioniergeist einer jungen und arbeitsamen Generation. Der
Vergleich mit den ersten Siedlern im Wilden Westen Amerikas drängt sich dem Besucher unwillkürlich auf. Sicher kommt es nicht von ungefähr, daß gerade in der Umgebung Eilats regelmäßig Szenen für Wildwestfilme gedreht werden. Die bizarren Land-
schaftsformen und die spitzen Felszacken bilden mit den unbeschreibbaren Farben des
Gesteins und der kärglichen Wüstenrandvegetation zusammen genau jenen idealen
Hintergrund, vor dem sich Westernszenen glaubhaft darstellen lassen.
Die neue Generation der im Lande geborenen Israelis – man nennt sie die Sabras – ist
unkompliziert und praktisch. Diese jungen Menschen haben mit den verschiedensten
Traditionen, die ihre Eltern aus den Ländern der ganzen Welt mitgebracht haben, ge-
brochen, um einen gemeinsamen neuen Weg zu finden. Wo die strengen Vorschriften

---

der Religion dem Fortschritt oder der Vernunft im Wege stehen, werden sie kritisiert oder gar abgelehnt. Der junge Israeli denkt nüchtern. Mit wachsender Entfernung von der Heiligen Stadt Jerusalem und ihren gestrengen Rabbinern werden Vorschriften lockerer befolgt, und ungezwungen äußert man sich über religiöse Belange. Selbst dem eiligen Besucher, der im üblichen Touristentempo durch das Land jagt, wird der riesengroße Unterschied zwischen dem strenggläubigen Judentum und dem Denken der Sabras bald bewußt. Mehrmals wurde uns von Israelis sogar versichert: »Die Gefahr, die uns von außen, von den arabischen Staaten droht, macht uns einig. Ohne sie wäre das Land in Unruhe und Meinungsverschiedenheiten zerstritten.«

Mit dem Flugzeug ins Weekend

Die Bewohner der Stadt Eilat sind wie diese selbst sehr jung. Wer den Entschluß faßt, sich hier niederzulassen, nimmt einiges auf sich. Das mörderische Klima im Sommer hält auf die Dauer nicht jeder aus. Auch die Nacht bringt hier keine Abkühlung. Ein heißer Wind weht von der Wüste her.

Auf viele Vorzüge, die der Bewohner der europäisch geprägten Städte Haifa oder Tel Aviv als selbstverständlich genießt, muß der Pionier in Eilat verzichten. Das Leben hier ist hart, und Zerstreuungsmöglichkeiten gibt es nicht viel. Zudem ist der Weg in die »zivilisierten« Großstädte weit. Die Israelis haben zwar in den letzten Jahren mitten durch die Wüsten und nach allen Seiten hin Straßen und Verbindungswege gebaut. Eine Autofahrt durch den Negev ist aber trotzdem beschwerlich und nicht gefahrlos. Stolz präsentiert Eilat dafür seinen Flugplatz, von dem aus man zu äußerst billigen Tarifen nach Tel Aviv fliegen kann. Wenn die jungen Bewohner einmal die große Welt erleben wollen, so steigen sie am Wochenende in eine Flugmaschine älteren Modells und lassen sich an die mondäne Westküste fliegen.

Eilat liegt an exponierter Stelle. Wenige hundert Meter östlich verläuft die jordanische Grenze, wenige Kilometer südlich davon erheben sich auch schon die roten, kahlen Berge Saudi-Arabiens. Für die Stadt, am Ende eines schmalen Ausläufers des israelischen Territoriums gelegen, bestand hier, vor allem vor 1967, immer das Risiko, durch einen arabischen Handstreich von der Außenwelt abgeschnitten zu werden. Mit der Besetzung der Sinai-Halbinsel im Sechstagekrieg ist jedoch diese Gefahr gegenstandslos geworden. Der stärkste Gegner, nämlich Ägypten im Südwesten, wurde ausgeschaltet. Seitdem ist man in Eilat sehr zuversichtlich geworden, und der Arm des Roten Meeres, an dessen Ende die Stadt liegt, heißt jetzt nicht mehr Golf von Akaba, sondern ganz natürlich Golf von Eilat.

Einst hatte Salomo seine Handelsschiffe und Galeeren von hier aus nach Saudi-Arabien entsandt, und es wird auch vermutet, daß die legendäre Königin von Saba hier an Land ging, als sie den mächtigen Herrscher besuchte. Heute ist dieser Hafen als Umschlag-

Oben: Der »Wilde Westen« von Eilat.
Hier, bei Salomos Säulen, gewannen
dessen Sklaven schon vor fast 3000 Jahren
Kupfer

Unten links: Glasbläserei in Hebron

Unten rechts: Wie tropischer Urwald wirkt
das Reservat im Quellgebiet des Jordans

platz erneut sehr wichtig geworden. Nach dem für Israel erfolgreichen Sinai-Feldzug im Jahre 1956 erschien der Name Eilat wieder auf den Seefahrerkarten, und schon liefen die ersten Schiffe in den Hafen ein. Ein Jahr darauf wurde die Straße nach Beerscheba erbaut. Diese Verbindung nach dem Westen, die sich mitten durch die vulkanische Steinwüste des Negevs zieht und eine Art »trockenen Suezkanal« darstellt, brachte dem kleinen Fischerdorf den raschen Aufschwung zum Handels- und Reisezentrum. Heute legen in Eilat die Öltanker aus Persien an und entladen ihre kostbare Fracht in eine Pipeline. Täglich werden an die 70 000 Tonnen Rohöl durch die mächtige Rohrleitung nach der Verteilerstelle Ashkelon am Mittelmeer gepumpt.

Stolz zeigt man uns in Eilat auch die Halbedelstein-Schleifereien, in denen aus dem Rohmaterial der Wüste Schmuckstücke aller Art hergestellt werden. Die Industrie stellt viele Arbeitsplätze zur Verfügung. Draußen am Strand aber schießen die Hotels aus dem Boden, eins nach dem andern. Hier sollen in den nächsten Jahren die ständig anwachsenden Touristenheere verwöhnt, aber auch um ihr Geld erleichtert werden. Noch ist die Stadt eine einzige Baustelle, in der nebeneinander Wohn- und Industriequartiere entstehen, und bietet als solche dem Touristen nicht viel Sehenswertes. Doch die abenteuerlichsten Ausflüge in die Umgebung oder aufs offene Meer hinaus können ihn schon jetzt für vieles entschädigen und lassen ihn sogar die Bruthitze vergessen. Staunend sitzt er im schaukelnden Glasbodenboot und guckt hinunter in eine durchsichtige, geheimnisvolle Tiefe, wo sich zwischen Korallenbänken auf dem Meeresgrund eine farbenprächtige Pflanzen- und Tierwelt entfaltet.

Nachtlärm in der Heiligen Stadt

Jerusalem. Mitten in der Nacht plötzlich ein infernalischer Lärm! Der Uneingeweihte fährt starr vor Schreck aus dem Schlafe auf. Der scheppernde und viel zu laute Gesang vom nahen Minarett gilt zwar viel weniger ihm als dem gläubigen Moslem, der nun zur Gebetsstunde aufgerufen wird. Dies muß man erlebt haben: diese schnarrende, durch den Lautsprecher verzerrte Stimme, die, beharrlich immer wieder in die gleiche Tonlage zurückfallend, monotone Silben und fremdklingende Laute in die Luft hängt und irgendwo schweben läßt, um ganz anderswo neu anzufangen, die, eintönig zwar und trotzdem eindringlich, ihren Text herableiert und in ihrer orientalischen Klangfärbung der Heiligen Stadt eine besondere Art von Heiligkeit verleiht. Schließlich hört man den Muezzin noch tief einatmen, so nah und deutlich, als stände er persönlich neben eines jeden Bett. Es knackt im Lautsprecher, dann wird er stumm. Der Vorbeter hat das Mikrofon ausgeschaltet. Totenstille! Und am Morgen fragt man sich, ob dieser nächtliche Spuk nicht bloß ein Traum gewesen sei.

Judentum, Islam, Christentum – in Israel findet man alle nebeneinander, und Jerusalem ist in der Tat die Geburtsstadt dreier verschiedener Religionen. Ein großer Teil der arabischen Bevölkerung in den Städten an der Westküste, in Nazareth und Safed ist christlich. Hier aber, in der Jerusalemer Altstadt und in den übrigen besetzten Gebieten, in der sogenannten West-Bank, die eigentlich zu Jordanien gehört, herrscht der Islam vor.

Ohne Schwierigkeiten kann der Besucher seit 1967 durch diese Gebiete reisen. Malerisch und schön sind die Städte Bethlehem und Hebron und bieten Anlaß genug zu ausgedehnten Streifzügen. Die durchweg arabische Bevölkerung ist in diesen kleinen, lichten Landstädten draußen freundlicher und weniger mißtrauisch als diejenige Jerusalems. Der Markt von Bethlehem ist eine wahre Fundgrube für Auge und Kamera, und den geschickten Glasbläsern in Hebron könnte man stundenlang zusehen. Wenn der Straßenhändler mit seiner selbstgefertigten Tontrommel drei Pfund oder zuletzt nur noch ein paar Zigaretten verdienen kann, so ist er glücklich und beweist seine Dankbarkeit, indem er eine Liste höflicher Redewendungen aus allen möglichen europäischen Sprachen herunterleiert. Dies ist die Art arabischer Geschäftstüchtigkeit und Mentalität. Man ist zwar arm, aber doch im allgemeinen recht lebensfroh. Allah will es so.

Jerusalem ist unübersichtlicher. In den ersten Stunden des Tages wird es lebendig in den engen Gassen der arabischen Altstadt. Wer einen Blick in dieses Labyrinth von Treppen, Stegen und düsteren Winkeln hineinwirft, entdeckt nicht nur eine andere Welt, sondern auch eine andere Zeit. Der Eseltreiber gehört hier ebenso zum Straßenbild wie das rostige Motorrad. Auf den Rücken der kleinen Lasttiere werden am Morgen in aller Frühe die Waren in die Stadt transportiert und zu den verschiedenen Straßenmärkten gebracht. Die mageren Katzen schauen hungrig zu, wie der Krämer seine undefinierbaren Leckerbissen ausbreitet und der Bäcker seinen Brotteig formt. Der Tag soll einen guten Geschäftsgang bringen.

Araber in Jerusalem

»No pictures!« So werden wir überall belehrt und vom Fotografieren abgehalten. Die Araber wollen zu Recht nicht nur malerisches Motiv sein für das Fotoalbum der Touristen. Wer trotzdem seine Bilder schießt, dem strecken sich schnell hohle Hände entgegen. Es kann aber auch vorkommen, daß man dann feindseligen Blicken ausgesetzt ist oder sogar unmißverständlich bedroht wird. Dann verzieht man sich besser in die nächste Gasse.

Wir streifen durch den arabischen Basar. Hier, in der muffigen Luft dieser äußerst engen, überdachten Gasse, reiht sich eine Bude an die andere. Jeder Meter, jeder Zentimeter ist hier ausgenützt und belegt. Aus jedem finstersten Schlupfloch erreicht uns die werbende Stimme eines schäbig gekleideten Händlers, der seinen Kram an den Mann bringen will. Durch einige Türeingänge sieht man in wahrhafte Höhlen hinein

– Häuser- und Mauerzüge sind uralt. Unbeschreiblich, was hier alles angeboten wird, worum man hier feilscht, marktet, gestikuliert. Was man kauft, ist meist billig, nicht nur im Preis, sondern auch in der Qualität. Ein Großteil der Ware, die gehandelt wird, ist Ramsch und von der Sorte, wie sie der hinterste Trödlerladen und der vergammeltste Flohmarkt überall in der Welt führt. Neben verstaubten Pseudo-Kunstgegenständen findet man hier Musikdosen, Kopftücher und Kinderspielzeuge aus Plastik ebenso wie sämtliche anderen Erzeugnisse der west-östlichen Kitschindustrie. Dazwischen werden freilich auch mehr oder weniger echt arabische Produkte angeboten, bunte Stoffe, Flechtwaren, Glasbehälter, Schmuckgegenstände und Tongeschirre. Der Erfindergeist der Araber ist unermüdlich, wenn es darum geht, den Ausländer mit Souvenirs zu bereichern. Das Sortiment verschiedenster Erinnerungsstücke, das man sich hier zusammenkaufen könnte, hätte auch im größten Reisekoffer nicht Platz.
Nur mit Mühe bahnen wir uns einen Weg zwischen Früchte- und Gemüsebergen, die am Boden aufgestapelt sind. Man stößt sich an drängenden Menschen, an schier berstenden Warengestellen und an den am Boden Sitzenden, die bedächtig-trübselig an ihren Wasserpfeifen saugen und aus halb zugekniffenen Augen den Menschenstrom beobachten, der an ihnen vorbeizieht. Mitten im Getümmel will uns ein Wasserverkäufer Wasser aus einer Kanne anbieten. Wir verzichten und versuchen, den Scharen von kleinen und kleinsten Kindern auszuweichen, die herumspringen und lärmen. Sie werfen ihre Ärmchen in die Luft, wehren die Fliegen ab und üben sich bereits in den Verkaufstricks der Alten. Sie sind beharrlich und lassen sich kaum abschütteln. Transistorradios schnattern dazwischen, aus rauchigen Garküchen zischt es, Männer- und Frauenstimmen schwirren durcheinander, von irgendwoher ist das Knattern eines defekten Motors zu vernehmen und das Hämmern aus einer unzugänglichen Werkstatt – eine einmalige Geräuschkulisse. Mit gemischten Gefühlen stolpert man am Fleischerladen vorbei – ganze Tierkadaver, halbgerupfte Hühner, abgeschnittene Schafsköpfe im Kübel, unsäglicher Gestank und Dreck überall – und ist schlußendlich recht froh, wenn man aus diesem brodelnden Gewühl wieder herauskommt.
Für die Araber in Jerusalems Altstadt sind viele Probleme nicht gelöst. Fast alle haben gegen Armut und Krankheiten zu kämpfen, und Kinderüberschuß und schlechte Wohnverhältnisse vergrößern die Not. Der zunehmende Tourismus bringt zwar Geschäfte, degradiert die arabische Bevölkerung aber zugleich zur exotischen Attraktion, und die ständige Nachbarschaft der um vieles tüchtigeren Israelis trägt wohl ebensowenig zur Hebung des Selbstbewußtseins bei. Sind das die Gründe, die die arabische Stadtbevölkerung so stumpf und fatalistisch in den Tag hineinleben lassen? Solche Fragen gehen einem auch abends noch durch den Kopf. Da sitzt man aber bereits in einem Villenvorort in Westjerusalem. Man ist Gast bei der Party einer netten jüdischen Familie, hält ein Glas Whisky in der Hand und diskutiert angeregt über Politik und Literatur.

Elefanten im Garten

Entwicklungshilfe in Indien: Arbeit, um Arbeit zu lehren

Yvonne Bogorad und Markus Mäder

»Letzter Aufruf an die Passagiere nach Teheran – Karatschi – Delhi. Die Kursmaschine . . .« Dr. Martin Menzi kann die Kursnummer seines Flugzeuges nicht mehr hören, seine vier Kinder und sein Sennenhund verabschieden sich lärmend von ihren Freunden. Dieser Abschied bedeutet – für vier Jahre – ein neues, unbekanntes Leben, 10 000 Kilometer von zu Hause entfernt im südindischen Hügelland von Kerala: Die Kinder werden einen Hauslehrer haben. Vater Menzi wird mit seinem indischen Kollegen Dr. Kurup das Viehkreuzungsprojekt der Schweizer Entwicklungshilfe leiten. Sie sollen indische Bauern lehren, ertragreichere Milchkühe zu ziehen und pflegen. Auch Martin Menzi muß einiges lernen in der neuen Heimat. Es wird zwei Jahre dauern, bis er mit ihr vertraut ist.

Die Kinder sind sich einig: Das letzte Stück der Reise im Jeep durch Kokos- und Bananenpalmenwälder, hinauf in die Höhen der Cardamon-Hügel, war das schönste. Am Tag erinnern die grasenden Kühe auf den Weiden und die Stallungen von Madupatti an zu Hause; doch nachts, im neuen Haus, als plötzlich ein dumpfes Stampfen ertönt, wird es allen unheimlich: Zwei Elefanten aus dem angrenzenden Urwald haben den Zaun durchbrochen, zertrampeln die Kohl- und Salatbeete im Garten und schlagen mit ihren mächtigen Leibern einige Ziegel vom Dach.

Die Elefanten gehören in die Welt des alten, sagenhaften Indien, die mit der modernen Technik zusammenprallt. In Indien gibt es Elefanten, altertümliche Holzpflüge, Eisenbahnen und Atomreaktoren nebeneinander. Dieses Nebeneinander und Gegeneinander von Tradition und Fortschritt ist ein wichtiges Merkmal eines »Entwicklungslandes«. Die neue Entwicklung entwertet die wertvolle Arbeit von einst. Der bis jetzt selbstversorgende oder von einem Feudalherren abhängige Bauer muß umlernen

Markus und Yvonne Mäder-Bogorad: Markus Mäder (1945) und Yvonne Mäder-Bogorad (1946) haben ihre Studien an der Universität Zürich mit Kolonialgeschichte abgeschlossen. Seit 1972 bereisen sie als freie Journalisten und Fotografen Asien. Yvonne Mäder-Bogorad hat nach einem Auslandssemester in Tunesien als Lehrerin gearbeitet, Markus Mäder war Redaktor des »Zürcher Student« und des Zürcher »Tages Anzeiger«. Er hielt sich längere Zeit in Ostafrika sowie in verschiedenen Ländern des Nahen Ostens auf. Die beiden beschäftigen sich vor allem mit den kulturellen und politischen Problemen der Dritten Welt.

im Nahrungsmittelbau und in der Tierpflege, um den Anschluß in der sich ändernden Umgebung nicht zu verpassen. Stillstand bedeutet Rückschritt.

Das Kuhkreuzungsprojekt bringt Hilfe zur Selbsthilfe. – Bessere Ernährung, verbessertes Gesundheitswesen verdoppelten die Bevölkerung Indiens, seit sich das Land 1947 von der englischen Kolonialherrschaft befreit hatte: Nicht alle besitzen ein Grundstück, das sie bearbeiten können, doch die Industrie kommt nicht nach, genügend Arbeit und Arbeitsplätze zu schaffen. Zahllose Bauern ohne Geld und Land fliehen in die Städte, leben in miesen Hütten oder schlafen auf den Straßen. Wie kann man ihnen helfen? Die Entwicklungshilfe versucht, ihnen Arbeit und Lohn auf dem Land zu verschaffen.

In der hohen Sprache der Diplomatie und der Politik ist der Ausdruck »Entwicklungsland« ein Höflichkeitsbegriff für »unterentwickelt« – oder einfach »arm«. Durchschnittlich verdient jeder Inder nicht einmal 600 Franken im Jahr.

Die sogenannten »reichen Nationen« helfen, die Unterschiede zu den reicheren Ländern auszugleichen. Mit 37 Millionen bewilligten Franken zwischen 1961 und 1971 ist Indien das Hauptempfängerland Schweizer Entwicklungshilfegelder. Umgerechnet erhält jeder der 550 Millionen Inder jährlich ungefähr sFr. 0,006. Die Hälfte der indischen Bevölkerung lebt am Rande des Existenzminimums und darunter. Aber Nepal ist noch ärmer. Es sieht in seinem südlichen Nachbarn Indien *den* Wirtschaftsriesen. Nepal steht noch völlig am Anfang seiner technischen Entwicklung. Doch in einer Zeit, in der man in weniger als einem Tag Nepal von Zürich aus erreichen kann, bleibt der Einfluß von außen nicht aus.

Erst in den ersten sechziger Jahren wurde der »Dienst für Technische Zusammenarbeit« geschaffen, wie die »Entwicklungshilfe« bei uns heißt. Technische Hilfe ist von der Idee getragen, Hilfe für die Zukunft zu bringen. Hilfe zur Selbsthilfe – neben Gesundheitspflege und Schulwesen die wirtschaftliche Kluft zwischen Europa und den »armen« Ländern zu überbrücken, indem sie Arbeit vermittelt.

Wem soll man mehr helfen? Den 10 Millionen Nepali, welche fast keine Straßen, Schulen und Spitäler haben, oder jenen Armen Indiens, welche immer noch ärmer werden, während sich die Reichen ein immer angenehmeres Leben leisten können?

Kasperli als Entwicklungshelfer

Begleiten wir zuerst Schwester Vreni in Nepal:

Jeden Freitag stellt Schwester Vreni auf dem Lehmsträßchen von Dhoka ein Kasperlitheater vor ihrer Krankenstation auf. Dhoka ist ein fast unberührtes Dörfchen außerhalb der Hauptstadt Katmandu. »Eine Latrine sollt ihr bauen, macht nicht einfach hinters Haus«, Kasperli macht ein pfiffiges Gesicht; gespannt hören ihm die Bauern zu. Mit Kasperli und seiner Forderung nach einem ordentlichen Latrinenwesen, mit

Schwester Vrenis Krankenbehandlung und mit dem Bau einer Schule will man verhindern, daß die Bevölkerung von Dhoka in die Stadt flieht. Katmandu, Delhi, Kalkutta; die Namen klingen reizvoll, scheinen Arbeit und ein gutes Leben zu versprechen. Wer in Dhoka lebt und sein Dörfchen noch nie verlassen hat, kann sich das Elend seiner Nachbarn, die den Schritt wagten und aus dem kleinen Dörfchen in die Stadt zogen, nicht vorstellen. Darum ist es gut, daß in Dhoka jemand versucht, das Leben besser zu gestalten. Doch wird mit Latrinenbau, Krankenpflege und Schulen erreicht, daß die Bevölkerung dem verlockenden Reiz der Stadt widersteht?

Dhoka wird zwar Beispiel für die umliegenden Dörfer sein; Schwester Vreni zeigt jungen lernfreudigen Nepalinnen, wie man Spritzen gibt, wie man Fieber bekämpft. Schwester Vreni hofft zwar, mit ihrer Hilfe die traditionelle Lebensweise der Bevölkerung nicht zu zerstören. Noch pflügen die Bauern mit einem Ochsengespann, noch braucht sich niemand wegen »Umweltverschmutzung« Vorwürfe zu machen. Nur an einem Punkt hat Schwester Vreni versucht, in die Denkweise der Bevölkerung einzudringen: Mit Spritzen und Medikamenten bekämpft sie Geister und Dämonen, die tief in den Köpfen der Bevölkerung sitzen.

»Menschliche« oder »technische« Hilfe?

Schwester Vreni bringt in erster Linie »menschliche« Hilfe nach Dhoka. Sie verteilt nicht Geld oder Brot, Güter, die bald aufgebraucht sind. Sie möchte dem Dorf den Schritt in eine bessere Zukunft erleichtern. »Was immer wir tun in Nepal, wir bezwecken immer dasselbe: die Fähigkeit einer lokalen Bevölkerung fördern, ihr Geschick selbst in die Hand zu nehmen.« Dieser Grundsatz von Ruedi Högger, dem Leiter unserer Nepalhilfe, gilt auch für Schwester Vreni. Sie steht in ihrem Dorf nicht allein. Ihre Arbeit ist nur ein Anfang. Die schulgebildeten Kinder wollen ihr Wissen fruchtbar nutzen, sie wollen Arbeit, die ihrer Bildung entspricht, und nicht wie die Alten von ein bißchen Reis und Weizen ein fast bargeldloses Leben fristen. Dhoka braucht für sie ein bißchen Industrie und Handel. Die dank Schwester Vreni gesunde Bevölkerung will Arbeit leisten, will ebenfalls Geld: Mit neu eingeführter zweimaliger Ernte im Jahr haben die Bauern bessere Erträge. Sie können nun einen Teil verkaufen.

Dhoka, ein ganz kleines Dorf, hat 4000 Einwohner. Viele Kinder sterben schon im ersten Lebensjahr. Trotzdem wächst die Bevölkerung sehr schnell. Wenn Schwester Vreni dafür sorgen kann, daß weniger Kinder sterben, werden die Eltern einsehen, daß ihnen zwei oder drei gesunde Kinder besser helfen können als viele kranke.

Dr. Menzis Arbeit im indischen Viehkreuzungsprojekt von Kerala gehört zur »technischen« Hilfe. Er regt zusammen mit gleichgestellten indischen Partnern die Bauern an, ihre Kühe mit dem Samen von Schweizer Bullen – die in den Stallungen von Madupatti stehen – zu befruchten. Das Kälbchen wird fünf- bis sechsmal mehr Milch geben als

Schwester Vreni bei der Arbeit

seine indische Mutter, also fünf bis sechs Liter. In Madupatti führen mit Dr. Menzi fünf weitere Schweizer und 500 Inder eine Musterfarm und eine Samenbank, wo die Samen für die künstliche Befruchtung gewonnen und in Stickstoffbehältern bei −190° für die im Feld verstreuten Besamungszentren aufbewahrt werden. In der Musterfarm wird gezeigt: Eine ertragreiche Kuh muß gepflegt und gut ernährt werden. Das bedeutet Arbeitsbeschaffung für den Bauern, bessere Ernährung mit Proteinen für seine Familie und den Käufer in der Stadt sowie etwas Bargeld aus dem Milcherlös. Für den Teearbeiter in den Plantagen von Kerala verdoppelt bereits eine gut ernährte, gekreuzte Kuh sein Tee-Tageseinkommen von Fr. 2.50. Oder nehmen wir Farmer Kumaren mit seinen neun Kindern im üppig-tropischen Tal des Periyarflusses: Aus seinen Gummibäumen läßt er täglich für vier bis fünf Franken Gummi fließen, aus den Kokospalmen gewinnt er für vier bis fünf Franken Toddy (Kokosbier), seine Kuh bringt ihm täglich außerdem drei Franken. Mit zwei Hektar eigenem Land im fruchtbaren, natürlich bewässerten Gebiet ist er einer der Reichsten in der Gegend.

Das Kuhbeispiel zeigt, echte »technische Hilfe« muß eine Breitenwirkung haben, indem sie vom Kleinst- bis zum Großbauern alle erfaßt: Nur die Ärmsten der Armen, die sich nicht einmal eine Kuh leisten können, gehen leer aus, obwohl natürlich gerade sie die Proteine der Milch dringend brauchten.

Das Kuhkreuzungsprojekt ist vorläufig nur in Indien, nicht aber in Nepal in großem Umfang möglich: In fünf Jahren sollen 500000 Kühe gekreuzt sein. Als man vor zehn

Schweizer Kunstgewerbler schufen aus
alter tibetischer Tradition einen neuen
Markenartikel, den Tibeter-Teppich

Jahren im Tal von Jiri, 100 Kilometer von der nepalischen Hauptstadt entfernt, mit einem Wasserbüffelkreuzungsprogramm begonnen hatte, war niemand da, der die größere Milchmenge gekauft hätte. Die Verbindungsstraße ins kaufkräftige Katmandu-Tal war damals erst ein Wunschtraum. Die Schweiz ist heute am Bau dieser Straße mit rund zehn Millionen Franken interessiert. Doch mit dem Bau der Straße hat noch anderes zu geschehen. Der Boden muß gerechter an die Bauern verteilt werden, die ihn bearbeiten. Auf den 1500 Quadratkilometern, welche die Straße erschließt, kann die Landwirtschaft, der Gemüsebau, die Tierhaltung und der Wald als natürliches Wasserreservoir verbessert werden. Entwicklungshilfe muß alle Bereiche des Lebens erfassen. Eine Straße allein wäre eine gefährliche Maßnahme. Sie erleichterte nur die Abwanderung der Bauern nach Katmandu.

Nur »technische Hilfe«, also Hilfe zur Selbsthilfe, ist auf die Dauer wirksam zur Schaffung eines menschenwürdigen Lebens. »Technische Hilfe« verlangt Voraussetzungen, die in den Gebieten, welche die Hilfe am nötigsten hätten, nicht da sind.

Idealismus oder Profitstreben

Krankenschwester Vreni muß wissen, daß ihre Arbeit allein kaum wirtschaftliche Auswirkungen hat. Sie lindert die Not kranker Menschen und zeigt, wie solche Not zu

verhindern wäre. Martin Menzi bestätigt heute nach seiner vierjährigen Erfahrung in Indien: »Es braucht eine gewisse Überzeugung, daß man den Leuten helfen will. Auch darf man es nicht verargen, wenn Schweizer Geschäftskreise mit ihrer Hilfe in Indien auf neue Wirtschaftsmöglichkeiten hoffen. Doch weder ausgesprochenes Profitstreben noch reiner Idealismus läßt die Helfer länger als einige Monate hier aushalten.« Max Greco, der Interessenvertreter der Entwicklungshelfer (Freiwillige), den wir in Nepal trafen, meint zwar, daß die Löhne in der Entwicklungsarbeit nicht zum Geschäft werden sollen, daß aber auch Entwicklungshelfer einen ausreichenden Lohn haben; denn Schwärmerei eines einfachen Lebens auf dem Land sei Snobismus. Idealismus allein genügt nicht. Man kann wohl das Schöne an der Arbeit in der Fremde im Dienste anderer Menschen sehen; aber die Freude an der Arbeit kann rasch schwinden, wenn im Sommer die Tropenhitze die Schuhe am schmelzenden Asphalt kleben läßt und jede Bewegung zur Qual wird. Wenn es in der Monsunzeit kühl wird und die Zündhölzer und die Scheite im Ofen nicht brennen vor Feuchtigkeit, sehnt sich mancher nach Hause. Arbeit, um Arbeit zu lehren, ist eine harte Sache. Zu Hause lebt es sich leichter. Wer in Indien Jahre seines Lebens opfert, möchte Erfolge seiner Arbeit sehen. Die Leistung des einzelnen scheint ein Tropfen auf den heißen Stein.

Indisch-schweizerische Partnerschaft

Es ist Prinzip der Entwicklungshilfe, jeder ausländischen Arbeitskraft einen entsprechenden einheimischen Partner, einen »counterpart«, gegenüberzustellen. Echte Partnerschaft läßt es nicht zu, nur Schweizer Maßstäbe anzulegen. »Man muß aufhören, dauernd Vergleiche anzustellen, man soll das andere akzeptieren lernen, ohne jedoch seine Vorstellungen aufzugeben«, meint Martin Menzi.
Das Tierzuchtprogramm spielt eine Rolle im indischen Wirtschaftsplan (Fünfjahresplan). Das heißt, daß man sich in den Rahmen des indischen Denkens einzufügen hat. Das ist oft mühsam, ja schmerzlich – aber im Sinne einer indisch-schweizerischen Partnerschaft richtig. Die Schweizer in Indien haben nicht weniger zu lernen, als sie zu lehren haben. Die Arbeit der Schweizer ist es zu zeigen, wie der indische Bauer wirkungsvoller arbeiten kann. Doch Dr. Kurup und dessen indische Kollegen könnten das an sich ja auch. Was tragen wir in Indien bei? Warum lädt die Schweiz nicht einfach junge Inder zu einem Studium ein?

Der volle Schulsack bleibt zugeschnürt

Vielerorts wurde die Erfahrung gemacht, daß an europäischen oder amerikanischen Universitäten ausgebildete Studenten aus Entwicklungsländern oft nicht mehr zurück

Oben: Viehschau in Peermade

Unten: Musterställe im Punjab

nach Asien oder Afrika wollten. Andere kamen mit einem technisch vollkommenen Wissen zurück, das sie in der Heimat nicht anwenden konnten.

Merkwürdigerweise sind es gerade die Schweizer, welche sich mit der indischen Wirklichkeit besser zurechtfinden und ihre Kenntnisse für den Arbeitsalltag zu nutzen wissen. So sind es zum Beispiel in den Schweizer Musterställen von Kerala ausgerechnet die Inder, welche für elektrische Melkmaschinen plädieren, die sie vielleicht noch gar nie in Betrieb gesehen haben, während die Schweizer das Handmelken lehren, wie es in ihrer Heimat nur noch in Schulfibeln steht. »Wir brauchen unser Schulwissen vielleicht zu 20%, viel wichtiger ist das Einfühlungsvermögen in die Lebensweise der indischen Bauern«, meinte einer der Experten; »der Schulsack bleibt meist zugeschnürt, aber er muß voll sein, weil eben viele der indischen Partner sehr viel wissen.«

Was die Schweizer entwickeln wollen, ist ein stärkerer Wille zu Leistung und vor allem Planung. Die ausgeprägten Jahreszeiten zu Hause verpflichten zu wohlüberlegter Planung; sie ist ein Teil der Lebensform. In Kerala plumpsen das ganze Jahr Kokosnüsse von den Bäumen, wozu also Vorräte anlegen?

Nur Beispiele

Das Viehkreuzungsprojekt in Kerala und ein ähnliches Unternehmen im nördlichen Gliedstaat Punjab sowie Schwester Vreni in Nepal sind nur Beispiele für die Schweizer Tätigkeit in Asien, Afrika und Südamerika. Die Aufgaben aber, die sie zu bewältigen haben, sind überall ähnlich.

In Nepal sind rund 40 Schweizer unter dem Namen SATA (Swiss Association for Technical Assistance) vielfach tätig: Sie bauten seit 1959 die bedeutendste (staatliche) nepalische Werkstätte für Mechanik, Elektronik und sanitäre Anlagen auf. Sie halfen in der Planung eines Hoteldorfes bei Katmandu. Sie beraten die von Israel aufgebaute, größte (staatliche) Baufirma Nepals, sie helfen, schädliche Viehparasiten zu bekämpfen, und unterstützen die Regierung im Hängebrückenbau. In Indien sind die Werke in Kerala und im Punjab mit Abstand die größten.

Die Schweizer arbeiten in der Dritten Welt, um arbeiten zu lehren. Sie haben dann erfolgreich gearbeitet, wenn sie nicht mehr gebraucht werden, wenn andere ihre Arbeit beherrschen. 1956 brachte die Schweiz ein neues Handwerk nach Nepal: das Käsen. Die Nepali waren geschickte Lehrlinge. Seit über zehn Jahren liefern sie aus ihren Käsereien in abgeschiedenen Tälern köstliche Laiber nach Katmandu.

Als 1959 Tausende von Tibetern aus China flohen, mußten sie in Nepal und Indien wieder angesiedelt werden; sie verlangten Arbeit und Lohn: Schweizer Kunstgewerbler waren es, welche aus alter tibetischer Tradition einen neuen tibetischen Markenartikel schufen: den Tibeterteppich.

Das Leben in der Kasbah

Aus meinem Nordafrika-Tagebuch

Clark Stede

Endlich lernst du eine Kasbah kennen, denke ich, als mich Achmed, den ich am Brunnen beim Wasserholen kennenlernte, zu sich nach Hause einlädt. Meinen VW-Bus muß ich zurücklassen, da sich der Pfad steil den Berg hinaufschlängelt und nur der mit zwei Wasserkrügen beladene Esel Platz hat. Achmed erzählt mir, daß in der Kasbah, in der er wohnt, die gesamte Familie lebt, dazu die Tiere. Hier wird auch das Getreide aufbewahrt. Am Horizont hebt sich ein burgartiges Gebilde ab.
Der Begriff Kasbah bedeutet ins Deutsche übersetzt Wohn- und Speicherburg. Den eigentlichen Zweck, die Familie vor Feinden zu schützen, hat sie verloren, da es heute keine Feindseligkeiten zwischen den Familien oder Sippen mehr gibt. Trotzdem bauen die Berber noch Kasbahs. Sie sind auch heute noch ein Stück uralte Tradition.
Als wir uns der Kasbah nähern, kommt uns ein alter Berber, der Vater Achmeds, entgegen. Er begrüßt mich so herzlich, als ob wir alte Freunde wären. Er zeigt einladend mit der Hand zum Eingangsportal dieser Berberburg und bittet mich, mit ihm Tee zu trinken.
Sogleich werde ich von einem Jungen in den Empfangsraum geführt, der mit herrlichen bunten Teppichen ausgelegt ist. In der Mitte des gewölbeartigen Raumes steht eine Senia, ein typischer marokkanischer Tisch aus einem Messingteller mit drei Beinen.
Ich erlebe zum ersten Mal eine Teezeremonie, die in ganz Nordafrika beim Empfang der Gäste selbstverständlich ist. Die Senia, auf der Teegläser, Zuckerhüte, Tee und Minze stehen, wird von neugierigen Bewohnern umlagert. Während ich noch alles interessiert betrachte, bittet man mich, auf dem Teppich Platz zu nehmen. Neben Achmeds Vater, er heißt Bismalhi, steht ein Tonofen, in dem Holzkohle mit Hilfe eines Blasebalges zur Weißglut gebracht wird.

Clark Stede: 1949 wurde ich in Berlin geboren und besuchte in der DDR die 10klassige Schule, die ich 1967 erfolgreich beendete. Anschließend begann ich die Erzieherlaufbahn, doch die politischen Verhältnisse und die Einengung meiner Freiheit bewogen mich, 1969 die DDR illegal zu verlassen, was mir 21 Monate meines Lebens kostete, da der Versuch mißglückte und ich in politischer Haft war. Am 24. März 1971 wiesen mich die DDR-Behörden in die BRD aus. Ein Traum wurde in mir wach: Fotograf und später Journalist zu werden. 1971 und 1972 besuchte ich Nordafrika, wo meine ersten Bildreportagen über die Berber entstanden.

Achmed erzählt, daß in der Regenzeit das Wasser die Lehmwände der Kasbah nach und nach auflöst. Dann muß sich das Familienoberhaupt um einen neuen geeigneten Platz für eine neue Wohnburg kümmern. Meistens wird jedoch die neue Kasbah neben der alten aufgebaut. Sehr wichtig ist, daß Wasser in der Nähe vorhanden ist. Auf einer bis zu 1000 Quadratmeter großen Fläche werden zuerst die fast ein Meter dicken Umgrenzungsmauern errichtet. Anschließend werden Decken und Trennwände mit Hilfe von Holzbalken eingezogen. So entstehen meist zwei Stockwerke von etwa 12 m Höhe, die als Getreidespeicher, Ställe, Vorratsraum und Wohnung dienen.

Ein Zuruf vom Vater unterbricht unsere Unterhaltung. Der Tee ist gleich fertig. Vater Bismalhi bereitet, der Sitte der Berber getreu, den Tee zu. Er streut Minze hinein und ein großes Stück vom Zuckerhut. Die Anwesenden schweigen. Das Familienoberhaupt nimmt nun ein Glas in die Hand, füllt sich etwas Tee ein, probiert und schüttet ihn mißbilligend wieder in die Kanne zurück. Diese Zeremonie wiederholt sich dreimal, denn es gilt als Geste der Gastfreundschaft, Gästen nur den wohlschmeckendsten Tee zu reichen.

Jetzt zeigt sich ein Lächeln auf seinem Gesicht, und er füllt die Gläser aus der reich verzierten Kanne. Jedem wird ein Trinkgefäß gereicht, und lautes Schlürfen bricht die Stille im Raum. Das Schlürfen ist ein Brauch der Berber, der den Wohlgeschmack zum Ausdruck bringt. Nach dem ersten Glas Tee beginnt eine rege Unterhaltung, und man erzählt über Familie und Tiere.

Ein hagerer, dunkelbraungebrannter Mann, der als Halbnomade sein Vieh hier in der Gegend weidet, stopft sich seine Tonkopfpfeife mit Kiff, dem nordafrikanischen Haschisch. Er nimmt genießerisch den ersten Zug und reicht die Pfeife den anderen. Sinnend und auf den nächsten Tee wartend, sitzen nun diese Menschen da. Vielleicht denken sie an die Probleme, mit denen sie täglich zu kämpfen haben, denn die Natur in Afrika stellt an die Menschen harte Anforderungen.

Mir fällt ein, wie ich letztes Jahr in der Sahara einem Berber begegnete. Zum Schutz gegen die sengende Hitze in seinen Kapuzenmantel gehüllt, stapfte er mühsam mit seinem Kamel, das mit Tonkrügen beladen war, durch den fast knöcheltiefen Sand. Durch die große Hitze waren die Hausbrunnen alle ausgetrocknet, und er mußte nun täglich 8 Kilometer weit zum nächsten Brunnen Wasser holen gehen – welch hartes Leben.

»Ist der Tee gut?« unterbricht jemand meine Gedanken, und mein leeres Glas wird nachgefüllt. Es sind freundliche, sanfte Menschen, diese Berber, und mir doch fremd. Sie setzen ihr Vertrauen auf Allah und fürchten sich trotzdem vor den bösen Geistern, den sogenannten »Dschinn«, die allerlei Unheil anrichten können. Ihr Glaube ist eine seltsame Mischung von mohammedanischer Religion und Mythos.

Am nächsten Tag beim Frühstück frage ich Achmed, warum keine Frau mit uns am Tisch sitzt. Mein Freund klärt mich auf, daß eine Frau in der islamischen Welt eben nicht die gleichen Rechte besitze wie ein Mann. Nicht einmal zum Einkaufen darf sie das Haus verlassen, der Mann geht auf den Markt und kauft ein. Auf dem Land war es bis vor kurzem ganz selbstverständlich, daß ein Mann mehrere Frauen – bis zu vier – heiratete, um möglichst viele billige Arbeitskräfte für Haus und Feld zu haben. Die modernen Ehe- und Familiengesetze geben dem Marokkaner heute nur in Ausnahmefällen das Recht dazu. (Die Berberinnen allerdings, obschon sie harte Feldarbeit leisten mußten, waren schon immer freier als die Araberinnen und trugen auch früher keine Schleier.)

Nach dem Frühstück begebe ich mich in den Innenhof der Kasbah und trete irgendwo in einen kleinen Raum. Frauen schütteln Schalen aus Bast; auf diese einfache Weise wird die letzte Spreu aus dem Getreide entfernt. Gleich daneben wird das Getreide gemahlen. Die Mühle, eine sehr primitive Einrichtung, besteht nur aus zwei runden Steinen mit einem Durchmesser von 40 cm. Durch die Mitte der Mühlsteine geht ein Holzstock, der in den Boden eingeschlagen ist. Am obern Mühlstein ist ein Stück Holz befestigt, das als Kurbel dient. Der obere Mühlstein wird hochgehoben und das Getreide auf den untern Stein geschüttet. Dann wird der obere Mühlstein wieder daraufgesetzt und das Getreide durch mühevolles Drehen gemahlen. Es dauert 40 Minuten, bis man etwa 3 kg Mehl gemahlen hat.

Als ich wieder in den Hof hinaustrete, sehe ich drei junge Mädchen mit Tüchern unter dem Arm die Kasbah verlassen. Neugierig folge ich ihnen ein Stück weit zum Fluß hinunter. Im Bett des Ques rieselt nur wenig Wasser, es reicht gerade zum Kleiderwaschen. Im Sommer trocknen die Flüsse manchmal ganz aus. In der Regenzeit wird aber aus diesem fast leeren Flußbett dann plötzlich ein 200 m breiter, reißender Strom. Die Mädchen breiten die Wäsche auf Steine aus und treten darauf herum, bis der Schmutz weggeschwemmt ist. Sie singen dazu, ihre Bewegungen sind anmutig. Was für ein hübsches Bild sie bieten: in bunte Tücher gekleidet, mit silbernen Armreifen, Bernsteinketten, klingenden Metall- und Silberplättchen um Arm- und Fußgelenke. In den schwarzen Haaren glitzern Münzen, die sie eingeflochten haben. Der Schmuck dient nicht etwa nur als Zierde, er soll vor allem den »bösen Blick« abwehren. Bernsteinketten sollen dagegen durch magische Bedeutung die guten Geister herbeirufen. Der Reichtum einer Familie wird in Schmuck der Frauen angelegt und im Falle einer Notlage zum Teil verkauft.

Auf einmal vernehme ich hinter mir ein lautes Iah. Mohammed ist mit seinem Esel zurückgekehrt. Er hat im Suk Tonkrüge, Tee, Hutzucker, Holzkohle, Stoffe und Nüsse gekauft.

»Hilf mir beim Abladen, nachher gehen wir essen«, bittet er mich. Bevor wir den Eßraum betreten, ziehen wir unsere Schuhe aus, eine Sitte, die in ganz Marokko üblich ist, und setzen uns an die gedeckte hölzerne Senia. Auf einem großen Teller liegen Kartoffeln, Gemüse und auf Holzkohle geschmortes Hammelfleisch. Besteck kennen die Berber nicht, man ißt mit der rechten Hand, die man vorher in einer Schüssel gewaschen hat; die linke gilt bei den Mohammedanern als unrein. Da ich Gast bin, werden mir die größten und besten Fleischstücke gereicht und mein Teller immer wieder nach-

Im Tal des Dra
ist die Dürre zu Hause

Berberfrau
beim Kochen vor der Kasbah

gefüllt, obwohl ich keinen Hunger habe. Lautes Schmatzen erfüllt den Raum, was hier nicht etwa als schlechtes Benehmen gilt, sondern, ganz im Gegenteil, als Kompliment. Draußen ist es unterdessen unerträglich heiß geworden: 40°C im Schatten. Von 11 bis 16 Uhr ruht die Arbeit, die Hitze wirkt lähmend, und man zieht sich gerne in die kühlen Lehmmauern zurück. Mohammed breitet einen Teppich aus, und wir legen uns zur Siesta nieder. Ab und zu unterbricht leises Schnarchen die angenehme Stille. Von den vielen neuen Eindrücken bin ich so angeregt, daß ich lange wach bleibe.

Am späten Nachmittag werde ich durch laute rhythmische Schläge geweckt. Ich gehe dem Lärm nach und stoße in einem Nebengebäude auf einen Jungen, der geschickt einen Meißel über eine Messingplatte führt. Durch kräftige Hammerschläge auf den Meißel graviert er ein kompliziertes, hübsches Muster in die Senia ein. An diese Messingplatte werden noch 3 Füße gelötet, und fertig ist das Kunstwerk. Stolz erklärt mir der kleine Handwerker, daß er in 10 Tagen drei solche Senias fertigstelle, die dann auf dem Markt verkauft würden.

Es ist auf dem Land in Marokko Brauch, daß Kinder arbeiten; nicht alle haben die Möglichkeit, eine Schule zu besuchen, obwohl der Schulbesuch eigentlich obligatorisch ist. Die meisten Knaben und Mädchen, die ich kennenlerne, möchten gern eine Schule besuchen, aber sie müssen mitarbeiten, damit die ganze Familie genug zu essen hat. Knaben besuchen zum Teil die Koranschule im Dorf. Dort werden sie in die islamische Religion eingeführt und lernen die Rechte und Pflichten eines Mohammedaners kennen.

Ich verbringe die Nacht draußen im Innenhof der Kasbah. Einmal wache ich auf, weil mir kalt ist – die Temperatur sinkt nachts sehr stark –, aber kaum bin ich wieder eingeschlafen, weckt mich Abssa, der Halbnomade. Er hat gestern versprochen, mich auf den Kamelmarkt mitzunehmen. Meine Uhr zeigt erst 2 Uhr. Verwirrt schlüpfe ich aus meinem Schlafsack. Abssa hat schnell etwas Hammelfleisch gebraten, das wir als Wegzehrung einpacken.

Auf Eseln reiten wir im Zuckeltrab dem Morgen entgegen. Bald sind die hohen Mauern der Kasbah hinter uns verschwunden. Später überqueren wir einen engen Steilpaß. Die Tiere bewähren sich auch hier. Esel sind, wie Kamele, in Marokko unentbehrlich. Sie sind sehr genügsam und vertragen das harte Klima gut. Eine große Ruhe umgibt uns auf diesem eintönigen Ritt. Langsam wird es Tag; wir gelangen ins Tal. Am Horizont zeichnen sich die Umrisse der Zelte ab, die am Rand der Hammada, der Steinwüste, aufgestellt sind.

Abssa, der bis jetzt schweigend an meiner Seite geritten ist, streckt freudig die Hand aus: »Dort kaufen wir heute zwei Kamele.«

In den Teezelten wartet bereits eine bunte Menschenmenge darauf, daß der Marktleiter den Suk eröffnet. Neben den Zelten, von Lehmmauern umgeben, stehen die Händler mit Kamelen, Eseln, Ziegen. Abssa zieht mich am Arm und weist auf einige Kamele. Er versucht mir beizubringen, wie man ein gutes von einem schlechten Tier unterscheidet. Seit 25 Jahren kauft und verkauft er Kamele, er ist Fachmann auf diesem Gebiet geworden.

Endlich strömen die Berber zum Haupteingang des Suk: Der Markt hat also begonnen. Mein Begleiter hat wohl schon ein gutes Tier entdeckt, denn er läuft in seinen Lederpantoffeln so schnell davon, daß ich ihm kaum folgen kann. Aufmerksam schaut er sich das Kamel an, prüft Zähne, Fell, Hals und Beine. Er blinzelt mir vielsagend zu: das Tier ist gut. Und nun beginnt das Feilschen, wie es in ganz Nordafrika üblich ist.

»Was kostet es?« fragt Abssa den Händler.

»1200 Dirham«, lautet die Antwort, also ungefähr 850 Mark. Diesen Preis findet Abssa zu hoch. Ein erregtes, lautes, mit vielen Gebärden begleitetes Wortgefecht entsteht. Der Händler bleibt fest, bis Abssa Anstalten macht zu gehen. Sofort wird er vom Händler zurückgehalten. Das ganze Spiel fängt von vorne an. »Wieviel gibst du?«

»700 Dirham, nicht mehr«, sagt Abssa. Und wiederum beginnt der Wortstreit. Diesmal werden die Qualitäten des Kamels eingehend diskutiert.

Nach fast dreistündigem Handeln – endlich! – bezahlt Abssa 950 Dirham und freut sich wie ein Kind über sein neues Kamel.

Der Kauf muß nun gebührend gefeiert werden. Bis in die Mittagsstunden sitzen wir in einem Zelt auf Bastmatten, schlürfen heißen Tee und unterhalten uns über den Markt. Da Abssa heute kein zweites Kamel mehr kaufen will – die Auswahl sei schlecht, meint er –, brechen wir schließlich auf.

Abssa hat Vertrauen zu mir gewonnen. Auf dem Heimweg erzählt er mir von seinem Leben als Halbnomade. Während der langen Trockenzeit zieht er mit seinen Herden – 80 Schafen, 120 Ziegen, 8 Eseln und 3 Kamelen – von einem Weideplatz zum andern und wohnt in einem Zelt aus Ziegenhaargewebe.

»Meine Tiere sind sehr genügsam, sie ernähren sich von Bodenflechten, Dorngestrüpp und dürrem Gras. Wenn die Regenzeit kommt, kehre ich in mein Dorf zurück, wo meine Frau ein kleines Feld bestellt.«

Er ist mit seinem harten Leben zufrieden, er liebt die Natur, die in diesem Land so schön und so grausam zugleich ist.

Nach dem anstrengenden Ritt sind wir hungrig und setzen uns gerne zum Essen nieder. Diesmal, als Abschiedsessen, gibt es Kuskus, das marokkanische Nationalgericht aus gedünstetem Weißgrieß (oder Mais) mit Schaf- oder Hühnerfleisch und Gemüse. Ich schenke meinen Gastgebern Hemden und ein Taschenmesser, willkommene Gaben. Zur Erinnerung an meinen Aufenthalt in der Kasbah wird mir ein von Kindern geknüpfter Gebetsteppich mit wunderschönen Ornamenten übergeben.

Der Abschied fällt sehr herzlich aus, und alle bitten mich, eines Tages wiederzukommen oder noch ein wenig zu bleiben. Inschallah – so es Gott gefällt, denke ich. Mühsam bahnen sich die Reifen meines VW-Busses den Weg über die sandige Piste. In der Staubwolke hinter mir sind die winkenden Berber bald verschwunden; ich werde sie nie vergessen. 1200 Kilometer liegen vor mir – die Sahara.

Spitzhacke und Tomahawk

Ernie Hearting

Könnt ihr euch, liebe Freunde, einen narbenbedeckten, stolzen Indianer vorstellen, der vom Pferde steigt, seine Waffen und seinen Kopfschmuck aus Adlerfedern ablegt und zur Spitzhacke greift, um die Erde aufzubrechen? – Nein! Unmöglich! Ihr werdet den Kopf schütteln und mit Überzeugung ausrufen: Der Indianer ist ein Jäger und ein Krieger gewesen, aber niemals ein Arbeiter! Stimmt das wirklich? Denn jetzt frage ich euch: Wer hat denn die mächtigen Pyramiden, die Tempel und die herrlichen Städte der Azteken und der Maya gebaut? Wer hat unter den Inka Straßen angelegt, Brücken konstruiert, die Böden terrassiert, Bewässerungssysteme eingerichtet? Doch sicher niemand anders als die Indianer selber! So meine ich, daß man nicht verallgemeinern darf. Es hat indianische Nationen gegeben, die haben Bauwerke errichtet, die sich an Schönheit mit jenen der alten Griechen, Römer, Etrusker oder Ägypter durchaus messen konnten. Aber wir haben auch Kenntnis von indianischen Völkern, denen der Begriff von Arbeit – wie wir ihn kennen und auslegen – völlig fremd gewesen ist.

Es ist ein trübes Kapitel und ihr wißt gut Bescheid darüber, liebe Freunde. Allzulange hat man uns den Menschen, den wir Indianer nennen, mit Bedacht und Bosheit falsch gezeichnet und geschildert. Als Faulpelz, Trunkenbold und Skalpjäger lernten wir ihn in den »Abenteuerbüchern« und in Wildwestfilmen kennen. Und als solcher hat er in den Augen der Unwissenden kein anderes Schicksal verdient, als vom weißen Mann aus seiner Heimat verjagt oder gar von Amerikas Boden vertilgt zu werden.

Wir können das Rad der Geschichte nicht mehr zurückdrehen. Wir können geschehenes Unrecht nicht wiedergutmachen. Aber zumindest können wir – wenn auch viel zu spät – die Lüge ersetzen durch die Wahrheit.

Ernie Hearting: eigentlich Ernst Herzig. Bürger von und 1914 geboren in Langenthal. 1935 bis 1939 Reporter und freier Journalist. 1939 bis 1943 journalistischer Mitarbeiter bei USEGO. Seit 1943 Werbechef Coop Basel ACV und seit 1953 nebenamtlicher Allein-Redaktor der Monatszeitschrift »Schweizer Soldat«. – Mannigfache Interessen, u. a. militärgeschichtliche und -politische Fragen, Uniformen- und Ordenskunde. Geschichte der nordamerikanischen Indianer. Von 1948 bis 1966 unter dem Pseudonym »Ernie Hearting« 18 Bücher über berühmte Indianerhäuptlinge geschrieben und veröffentlicht. Verschiedene Reisen nach den USA und Israel.

Oben: Sioux-Hemd aus Hirschleder, verziert mit Stachelschwein-Stacheln, Skalpsträhnen und bemalten Linien

Unten links: Festmaske aus ausgehöhltem und bemaltem Holz

Unten rechts: Naskapimantel aus Hirschleder mit gemaltem und geschabtem Muster

Oben links: Tipi aus der nördlichen
Grassteppe

Oben rechts: Säuglingstragtasche, kunstvoll mit Perlen bestickt (Kiowa-Stamm)

Unten: Regentanz auf einem kleinen
Dorfplatz in New Mexico

Befassen wir uns jetzt mit den nordamerikanischen Indianern, und zwar mit jenen Völkern, die noch vor hundert Jahren auf den unendlich weiten *Plains* zwischen den Flüssen Missouri und *Mississippi* im Osten und dem »Felsengebirge«, den Rocky Mountains, im Westen lebten. Ihr kennt bestimmt einige Namen dieser mächtigen Nationen: Sioux, Schwarzfüße, Comanchen, Cheyennen, Arapaho und andere. Im Gegensatz zu vielen Stämmen, vorab im Süden und Südwesten Nordamerikas, haben die Prärie-Indianer nicht in festen Dörfern und Städten gelebt. Ihre Wohnung war das *Tipi*, und auf dem Pferderücken folgten sie den riesigen Bisonherden, die im Jahresablauf die Plains von Nord nach Süd und umgekehrt durchstreiften. Der amerikanische *Bison* hat diesen Indianern, diesen Jägervölkern, alles gegeben, was sie zum Leben benötigten. Als er in den siebziger Jahren des vergangenen Jahrhunderts von skrupellosen Weißen praktisch ausgerottet wurde, bedeutete das auch den endgültigen Untergang der Prärie-Indianer.

In den Familien dieser Jägervölker waren die Aufgaben, die Pflichten und Rechte zwischen Mann und Frau, Vater und Mutter, klar und sinnvoll geregelt. Dem Mann – zugleich Jäger und Krieger – oblag die Beschaffung der Nahrung und der Schutz der Familie. Daß beide Aufgaben nur in der Gemeinschaft der Sippe oder des ganzen Stammes erfüllt werden konnten, ist verständlich. Und daß die Jagd im wahrsten Sinne des Begriffs Arbeit, harte Arbeit war, wird sicher eure Zustimmung finden. Die Frauen und Mütter kümmerten sich um den Haushalt – genau wie bei uns! Mit den Angehörigen der Familie oder mit Verwandten und Freunden wurden die Zelte gemeinsam aufgestellt und wieder niedergelegt. Den Frauen und Müttern oblag es auch, die »Wohnung« einzurichten, sie sauberzuhalten. Das wiederum war eine Arbeit, die täglich getan werden mußte. Und dann die Zubereitung der Nahrung, das Zerlegen der Jagdbeute, das Einsammeln von Beeren, Früchten und Kräutern – findet ihr nicht auch, daß die Indianerin ein reichlich bemessenes Tagewerk zu vollbringen hatte? Dabei habe ich die Pflege, die Aufsicht und die Erziehung der Kinder noch gar nicht erwähnt!

Daß die Männer und Frauen der Prärie-Indianer sich in die Aufgabe teilten, die mannigfachen Geräte herzustellen, die man in einem Haushalt benötigte, rundet das schöne und wohlausgewogene Bild einer harmonischen Ordnung ab. Die Männer bewiesen Geschick und Können in der Anfertigung von Waffen – Pfeilspitzen, Pfeile, Bogen, Speere, Streitäxte, Schilde, Messer – und natürlich der *Kalumets*. Die Frauen wiederum offenbarten ihre handwerklichen Fähigkeiten, verbunden mit einem erstaunlichen Sinn für kunstvolle Darstellungen, beim Flechten von Schalen und Körben, beim Schnitzen von allerhand Hauszeug, beim Zuschneiden und Nähen von Kleidern aus gegerbten Häuten, beim Schmücken der *Mokassins*, Beinkleider, Oberhemden und Decken mit gefärbten Stachelschweinborsten und bei vielen anderen Arbeiten mehr. Vollends als Künstler zeigten sich die Männer beim Bemalen der Zelthäute oder der Bisondecken, die mit der Haut nach außen malerisch um die Schultern gelegt wurden. Mit selbsthergestellten Farben aus Pflanzen und Mineralien gestalteten sie prächtige Bilder, in denen

Wassergefäß aus New Mexico

sie ihre Taten als Jäger und Krieger erzählten und vielleicht manchmal auch etwas verherrlichten.

Gemeinsam wiederum halfen sich Männer und Frauen beim Herstellen so wichtiger Gegenstände wie etwa Federkronen – die den Krieger schmückten –, Pfeilköcher, Vorratsbeutel und vieler anderer notwendiger Dinge. Ich habe es vorhin schon angedeutet: Indianische Männer waren oft eitel. Stundenlang beschäftigten sie sich damit, ihre Körper und die Gesichter mit Farbe zu bemalen – den Feind zu erschrecken, dem Freund zu imponieren, der Frau oder der Braut zu gefallen. Aber Indianer waren auch musikalisch und wußten Bescheid, wie man eine Flöte oder andere Musikinstrumente anfertigte.

Wenn auch, liebe Freunde, die Überschrift über diesem Beitrag etwas ironisch scheinen mag, so meine ich aber doch jetzt hinlänglich gezeigt zu haben, daß den Indianern die Arbeit nicht fremd gewesen ist. Aber sie sind, als sie noch ihre eigenen Herren waren, nie Lohnarbeiter, nie Sklaven gewesen. Sie arbeiteten, um zu leben, und ich glaube, daß ihnen ihre Arbeit auch Freude bereitet hat.

Das alles ist unwiederbringlich dahin! – Der Niedergang der indianischen Kultur in den Prärien Nordamerikas begann, wie überall, mit der Ankunft des weißen Mannes. Habgierige Händler tauschten in den Zeltdörfern die billigen Produkte unserer Zivilisation gegen die wertvollen Gaben der Indianer. Männer und Frauen vergaßen und verloren ihre handwerklichen und künstlerischen Fähigkeiten. Sie wurden, lange bevor der Schnaps und Pulver und Blei ihre Niederlage besiegelten, durch die Händler auf den Pfad – und damit in die Gewalt der Weißen – gedrängt. Zeugen indianischer Arbeit und indianischer Kunst können wir heute nur noch in den Museen bewundern.

Plains	Prärie, Grasfelder, grasbewachsene Fläche
Mississippi	indianisches Wort – »Väter der Flüsse«
Tipi	Zelt
Bison	so hieß der nordamerikanische Büffel
Kalumet	Rauchpfeife
Mokassins	Schuhe

Paradies am Rio Xingu
Bei den Steinzeitindianern in Brasilien

Jo Wiedmer

Das seinerzeitige rätselhafte Verschwinden des englischen Obersten Fawcett, Ritter des Ordens für hervorragende Dienste und Träger der Gründermedaille der Königlichen Geographischen Gesellschaft, gehört zu jenen unsterblichen Geschichten, die an populärer Aktualität kaum einbüßen. Die Umstände seines geheimnisvollen Todes im brasilianischen Dschungel, der »grünen Hölle«, werden wohl kaum je eine Erklärung finden; gerade das mag manche Männer – und nicht bloß Abenteurer – bewegen, dem Schicksal dieses Vermißten und seiner beiden Begleiter nachzuspüren. Die Tatsache, daß man bei der Suche nach dem Gebiet, in dem die drei Briten sich möglicherweise am Ende ihres Daseins aufgehalten haben, auf zweifelhafte und vor allem äußerst seltene Angaben von Eingeborenen angewiesen ist, erschwert die Nachforschungen.

Ohne Nachricht

P. H. Fawcett machte sich – es war zwischen den beiden Weltkriegen – im Frühling nach der Regenzeit, in Begleitung seines Sohnes Jack und dessen Freundes Raleigh Rimmel, auf den Weg, um einen Teil des gewaltigen und noch unbekannten Mato Grosso zu erforschen. Fawcett hatte, einem aus der portugiesischen Kolonialzeit stam-

Jo Wiedmer: Während vieler Jahre war ich unterwegs über alle Breiten- und Längengrade, immer auf der Jagd nach der guten, exklusiven Story. Interessante Begegnungen mit Staatsmännern, mit Indianer- und Negerhäuptlingen, mit namhaften Künstlern, wertvolle Kontakte mit vielen Menschen aller Hautfarben. Harte Abenteuer in Kriegsgebieten, schreckliche Erlebnisse in der Kongo-Revolution, bei den Russen im Gefängnis, aufgenommen in das Volk der Venda in Afrika. Ich schrieb für die große europäische und amerikanische Presse, drehte ein paar Kulturfilme, so in Brasilien, in Japan und China, verfaßte einige Bücher, lebte mit den Gauchos im Sattel, war Gast von Landesfürsten und kam dabei gelegentlich in Gefahr, mich zu wichtig zu nehmen. Journalismus ist etwas Wundervolles, jedenfalls auf diese Weise praktiziert; Aufregung, Abenteuer, es gibt kaum Distanzen, man sieht hinter die Kulissen, lernt viele der sogenannten Großen kennen und macht die Entdeckung, daß oft nicht viel dahintersteckt, kämpft mit der Feder für eine gute Sache, und große Zusammenhänge der Weltpolitik werden einem klarer.

Indianerfamilie beim Fischfang mit Pfeil
und Bogen

---

menden und in der Nationalbibliothek in Rio aufbewahrten Dokument zufolge, an
das Vorhandensein einer antiken Stadt geglaubt, von der zumindest noch Ruinen, viel
älter als die ägyptischen Pyramiden, stehen sollten. Der Oberst schrieb darüber:
».. . die Lage ist nur drei Menschen bekannt. Der eine ist ein Franzose, dessen letzter
Versuch, dorthin zu gelangen, ihn ein Auge kostete, und wahrscheinlich wird er keinen
weitern machen. Der zweite ist ein Brite, der vermutlich an Krebs gestorben ist. Der
dritte bin ich.« Er ließ über seine Pläne kaum etwas verlauten; man weiß gerade nur,
daß er, um diese verlorene Stadt zu finden, nördlich von Guyaba im Mato Grosso über
den Rio Araguaya vorstoßen und dann westwärts in das Dschungelreich reisen wollte.
Dieses Gebiet ist in seiner Ausdehnung unermeßlich, und die Hindernisse sind unab-
sehbar, besonders, wenn man, wie Fawcett, den Landweg wählt. Er hatte damit gerechnet, zwei Jahre lang ohne Verbindung mit der Außenwelt zu bleiben; er blieb es
für immer. Schließlich mußte angenommen werden, daß sein waghalsiges Unternehmen fehlgeschlagen und er mit seinen Kameraden elend umgekommen sei.
Das bewog einen seiner Freunde, nun ebenfalls eine Expedition zu unternehmen, um
die drei Verschollenen zu finden oder doch wenigstens etwas über ihr Schicksal in
Erfahrung zu bringen. Commander George Dyott gelangte bis zu den Anauqua-
Indianern, die im Randgebiet dieser Dschungelwelt lebten, und entdeckte in einem
Dorf einen Eingeborenen, der an einer Liane um den Hals eine Messingplatte trug,
auf der der Name einer Firma eingraviert war, die Fawcett mit Ausrüstungsmaterial

versorgt hatte. Der Häuptling führte Dyott und seine Leute auf einem mehrtägigen Marsch weiter westwärts bis an den Rio Kuluene, der im Osten den Lebensraum der Kalapalos-Indianer begrenzt. Durch Zeichensprache vermochte der Brite festzustellen, daß seine verschollenen Landsleute hier ebenfalls durchgekommen sein mußten. Weitere Spuren aber fanden sich nicht, und Dyott kehrte, niedergeschlagen und von Strapazen gezeichnet, zurück.

Andere tapfere Männer sind aufgebrochen mit dem Ziel, Fawcett zu finden; die wenigsten haben das Kuluene-Gebiet zu erreichen vermocht, sie fielen Krankheiten und Entbehrungen oder auch den Giftpfeilen der Eingeborenen zum Opfer. Peter Fleming, der bekannte englische Reiseschriftsteller, war der Meinung, der Oberst wäre auf halber Strecke zwischen dem Rio Araguaya und dem Rio Xingu, ebenfalls einem der mächtigen Seitenflüsse des Amazonasstromes, umgekommen oder doch in Gefangenschaft geraten. Er hat versucht, in dieses Gebiet zu gelangen, aber es ist ihm auch nicht geglückt, und damit ist seine Annahme eine Hypothese geblieben. Über sein Unternehmen, das bis zum Rio Araguaya führte, hat er ein Buch geschrieben, das recht interessant ist, aber keinen Beitrag zur Klärung der Fawcett-Legende leistet.

Ayres Camara Cunha – mein Pfadfinder

Die Fawcett-Story hatte auch meine Phantasie beschäftigt, und ich las alles, was darüber zu lesen vorhanden war. Ich kam zu der Ansicht, daß Fleming sich täuschte und daß man in das Land des Kuluene und von dort weiter an den Sete de Setembro reisen müsse, um der Schicksalsstätte des Briten nahe zu sein. Gespräche mit brasilianischen Freunden von der Presse und mit General Rondon, der ja den Indianerschutzdienst aufgebaut hat, gaben mir zwar keine derartigen Hinweise; aber schließlich muß man sich in einem solchen Fall von der Vernunft leiten lassen und sich, angesichts des riesengroßen und unwegsamen Landes, auf einen möglichen Fixpunkt einrichten.

Immerhin machte ich die Bekanntschaft eines Halbindianers, Ayres Camara Cunha, der sich mir als Führer anbot und der den Rio Xingu angeblich kannte. »Wie reisen wir?« fragte ich ihn. Er sprach leidlich portugiesisch.

»Auf dem Wasserweg, mit Pirogen«, klärte er mich auf.

Wir stellten eine Liste der für unsere Expedition notwendigen Gegenstände und Lebensmittel auf. Ayres war der Ansicht, das Unternehmen würde höchstens zwei Monate beanspruchen. Ich war skeptisch; doch mußte er ja besser Bescheid wissen als ich.

In gewissen Gegenden des Landesinnern trägt man gewöhnlich einen Revolver mit sich. Ich entschloß mich, mit Ausnahme von Messern keine Waffen mitzunehmen, und dieser Entschluß hat sich bestimmt gelohnt; er ist vielleicht der Grund, daß ich überhaupt aus jenem Gebiet zurückgekehrt bin.

Der Häuptling der Suiço mit der Uhrenkette
am linken Handgelenk

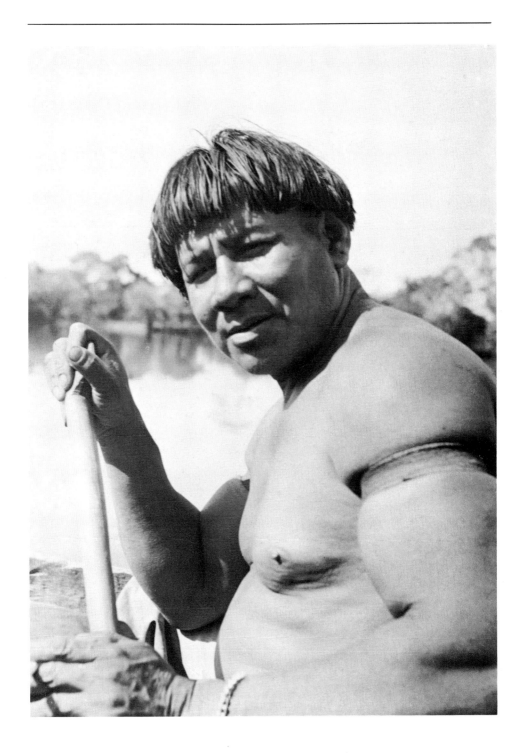

Meine Freunde in São Paulo, die von meinem Vorhaben wußten, versuchten mich davon abzubringen. Verrückt, sagten sie. Und sie gaben mir ein Abschiedsessen, die Henkersmahlzeit, wie sie meinten.

Ich hatte Glück: Durch eine Beziehung zur Flugwaffe war es möglich, an Bord einer Militärmaschine an die Station Jacaré am Rio Xingu zu gelangen. So flogen Ayres und ich eines Tages in Brasilia los, überquerten den Rio Araguaya und sahen unter uns bald nichts mehr als einen grünen Teppich, dann und wann von Wasserläufen durchzogen. Das war die berüchtigte »grüne Hölle«, die auch uns aufschlucken würde für ungewisse Zeit.

Während des Fluges erzählte Ayres mir seine Geschichte:

Vor einigen Jahren war dieser Halbindianer in Brasilien zu flüchtiger Berühmtheit gelangt. Er hatte sich in einem Indianerschutzgebiet in die Häuptlingstochter verliebt, und entgegen allen Einwänden der Eingeborenen brachte er die schöne Diacui nach Rio. Gerade damals wogte über das Land eine Welle der Humanität gegenüber den Indianern, und so stürzte sich die Gesellschaft auf das Mädchen; die besten Modekünstler und Goldschmiede waren gerade gut genug, sie einzukleiden und zu schmücken. Ayres genoß die Publizität, die ihm und seiner Frau Einladungen nach allen Seiten einbrachte, der Snobismus ging so weit, daß ihm alle Auslagen und das teuerste Hotel bezahlt wurden. An der Hochzeit nahmen sogar Regierungsvertreter teil. Diacui war zum Spielzeug einer sich langweilenden und angähnenden Schicht geworden, die jede Gelegenheit wahrnimmt, die innere Leere zu überdecken. Aber eines Tages entführte Ayres seine Frau und brachte sie zurück in ihre Heimat, wo sie wieder sie selbst sein durfte. Ein Jahr später gebar sie ein Kind und starb. Ayres lebt seither mit seinem Sohn in der Nähe von São Paulo.

»Dort unten, sehen Sie, liegt der Flugplatz«, rief der Pilot uns zu. Er legte das Flugzeug schräg, damit wir besser sehen konnten: ein breiter Fluß von brauner Farbe, der sich in großen Windungen hinzog, irgendwo ein paar Hütten am Ufer und dahinter, als langes Rechteck aus dem Dschungel geschnitten, der Flugplatz. Die Sonne stand bereits tief, bald würde es Nacht sein. Wir landeten auf der harten Graspiste, die Maschine wirbelte gewaltigen Staub auf. Von den Hütten kamen ein paar Männer gelaufen und stellten sich, als unser Pilot, der den Grad eines Majors bekleidete, die Kiste nach uns verließ, in einer Reihe auf. Einer meldete sich; es war Jascarides, Wachtmeister und Postenchef, wie ich erfuhr.

Am Rio Xingu

Die Station Jacaré wurde – wie einige andere Stationen im Amazonasbecken – gewissermaßen als Ausgangspunkt für Siedlungsversuche eingerichtet. Sie war (und wird es wohl noch sein) ausschließlich mit Soldaten besetzt, die in manchen Fällen bis zu einem

Jahr dort lebten. Es kann geschehen, daß ab und zu ein Siedler kommt, sich umsieht und, unterstützt vom Staat, ein Stück Urwald rodet, um Kulturland zu gewinnen. Manchen gelingt es, festen Fuß zu fassen, andere geben nach kurzer Zeit wieder auf. Jascarides führte uns hinüber zu den Hütten. Die Hitze setzte mir arg zu. 45 Grad Celsius, dazu eine Luftfeuchtigkeit, die in kurzer Zeit alles durchnäßte. Rasch brach die Nacht herein, wie das in den Tropen üblich ist. Wir saßen in der großen Hütte an einem roh gezimmerten Tisch, der Boden war aus festgestampfter Erde. Der Generator lärmte monoton und lieferte den Strom für die schmutzige Glühbirne, die einsam vom Balken herabhing. José, der Koch mit lustigem Gesicht, stellte einen mächtigen Kessel auf den Tisch, und jeder fischte sich daraus ein paar große Fleischstücke, die hart waren wie Schuhsohlen. Dieses Rindfleisch wird in breite Streifen geschnitten und getrocknet, um als Vorrat zu dienen. Wir tranken dazu gefiltertes lauwarmes Wasser.

»Dieser Senhor will flußaufwärts reisen, irgendwohin ganz oben an den Xingu. Sie, Jascarides, sorgen dafür, daß er die beste Ihrer Pirogen bekommt, außerdem geben Sie zwei Ihrer Leute als Ruderer mit. Ist das klar?«

Jascarides nickte, aber nicht eben begeistert, wie mir schien. Später, als der Pilot und ich draußen standen und in den sternenreichen Himmel staunten, sagte der Pilot: »Vielleicht werden Sie doch noch vernünftig und geben Ihre Idee auf. Bleiben Sie hier auf der Station, oder fliegen Sie mit mir weiter; jedenfalls ist alles besser als diese Fahrt ins Ungewisse. Haben Sie schon von Blasrohren gehört oder von Schrumpfköpfen? Na also, da sehen Sie.«

Kurz nach dem Frühstück, bei Tagesanbruch, startete die Maschine, flog über dem Fluß eine Schleife und verschwand. Das große Abenteuer konnte beginnen.

Wasser und Moskitos

»Keine Freiwilligen«, meldete mir der Wachtmeister. Irgendwo weiter oben am Fluß, wußte er zu berichten, war ein Stammeskrieg der Eingeborenen im Gange, das war zu gefährlich. Hingegen lag eine Piroge für mich bereit, in die bereits unsere Vorräte geschafft worden waren. Schließlich meldete sich ein Eingeborener zum Mitkommen; vor einiger Zeit war er hier, da sein Rindenboot in die Brüche gegangen war, steckenge- blieben. Ihm war das Reiseziel egal, und da er kräftig aussah und in seinen Forderungen für Entlöhnung anständig blieb, war ich mit ihm einverstanden.

Wir fuhren vormittags los: Ayres saß im Heck, um, wie er sagte, mit seinem kurzstieli- gen Ruder hauptsächlich zu steuern, Diarela stand vorne im Bug und arbeitete mit dem langen Stachel, ich saß in der Mitte und paddelte. Das Gepäck war zwischen uns verteilt und mit Plachen zugedeckt. Die Piroge, ein langer, ausgehöhlter Baumstamm, mochte etwa 200 kg schwer sein; sie lag gut im Wasser und war, hatte man sich einmal daran gewöhnt, relativ leicht zu manövrieren.

Häuptlingssöhne aus dem Stamm der
Xamatari, der vermutlich heute ausge-
storben ist. Aufnahme von Heinz Kindlimann 1965

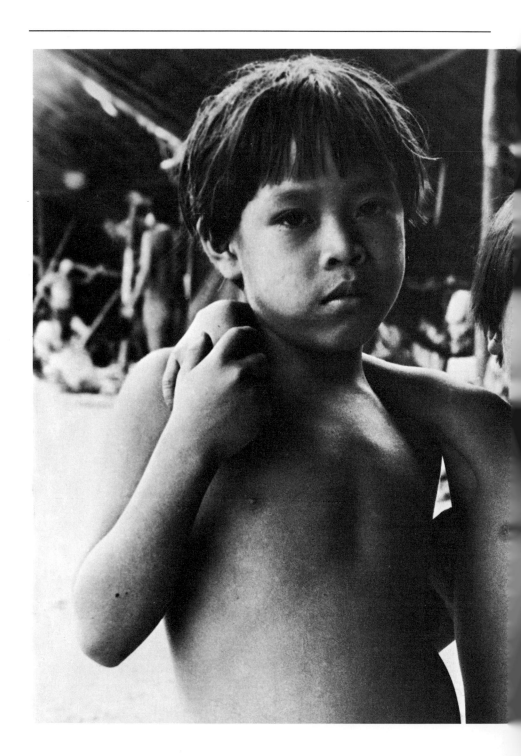

Hat man wenig Routine, wird diese Art Rudern bald einmal mühsam, besonders bei diesen extremen klimatischen Verhältnissen. Die Sonne brannte unerbittlich, träge wälzten sich die Wassermassen an uns vorbei, die Ufer, die oft mehrere hundert Meter zurücktraten, glichen einer grünen Wand. Gelegentlich zwang uns eine Praia (Sandbank), die Piroge zu entladen, um sie und hinterher das Gepäck von Hand weiterzubefördern. Moskitos schwärmten ständig umher, kleine Biester, die durch den Hemdstoff stachen. Sie waren die ärgste Plage dieser ganzen Zeit, schlimmer als die Schlangen, die mit uns oft auf den Praias im warmen Sand nächtigten, oder die Krokodile, die uns bösartig anglotzten.

Tag für Tag verging, immer wieder versicherte Ayres, nun würden wir bald in der von uns angesteuerten Gegend eintreffen; er kannte sich hier nicht besser aus als ich. Frühmorgens lag jeweils Nebel über dem Wasser, und es war recht kühl. Wir kochten lange vor Sonnenaufgang unsern Kaffee, aßen selbstgebackene Brotfladen, kochten Wasser für unterwegs ab und schoben unser Boot ins Wasser, um weiterzurudern. Seltsame Vögel schwärmten aus den Bäumen, Papageien begrüßten uns mit ihrem Gekreisch, Affen warfen Früchte nach uns, nie gesehene Orchideen wucherten an morschen Stämmen und verschenkten ihre Schönheit umsonst. Wahrlich, man müßte sich Zeit nehmen, diese wundervolle Natur zu bestaunen, bei ihr zu verweilen. Aber wir ruderten, sprachen halbe Tage lang kein Wort miteinander, schwitzten, litten Durst und Hunger.

Nach zwei Wochen erblickten wir die ersten Indianer. Sie standen, als wir um eine Flußbiegung steuerten, als kleine Figuren auf einer Sandbank und schienen mit Pfeil und Bogen zu fischen. Als sie uns erblickten, verschwanden sie – drei an der Zahl – wie ein Spuk.

»Von nun an werden wir beobachtet«, sagte Ayres, »sie werden uns am Ufer, verdeckt von Büschen, verfolgen. Wenn möglich, müssen wir in der Mitte des Flusses bleiben, damit uns ihre Pfeile nicht erreichen.«

Das war natürlich nicht immer möglich. Indessen wußten wir nun, daß wir uns im Lebensraum eines Eingeborenen-Stammes befanden; sie alle sehen in Eindringlingen, wie wir es waren, Feinde, die, wenn möglich, vernichtet werden müssen. Hier oben gab es keine Indianermission, keinen Indianerschutzdienst; ich mußte mich auf mein Glück verlassen.

Begegnung auf dem Fluß

Ein runder Monat war vergangen, seit wir Jacaré verlassen hatten, wahrlich, ein langer Monat. Ayres hatte sich als schlechter Führer erwiesen und außerdem unsern Kompaß verloren, den Reisvorrat hatten wir längst aufgefuttert, und allmählich ging der Kaffee zur Neige. Seit einer Woche fuhren wir durch überschwemmtes Gebiet und hatten

Mühe, den Flußlauf zu verfolgen. Aber was auch geschah, Diarela stand mit stoischem Gesicht vorn im Boot, sprach kaum je ein Wort, arbeitete aber fleißig. Ayres ertrug die Strapazen weniger gut, jammerte und ruderte nur gelegentlich mit. Ich päppelte meinen Optimismus auf, so gut es ging, staunte über die Unermeßlichkeit dieses Dschungels. An die Hitze und an die Schwielen an den Händen hatte ich mich einigermaßen gewöhnt, auch daran, daß Ayres am Morgen jeweils nicht mehr aufstehen wollte, bis der Indianer ihm einen Kübel Wasser anschmiß.

Eines Morgens – ein kleiner Wind trieb Nebelschwaden über das Wasser – entdeckten wir in der Ferne drei Boote, alle bemannt. Sie kamen auf uns zugefahren und sahen gefährlich aus: je ein Mann stand im Bug und visierte uns mit aufgelegtem Pfeil an, während hinter ihm Kinder saßen und die Frau paddelte. Ich gebot anzuhalten und erwartete die Indianer. Sie schrien uns Worte zu, die keiner von uns verstand, machten wilde Gesten, umzingelten unser Boot. Einer hielt uns mit seiner Waffe in Schach, die andern beiden legten ihre leichten Rindenboote an unsere Piroge und begannen mein Gepäck zu durchsuchen. Wahrscheinlich waren sie neugierig, ich ließ sie gewähren. Ayres versuchte mit ihnen zu sprechen, erfolglos. Schließlich, nachdem sie sich alles angeschaut hatten, gaben sie uns zu verstehen, daß wir ihnen folgen sollten. Eines der Boote fuhr voraus, die beiden andern nahmen uns in die Mitte.

Die Männer sahen kräftig aus, breit gebaut und muskulös, die Haut dunkelbraun, ihre schwarzen Kopfhaare waren halblang geschnitten. Sie trugen keinerlei Bekleidung, Frauen und Kinder ebenfalls nicht. Überall, wo Missionare wirken und gewirkt haben, tragen die Eingeborenen wenigstens ein Schamtuch.

Nach einer einstündigen Fahrt legten wir an einem etwas lichten Ufer an, machten die Boote fest und nahmen unser Gepäck auf. Als ich neben den Indianern stand, stießen sie komische Rufe aus, starrten mich an, befühlten mich, liefen um mich herum. Sie waren alle bedeutend kleiner als ich; aber noch mehr mußte ihnen meine helle Hautfarbe ein Rätsel sein.

Inzwischen waren Frauen und Kinder vorausgegangen, sie trugen die Beute dieses Morgens mit sich: an Zweigen aufgezogene Fische, mit Pfeil und Bogen erlegt. Einer machte eine Geste und bedeutete uns, ihm zu folgen. Seine Kameraden machten den Schluß; alle drei trugen ihre Waffen gebrauchsfertig.

»Sieht böse aus«, sagte Ayres, »wir sind gefangen, und diese verdammten Pfeile passen mir nicht, die sind vergiftet.«

»Ist doch interessant«, meinte ich, »und so bösartig sehen die überhaupt nicht aus. Jedenfalls werden wir eine Abwechslung erleben.«

»Darauf können Sie wetten«, brummte Ayres, der hinter mir ging.

Der schmale Pfad führte durch dichtes Unterholz und zwischen mächtigen Baumstämmen durch, über uns wölbte sich ein undurchdringliches Laubdach. Eine Bruthitze herrschte hier, viel schlimmer als auf dem Fluß. Ab und zu bemerkte ich eine Baumschlange, einmal lief ein starker Ameisenbär davon. Moskitos feierten auf meiner unbedeckten Haut Freudenfeste. Das Gehen wurde mühsam, besonders mit den Lasten, die wir trugen.

Wir gelangten an eine Lichtung, vor uns lag ein kleiner See. Das jenseitige Ufer war nicht bewaldet und stieg ziemlich steil an; oben auf dem Hügelkamm standen ein paar Dutzend Indianer, alle bewaffnet, und starrten zu uns herunter. Vor uns lagen zwei der leichten Rindenboote, in die wir befohlen wurden. Der Anführer setzte sich zu Ayres und mir, die beiden andern nahmen Diarela in die Mitte. Die kurze Überfahrt war eine schwankende Angelegenheit, die Fahrzeuge waren überladen und drohten bei jedem Paddelschlag umzukippen. Drüben gelandet, trieben uns die drei den Hügel hoch. Einmal rutschte ich aus und setzte mich gleich hin, um zu verschnaufen. Einer redete laut auf mich ein, die andern zwei blickten finster. Ich lachte sie aus, Ayres stand verlegen da, von oben rief jemand. Nach ein paar Minuten ging's weiter.

»Riskant, was Sie da machen«, sagte Ayres, »Sie sind sich wohl der Situation nicht bewußt.«

»Oh, das bin ich mir durchaus, ich habe einige Erfahrung mit Eingeborenen. Nur nicht kleinkriegen lassen.«

Oben angekommen, mußten wir durch das Spalier der Wartenden gehen. Wir befanden uns auf dem Dorfplatz, gebildet aus ein paar Hütten in kreisförmiger Anordnung. Sie sind zehn bis zwölf Meter lang, etwa vier Meter breit und etwas weniger hoch. Das Gerippe besteht aus jungen, oben zusammengebundenen Lianenschnüren, das Ganze wird von Astwerk und Binsen gedeckt. In beiden Längsseiten ist ein großes Loch als Türe ausgespart. Diese Hütten sehen solide aus und bleiben selbst während der großen Regenzeit dicht.

Mitten auf dem Platz legte ich mein Gepäck ab, sah mich kurz nach der größten Hütte um und ging auf sie zu. Nun kam Bewegung in die Leute, aber ich achtete nicht auf sie, sondern kroch in die Hütte und sah mich im spärlichen Tageslicht um, das durch die Löcher hereindrang. In der Mitte eine große Feuerstelle, an den Wänden, an Baumstämmen übereinander festgemacht, Hängematten aus geflochtenen Lianen. Sogleich ging ich wieder hinaus und hatte erreicht, was ich bezweckt hatte: man brachte mir einigen Respekt entgegen.

Einer der Männer, wohl der Schwerste, trat auf mich zu. Mir fiel sofort eine Kette an seinem linken Handgelenk auf, wie man sie früher mit Taschenuhren trug. Auch er starrte mich an, ging um mich herum, begann mich zu betasten, schüttelte den Kopf. Er mochte noch nie einen Weißen gesehen haben, und die andern wohl auch nicht. Hinter ihm standen seine Männer, rund zwei Dutzend, sie trugen Speere und Pfeile und machten grimmige Gesichter. Frauen und Kinder hatten sich ans Ende des Platzes zurückgezogen und verhielten sich still.

Ich holte meine Zigaretten hervor und zündete mir eine mit dem Feuerzeug an. Es wurde still wie in einem Tempel. Dann aber begannen sie zu reden. Ich bot dem Häuptling ebenfalls eine an, aber er schüttelte den Kopf. Wie gebannt blickte er auf

Oben: Festbemalung einer Xamatarifrau

Unten: Festbemalung von jungen Xamataris
(beide Aufnahmen Heinz Kindlimann 1965)

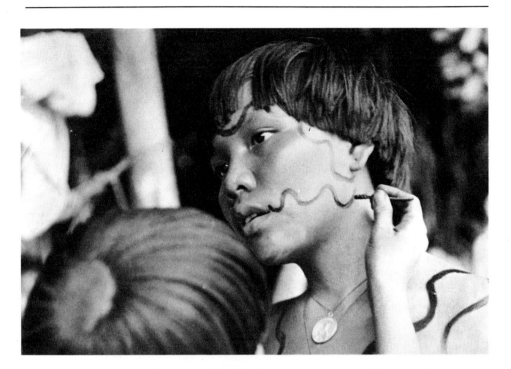

das Feuerzeug. Ich gab es ihm, und er nahm's wie ein rohes Ei, gab es mir aber sofort wieder zurück. Da erst dämmerte es mir, daß diese Leute wahrscheinlich ihr Feuer mit reibenden Hölzern anfachten. Das bestätigte sich auch.

Allmählich löste sich die Spannung; ich hatte den Männern Taschenmesser verteilt und ihnen auch gezeigt, wie sie damit umgehen sollten. In Wirklichkeit kannten sie das Metall nicht, lebten noch in tiefster Steinzeit. Ich mußte ihnen wie der große Medizinmann vorkommen. Einer von ihnen aber war darüber unglücklich, ja erbost: eben der Medizinmann. War ich nicht eine gefährliche Konkurrenz für ihn? Er nahm ein Geschenk von mir, eine Taschenlampe, nur zögernd an. Ich versuchte ihm zu erklären, was Batterien sind, aber das konnte zu nichts führen.

»Sind wir immer noch Gefangene?« fragte ich Ayres, der die Ohren hängen ließ.

»Man wird sehen«, sagte er pessimistisch.

Der Häuptling führte uns in den Schatten seiner Hütte, dort setzten wir uns nieder. Die meisten Speere waren verschwunden, die Stimmung hatte sich merklich gebessert. Allmählich wagten sich auch die Kinder in unsere Nähe; übrigens stellte ich fest, daß die Kinderzahl pro Familie in diesem Stamm, den ich Suiço nenne, bei knapp zwei liegt.

Mein Bemühen, herauszufinden, ob in der Gegend noch andere Indianer lebten, ergab, daß zwar welche existierten, man aber nicht mit ihnen Kontakt habe. Weiße wie mich hatten sie noch nie gesehen. Sie wußten nicht, was Brasilien ist, daß es zwei Weltkriege gegeben hat; sie waren auf sich selbst angewiesen, lebten in einem von andern Menschen unerforschten Gebiet. Was mir am meisten auffiel, war das Fehlen jeglicher Haustiere, ausgenommen die großen Papageien mit den prächtig-bunten Federn. Ich entdeckte bei einem späteren Gang um das Dorf herum auch keine Pflanzungen. Also mußten sie von Fischfang, Jagd und wilden Früchten leben, was sich als richtig erwies.

Das war der Anfang meines einmonatigen Aufenthaltes im Dorfe der Suiços, an einem unbekannten Seitenfluß des Rio Kuluene gelegen, der seinerseits in den Rio Xingu mündet.

Die Gebrauchsgeräte dieser Eingeborenen zeigen wenig handwerkliches oder gar kunstgewerbliches Geschick, es sind reine Zweckgegenstände. Entsprechend sind auch die Werkzeuge, wie Steinhammer und Steinmesser, scharfe Fischzähne als Pfeilspitzen, Knochensplitter für die Spitzen der Speere. Mit diesen Waffen verstehen sie ausgezeichnet umzugehen, und sie sind auch äußerst wirksam mit Curaregift. Ich habe mich mit dem Blasrohr geübt; diese kurzen Pfeile schwirren verblüffend schnell und präzis auf das Ziel zu, hat man einige Fertigkeit in ihrer Handhabung. Mehrmals ging ich mit zum Fischen. Die Männer und Burschen schießen mit fast zwei Meter langen dünnen Bambuspfeilen auf die Fische – die in jenen Gewässern überaus zahlreich sind – und treffen fast jedesmal. Sie heben die Beute mit dem Pfeil ins Boot, wo die Kinder sie abnehmen und sie gleich zu verspeisen beginnen. Die Schuppen spucken sie aus, das Fleisch essen sie roh (das habe ich in Japan ebenfalls erlebt) und werfen das meiste wieder ins Wasser. Die Fische aber, die sie heimbringen, werden in der Glut gebraten und, da sie kein Salz haben, mit Kräutern gewürzt; sie schmecken herrlich.

Zu jagen gibt es wenig; ab und zu schleicht eine Onza (kleiner Jaguar) durch die Gegend, manchmal verirrt sich eine Tapirfamilie hierher, außerdem gibt es Ameisenbären und kleine Zweihufer, die unsern Rehen ähnlich sind. Und natürlich leben hier viele große Vögel und noch mehr Affen, aber sie werden selten gejagt.

Eßbar sind verschiedene Wurzeln und Kräuter sowie Früchte, aber angebaut wird von diesen Eingeborenen nichts. Sie leben unter sich sehr friedlich, sehen aber in allen andern, die nicht zu ihrem Stamm gehören, Feinde, die bekämpft werden. Das erstaunt einigermaßen, da ihnen die Natur alles gibt, was sie brauchen, und sie kaum je darben läßt.

Die Lebenserwartung dieser Menschen liegt bei dreißig Jahren; sie kennen eine Art Ehe, und die Frauen bekommen Kinder im Alter ab 12–14 Jahren. Die Taufe ist ihr höchstes Fest: Der Häuptling hebt das Neugeborene am Morgen der aufgehenden Sonne entgegen und gibt ihm den Namen, dann führen die Männer Kriegstänze auf und singen dazu einen monotonen Gesang. Das kann – mit kurzen Unterbrechungen – einen Tag lang dauern. Abends wird ein Feuer entfacht und der Saft von Kolablättern genossen, hernach gegessen.

Wenn die Männer auf Kriegspfad gehen – das geschieht, wenn die Burschen eines andern Stammes ein Mädchen stehlen –, streichen sie die Köpfe mit roter Lehmerde ein, die dann trocknet und wie ein Schutzhelm wirkt. Oft brennen sie das Dorf des zu bestrafenden Stammes nieder, töten die Männer und kehren zurück.

Während meines Aufenthaltes bei den Suiços schlief ich im Häuptlingszelt, und zwar wurde mir eine Hängematte zuoberst zugewiesen. Das war eine Ehre; Ayres bekam in einer andern Hütte die unterste Hängematte. Gewöhnlich leben in einer Hütte drei bis vier Familien, jede hat ihre Schlafplätze in einer Ecke, und die Mitte bildet den Wohnraum für alle, mit einer zentralen Feuerstelle. Schlimm wird es, wenn's regnet; dann wird drinnen Feuer angefacht, und der Rauch findet kaum einen Ausgang. Man wird regelrecht geräuchert.

Eines Tages sah ich eine Frau, die an ihrem Halsschmuck das leere Gehäuse einer Taschenuhr trug. Ich verlangte, sie näher sehen zu können; doch die Frau verschwand, und das Corpus delicti sah ich nicht wieder. Aber ich kombinierte: Die Uhrenkette am Handgelenk des Häuptlings, nun diese Uhrenschale, beides konnte nur von einem Weißen stammen. Vielleicht von demselben? Vielleicht sogar von Fawcett? Aber wahrscheinlich hatte die jetzige Generation dieser Leute damals noch nicht gelebt, deshalb vermochte ich auch nichts Näheres in Erfahrung zu bringen . . .

Als ich fotografieren wollte, gab es Aufregung. Der Medizinmann hatte einen Blick in meine Spiegelreflexkamera geworfen und darin seine Stammesbrüder als winzige Wesen gesehen. Dieser Kasten war ein böser Zauber; glücklicherweise waren vorher ein paar Aufnahmen gelungen. So beschloß ich denn, Abschied zu nehmen und zurückzureisen zur Station Jacaré, um dort auf das Militärflugzeug zu warten. Diarela gab mir zu verstehen, daß er im Dorf zu bleiben gedenke, also zahlte ich ihm seinen Lohn aus, der hier nur symbolischen Wert haben konnte. Ayres hingegen war froh; ihm waren diese Indianer nie ganz geheuer vorgekommen, und ich hatte ihn in Verdacht, ein Angsthase zu sein. An einem der letzten Tage unseres Aufenthaltes sah ich die alten Frauen im Kreis am Boden hocken und Kolablätter kauen; den Saft spuckten sie, zahnlos, geschickt in einen Topf. Und denselben Saft kredenzte mir der Häuptling am letzten Abend sozusagen als Ehrentrunk. Was sollte ich tun? Augen zu, Mund auf, an ein gutes Steak gedacht, die Sache war vorüber, einigermaßen. Etwas später mußte ich damit Wiedersehen feiern, aber ohne Zeugen.

Ein Stück weit gaben uns die Suiços auf dem Fluß das Geleit; wir waren bei Tagesanbruch losgefahren, und nun, um die Mittagszeit, verabschiedeten sie sich von uns und kehrten fischend zurück. Diarela fehlte uns als Ruderkraft, denn man konnte kaum von einer Strömung sprechen. Noch lange sah ich diese Menschen im Geist vor mir, mit ihren dunklen, stoischen Gesichtern, die kaum je ein Gefühl verrieten. Dieser Aufenthalt war etwas vom Eindrücklichsten, was ich auf meinen Weltreisen erlebt habe. Der Wert dieser Expedition liegt für mich im Menschlichen. Es war eine Reise in eine andere Welt, voller Unwahrscheinlichkeiten und Abenteuer, aber auch voller Rätsel. Die Strapazen wurden dadurch beinahe bedeutungslos.

Als wir auf der Station ankamen, liefen die Soldaten zusammen und bestaunten uns. »Wir haben Sie längst aufgegeben«, sagte der Wachtmeister, »sind Sie's wirklich?« Ich verstand seine Frage erst, als ich mich beim Rasieren im Spiegel sah: Haut wie dunkelbraunes Leder, mager. Aber immerhin frohgemut.

Auf dem Rückflug bat ich den Piloten, einen Abstecher zu den Suiços zu machen. Als wir tief über das Dorf flogen, flüchteten sich die Eingeborenen in ihre Hütten, und als wir zurückkurvten, schossen einige Pfeile nach uns. Diese Pfeile haben wir bei der Landung unten in den Tragflächen stecken sehen; sie hängen heute als Erinnerungsstücke in meinem Haus.

Krank sein in einem kranken Land
Mit der UNICEF in Chile unterwegs

Rudolf Pritz

Schon am Morgen ist es heiß. Der Kalender zeigt den 10. Dezember. Don José, der Chauffeur der UNICEF in Santiago de Chile, erwartet mich vor dem Hotel. Es soll wieder auf eine jener Besichtigungen gehen, von denen ich nun schon viele hinter mir habe. UNICEF, das Kinderhilfswerk der Vereinten Nationen, hat mich eingeladen, Arbeitsprojekte in Südamerika zu studieren. Ich bekomme täglich große Augen vor der unermeßlichen Arbeit, die hier zu leisten ist.

Der Wagen rollt aus dem Zentrum zur Oberstadt hinauf, wo die UNICEF in einer kleinen weißen Villa residiert. Hier laufen die Fäden der gesamten südamerikanischen Planung zusammen. Beim Stab und der Verwaltung herrscht große Emsigkeit. Niemand hat Zeit, auf die Blütenpracht hinauszusehen, von der die angrenzenden Häuser umsponnen sind. Herr Jaquemare, der ökonomische Koordinator der verschiedenen Einsätze in den Landzonen, wird mich auf dem heutigen Ausflug begleiten.

Wir fahren aus Santiago hinaus und lassen die prachtvolle Kulisse der Anden hinter uns. Dem gutgebauten Zentrum folgen die trostlosen Randsiedlungen mit Baracken und kleinen Hütten, dann wird es ländlich. Die Panamericana, die große Straße durch den südamerikanischen Subkontinent, schneidet ihre Route kerzengerade durch verkarstete Hügel, auf denen Kakteen blühen. Die mannshohen blaßgrünen Stäbe brechen an den Spitzen in gelbleuchtende Blütenflammen aus. Das landschaftliche Bild läßt für Augenblicke die menschliche Misere vergessen, die es begleitet. Die abbröckelnden Häuser sind in Staub gehüllt, da und dort weht über einem Zelt eine Fahne. Bodenokkupation ist nur auf diese Weise möglich.

Wo eine dieser chilenischen Fahnen weht, hat einer der Ärmsten seine Absicht zu siedeln kundgetan.

Rudolf Pritz: Wurde 1930 in der alten Schmiede- und Hammerherrenstadt Waidhofen an der Ybbs, Niederösterreich, geboren. Er verlebte dort seine Kindheit, Schulzeit und Lehre. Mit 23 Jahren übersiedelte er nach Wien, um seinen autodidaktischen Studien besser nachgehen zu können. Er arbeitet seit 10 Jahren für den Verlag Jugend und Volk. Buchveröffentlichung: »Die Rabenbergbande«. 1972 wurde er im Rahmen eines UNICEF-Stipendiums nach Südamerika delegiert, wo er die Länder Chile und Peru besuchte. Rudolf Pritz ist verheiratet und hat zwei Kinder.

Straße in San Filipe im Erdbebengebiet

Nach einer 100-Kilometer-Fahrt biegen wir von der Panamericana ab. Die Straße wird
staubig und eng. Bald werden Schäden sichtbar, die so allgemein sind, daß man eine
Katastrophe vermuten kann. Was hier an Rissen, Löchern, Brückenschäden und ver-
schobenen Mauern zum Vorschein kommt, sind die Folgen eines starken Erdbebens,
das im Juli 1971 in der Gegend gewütet hat. Jeder Blick gibt einen anderen Aspekt
der Zerstörungen frei, denen man inzwischen notdürftig zu Leibe gerückt ist.
Darauf trifft man in diesem Land überall: im Norden wie im Süden. Es hängt mit Chi-
les wunderlicher Geografie zusammen, die ein einziges Kuriosum ist. Die chilenische
Küste ist 4200 Kilometer lang, das Land dahinter aber im Durchschnitt nur 200 Kilometer tief. Man spricht von einer »verrückten Geografie«. Die Sechstausender der
Kordilleren grenzen das Land gegen Argentinien und Bolivien ab, die andere Grenze
bildet die unermeßliche Küste des Pazifiks. Oft haben mir Chilenen den landläufigen
Witz erzählt, daß sie, wenn sie aus dem Bett fallen, entweder in Argentinien oder in
den Fluten des Pazifiks landen. Der schmale Bandwurm Chile ist wegen seiner extremen Lage zwischen den hohen Anden und der tiefen See eines der erdbebengefährdet-
sten Gebiete der Erde. Was eine derartige Geografie wirtschaftlich bedeutet, steht auf
einem anderen Blatt, muß doch jeder größere Transport über Hunderte von Kilometern geführt werden.
Während ich mir diese Zusammenhänge vor Augen halte, treffen wir in San Filipe ein.
Nach dem letzten Erdbeben vom 8. 7. 1971 wurden hier 80% der Bevölkerung ob-

Im Hospital in San Filipe

dachlos. Die Stadt verzeichnete den größten Erdbebenschaden der ganzen Zone. Die
Chefärztin, die uns über die Belange der Krankenversorgung in der Region unterrich-
ten soll, erwartet uns in ihrem Büro. Es sieht improvisiert und notdürftig aus. Der
Empfang aber ist freundlich.
Bevor wir eine erste Runde durch die Spitalzone machen, hält die Chefärztin einen
Vortrag über Fakten und derzeitige Probleme ihres Aufgabengebietes. Sie spricht spa-
nisch, Herr Jaquemare übersetzt die Ausführungen ins Deutsche. Auf meine Fragen
folgen exakte Auskünfte.
Die Region San Filipe hat 97 800 Einwohner, die anschließende, Los Andes, 57 000.
Es handelt sich um eine Landwirtschaftszone, die die Hauptstadt Santiago mit Pfirsi-
chen, Äpfeln, Tomaten, Zwiebeln, Zuckerrohr und Tabak versorgt. Auch Marihuana
wird gepflanzt, das auf illegalen Wegen zu den Verbrauchern gelangt. Da das Hanfge-
wächs einen wichtigen Rohstoff für die Hanfindustrie darstellt, bleiben trotz scharfer
Überwachung durch die Regierung immer noch genug Wege, es zu schmuggeln.
Andere Erwerbszweige der Gegend sind kleinere Kupferminen, Milchfabriken und
Getreidemühlen. Alle diese Erwerbszweige wurden durch das Erdbeben schwer be-
einträchtigt und konnten den alten Stand der Produktion noch längst nicht wiederein-
holen.
Wir wandern durch die Spitalanlage. Das dreistöckige Gebäude ist zusammengestürzt
und befindet sich im Wiederaufbau. Die fehlenden Plätze wurden durch den Anbau

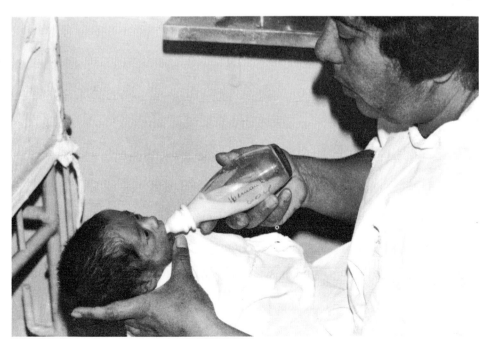

Umzug im Erdbebengebiet

einer Baracke notdürftig ersetzt. Wie fast überall in den Spitälern stammen auch hier die notwendigen Einrichtungen von den Spritzen bis zu den Eisschränken von UNICEF. Auch ein Teil der Rettungswagen ist mit dem Zeichen des Kinderhilfswerkes der Vereinten Nationen markiert. Aber es ist alles wie der berühmte Tropfen auf den heißen Stein. Das Nothospital ist im Bau steckengeblieben, und die Kranken liegen in einem Pferch. Die entscheidende Abhilfe befindet sich noch im Planungsstadium. Die Sterblichkeitsrate der Kleinkinder ist nach dem Erdbeben gestiegen. Es fehlt an hygienischer Versorgung und entsprechender Ernährung. Bronchitis und Lungenentzündung verzeichnen die meisten Todesfälle. Bei den Erwachsenen ist es der Krebs. Der Mangel an ärztlichem Personal, das kaum 50 % der Kranken betreuen kann, stellt eine weitere erhebliche Schwierigkeit dar, ebenso der Mangel an ausgebildeten Krankenschwestern und Hebammen. Einen drastischen Einblick gewährt die Zahl der Unterernährten bei Kleinkindern, die unter einem Jahr mit 24,2 %, über einem Jahr mit 31 % angegeben wird. Eine Dürrezeit von nahezu fünf Jahren hat alles noch verschlimmert. »Kann euch der Pazifik nicht mit genügend Proteinen versorgen?« Ich bekomme zur Antwort, daß Fisch hier ungewohnt ist und erst durch intensive Kampagnen populär gemacht werden soll. Außerdem bietet das Transportproblem ebenso unabsehbare Schwierigkeiten wie die kaum vorhandenen Kühleinrichtungen. Gemessen an Europa sehe ich von Station zu Station nichts als Not, Unzulänglichkeit, Resignation und bittersten Mangel. Im Kinderspital erreicht die Visite einen schauerli-

chen Höhepunkt. Ohne die Möglichkeit einer Isolierung liegen hier Infektionsfälle und Unterernährte nebeneinander, die vielen Fälle von Diarrhöe (krankhafter Durchfall) können nicht einmal gereinigt werden, weil es am entsprechenden Material, an Windeln vor allem, fehlt. Daß nur unzureichende Waschräume da sind und Fliegen um die schwerkranken Kinder surren, gehört mit zum Bild. Ich bin froh, als wir weggehen, betroffen von soviel Hilflosigkeit, nicht zuletzt meiner eigenen.

Ich höre aber auch Positives. Für den Anfang ist es gelungen, mit Hilfe von Außenstationen die Landbevölkerung medizinisch kostenlos zu versorgen. In diesen Außenstationen wirken Krankenschwestern, zweimal wöchentlich steht ein Arzt zur Verfügung. Die schweren Fälle werden mit Ambulanzen in die städtischen Spitäler überführt. Außerdem ist es eine wichtige Aufgabe dieser Außenstellen, Trockenmilchrationen an die Mütter aller armen Kinder zu verteilen, damit ein Mindestmaß proteinhaltiger Nahrung auch für die Ärmsten gesichert ist. Den inzwischen berühmt gewordenen halben Liter Milch pro Kind hat Präsident Allende in einer Erklärung versprochen, und soweit mir bekannt, konnte er sein Versprechen bisher halten.

Im Spital von Los Andes, der anschließenden Region, wieder ein Gespräch mit dem Chefarzt, der vor der gleichen Fülle von Problemen steht wie die Chefärztin in San Filipe. Er gibt eine Sterbensrate von 60 auf 1000 Personen an, hauptsächlich Fälle der stark grassierenden Darmepidemien. Kinder unter einem Jahr stellen das Hauptkontingent der Todesfälle. Die Schuld daran tragen die miserablen Wohnverhältnisse und der Mangel an Trinkwasser. Für internistische Fälle stehen so wenig Betten zur Verfügung, daß die Kranken oft bis zu zwei Monate warten müssen, bis sie aufgenommen werden können. Die Kinderchirurgie mit ihren 5 (fünf!) Betten zeigt drastisch die Kluft zwischen Bedarf und tatsächlichem Vorhandensein.

Die Rückfahrt zur Hauptstadt verläuft schweigsam. Ich bringe die Bilder der Kinder nicht aus dem Kopf, die ich schwer krank und, wie beschrieben, schlecht versorgt daliegen sah. Dabei ist mir klar, daß die geschilderte Not in Chile kein Sonderfall ist, sondern mehr oder weniger auf ganz Südamerika zutrifft. Für Chile bleibt wenigstens die Hoffnung, daß es die neue Regierung schaffen wird, die ärgsten Ungerechtigkeiten im Rahmen einer radikaleren Gesellschaftspolitik zu beseitigen. Meine Bewunderung aber gehört den Menschen im Einsatz, all diesen Schwestern, Ärzten, Helfern und Freiwilligen, die täglich in starker Überbelastung gegen Krankheit, menschliche Not und ökonomisches Versagen ankämpfen. Nie wurde mir so klar wie bei solchen Besuchen, wie notwendig Entwicklungshilfe für die Völker der Dritten Welt ist. Und es scheint mir eine Aufforderung an alle jungen Leute zu sein, die unsere Welt verbessern wollen, dorthin zu gehen und etwas zu tun. Nirgendwo können Tatkraft, Elan und eine nützliche Ausbildung wirksamer eingesetzt werden als in diesen Ländern.

»Addio, Mamma!«
Besuch in der Heimat unserer Gastarbeiter

Dieter Schlesak

In einem kleinen italienischen Bergdorf nahe der ionischen Küste sprachen wir mit einem Süditaliener, der gar nicht italienisch aussah, deutsch sprach, aber italienisch dachte, der in Italien kurz zu Gast war, aber in Deutschland Gastarbeiter genannt wird. Ein Italiener aus Norddeutschland, dessen Frau und Kinder aber im Bergdorf San Luca, in Kalabrien, leben, sagte uns: »Gucken Sie mal, wenn ich jetzt am Montag abfahre nach Hannover, da ist dann das Heimweh und was dazugehört . . . die Kinder und die Frau – jetzt sitzen wir hier zu Hause, und auf einmal bin ich fort, bin ich weg. Was ist denn das für ein Zustand? Die Kinder sind ja klein, sie gehen alle zur Schule, die brauchen den Vater.«
Ja, was ist das für ein Zustand? Was ist das für ein Heimweh, für eine Trennung? Weshalb bleibt der Mann nicht bei seiner Familie? Seit zehn Jahren pendelt er hin und her. Zwischen Westdeutschland und Italien.
Der Mann aus dem Bergdorf San Luca gehört neben Griechen, Türken, Spaniern, Portugiesen, Jugoslawen zu den 20 Millionen Menschen Europas, die aus Arbeitsgründen ihre Heimat zeitweilig verlassen müssen. Vergleichsweise harmlos »europäisch« geht es noch zu. Der französischen Zeitschrift »Esprit« zufolge aber gehen wir einer gefährlichen Zukunft entgegen:
»Nach den Süditalienern, den Türken werden morgen die Asiaten und die Südamerikaner kommen . . . ganze Kontinente scheinen dazu verurteilt zu sein, einen beträchtlichen Teil ihrer Bevölkerung zu exportieren, um . . . den Bedürfnissen der reichen Länder zu dienen.«
Wir fahren durch Kalabrien. Kalabrien ist eine der ärmsten Gegenden Süditaliens. Westeuropäer verstehen unter einem Kalabreser meist nur einen Filzhut.

Dieter Schlesak: Wurde 1934 in Schäßburg, dem heutigen Sighişoara, in Rumänien geboren. Er ist in dieser alten siebenbürgischen Stadt aufgewachsen und studierte später an der Universität Bukarest Literaturwissenschaft. Er war bis 1970 Redakteur der Zeitschrift »Neue Literatur« in Bukarest und lebt seit 1969 als freier Schriftsteller und Literaturkritiker sowie regelmäßiger Mitarbeiter dieses Buches in der Bundesrepublik Deutschland. Sein bisher wichtigstes Buch erschien 1972 im Hallwag Verlag: »Geschäfte mit Odysseus. Zwischen Tourismus und engagiertem Reisen«.

Erosionslandschaft in Kalabrien

Am Ionischen Meer entlang. Hier, das ist einer der schönsten Landstriche, die wir je gesehen haben! Einst: Küste der berühmtesten Städte der Magna Graecia, des griechischen Weltreichs. Heute: weiße Gischt, blaue Farben, Glasbläserei des Wassers, herrliche Aussicht. Kalabrien für Touristen. Das Land ist fruchtbar: Tomaten, Mandarinen, Ölbäume. Dahinter eine schöne Berglandschaft, manchmal merkwürdig geformte Felsen, ausgetrocknete Flüsse.

Bei Bovalino verlassen wir die Küste und fahren ins Landesinnere.

Schafherden, Kühe. Die Gegend wird karger und steiniger. Auf einem winzigen Stück Feld – ein Mann, eine Frau, ein Maultier. Das Dorf Plati empfängt uns mit Lautsprechermusik. Auf dem Marktplatz stehen die Männer in Gruppen herum. Die Ortschaft wirkt reinlich und gepflegt – Sonntagsatmosphäre, die heute, am Mittwoch, irritiert. Keine Sonntagsruhe, sondern Spannung: Die Männer, die hier herumstehen, scheinen auf etwas zu warten, ihre Langeweile ist mit Nervosität vermischt. Ein älterer Mann sagte uns: »Plati ist ein Dorf, in dem vor allem Landwirtschaft getrieben wird, hier leben Hirten und Bauern. Es hat vor 6 Jahren noch 7500 Einwohner gehabt, heute sind es nur noch 4000, 4200, 4300; mehr als 3000 leben im Norden und im Ausland. Die Zurückgebliebenen nähren sich recht kümmerlich. Es sind meist die Alten, die Frauen und die Kinder.

Ich bin Vater von 7 Söhnen. Sie sind alle ausgewandert. Drei nach Australien und drei nach Milano. Weil sie hier kein Brot hatten, mußten sie alle fort, hier konnten sie ihr Brot nicht mehr essen.«

Junge Leute schildern ihre nahezu ausweglose Lage ohne Bitterkeit, eher mit Humor. Ein Schüler sagte uns: »Hier gibt es Arbeitslosigkeit, weil es keine Sicherheit gibt. So ist eben die Lage in Italien, in Kalabrien. Ich werde auch weggehen müssen. Wir können uns nur eine neue Regierung erhoffen, die mehr Gerechtigkeit schafft. Arbeitsplätze, Arbeit für alle hier in der Heimat. Ein anderes Leben müßte sein. Wir sind doch im Jahre 1972, nicht? In einem Jahr beende ich die Schule, dann erhalte ich mein Abgangszeugnis – ein Diplom für Arbeitslosigkeit!«

Dieser Landstrich ist zu einem Opfer der großen Veränderungen geworden, die sich in den letzten zwanzig Jahren auch in Süditalien vollzogen haben. Auf dem flachen Land und in den wasserreichen Gebieten wurde gebaut und modernisiert. Es entstanden große Agrarunternehmen – die anderen Gebiete aber verfielen zu Einöden.

Es ist Mittag, die Luft flimmert in der unerträglichen Hitze. Wir fahren in ein anderes Bergdorf.

Marcello, unser Freund aus Reggio, hat mit dem Bürgermeister von San Luca telefoniert. Wir werden in einer kleinen, armseligen Kanzlei empfangen. Langsam füllt sich der Raum, Bauern und Hirten im Arbeitsdreß, aber auch recht »deutsch« aussehende Italiener, die zu Besuch bei ihren Familien sind, haben sich eingefunden.

»San Luca lebte früher von der Schafzucht und von der Landwirtschaft. Das Problem der Arbeitslosigkeit gab es nicht. Weshalb? Weil viele Schafzucht trieben und gleich-

Bauernfamilie in Kalabrien

zeitig Bauern waren. Sie hatten ein dürftiges Auskommen. Heute aber liegt alles brach, das begann 1950 mit der großen Überschwemmung. Viehzucht wurde unmöglich. Zwischen 1952 und 1954 sind die ersten ausgewandert. Zuerst nach Australien, ab 1958 auch nach Deutschland. Und wenn sie zurückkommen, sind sie meist durch die Arbeit geschädigt, invalid oder krank. Man müßte den Leuten hier in der Gegend Bedingungen schaffen, damit sie hier arbeiten können, damit es keine Familientragödien, keine Trennungen mehr gibt! Doch man läßt alles verkommen. Auch die Menschen. Unsere natürlichen Reichtümer werden nicht genutzt, die Menschen zu Heimatlosen gemacht. Und wer ins Ausland geht, vergrößert den Wohlstand dort, wo er sowieso schon groß genug ist. *Hier* müßten für sie Arbeitsplätze, also Industrien geschaffen werden, die die hiesigen Reichtümer ausnutzen und verarbeiten. Unser größter Schatz aber sind die reichlich vorhandenen Arbeitskräfte, die Menschen, die wir exportieren müssen. Das ist doch Neokolonialismus, wenn ein Land ausgeraubt wird, um den Reichtum der anderen zu mehren. So treibt es Norditalien mit uns, jenes Italien entwickelt sich, und dieses, unser Italien, der Süden, bleibt sich selber überlassen. Verstehen Sie mich aber nicht falsch: wir wollen, daß die Leute gehen können, wohin sie wollen, aber wir wollen nicht, daß sie gezwungen werden, ihre Heimat zu verlassen.«
Das sagte der Bürgermeister von San Luca, und das waren seine großen Sorgen. Ein Mann mit Baskenmütze, gebräuntem Gesicht und scharfgeschnittenen Zügen, der zehn Jahre in Paris gelebt und gearbeitet hat und schon wie ein Franzose aussieht, hatte angespannt zugehört. Dann ergriff er das Wort:
»Man ist gezwungen, auszuwandern und seine Arbeitskraft, die man hätte einsetzen können, an anderer Stelle zu verkaufen. Und was machen unsere Auswanderer? Sie bauen anderswo Straßen, Abwasserkanäle, Wasserleitungen, während wir hier nichts dergleichen haben. Hier gibt es keine Straßen, Wasserleitungen, keine öffentlichen Einrichtungen, keine Kindergärten. Jeder sollte *hier*, in seiner Heimat, mit seiner Familie arbeiten können. Aber die Unternehmer wollen mehr verdienen. Der Süden ist das Arbeitskräftereservoir. Wir sind eine Konkurrenz für die Arbeiter aus dem Norden. Wenn die im Norden streiken, dann holen sich die Unternehmer die Arbeitskräfte billiger aus dem Süden. Wenn 10000 streiken, stehen 100000 vor der Tür, die auf Arbeit warten. Es ist im Interesse der Arbeitgeber, daß hier alles so bleibt, wie es ist.
Ich hatte einen Arbeitsunfall und bin heute nur noch zu 40% arbeitsfähig. Deshalb mußte ich nach Hause zurückkehren. Ausgenutzt werden wir und dann auf den Mist geworfen!«
Auch in Westdeutschland, in der Schweiz und in Österreich ist das Problem Landwirtschaft heikel, ihre Umwandlung heute schwierig.
Doch in Westdeutschland gibt es Zuschüsse auch für kleine Betriebe, und wenn alle Stricke reißen, gehen der ruinierte Bauer und seine Söhne in die nächste Kleinstadt, wo sie Arbeit finden.

Kirche und Strand von Scilla in Kalabrien

Die neue Autobahn bei Scilla in Kalabrien

In Süditalien und in anderen Agrargebieten, wie etwa Spanien oder Griechenland, von außereuropäischen Ländern ganz zu schweigen, wird die Bevölkerung härter getroffen.

Unser Jahrhundert ist das Jahrhundert des massenhaften »Heimatverlustes«. Flüchtlinge, Emigranten gibt es heute überall auf der Welt. Nach dem Krieg mehr als je zuvor, insgesamt bisher etwa 80 bis 90 Millionen.

Heute gibt es eine neue Form des Heimatverlustes. Jene weltweite Völkerwanderung, die erst am Anfang steht: die Vertreibung aus den ländlichen und unterentwickelten Gebieten in die städtischen und industriellen Zentren. Die Ursachen sind soziale und technische Umwandlungen, die etwa Mitte der fünfziger Jahre einsetzten und die ihren Höhepunkt noch nicht erreicht haben.

Massenauswanderung – nicht ein- für allemal als Heimatverlust vollzogen, sondern eine ständige Bewegung von einem Ort zum andern, eine ständige Heimatlosigkeit; nicht mehr ein politisches Exil, sondern eine neue Form von Nomadentum: die Wirtschaftsemigration. Nicht mehr zwischen Ost und West, sondern immer mehr zwischen Nord und Süd.

Der neue Heimatverlust jener Menschen, die wir gewohnt sind, Gastarbeiter zu nennen, wird als wirtschaftliches, ja als politisches Problem mit zunehmendem Bevölkerungszuwachs zu einem der größten Konfliktstoffe der nächsten Jahrzehnte werden.

Paradies – bis an die Zähne bewaffnet
Formosa heute

Hans-Ulrich Feldmann

»Ilha Formosa«

Als portugiesische Seefahrer 1544 die ungefähr 150 Kilometer südöstlich des chinesischen Festlandes gelegene Insel Taiwan entdeckten, nannten sie sie wegen der Schönheit der Landschaft »Ilha Formosa« (die wunderschöne Insel) – als Formosa ging die Insel später in die Weltgeschichte ein. Gebräuchlich ist auch die Bezeichnung »Nationalchina«, doch lautet der offizielle Name »Republic of China«.

Im Laufe der Jahrhunderte haben sich die verschiedensten Völker auf der Insel angesiedelt. Aber auch einige Großmächte stritten sich um sie. Nach den Malaien, Chinesen und Japanern rückten die Portugiesen und Holländer an, bis schließlich nach der Niederlage der Japaner im Zweiten Weltkrieg die Amerikaner die umworbene Insel den Nationalchinesen zusprachen.

Die Chinesen faßten etwa 600 n. Chr. Fuß auf dem Land, das sie als »Taiwan« (Bucht der Terrassen) bezeichneten. Wer sich der Westküste nähert, stellt tatsächlich eine terrassenförmig abgestufte Landschaft fest. Die Insel Taiwan, die die Form eines Tabakblattes aufweist, ist ungefähr 400 km lang und kaum mehr als 130 km breit. Sie umfaßt ein Gebiet von fast 36 000 Quadratkilometern, ist demnach etwas kleiner als die Schweiz, doch übersteigt die Bevölkerungszahl mit mehr als 15 Millionen jene unseres Landes ganz beträchtlich. Keine andere Insel ist derart dicht besiedelt.

Knallender Auftakt

Das Unglaubliche in der Geschichte Taiwans ist, daß es überhaupt noch existiert. Es liegt im Pazifischen Ozean, ein Flecken Land im Schatten seines ärgsten Widersachers, des riesigen Reiches des kommunistischen China, ein volkreicher Koloß und unver-

Hans-Uli Feldmann: geboren am 6. Juli 1947. Nach der Schulzeit in Burgdorf (Primar- und Sekundarschule) Lehre als Kartograph, in diesem Beruf ein Jahr in Australien, dann Reise mit den Stationen Philippinen, Hongkong, Taiwan, Japan. Ein weiteres Arbeitsjahr in Australien, um die Heimreise über Thailand, Indien, Nepal zu finanzieren. Nach zwei Jahren in der Schweiz Aufbruch a) in die Ehe, b) nach Südafrika. Hobby: neben dem, was aus diesem Lebenslauf hervorgeht, die Leichtathletik.

Fischkutter an der Küste Taiwans

söhnlicher Feind Formosas. Seit über 20 Jahren führen diese ungleichen Gegner, die Kommunisten auf dem Festland und die Kapitalisten auf der Insel Taiwan, ihren kalten Krieg, bisher jedoch noch ohne ein Resultat.

In Taiwan muß es wie auf einem gutgerüsteten Kriegsschiff zu- und hergehen, dachte ich, als unser Flugzeug, von Hongkong herkommend, auf dem kleinen internationalen Flughafen von Taipei langsam zur Landung ansetzte. In einem Land, wo ein Dauerkriegszustand herrscht, muß es sicher ungemütlich sein zu leben.

Ungemütlich, gefährlich? Nein, bei weitem nicht, obschon wir bereits wenige Minuten nach der Ankunft in der Hauptstadt durch das Knallen von Schüssen erschreckt wurden, die in den engen Nebenstraßen unheimlich widerhallten.

»Knallfrösche«, bemerkte Chang, unser Fahrer, lachend. »Heute ist ein großer Feiertag, der Geburtstag von Dr. Sun Jat-sen, dem Vater des großen China.« Natürlich, am 10. Oktober wird der Jahrestag von Dr. Suns erfolgreichem Aufstand von 1911 gegen die 268 Jahre alte Mandschu-Dynastie mit großem Aufwand gefeiert. Wir waren beschämt, daß wir uns nicht sogleich an dieses Datum erinnert hatten. Dr. Sun starb im Jahre 1925, worauf der Schwager seiner Frau, ein gewisser Generalissimus Tschiang Kai-schek, seine Nachfolge übernahm.

Nun, zwei Stunden später, stehe ich in der dichtgedrängten Zuschauermenge, die den riesigen Paradeplatz vor dem aus rötlichen Stein erstellten Regierungsgebäude um-

Hoch oben in den Bergen fristen diese
geflüchteten Ureinwohner ein armseliges
Leben. Reis, Sesamkörner und erjagte
kleine Tiere bilden ihre Hauptnahrung

säumt: Der Umzug hat bereits begonnen, und bald kündigt sich mit dem Lärm der Trommeln, Zimbeln und dem Geknatter von Feuerwerk das Erscheinen des 40 Meter langen Drachens an. Dreißig starke Männer sind nötig, um das aus roter und goldener Seide und Papiermaché gefertigte Ungeheuer zu tragen. Schlängelnd bewegt es sich vorwärts, mutwillig die Nächststehenden erschreckend, den Kopf wild nach den Knallfröschen herumwerfend. Von Zeit zu Zeit spuckt es eine züngelnde Flamme aus. Zehntausende von Chinesen jubeln dem Korso zu, dem nun die Ehrungen für Dr. Sun folgen. Der Feiertag geht langsam zu Ende, die Masse zerstreut sich, und der prächtige Drache wird bis zur nächsten Feier sorgfältig verpackt und aufbewahrt.

Der kalte Krieg

Von weit weniger friedlicher, aber unblutiger Natur sind die Schießereien, die ich einige Tage später im militärischen Ausbildungszentrum von Quemoi erlebe: Über die Meerenge von Formosa wird noch immer täglich ein wohlgeübter Artilleriemonolog zelebriert. An den geraden Tagen schießen die Batterien der »Republic of China« Granaten nach dem chinesischen Festland hinüber, an den ungeraden Tagen richten Maos Soldaten ihre Geschütze auf die kaum zwei Kilometer entfernte Insel Quemoi.

Diese seit Jahren praktizierten Schießereien gehören ins Programm des psychologischen Krieges, den vor allem die Insel Taiwan mit großem finanziellem und personellem Aufwand gegen Rotchina führt. So streuen denn die Granaten auch nicht Tod und Verderben, sondern nur längstbekanntes, abgedroschenes Propagandamaterial über die Feinde. Flugblätter mit dem Bildnis des stets lächelnden Tschiang Kai-schek, Traktate, welche das freie und wohlgenährte Taiwan in den schönsten Farben schildern, Angaben über die Belohnung für eventuelle kommunistische Überläufer.

Die Genossen von gegenüber lassen sich natürlich nicht lumpen. An den darauffolgenden Tagen lassen die in großer Höhe explodierenden Granaten die Gedanken des Vorsitzenden Mao Tse-tung auf die »kapitalistischen« Köpfe der Taiwanesen in Quemoi herabregnen.

Alleinvertretungsanspruch

Was von der Welt mittlerweile als Anachronismus belächelt wird, ist dem Regime des ehemaligen Herrschers über ganz China, Tschiang Kai-schek, bitterer Ernst. 1949 wurde er von Maos kommunistischen Truppen geschlagen und mußte mit rund zwei Millionen Anhängern nach der ehemaligen chinesischen Provinz Taiwan über das Meer flüchten.

Dennoch betrachtet sich der greise Tschiang Kai-schek als moralischer Sieger und hält an seinem Alleinvertretungsanspruch für ganz China fest. Dieser Wunschtraum bestimmte die Politik der Republik bis auf den heutigen Tag. Der vor etwas mehr als einem Jahr erfolgte Ausschluß Taiwans aus der UNO, die Zugeständnisse Nixons an Rotchina und auch das Abfallen der alten Freunde in London und Tokio hindern den zum fünftenmal wiedergewählten Präsidenten nicht, sein 15-Millionen-Volk im Kriegszustand zu halten. Auf Quemoi sind ständig 60 000 bis 80 000 Mann auf Wache. In unzähligen unterirdischen Stellungen proben die Soldaten täglich den Ernstfall. Nach den Aussagen des Oberbefehlshabers erfüllt die kaum 180 Quadratkilometer kleine Insel drei wichtige Aufgaben:

»Unsere perfekt ausgebauten Militäranlagen, zusammen mit unseren gutgeschulten Kämpfern, bilden eine uneinnehmbare Barriere gegen eine rotchinesische Invasion Taiwans und damit der übrigen freien Welt. Andererseits halten sich unsere Männer für jenen Tag bereit, an dem der Präsident seinen unterdrückten Brüdern auf dem Festland in ihrem Befreiungskampf zu Hilfe eilen wird.«

In den letzten 10 Jahren beschränkten sich die kämpferischen Einsätze des Heeres allerdings auf das schon beschriebene Zeremoniell . . . an einen militärischen Einsatz will niemand so recht glauben. So orakelt denn auch Oberst Wang:

»Anstatt den Gegner militärisch anzugreifen, zermürben wir ihn vorläufig mit psychologischen Mitteln.«

Körbe werden aus gespaltenem Bambus-
rohr geflochten

Zahnpasta und Flaschenpost

Neben den erwähnten Propagandagranaten brüllen speziell ausgebildete Sprecher während 18 Stunden pro Tag über Lautsprecher kapitalistische Nachrichten und aufreizende Kampfworte über die schmale Wasserstraße. Leistungsstarke Radiosender orientieren die Rotchinesen über die Schwierigkeiten der Mao-Führung. Während der sechs Sommermonate, wenn der Wind den Taiwanesen günstig gesinnt ist und in Richtung Festland bläst, geht es aber erst richtig los: Dann werden Kurz- und Langstreckenballone und Flaschenpost, schwer mit Geschenkpaketen behangen, abgeschickt. Die Pakete enthalten aufblasbare Mickymaus-Figuren, Zahnpasta, Seife und viele andere auf dem Festland schwer erhältliche Produkte.

Da Zahnpasta, Seife und andere Zeichen des Fortschritts den Krieg allein nicht gewinnen können, streuen die wackeren Freiheitskämpfer in ihre Geschenksendungen stets aufschlußreiche Texte wie »Mao ist ein alter Mann, er wird bald sterben, erhebt euch gegen die kommunistischen Tyrannen«.

Abgelegene Welt der Eingeborenen

Die meisten Fabrikarbeiter sind gebürtige Taiwanesen aus dem westlichen Flachland. Die Aussicht auf einen für chinesische Verhältnisse gutbezahlten Arbeitsplatz in irgendeiner Fabrik hat die Bewohner der Bergregionen bisher noch nicht aus ihren heimischen Tälern gelockt.

Die Eingeborenen, die ursprünglich aus Malaya einwanderten, lassen sich in neun verschiedene Stämme unterteilen. Während der japanischen Besetzung wurden ihnen Reservate zugewiesen, die sie seither kaum mehr verlassen haben und es auch nicht mehr wollen. Diese Aborigines verhielten sich lange Zeit gar nicht gastlich und wurden wegen ihrer Kopfjägerei stets gemieden.

Doch heute haben sich auch diese Zustände gewaltig geändert. Für gewöhnlich ist es den westlichen Touristen zwar noch zu mühsam, den Dörfern der Ureinwohner einen Besuch abzustatten, doch haben sich die kirchlichen Missionen bereits Zugang verschafft. Vor rund zwei Stunden haben wir, Ruaj Gen, ein ortskundiges Mädchen, und ich, auf der Paßhöhe der Überlandstraße von Tien Hsiang den Autobus verlassen. Nun wandern wir nach Sanshing, einem kleinen Eingeborenendorf hoch oben auf einem abgelegenen Bergrücken. Während langer Zeit folgen wir einem Fußpfad, der sich dem Bergrücken entlangzieht. Alles ist dicht mit Bambusgehölz, Wacholder und Fichten bewachsen. Nur ab und zu dringt ein Sonnenstrahl durch das Blättergewölbe des Tropenwaldes und bricht die Eintönigkeit des Dämmerlichtes.

Die Wegspur endet urplötzlich an einer steilen Schlucht, die nur mit einer schmalen, über 100 m langen Hängebrücke überspannt ist. Tief unter uns windet sich ein rasch

Die Wäsche wird frühmorgens an langen
Bambusstangen über die Gasse gehängt

Arme Bauern im Landesinnern

dahinfließender, steiniger Fluß. Wir setzen vorsichtig einen Fuß vor den andern, immer nach einem eventuell morschen Brett Ausschau haltend. Die Seile, die als Geländer dienen, bewegen sich fast noch stärker als die schwankenden Holzplanken. Ich atme auf, als wir das andere Ende des Steges erreichen und den Abgrund ohne Schaden überquert haben.

Die wenigen Leute, denen wir unterwegs begegnen, nicken freundlich, wenn sie uns überholen. Sie rauchen alle entweder Pfeife oder kauen Betelnuß und sind mit schweren Bürden Feuerholz oder medizinischen Kräutern für die Märkte im Tiefland beladen. Jene, die bergwärts dem gleichen Ziel wie wir zustreben, bewegen sich mit eigenartig federnden Schritten vorwärts, fast eine Art Trab, um die Last möglichst im Gleichgewicht zu halten.

Die letzten hundert Meter bis zur Siedlung sind mit steinernen Treppenstufen versehen. Auf Terrassen, die sich an den Berghang schmiegen, stehen einige eng aneinander gebaute Reihenhäuser. Dahinter erheben sich, geschützt auf Stelzen, kleine Scheuern, umrahmt von schlanken Betelnußpalmen. Die Häuser sind mit schmalen, mit Schieferplatten belegten Fußwegen verbunden. Auf den mit Ziegeln oder auch nur mit Elefantengras bedeckten Dächern schützen große Steinbrocken vor Taifunstürmen.

Freundschaftliche Kontakte sind rasch hergestellt. Der Dorfvorsteher will uns unter allen Umständen in seinem eigenen Haus als Gäste aufnehmen. Mit einigen wenigen Griffen wird der einzige große Raum seines Hauses durch drei Säcke Zwiebeln in zwei

Eine Pagode, wo die Asche der
Verstorbenen in kleinen Nischen aufbewahrt wird

Schlafräume unterteilt, was mit dem offenen, qualmenden Herdfeuer in der als Küche dienenden Ecke zur einzigartigen Atmosphäre beiträgt.

Im Gegensatz zur einfachen elterlichen Schlafplattform ist die Ecke der Tochter mit kitschigen Weihnachtskarten und Kalenderblättern mit chinesischen Filmstars dekoriert. Eine japanische Matratze, rote, seidene Kopfkissen und ein Vorhang sind weitere aus dem Tiefland heraufgebrachte Produkte des modernen Taiwan. So meint es wenigstens die Mutter mit einem Gemisch elterlichen Stolzes und Nichtbegreifens. Im gleichen Moment spuckt sie einen Mundvoll roten Betelnußsaft zum Fenster hinaus und verzieht ihren Mund zu einem Lächeln. Die paar restlichen Zähne sind vom ständigen Betelnußkauen rotschwarz gefärbt.

Die Gesichter der älteren Dorfbewohner sind zum Teil mit prachtvollen Tätowierungen bedeckt, die erstaunlicherweise auch bei den ältesten Leuten immer noch gut sichtbar sind. Sobald die erste Scheu überwunden ist, lassen sie sich sehr gerne fotografieren. Ich knipse sogar noch eine Weile ohne Film weiter, weil ich ihnen den Spaß mit dem schwarzen Zauberkasten nicht vorenthalten möchte.

Bis spätabends sitzen wir auf niedrigen Schemeln nahe am Herdfeuer und essen gemeinsam ein einfaches Bohnen- und Reisgericht, die Hauptnahrung dieser Bergbauern. An einem Dachbalken hängt ein orangeglühendes Öllämpchen, gespenstische Schattenbilder von Schlangen und Menschenschädeln an die Wand werfend, alles Überbleibsel der Vorfahren, die noch Kopfjägerei getrieben haben.

Gegensätze

Wir verlassen die kleine Siedlung früh am Morgen und streben wieder dem urbanisierten Flachland von Taichung zu, aus dem der Großteil der landwirtschaftlichen Produkte Taiwans stammt. Der Gegensatz zu der gemütlichen Einsamkeit von gestern ist unbeschreiblich. Auf der »Route Number One«, der westlichen Verkehrsader von Taiwan, herrscht wie immer ein Riesenchaos. Die Eile überträgt sich auf alles: Lastwagen mit Langholz kämpfen verbissen um das Vortrittsrecht mit schwerbeladenen Zuckerrohrkarren, die von einem keuchenden Wasserbüffelpaar gezogen werden. Autobusse drängen unerbittlich Privatwagen an den Straßenrand, winzige Taxis mit übergroßen Hörnern hupen wiederum Velos und Motorräder aus der Fahrbahn. Ununterbrochen pulsiert der Verkehrsstrom von früh bis spät über den Highway.

Enten folgen der Reisernte

Die herbstliche Reisernte ist schon angelaufen. Mädchen mit breitrandigen Strohhüten und hautengen Hosen, ihre Gesichter wie Straßenräuber mit Tüchern vermummt, um

Ruaj Gen, ein junges, selbstbewußtes
Mädchen

sich gegen die brennende Sonne zu schützen, helfen den Männern beim Schneiden der goldenen Ähren.

Berge von gedroschenem Reisstroh liegen überall herum, um für die Papierherstellung, als Viehfutter oder Brennmaterial abgeholt zu werden. Ein kleiner Knabe treibt seine Entenschar herbei, damit sie sich an den übriggebliebenen Körnern sattfressen können. Als er uns erblickt, verzieht sich sein Gesicht zu einem Grinsen, und er bietet uns übereilig aus seinem Krug Tee an, der über einem Reisstrohfeuer brodelt.

»Ernte nie gleicher Platz gleichzeitig«, radebrecht er in seinem Schulenglisch. »Ich kleine Enten jagen von Feld zu Feld. Enten essen. Langer Weg, lange Zeit ich schlafe mit Enten. Bald Enten sein groß und fett. Bringen guter Preis.«

Die Enten ziehen weiter, ein geschlossenes Rudel, das sich wie ein silbern glänzender Fluß über die erhöhten Pfade der Reisfelder dahinbewegt. Ihr Hirte folgt und weist ihnen den Weg mit einer langen, dünnen Bambusstange, an der vorne ein kleiner Wimpel befestigt ist.

Lukull mit Stäbchen und Reisschale

Auf Taiwan braucht man nicht zu hungern. Beinahe an jeder Straßenecke steht eine Nudelküche, in der man sich für einen Franken bestens verpflegen kann.

In unserer Umgebung gibt es zum Beispiel Lees finstere Garküche, wo man für einige Taiwandollar wirklich schlemmen kann. Die raucherfüllte Kneipe, die tagsüber weder Fenster noch Türen hat, weil sie ganz einfach gegen außen hin offen ist, wird erst spät in der Nacht mit Brettern und einem Eisengitter verschlossen. Sie ist eine unter den Tausenden von Kneipen in Taipei, aber es sitzen hier, wie in all diesen düster-romantischen Lokalen, nicht nur dürre und kräftige Kulis in kurzen Hosen, sondern auch Herren mit blütenweißen Hemden und Seidenkrawatten. Sie essen alle das gleiche, oft am gleichen Tisch: die süße, milde und dabei farbenfrohe Küche Kantons mit ihren berühmten Frühlingsrollen und den vielen Kuchen, allen voran die zuckrigen Mooncakes; die gedünsteten Gerichte mit viel Fisch und Hühnerfleisch aus der Provinz Hunan; die brennendheiße und scharfe Kost aus Szechuan mit gebratenem Fisch. Aus Schanghai kommen die Haifischflossensuppe und ein Dutzend weitere Meeresköstlichkeiten. Die Pekingente und andere gebratene Fleischgerichte erinnern an die Hauptstadt auf dem Festland. Es müssen aber auch die bekömmlichen Suppen der einheimischen Küche erwähnt werden, die zum allgemeinen Erstaunen der Fremden bei den Chinesen erst gegen den Schluß einer Mahlzeit serviert werden.

Wenn man in einer europäischen Gaststätte eine Viertelstunde auf das bestellte Essen warten muß, findet man das ganz in Ordnung. In Taipei dagegen wird man schon nach drei Minuten ungeduldig. Hier ist es üblich, daß die Schale Reis oder Nudeln, die Stäbchen, ein Sortiment Gewürzdosen und ein Glas Gratistee sofort serviert werden.

Außer den kleinen Garküchen am Straßenrand gibt es natürlich auch vornehmere Lokale. Zum Teil sind sie allerdings bloß weniger rußig, sehen dafür wie Warteräume in Bahnhöfen aus. An ihren großen runden Tischen mit mehr oder weniger sauberen Tischtüchern werden die berühmten chinesischen Gerichte serviert. Eines Abends bot sich mir die Gelegenheit, das »Mongolische Barbecue«, eine taiwanesische Spezialität, auszuprobieren. Der Gast sucht sich dabei aus drei Dutzend Töpfen das Menü selbst zusammen und sammelt alles in einer Schüssel. In ihr liegen dann bald bunt durcheinandergewürfelt dünne Schweinefleischröllchen, Hühnerfleischstücke und Scheiben von Lamm und Rind. Hinzu kommen Gemüse wie Mohrrüben, Tomaten, Zwiebeln und auch Ananas. Gewürze dürfen nicht fehlen: Koriander, Chilipfeffer, Sojasauce, Zuckersirup, Sesamöl und Kochwein.

Der Koch kippt nun den Inhalt der Schüssel in eine flache, überdimensional große Bratpfanne – und in wenigen Minuten wird das Essen wieder in die Schüssel gefüllt, diesmal aber dampfend. Es geziemt sich natürlich nicht, ein solches Schlemmermahl mit Messer und Gabel zu attackieren. Um nicht das Gesicht zu verlieren, tut man besser daran, die chinesischen Eßstäbchen zu benützen, was sich trotz etlicher Anfangsschwierigkeiten bald einmal als nicht allzu schwierig herausstellt. Der Gedanke, nur halb gesättigt wieder vom Tisch gehen zu müssen, wirkt meist Wunder, und man lernt es rasch.

Kultur- und traditionsbewußte Taiwanesen

Mit Recht sehr stolz sind die Taiwanesen auf ihre umfangreiche Sammlung chinesischer Kunstschätze, die im National Palace Museum von Waishuangshi der Öffentlichkeit zugänglich sind. China wird nicht umsonst als Keimzelle der ostasiatischen Kulturwelt beschrieben.

Die weltberühmten, zum Teil über 4000 Jahre alten Kunstschätze wurden 1949 von der Armee Tschiang Kai-scheks auf mühsame und gefährliche Weise von Peking zur Küste geschmuggelt und auf Sampans über die Meerenge nach Taiwan in Sicherheit gebracht. Nachdem die Rotgardisten während der Kulturrevolution auf dem Festland sämtliche erreichbaren Altertümer zerstört haben, sind diese geretteten, unersetzbaren Güter die letzten Zeugen der ehemaligen großen Kultur der Chinesen.

Sie werden nun in einem eigens dafür im chinesischen Palaststil erbauten Museum gezeigt. Von den mehr als 250000 Einzelstücken können immer nur 3500 zur gleichen Zeit ausgestellt werden, und das Ausstellungsgut wird deshalb alle drei Monate vollständig ausgewechselt.

Unter den Kunstwerken befinden sich wertvolle Keramiken und Porzellanfiguren aus verschiedenen Dynastien, Bronzegegenstände, Schnitzereien aus Elfenbein, Jade und Edelhölzern, Tuschzeichnungen und seltene Bücher.

Besonders über das Wochenende ist hier ein Betrieb, wie man ihn in Europa nur selten in Museen antrifft. Ganze Familien mit Kind und Kegel betrachten mit viel Stolz und Kunstsinn die ausgestellten Kollektionen, wobei offensichtlich das Interesse der jungen Generation an den Schätzen der Vergangenheit geweckt werden soll. Kultur und Vergangenheit bedeuten dem heutigen Chinesen immer noch sehr viel.

Was bringt die Zukunft?

In Taiwans Wirtschaftskreisen sind Befürchtungen laut geworden, daß Pekings Einzug in die UNO der exportorientierten Wirtschaft Taiwans Schaden zufügen könnte. So fiel der Aktienmarkt in Taiwan erheblich, und es wanderte bereits einiges an Kapital nach Hongkong ab. Der Haß der Taiwanesen aber richtet sich vornehmlich gegen die Amerikaner, von denen man sich hintergangen und im Stich gelassen fühlt. Doch Taiwan wird es kaum zu einem Bruch mit den USA kommen lassen, da es von ihnen auch in Zukunft weitgehend abhängig ist. Aus den Vereinigten Staaten erhält Taiwan schließlich eine jährliche Militärhilfe in der Höhe von 100 Millionen Dollar, mit der Tschiang Kai-schek seine 600 000 Mann starke Armee aufrechterhalten kann. Ein Drittel der taiwanesischen Exporte gehen zudem nach den USA.
Taiwan steht heute am Scheideweg. Welchen Kurs das Tschiang-Kai-schek-Regime in Zukunft steuern wird, steht noch nicht fest. Vorläufig versucht man, sich den neuen Gegebenheiten anzupassen. In einer diplomatischen Offensive sollen neue Freunde gewonnen und Wirtschaftsabkommen abgeschlossen werden. Vor allem aber wird eine größere Einheit zwischen den ursprünglichen Taiwanesen und den Chinesen, die schließlich erst vor 22 Jahren auf die Insel kamen, angestrebt. Junges Blut soll in die regierende Partei und die Regierung geführt werden.
Die Taiwanesen, die 85 Prozent der 15-Millionen-Bevölkerung ausmachen, sollen in Zukunft in der Regierung mehr mitzusprechen haben.
Dies alles zielt auf die Schaffung einer unabhängigen Republik Taiwan hin, der sich Tschiang Kai-schek bisher widersetzt hat. Er betrachtet, wie auch die Regierung in Peking, Taiwan als einen unabtrennbaren Teil Chinas. Es ist deshalb auch kaum damit zu rechnen, daß, solange der greise Tschiang Kai-schek noch regiert, ein unabhängiges Taiwan, das sich vom chinesischen Festland lossagt, Wirklichkeit wird.
Aber bis es einmal soweit ist, rattern auf der kleinen Insel weiterhin emsig die Maschinen in den Fabriken, und von Quemoi aus brüllen die Sprecher der nationalistischen Armee unaufhörlich ihre Propagandaslogans.

Oben: Bauernkinder im Gebirge

Unten links: Das Innere eines buddhistischen Tempels mit Statuen und Verzierungen aus purem Gold

Unten rechts: Alte Bäuerin mit Gesichtstätowierung. Noch vor kurzer Zeit galten solche Tätowierungen als Statussymbole

Warum so viel Reklame?

Was Werbung will, wer Werbung macht

Jürgen Hansen

Alle Welt kennt Hühnereier. Wir essen sie fast jeden Tag: hartgekocht, weichgekocht, als Rühr-, Spiegel-, Setzei oder im Eierkuchen. Wer aber weiß, wie ein Entenei schmeckt? Kaum jemand. Warum wohl? Weil die Enteneier zu groß sind? Weil man sie nicht roh essen soll und mindestens acht Minuten kochen muß? Nein, ganz einfach: Die Hühner gackern aufgeregt und unüberhörbar, jedesmal wenn sie ein Ei legen. Enten dagegen tun das ziemlich geräuschlos.

So jedenfalls hat einmal ein Werbemann erklärt, was es mit der Werbung eigentlich auf sich hat: Sie soll Aufmerksamkeit erregen, Interesse und Besitzwünsche wecken und schließlich einen Kaufappell auslösen. Wie man das erreicht, was für Leute diese Werbung machen und ob ihr buntes, lautes Feuerwerk überhaupt nötig ist, das wollen wir hier einmal unter die Lupe nehmen. Wahrscheinlich werden wir dabei manches entdecken, was neu für uns ist – auch wenn wir alle glauben, wir wüßten ganz genau, was Werbung ist, welche »gut« und welche »schlecht« ist. Wir täuschen uns da vielleicht. Selbst die Werbeleute wissen das nicht immer so genau – obwohl sie seit Jahrzehnten zu erforschen suchen, wie ihre Anzeigen, Plakate, Rundfunkspots, Packungen ei-

gentlich wirken. Und das heißt ja nicht, wieviel Aufmerksamkeit und Interesse sie wecken, ob die Leute sie schön oder häßlich, intelligent oder primitiv finden – nein, das heißt, ob sie ihren Zweck erfüllen. Und dieser Zweck ist einzig und allein, Waren oder Dienstleistungen zu verkaufen.

Zwar haben Psychologen, Markt- und Meinungsforscher uns allen tief ins Hirn und Herz geschaut. Sie wissen heute recht gut, was unser Verhalten steuert, unsere Wünsche weckt und unsere Kaufentscheidungen beeinflußt. Aber diese Erkenntnisse sind alles andere als Geheimrezepte für wirksame Werbung. Denn jeder, der etwas anbieten und verkaufen will, kann sich ihrer ja bedienen. Und die allermeisten Firmen tun das auch. Deshalb kann man eine Anzeige, ein Plakat, einen Werbetext oder ein Werbefoto nicht nach wissenschaftlichen »Gesetzen« so konstruieren, daß alle Menschen nur noch ihren Appellen folgen. Was auch gut ist, denn sonst könnte uns die Reklame tatsächlich manipulieren, uns Dinge aufschwatzen, die wir nicht brauchen und überhaupt nicht haben wollen.

Werbung hat also etwas mit Wissenschaft zu tun, ist aber etwas ganz anderes als eine Wissenschaft. Was ist sie? Eine Kunst? Da kom-

Jürgen Hansen, Dr. phil. – heißt eigentlich anders –, 43 Jahre alt, studierte vor allem Germanistik und Anglistik, wurde aber nicht Lehrer, sondern Nachrichtenredakteur und Verlagslektor. Danach arbeitete er über zehn Jahre in einer großen Frankfurter Werbeagentur, hauptsächlich auf dem Gebiet der Öffentlichkeitsarbeit, auch Public Relations genannt. Seit zwei Jahren betätigt er sich als freier Journalist und Buchübersetzer.

men wir der Sache schon näher. Etwas näher jedenfalls. Denn mancher Künstler hat schon für die Werbung gearbeitet: Maler wie Toulouse-Lautrec und Picasso, Schriftsteller wie Kurt Tucholsky und Martin Walser, weltbekannte Schauspieler, Musiker, Bildhauer, Fotografen. Aber meist haben sie dies nur vorübergehend oder ganz am Rande getan. Denn die Wirtschaftswerbung ist etwas anderes als Kunst. Sie will nichts Schönes, Wahres, Gutes schaffen, will nicht unterhalten, erbauen oder belehren, will nicht genossen oder bewundert werden – verkaufen will sie und sonst nichts. Dazu bedient sie sich zwar manchmal auch künstlerischer Mittel, aber Kunst ist sie nur in einem übertragenen, ganz engen Sinn: nämlich »angewandte Verkaufskunst«.

Werbung ist im Grunde ja nur ein Ersatz für das persönliche Verkaufsgespräch. Und kein Händler oder Hersteller, ob er nun Marmelade, Schuhe, Seife oder Autos anbietet, würde auch nur einen einzigen Groschen oder Rappen für Reklame ausgeben, wenn er mit allen Menschen, denen er seine Ware verkaufen möchte, selbst reden könnte. Das kann er aber schon lange nicht mehr.

Der erste Werbemann

Zu den ersten Dingen, die der Mensch herzustellen lernte, zählten die Tontöpfe. Lange dauerte es, bis so ein Topf fertig war. Dann erfand irgend jemand eines Tages die Töpferscheibe. Damit konnte er nun in der gleichen Zeit, die er bislang für ein einziges Gefäß gebraucht hatte, fünfhundert Töpfe machen. Aber was sollte er mit so vielen Töpfen in seinem Dorf anfangen, das vielleicht gerade hundert Einwohner hatte? Schon nach einem Tag hätte er seine Werkstatt wieder schließen müssen. Er hätte die erste durch »Überproduktion verursachte Krise der kapitalistischen Welt« heraufbeschworen – wenn er sein Kapital – sein Werkzeug, die Töpferscheibe – voll ausgenutzt hätte.

Was tat unser kluger Erfinder? Er arbeitete ein paar Wochen in seiner Werkstatt, zog dann monatelang mit seinen Töpfen über Land und bot sie in Hunderten von Dörfern an. Als dann alle Menschen weit und breit seine Töpfe gekauft hatten, mußte er dafür sorgen, daß sich seine Töpferscheibe weiter drehte. Also schuf er immer bessere, schönere Tongefäße, schmückte und glasierte sie. Das gab den Frauen das beunruhigende Gefühl, schrecklich unmodern zu sein, solange sie nicht den letzten Schrei seiner Topfmoden besaßen.

Schon dieser erste Töpfer und seine Gefäße kamen also nicht ohne Werbung aus. Im Gegenteil: Für seine weiten Reisen und langen Verkaufsgespräche an jeder Hütte brauchte er zehnmal soviel Zeit wie zum Machen der Töpfe! Heute würden wir sagen: Seine Vertriebs- und Werbekosten betrugen das Zehnfache seiner Herstellungskosten. Im Vergleich zu ihrem Fabrikationsaufwand waren diese Gefäße also ungeheuer teuer. Doch solange er der einzige war, der sie anbieten konnte, spielte ihr Preis keine so große Rolle. Denn er hatte ja das »Topfmonopol«.

Das behielt er aber nicht lange. Bald drehten sich viele Töpferscheiben im Land. Und viele Töpfer zogen umher, rannten den Menschen die Türen ein und unterboten sich gegenseitig in ihren Preisen. Es dauerte gar nicht mehr lange, da konnten sie aus ihren Erlösen die hohen Reisekosten nicht mehr bestreiten. So waren sie gezwungen, darüber nachzudenken, wie sich Werbung und Verkauf wohl verbilligen ließen. Ihre Lösung war die Einschaltung von Händlern: Menschen, die sich darauf spezialisierten, mit vielerlei verschiedenen Waren über Land zu ziehen und sie überall anzupreisen: nicht nur Töpfe – auch Gewebe, Gewürze, Felle, Heilkräuter, Körbe und manches andere mehr. Wer gerade keinen Topf brauchte, der kaufte vielleicht die Wundersalbe gegen Rückenschmerzen.

Von der Haustür auf den Marktplatz

Werbung und Verkauf waren damit nicht nur billiger geworden, sondern auch besser, denn das machten ja nun Spezialisten. Je größer die Menschheit und ihre Siedlungen wurden, desto seßhafter wurde dieser Handel. Überall entstanden Marktplätze, auf denen sich die Händler an bestimmten Tagen versammelten und lauthals verkündeten, was sie alles an neuen wundersamen und spottbilligen Dingen feilzubieten hatten. Das Warenangebot war damals, ja noch im vorigen Jahrhundert, im Vergleich zu heute äußerst bescheiden. Man brauchte nur mal schnell über den Markt zu gehen, dann hatte man schon alles gesehen, was es zu kaufen gab und wieviel es kostete.

Obwohl alles so hübsch überschaubar war, kauften die Menschen aber schon damals nicht nur, was sie unbedingt brauchten oder was am besten oder billigsten war: Viel hing auch davon ab, ob es ein Händler verstand, sich und seine Waren ins rechte Licht zu setzen, ob er sympathisch oder unglaubwürdig wirkte, ob er sein Angebot geschmackvoll und sauber ausgebreitet hatte oder alles kunterbunt und schmuddelig durcheinander lag. Kaufentscheidungen fielen auch damals nicht allein im rechnenden Gehirn – Auge, Ohr, Gefühle wirkten wie heute kräftig dabei mit.

Wie es dann weiterging, ist schnell erzählt. Die Städtchen wurden Städte, die Städte Großstädte. Ihre Märkte wurden zu klein für die vielen Menschen, die kaufen, und für die vielen Waren, die immer mehr Händler verkaufen wollten. Märkte unter freiem Himmel gibt es heute fast nur noch für Lebensmittel, hier und da auch noch als Jahrmarkt, Weihnachtsmarkt oder Rummelplatz. Dort allein findet man noch die Werbung in ihrer ursprünglichen Form: als persönliche Ansprache, Anpreisung und Aufforderung, »diese traumhaft schönen Äpfel« zu probieren oder sich das »phantastische Erlebnis dieser Achterbahn« zu gönnen. Diese unmittelbare Form der Werbung ist zugleich die allerwirksamste – kann es wenigstens sein. Sie kann jemanden, der eigentlich Birnen kaufen wollte, zu Äpfeln überreden oder einen, der gerade auf die Schießbude lossteuerte, in die Achterbahn locken.

Genau das versucht natürlich auch die Wirtschaftswerbung, wie wir sie heute als Anzeige,

Fernseh- und Radiowerbung, Plakat, Briefkastenreklame, Leuchtschrift kennen. Aber sie hat es viel, viel schwerer, Menschen zu überzeugen und zu gewinnen. Das hat mancherlei Gründe:

Einmal gibt es den Markt nicht mehr. Er hat sich aufgelöst und über die ganze Stadt, das ganze Land verteilt. Vom Tante-Emma-Laden an der Ecke über das Warenhaus in der City, das Einkaufszentrum vor der Stadt, das über hundert Kilometer entfernte Versandhaus erstreckt sich unser Markt. Dies bedeutet für die Käufer, daß das heute riesengroß gewordene Angebot nicht mehr überschaubar ist. Und für die Verkäufer bedeutet es, daß sich ihr Marktpublikum, die Kaufinteressenten, nicht mehr an bestimmten Plätzen und Tagen versammelt und deshalb nur schwer zu erreichen, noch schwerer aber zu überzeugen und zu gewinnen ist.

Wirtschaft frei Wohnzimmer

Beide Seiten wieder zusammenzubringen, Verkäufer und Käufer, eine Brücke von Angebot zu Nachfrage zu schlagen, das ist die eigentliche Aufgabe unserer Wirtschaftswerbung. Sie ist als Teil dessen, was man jetzt »Marketing« (also etwa das »Auf-den-Markt-Bringen«) nennt, das Mittel der Wirtschaft, ihr Waren- und Dienstleistungsangebot bekanntzumachen und »vorzuverkaufen«.

Tatsächlich wäre unser Wirtschafts- und Gesellschaftssystem ohne die Werbung kaum denkbar. Ob wir nun über den ganzen Reklamerummel schimpfen oder, wie es in einem Schulaufsatz zu lesen war, der Meinung sind: »Die Werbung gestaltet das Bild unserer Städte freundlich und bunter ... Wie traurig schaut die Stadt ohne Reklame aus ...«, der gibt nicht nur ein geschmackliches Urteil ab, sondern eins über das kapitalistische Wirtschaftssystem schlechthin. Denn das beruht nun einmal auf dem möglichst ungehinderten Wettbewerb: um die Gunst der Käufer.

Und möglichst viele Käufer muß nun einmal finden, wer in dieser Wettbewerbswirtschaft rentabel, das heißt mit Gewinn produzieren und die Vorteile der serienmäßigen Fabrikation nutzen will. Der Erfinder der Nähmaschine starb noch in Armut. Denn es dauerte Jahrzehnte, bis sich seine Erfindung herumgesprochen hatte und sich so viele Interessenten fanden, daß eine rentable Herstellung möglich wurde. Beim Kühlschrank war die Zeit von der Erfindung bis zur allgemeinen Verbreitung schon viel kürzer – dank der Werbung. Heute kann Werbung neue Produkte – ob Mayonnaise, Seife oder Auto – buchstäblich über Nacht der Mehrzahl ihrer möglichen Interessenten vorstellen. Und völlig neuartige Dinge innerhalb kürzester Zeit verbreiten helfen: die elektronischen Taschenrechner beispielsweise – gestern eingeführt, heute in den Taschen oder auf den Wunschlisten vieler Schüler. Ob sich das ohne Werbung so schnell herumgesprochen hätte?

Wir wissen jetzt, warum Hersteller und Händler uns ihr Angebot in Zeitungen und Illustrierten, über Rundfunk, Fernsehen und Plakatsäulen unterbreiten: Für sie wie für uns ist das ein Ersatz für das nicht mehr mögliche Anbieten und Auswählen auf dem Marktplatz. Wie aber ersetzt man einen guten, geschickten Verkäufer? Er kann sich schließlich auf sein Publikum einstellen, kann auf Fragen und Zwischenrufe eingehen, seine Ware demonstrieren, sie anfassen, probieren lassen. Das alles kann Werbung nicht oder nur sehr, sehr begrenzt. Also muß sie andere Wege finden. Und das ist nicht einfach.

Bloße Information?

Gute Werbung muß mehr sein als bloße Information oder Aufforderung. Es genügt nicht, mit schwarzen Lettern in der Zeitung anzukündigen: »Wir haben eine neue Seife herausgebracht. Sie heißt ›Rosenmild‹, ist mild und rosa und duftet nach Rosen. Ein Stück wiegt 150 Gramm und kostet 1,20.« Auch genügt es nicht, diese Botschaft wie einen Befehl abzufassen: »Waschen Sie sich mit unserer neuen Seife ›Rosenmild‹!«

Warum wohl empfinden wir diese Texte nicht als Werbung? Oder als schlechte Werbung?

Der erste enthält doch mehr Informationen als manche Anzeige, die wir täglich sehen, und der zweite drückt doch genau das aus, was der Seifenhersteller von uns will.

Wir müssen uns das genauer ansehen. Eine bloße Information genügt überall dort, wo ein Sender einem oder mehreren Empfängern etwas mitteilen will, es aber dem Empfänger überläßt, ob er etwas und was er mit dieser Information anfängt. Denken wir an unsere Zeitung. Wir schauen hinein und lesen: »Schachmeisterschaft in Belgrad«. Ob wir nun Schachspieler sind oder nicht, diese Nachricht wird kaum bei uns eine Verhaltensänderung herbeiführen. Das soll sie auch gar nicht (siehe Schema 1).

Als Sender kann ich mit bloßen Informationen beim Empfänger meist keine Verhaltensänderung auslösen. Deshalb hätte der Hersteller der Seife »Rosenmild« nur wenig Aussicht, seine neue Seife zu verkaufen, wenn seine Werbung so aussähe wie oben.

Nein: Kommunikation!

Wenn wir an die Urform der Werbung denken, an den Marktschreier, sehen wir, was ein erfolgreicher Verkäufer tut: Auch er zeigt seine Ware, erklärt sie, nennt ihren Preis – informiert also sein Publikum. Aber er versucht auch immer, seine Zuhörer zu beteiligen: Er spricht sie an, geht auf ihre Fragen und Zwischenrufe ein, versucht sie zum Lachen zu bringen. Mit anderen Worten, er will mit ihnen kommunizieren. Und Kommunikation ist keine Einbahnstraße wie die Information – sie läuft sozusagen in beiden Richtungen zwischen Sender und Empfänger (siehe Schema 2).

Was haben wir beobachtet? Der geschickte Verkäufer erreicht sein Ziel nicht auf direktem Weg, sondern auf Umwegen. Er spricht nicht nur Verstand und Vernunft, er spricht auch die Gefühle seiner Zuhörer an. Er versucht, bei ihnen bestimmte Reaktionen auszulösen, die ihre Kaufentscheidung vorbereiten und auslösen sollen.

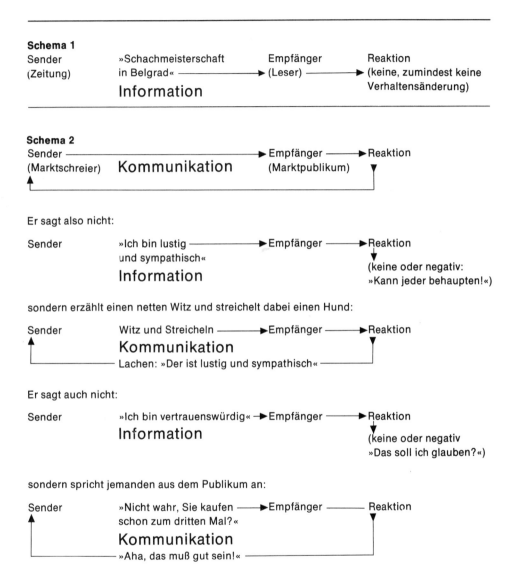

Schema 1

Sender   »Schachmeisterschaft   Empfänger   Reaktion
(Zeitung)   in Belgrad« ⎯⎯→ (Leser) ⎯⎯→ (keine, zumindest keine
    Information   Verhaltensänderung)

Schema 2

Sender ⎯⎯⎯⎯⎯⎯⎯⎯⎯→ Empfänger ⎯→ Reaktion
(Marktschreier)   **Kommunikation**   (Marktpublikum)

Er sagt also nicht:

Sender   »Ich bin lustig ⎯⎯→ Empfänger ⎯→ Reaktion
    und sympathisch«
    Information   (keine oder negativ:
             »Kann jeder behaupten!«)

sondern erzählt einen netten Witz und streichelt dabei einen Hund:

Sender   Witz und Streicheln ⎯⎯→ Empfänger ⎯→ Reaktion
    Kommunikation
    Lachen: »Der ist lustig und sympathisch«

Er sagt auch nicht:

Sender   »Ich bin vertrauenswürdig« ⎯→ Empfänger ⎯→ Reaktion
    Information   (keine oder negativ
             »Das soll ich glauben?«)

sondern spricht jemanden aus dem Publikum an:

Sender   »Nicht wahr, Sie kaufen ⎯⎯→ Empfänger ⎯⎯ Reaktion
    schon zum dritten Mal?«
    Kommunikation
    »Aha, das muß gut sein!«

Und genau darum geht es auch in der Wirtschaftswerbung von heute: nicht nur Informationen, Aufforderungen vermitteln, sondern eine Kommunikation in Gang setzen, um die gewünschten Reaktionen auszulösen. Was natürlich beim Zeitungsleser, Radiohörer oder Fernsehzuschauer daheim weitaus schwieriger zu erreichen ist als beim Marktpublikum – weil der unmittelbare Kontakt fehlt. Dennoch ist solche Kommunikation auch hier möglich. Wie wir auf dem Marktplatz gesehen haben, reagieren die meisten Empfänger ja stumm auf den Sender. Sie sagen nicht zu ihm: »Du bist lustig und sympathisch.« Das denken sie sich nur. Wichtig ist also, daß auch eine Werbebotschaft beim Empfänger Gedanken und Gefühle auslöst, die er für seine eigenen Erkenntnisse und freiwilligen Reaktionen hält.

Zielgruppen und Streuverluste

Wie machen das die Werbeleute? Wir wissen schon, sie haben kein Patentrezept dafür. Die Wissenschaft kann ihnen zwar helfen, aber wirksame Werbung kann sie nicht konstruieren. Aber diese Hilfen der Psychologen und Marktforscher stehen am Anfang jeder Arbeit an einer Werbekampagne. Sie ermitteln zunächst, an welche Menschen eine bestimmte Werbebotschaft überhaupt gerichtet werden soll. Denn es gibt ja so gut wie nichts auf dem Markt, für das jedermann, ob alt oder jung, Mann oder Frau, arm oder reich, interessiert und als Käufer gewonnen werden könnte. Jedes Produkt hat seinen eigenen »Markt« – Lippenstifte und Zigarren, Waschmittel und Motorräder, Whisky und Tiefkühlkost. Die Bevölkerungsgruppen, in denen man Käufer für einen bestimmten Artikel finden könnte, nennen die Marktforscher »Zielgruppen«.

Diese Zielgruppen werden von ihnen in ihren Kauf-, Verbrauchs- und Lebensgewohnheiten gründlich erforscht. Dabei helfen auch Werbepsychologen. Denn manches läßt sich aus uns Menschen nun einmal nicht mit direkten Fragen herausholen. Will man beispielsweise etwas über die Zahnpflegegewohnheiten erfahren, kommt man mit der Frage »Wie oft putzen Sie sich die Zähne?« wahrscheinlich nicht sehr nah an die Wahrheit heran. Da muß man schon zu allerlei psychologischen Kunstgriffen wie der »Motivforschung« oder den »Tiefeninterviews« greifen.

Aber diese Marktforscher interessiert nicht nur, was so eine Zielgruppe im Augenblick kauft und verbraucht – wann, wie oft, warum, wo, mit welcher Zufriedenheit usw. –, sie wollen auch herausfinden, welche Wünsche, Ideale, Leitbilder, Träume, welchen Geschmack sie hat und welche Sprache sie spricht. All das ist wichtig für die Werbetexter und -grafiker, die FFF-(Werbefilm-, -funk, -fernseh-)Spezialisten, die

Packungs- und Display-(Schaustück-)Gestalter. Und es muß noch mehr erforscht werden: welche Zeitungen und Zeitschriften die Menschen dieser Zielgruppe lesen, wann sie das Werbefernsehen oder den Werbefunk einstellen, ob und wie oft sie ins Kino gehen und dort Werbefilme sehen ... So erfährt man, über welche Medien die Zielgruppe am vollständigsten, wirksamsten und mit den geringsten »Streuverlusten« (Werbebotschaften, die an Empfänger gelangen, die als Käufer nicht in Frage kommen) zu erreichen ist. Dies ist die Aufgabe der Mediaforscher.

Liegen die Ergebnisse dieser Untersuchungen vor, können die Gestalter oder »Kreativen«, wie sie im Slang der Werbung heißen, an die Arbeit gehen. Eine schwierige Arbeit – denn wie wir wissen, genügt es ja nicht, daß sie ihr Produkt einfach zeigen, seine Vorzüge preisen und zum Kauf auffordern. Das wäre bloße Information. Ihnen muß es gelingen, eine Kommunikation in Gang zu bringen: Aufmerksamkeit, Interesse, Gefühle und Wünsche zu wecken, Sympathie und Zustimmung zu erzeugen und zum Kaufentschluß hinzuführen.

Anzeigen unter der Lupe

Blättern wir doch mal in einer Illustrierten und sehen uns an, wie sie das machen. Da ist eine Anzeige für Coca-Cola. Was läßt sich schon Neues, Interessantes über diese Limonade sagen? Nichts. Jeder kennt Coca-Cola, schon unsere Großväter kannten es. Dennoch würde diese in aller Welt bekannte Limonade viel schlechter verkauft, wenn nicht die Werbung ständig Sympathie, Zustimmung und Appetit bei der Zielgruppe neu belebte. Auf unserer Anzeige ist das Getränk gar nicht zu sehen. Statt dessen zeigt sie uns eine Gruppe ausgelassener junger Leute: Ferien, tolle Stimmung, dufte Typen – eine Wunschsituation der wichtigsten Coca-Cola-Zielgruppe: der jungen Leute. Das Foto kann ihre Sympathie wecken, ihre Zustimmung finden, ihnen Appetit machen. Der Text ist knapp, beherrscht wird er von dem Slogan »Frischwärts« – einem Wort, das

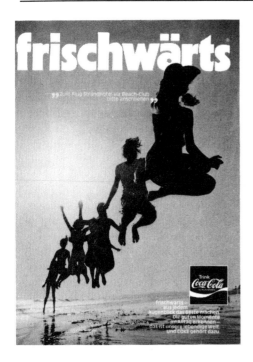

es bislang überhaupt nicht gab, das also um so mehr Aufmerksamkeit erregen kann.

Blättern wir weiter: Für die Zigarette Peter Stuyvesant, früher der »Duft der großen, weiten Welt«, werben heute Fotos ferner Landschaften, in denen das Reisen noch etwas von einem Abenteuer hat. Hier sehen wir eine Schlauchboot-Expedition auf dem wilden Colorado River. Ob einer der etwa zwanzig Menschen in den Booten raucht, ist nicht zu erkennen. Das ist auch unwichtig. Entscheidend ist das Bild, das ungewöhnlich und lebendig ist, das Fernweh vieler Menschen so anspricht, daß sie auf den Slogan »Mehr erleben« nur mit einem »Ja« reagieren können – und zur Wunscherfüllung vielleicht ersatzweise zu der angebotenen Zigarette greifen.

Die nächste Anzeige dagegen arbeitet mit einem ganz und gar nicht sympathischen Blickfang: einem fotografierten Gesicht, das zwei einkopierte Reißzähne scheußlich verunstalten. Daneben lesen wir: »Fernet-Branca hilft gegen Vampire.« Der Text erklärt es: Vampir, das ist ein Mensch, der uns ärgert, oder ein Unwohlsein, das uns plagt – und solchen Übeln oder Vampiren zieht dieser Magenbitter die Zähne. Mancher wird zugeben müssen, daß er solche Leute oder Zustände kennt, und wenn er ein bißchen Sinn für Humor hat, wird dieses Inserat vielleicht mit ihm kommunizieren, in ihm eine Reaktion auslösen: Er wird es nicht so schnell vergessen, sich irgendwann an das Getränk erinnern und es womöglich probieren.

Auf der nächsten Seite steht eine Anzeige für das Waschmittel Persil. Sie lädt ein zum Verseschmieden. Wer ein kleines Gedicht mit »Persil-weiß« einschickt, kann ein weißes Badetuch gewinnen. Wie man dichten soll, zeigen vier Muster, beispielsweise dies: »Persil-weiß stimmt mich froh und heiter / Bei jedem Tun, das sag ich weiter!« Hier wird ein Anreiz gegeben, unmittelbar mit dem Hersteller zu kommunizieren und sich bei der Beschäftigung mit dem Inserat oder sogar beim Verseschmieden den Begriff »Persil-weiß« fest einzuprägen.

Wer macht die Werbung?

Dies waren nur ein paar Beispiele aus dem weiten Feld der Werbung, das so groß ist wie das Angebot an Gütern und Dienstleistungen, wie die Zahl ihrer Zielgruppen. Werbung zu machen ist eine für viele, besonders für junge Menschen, außerordentlich faszinierende Aufgabe. Routine oder sich gleichförmig wiederholende Arbeiten sind in dieser Branche fast unbekannt. Jeder Tag bringt neue Probleme, fordert neue Lösungen. Und meist sind die Termine sehr knapp, Tempo und Hektik also rasant. Werbung ist nichts für Menschen, die gern eine ruhige Kugel schieben und einen pünktlichen Feierabend schätzen.

Bei aller Munterkeit und trotz der unkonventionell gelösten Atmosphäre ist das Werbungmachen ein ernstes Geschäft. Ein Meinungsforschungsinstitut hat einmal alle Inserate in einer Illustrierten-Nummer getestet und festgestellt, daß die beste Anzeige auf die Leser zehnmal stärker wirkte als die schlechteste. Und eine schlechte Anzeige kostet ja genausoviel wie eine gleich große gute. Eine einzige Farbseite in HÖR ZU kostet rund 90 000 Mark, in der SCHWEIZER ILLUSTRIERTEN etwa 12 000 Franken und in der BUNTEN ÖSTERREICHISCHEN ILLUSTRIERTEN gut 80 000 Schilling. Je höher die Auflage, desto teurer der Anzeigenraum.

Viele Firmen geben Jahr für Jahr zehn, zwanzig, dreißig oder noch mehr Millionen Mark allein für ihre Werbung aus. In der deutschen Bundesrepublik addierten sich diese Werbeausgaben 1971 auf 10,7 Milliarden Mark. Das waren rund 1,5 Prozent des Sozialprodukts oder so viel, wie zwei Millionen VW-Käfer kosteten. Es geht aber nicht nur sehr viel Geld durch die Hände der Werbeleute – auch der Verkaufserfolg, ja die Existenz zahlloser Unternehmen hängt in vielen Branchen entscheidend von der Wirksamkeit ihrer Werbung ab. Wer nun sind diese Werbeleute? Wir wissen schon: Werbearbeit, das ist eine Reihe spezialisierter Tätigkeiten, und der vielbesprochene »Werbefachmann« zeichnet sich dadurch aus, daß es ihn gar nicht gibt. Ein großer Teil der

Werbung entsteht heute in Werbeagenturen. Das sind Firmen von einem Dutzend bis zu über fünfhundert Mitarbeitern, die für ein paar oder viele Kundenfirmen deren gesamte Werbung gestalten, ihre Herstellung in Foto-, Film- und Tonstudios, in Klischeeanstalten, Druckereien überwachen und schließlich ihre »Einschaltung« (in Presse, Rundfunk, Werbeflächen etc.) und deren kaufmännische Abrechnung besorgen.

In einer solchen Werbeagentur treffen wir recht verschiedene Berufe. Die Werbeforscher haben wir schon kennengelernt. Sie sind fast ohne Ausnahme Hochschulabsolventen: Volks- oder Betriebswirte, Soziologen oder Psychologen, die sich während und nach ihrem Studium auf die Markt- und Meinungsforschung spezialisiert haben.

Dann gibt es den Kontakter oder Kundenberater, den Mittler zwischen Auftraggeber und Agentur. Er hat eine Doppelfunktion: In der Agentur vertritt er die Interessen des Kunden und koordiniert die Arbeiten aller Spezialisten für »seinen« Kunden, während er bei ihm die Agentur und ihre Arbeit vertritt. Er wirkt also auf beiden Seiten aktiv mit. Kontakter kommen von Werbefachschulen, auch aus anderen Berufen, doch bestimmen heute immer mehr Betriebs- und Volkswirte mit dem Marketingtraining eines Großunternehmens dieses Berufsbild. Von einem Kontakter wird außerdem ein hohes Maß an Kontaktfähigkeit, Initiative, Stehvermögen und Talent zur Menschenführung verlangt.

Die Gestalter oder »Kreativen« leisten die sicht- und hörbare Arbeit der Agentur. Allein hier gibt es ein rundes Dutzend spezialisierter Berufe. Einmal die Texter, für die es fast keine Ausbildungsmöglichkeiten gibt. Man findet unter ihnen ehemalige Werbefachschüler, Journalisten, Verkäufer oder Sprach- und Literaturstudenten – und junge Männer und Frauen, die gleich nach ihrem Abitur als Textassistenten in einer Agentur angefangen haben. Eine gute Allgemeinbildung ist für Werbetexter unentbehrlich, aber wichtiger noch: Sie müssen Talent haben und zur Teamarbeit fähig und bereit sein. Denn das Gruppenprinzip ist besonders stark ausgeprägt im Gestaltungsbereich, wo verbale und visuelle Kreative ständig eng zusammenarbeiten müssen.

Die visuellen Gestalter kann man nicht schlicht Grafiker nennen. Auch sie sind meist Spezialisten, nennen sich Art Director, Layouter, Reinzeichner, Fotograf, Display-Gestalter, TV-Producer und kommen von Kunstakademien, Werkkunstschulen, Schulen für Gebrauchsgrafik oder haben, wie beispielsweise die Typografen und Retuscheure, eine Lehre absolviert.

Eine weitere Säule der Werbeagentur ist der Mediabereich. Hier werden die für jeden Werbefeldzug jeweils am besten geeigneten, wirksamsten und billigsten Werbeträger oder Medien ausgewählt, die Einschaltung und Kostenabrechnung besorgt. Das eine tun die Mediaplaner, die häufig eine ähnliche Ausbildung wie die Marktforscher oder praktische Erfahrungen aus Presseverlagen mitbringen. Das andere, die Abwicklung und Abrechnung, ist Aufgabe der Mediakaufleute, die häufig mit einer Verlags- oder werbekaufmännischen Lehre angefangen haben. In der gesamten Media- und Marktforschung gewinnt übrigens die elektronische Datenverarbeitung immer mehr an Bedeutung, so daß EDV-Kenntnisse in diesen Agenturabteilungen zunehmend wichtiger werden.

Schließlich gibt es noch einen in Buchverlagen wie in Werbeagenturen unentbehrlichen Bereich: die Produktionsabteilung mit technisch oder kaufmännisch ausgebildeten Druckfach-leuten, die für die Herstellung aller gedruckten Werbemittel – von der Packung bis zum Plakat – verantwortlich sind. Sie vergeben die Aufträge an Druckereien und Verpackungsfirmen und kontrollieren die Druckqualität.

Wie in den meisten anderen Firmen haben Werbeagenturen selbstverständlich auch Verwaltungsabteilungen – für Personal, Buchhaltung, Rechnungslegung –, ein Archiv, eine Poststelle, Sekretärinnen, manchmal auch ein Kino oder eine Versuchsküche.

Traumberuf? Nicht für jeden!

So anregend, dynamisch und reizvoll viele junge Leute das Arbeitsklima in einer Werbeagentur finden – der Eintritt in eine solche Firma bedeutet nicht, daß man dort auch sein Pensionsalter erreicht. Jeder vierte Mitarbeiter wechselt im Laufe eines Jahres von einer Agentur zur anderen oder in einen anderen Beruf – manchmal auch unfreiwillig, denn Auftragsrückgänge zwingen Agenturen nicht selten, sich von Mitarbeitern zu trennen. Bei den Kreativen kommt noch das Problem des »Ausbrennens« hinzu, das diese meist phantasievollen und überaus einsatzbereiten jungen Leute in ihren mittleren Lebensjahren oder schon früher bedroht.

Dennoch: Werbung ist ein faszinierendes Gebiet, das ständig wirkliche Könner und Talente sucht und überdurchschnittlich gut bezahlt. Daran wird sich auch in Zukunft nichts ändern.

Zwischen Waschküche und Eiskeller

Die Welt der Patinas

Martin Frick

Die folgende Geschichte soll ein Beispiel sein für »gewissenhafte« Science fiction. Unser Planet, die Erde, ist wohl kaum der einzige Leben tragende Himmelskörper im Kosmos, doch hat der Mensch noch keine Verbindung mit außerirdischen Zivilisationen zustande gebracht. Trotzdem bewegt ihn die Frage, wie eine Welt beschaffen sein müßte, die intelligentem Leben ähnlich dem unsrigen Raum bietet.

Dabei ist die Frage, welcher Spielraum für die physikalischen Voraussetzungen dieses Lebensraums überhaupt in Frage kommt: Ein sehr großer Planet wird an seiner Oberfläche eine hohe Schwerkraft aufweisen, die die biologische Organisation der Lebewesen unmöglich macht, ein zu kleiner Planet wird unter Umständen keine Atmosphäre an sich binden können. Es gibt bereits Institute in Ost und West, die sich streng wissenschaftlich mit solchen Grundfragen beschäftigen. Im folgenden wird versucht, einen Planeten zu schildern, der zwar andere Voraussetzungen bietet als unsere Erde, der aber trotzdem den unsrigen ähnliche Lebensbedingungen aufweist. Fiktion sind hierbei die Lage des Himmelskörpers in »seinem Sonnensystem«, die Richtung seiner Rotationsachse, seine Umdrehungszeit und Größe und der Luftdruck an seiner Oberfläche.

Aus diesen erdachten Voraussetzungen aber lassen sich die Verhältnisse auf ihm recht genau abschätzen.
Die Landkarte ist nach einem Gemälde des Worpsweder Landschaftsmalers Heinz Dodenhoff gezeichnet.

Eine Nachricht von Mig

Mig, der letztes Jahr unserem Planeten Erde untreu geworden ist, um unter Zurücklassung einer achtfingrigen, grünhaarigen Schaufensterpuppe mit seiner außerirdischen Freundin Patina zu verschwinden, hat uns eine Nachricht zukommen lassen. Wie, das dürfen wir im einzelnen nicht verraten, doch ihr könnt es euch vorstellen. Auch müssen wir zugeben, daß wir diese Nachricht nicht in allen Einzelheiten richtig verstanden haben. Zum Beispiel ist uns völlig schleierhaft, was die Linie bedeuten soll, die den ganzen Planeten umspannt, bei 55° Südbreite durch das Observatorium führt und bei 240° Länge über den Staudamm (wenn das wirklich einer ist!) geht. Vielleicht hat da jemand eine gute Idee? Die Puppe Patina haben wir übrigens vom Müll geholt, zweifelsohne interessiert sich bald ein Museum dafür.

Martin Frick: geboren 1933 in Süddeutschland, Studium der Astronomie, Physik und anderer Wissenschaften.
Begann seine schriftstellerische Tätigkeit mit einer Science-fiction-Novelle, dann folgten verschiedene Übersetzungen und das Hallwag-Taschenbuch Wetterkunde.
Heute unterrichtet er Wetterkunde und Nachrichtentechnik an der Hochschule für Nautik in Bremen.

Astronomie und Physik
eines Planeten

Das interessanteste an Migs Meldung ist die Dämmerungszone auf dem Planeten Dima, in der die Patinas ihre Sonne nie sehen können. Diese Information bereitet Kopfzerbrechen. Die Achse des Planeten müßte etwa 65 Grad gegen die Bahnebene geneigt sein, was bei der Erde ganz ähnlich ist. Dima müßte nun aber im Unterschied zu der Erde eine Art Torkelbewegung um die Richtung zu ihrer Sonne (Präzession um die gebundene Lage) ausführen, oder aber sie präzediert wie unsere Erde, wobei die Präzessionswinkelgeschwindigkeit gleich der Bahngeschwindigkeit sein müßte.

Aber das ist ja nun schon das schlimmste Astronomenlatein, und wir wollen uns mit der Feststellung begnügen, daß wir erst noch weitere Informationen von Mig haben müssen, bevor wir Dimas Bewegungsgewohnheiten ganz durchschauen können. Insbesondere müßten wir in diesem Zusammenhang noch genauere Angaben über ein zweites Gestirn haben, über das berichtet wird, das offenbar kleiner als unser Mond am Himmel steht und leuchtet, ohne viel zu wärmen. Die Sonne der Patinas muß übrigens ein rötlicher Stern sein, der am Himmel größer erscheint als unsere Sonne. Die Farbe dieses Gestirns wird schon durch die Bezeichnung »rote Küste« nahegelegt, denn der äquatoriale Küstenstreifen wird von der im Norden stehenden Sonne 18 Stunden pro Tag beschienen. Wenn hier von Stunden die Rede ist, so sind unsere Zeiteinheiten gemeint.

Eine Umdrehung Dimas um ihre Achse dauert 36 Stunden. Am Äquator (0°) sind somit 18 Stunden Tag und 18 Stunden Nacht, auf der Breite des Observatoriums in der Nähe der Hauptstadt Patinopolis (54° S) dauert der Tag 8 Stunden und die Nacht 28 Stunden. Das Gegenstück zur Dämmerungszone im Süden ist eine Zone um den Nordpol, in der man die rote Sonne immer sieht. Entsprechend der Drehung Dimas von Ost nach West (unsere Erde dreht sich von West nach Ost) wandert die Schattengrenze, der Terminator, auf der Karte als sinusförmige Linie gezeichnet, von West nach Ost.

Viel Kummer hat uns die Mitteilung gemacht, daß die Schwerebeschleunigung an der Oberfläche der Dima nur ein Drittel von derjenigen auf der Erde betrage und daß das Observatorium aus einem Turm bestehe, der bis an die Troposphärenobergrenze reiche, nämlich eine Höhe von 30 Kilometern habe! Die Troposphäre, die unterste Schicht der Lufthülle, die Schicht, in der sich das Wetter abspielt, ist also dort dreimal so hoch wie bei uns. Da aber wegen der geringen Schwerebeschleunigung alles – auch die Luft – dreimal weniger wiegt als auf der Erde, herrscht am Boden ungefähr derselbe Luftdruck wie auf der Erde. Die Rechnung ergibt weiter einen Radius von etwa 1600 Kilometern (Durchmesser 3200 km) für die Dima, also nur etwa ein Viertel vom Radius der Erde. Von dem 30 Kilometer hohen Observatorium sieht man daher den Horizont bereits stark gekrümmt, man sieht aber auch nicht so weit, wie man zunächst denken würde, der Blick reicht nämlich nur 320 Kilometer weit, also ziemlich genau bis zur Grenze der Dämmerungszone. Auf irdische Verhältnisse übertragen, würde dieses Bauwerk einem ungefähr 2 Kilometer hohen Turm entsprechen, mit dem wir den Mount Everest aufgestockt haben. Der Grund für diesen Bau dürfte klar sein: Licht- und Radiowellen aus dem Kosmos legen viele Lichtjahre ungehindert zurück, bis sie auf den letzten Kilometern ihres weiten Weges, in der »dicken Luft« einer Planetenatmosphäre, fast ausgelöscht werden. Will man ihre Botschaft verstehen, muß man in die Höhe steigen und möglichst viel von der dicken Luft hinter sich lassen. Sind für uns Sternwarten am Boden noch einigermaßen brauchbar, so sehen die Patinas mit ihrer dreimal mächtigeren Atmosphäre vom Boden aus noch viel weniger als wir, ihr Turmbau ist also durchaus verständlich, zumal die geringe Schwerkraft für die Bautechnik ungeheure Vorteile bringt.

Ein ernstes Problem stellt die geringe Größe des Planeten in Verbindung mit der ausgedehnten Lufthülle dar. Es wurde schon behauptet, daß lediglich solche Körper, die nicht viel weniger groß sind als die Erde, in der Lage sein können, eine Atmosphäre zu halten, bei

Kartenskizze des erdachten Planeten
Dima. Nach einem Gemälde von Heinz
Dodenhoff

---

den kleineren Planeten oder Monden entweiche die Luft mehr oder weniger schnell wegen der geringen Schwerkraft. Unser Nachbar Mars wäre in diesem Sinne bereits zu klein, unser Mond erst recht. Nun haben diese beiden ja tatsächlich keine Atmosphäre. Der Saturnmond Titan aber beispielsweise, auch ein recht kleiner Körper, hat eine Atmosphäre. Für solche Ausnahmefälle kommen nun verschiedene Gründe in Betracht, so hängt die Fähigkeit, eine Atmosphäre zu halten, ganz zweifelsohne auch vom Magnetfeld und der Ionosphäre eines Planeten ab.

Auf der Erde haben wir beides: Nach dem Magnetfeld orientiert sich der Kompaß, und die Ionosphäre ist eine elektrisch leitende Schicht in 100 bis 300 Kilometern Höhe, die übrigens für die Reichweite des Kurzwellenfunkverkehrs von großer Bedeutung ist. Die Leitfähigkeit rührt daher, daß die Luftmoleküle in dieser Höhe durch die Sonnenstrahlung in elektrisch positive und negative Teilchen gespalten werden (Ionen und Elektronen). Das Magnetfeld

nun, das sich im Gegensatz zu den höchsten Luftschichten mit der rotierenden Erde dreht, übt Kräfte auf die Ionen aus, die, wie man sich leicht überlegen kann (Dreifingerregel), nach innen gerichtet sind, zur Erde hin. Damit aber wird die Atmosphäre durch Magnetfeld und Ionosphäre wie durch einen Käfig zusammengehalten, so daß die Luftteilchen nicht ins All hinausfliegen können. Hat die Dima ein genügend starkes Magnetfeld und eine gut ausgeprägte Ionosphäre, so ist auch das Rätsel Atmosphäre gelöst. Wir müssen versuchen, uns bei Mig nach Einzelheiten zu erkundigen.

Das Klima

Die Erde wird gleichmäßiger mit Strahlung versorgt als der Patinaplanet. Dimas Nordpol wird dauernd beschienen, der Südpol nie. Das heißt aber nichts anderes, als daß es am Südpol recht kalt und am Nordpol ziemlich heiß sein dürfte, wobei mit einem gewissen Ausgleich durch die

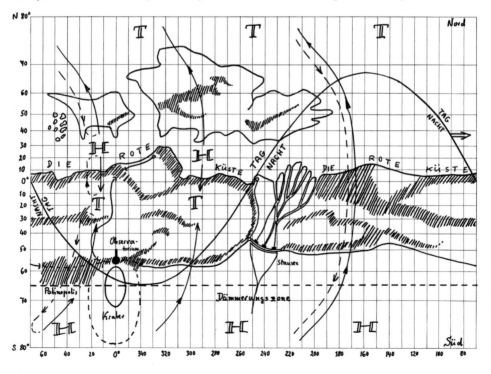

Die Ablenkung der Winde auf Dima

atmosphärische Zirkulation zu rechnen ist. Kalte Luft ist schwerer als warme, es ist also über dem Südpol ständig ein Hoch und über dem Nordpol stets ein Tief zu denken. Diese Druckgegensätze werden nun die Luftmassen in Bewegung setzen. Die Corioliskräfte werden auch auf der Dima wirken: Was sich auf dem sich drehenden Planeten bewegt, wird nach rechts oder links abgelenkt; so entsteht ja auf der Erde der »Wicklungssinn« von Hoch- und Tiefdruckgebiet. Wegen des anderen Drehsinns des Planeten werden sich aber die umgekehrten Ablenkungsrichtungen ergeben, nämlich: auf Dimas Nordhalbkugel die Linksablenkung, auf ihrer Südhalbkugel die Rechtsablenkung. Aus dem Hoch im Süden wird also die Luft unter Rechtsdrehung ausströmen, bei dem Tief im Norden bewirkt die Linksablenkung des Windes ein Einströmen ebenfalls unter Rechtsdrehung des ganzen Druckgebildes Tief. Das könnt ihr vielleicht aus dem, was ihr in der Schule von der Wetterkunde gehört habt, verstehen, sonst schaut euch mal Abbildung 2 genau an!

So wie sich im Kühlschrank die Feuchtigkeit an der kältesten Stelle niederschlägt und Eis bildet, so wird dies auch an Dimas Südpol sein. Um diesen Eiskeller herum dürfte eine Zone ständig schönen Wetters liegen, die Hauptstadt und das Observatorium liegen in diesem Bereich. Hier ist noch eine Besonderheit zu erwähnen, nämlich der Meteorkrater, an dessen Rand Patinopolis liegt und in dessen Zentrum sich ein See befindet (von ungefähr 180 Kilometern Durchmesser). Hier könnte sich ständig ein Föhnmechanismus abspielen, wie er im Bereich der Alpen ab und zu wirkt, und dafür sorgen, daß im Innern des Kraters stets höhere Temperaturen herrschen als in der Umgebung.

Doch verfolgen wir das planetarische Windsystem weiter! Betrachten wir zunächst den Wind auf der Nachtseite des Terminators, also auf dem rechten Teil der Karte. Er wird über den ganzen Planeten wehen (denn das Land ist bei Nacht kälter als das Meer), direkt hinein in das nordpolare Tief. Ist der Südpol eine Art Eiskeller, so haben wir hier die tollste Waschküche:

Bei hohen Temperaturen herrscht da ein enormer Aufwind, der für Segelflieger, die den Aufwind ja schätzen, gewiß keine Freude mehr sein dürfte. Es ist dort eher mit einem ständig tobenden Orkan schlimmsten Ausmaßes zu rechnen, der das Meerwasser tonnenweise in die höheren Luftschichten schleudert. Auf den gestrichelten Wegen wird die Luft in der oberen Troposphäre ins südpolare Hoch zurückkehren und dabei auch große Mengen Feuchtigkeit nach Süden befördern. Damit der Eiskeller nicht zu voll wird, ist es die Aufgabe von Gletschern und Flüssen, sie wieder ins Meer zu befördern. Bei Nacht ist in den äquatorialen Festlandgegenden mit schönem Wetter zu rechnen. Das ist auch gut so, denn die Abstrahlung wird groß sein, so daß das große rote Gestirn nicht in der Lage sein wird, die Gegend tagsüber allzusehr aufzuheizen.

Betrachten wir nun die Tagseite, wie auf dem linken Teil der Karte angenommen. Da sind die Verhältnisse komplizierter. Das Land wird sich stärker erwärmen als das Meer, weshalb sich ein Tief ausbilden wird und auf dem Meer ein

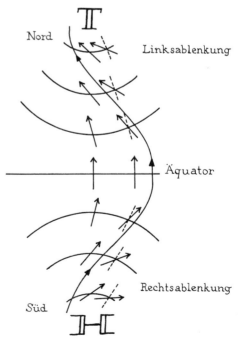

zweites Hoch. Wenige Stunden, nachdem sich die rote Sonne im Westen erhoben hat, wird das Gewitter losbrechen, den Boden mit Wasser versorgen und außerdem durch die Bewölkung verhindern, daß der Heizofen am Himmel allzuviel Strahlung auf den Boden schickt. Gegen Abend dürfte das Gewitter zur Ruhe kommen, die Nacht wird wieder klar und kühl. Meteorologisch gesehen zwar ein etwas turbulenter Alltag, aber leben läßt sich dort bestimmt. Auf den Inseln im Norden dürfte allerdings die Schwüle brüten, und wegen des permanenten Orkans in der Nähe dürfte es ein Abenteuer ersten Ranges sein – das aus der Feder eines Edgar Allan Poe stammen könnte –, mit dem Schiff in die Bucht im Norden der großen Insel zu fahren!

In dem gewaltigen verästelten Gebilde rechts der Bildmitte sehen wir einen Fluß, der die im »Eiskeller« angesammelte Feuchtigkeit ins Meer zurückbefördert, die trichterförmige Erweiterung könnte ein Stauwerk sein. Die Staumauer hätte immerhin eine Länge von ungefähr 400 Kilometern! Ihr könnte eine Reihe von Kraftwerken vorgelagert sein, die sehr wohl 100 Millionen Kilowatt erzeugen könnten, eine Leistung, die für etliche 10 Millionen Patinas ausreichen müßte. Vielleicht handelt es sich sogar

um das einzige Kraftwerk auf dem Planeten. Diese Zahlen mögen – verglichen mit denen der Erde – niedrig erscheinen. Doch haben wir gehört, daß die Patinas auf jeden Raubbau an den Vorräten ihres Heimatplaneten verzichten; außerdem halten sie die Bevölkerungszahl strikt konstant und schränken die Wirtschaft ein. Anders wäre es auch gar nicht erklärlich, daß ihre technische Zivilisation schon seit Jahrtausenden besteht. Das setzt natürlich voraus, daß Profitgier und Gewinnsucht bei ihnen weniger ausgeprägt sind als bei uns. Atomenergie verwenden sie übrigens nur, wo es nicht zu umgehen ist, also beispielsweise in bestimmten Bereichen der Raumfahrt.

Wir bedauern, über diese interessante Welt der Patinas nicht mehr als das Obige sagen zu können, vor allem möchten wir gerne wissen, wo sie sich befindet. So können wir nur hoffen, daß uns Mig gelegentlich weitere Informationen zukommen läßt. Doch glaube ich sagen zu können, daß die Patinas gar keinen großen Wert darauf legen, daß wir in großer Zahl zu ihnen kommen. Wir haben es ja auch nicht gern, wenn sich zu viele Affen, Hunde oder Vertreter anderer geistig nicht beziehungsweise schwach entwickelter Arten in unserem Haushalt tummeln.

Kunstflug

Die hohe Schule des Fliegens

Hans Rudolf Häberli

Als Zaungast auf einem Flugplatz oder als Zuschauer bei einer Flugveranstaltung wird man oft von Flugzeugen im Bann gehalten, die völlig anders als alle übrigen plötzlich in rasch wechselnder Folge durch die Luft wirbeln, atemraubend gegen den Boden abstechen, auf dem Rücken und beängstigend tief vor den Zuschauern durchbrausen, um dann mit aufheulendem Motor wieder gegen Wolken und Himmel aufzusteigen. Laien glauben bei diesem Anblick das Verhalten eines Tollkühnen oder gar Verrückten zu erkennen; Eingeweihte aber verfolgen dieses Tun gelassen, erkennen jede Flugbewegung als Teil einer Kunstflugfigur und wissen, daß der betreffende Pilot Kunstflug trainiert oder sein Kürprogramm vorführt.

Der Kunstflug kann mit dem Kunstturnen oder dem Eiskunstlauf verglichen werden. Die restlose Beherrschung des Körpers in allen Lagen, in vollkommener Schönheit und Stilechtheit ist das Ziel der Kunstturner und Eiskunstläufer. Die feine, kontinuierliche und saubere Beherrschung des Flugzeuges in allen Fluglagen ist das hochgesteckte Ziel derjenigen Piloten, die sich dem Kunstflug verschrieben haben.

Die Anfänge

Der Kunstflug, früher auch Flugakrobatik genannt, erlebte seine Geburtsstunde bereits in der Anfangszeit der Fliegerei. Noch ehe die Sensation der heroischen Erstüberfliegung des Ärmelkanals und der Alpenkette abgeklungen war, erregte der Franzose Adolphe Pégoud Aufsehen, als es ihm erstmals gelang, mit seinem Flugzeug auf dem Rücken zu fliegen. Bereits wenige Tage danach, man schrieb den 21.

Hans Rudolf Häberli – 1931 geboren – besuchte in Münchenbuchsee bei Bern die Schulen und ist auch dort wohnhaft. Bereits in den Jugendjahren im Bann der Aviatik, baute er einige der ersten kompaßgesteuerten Flugmodelle. Seine Schulaufsätze sollen mehr den Physik- als den Deutschlehrer interessiert haben. Im Alter von 17 Jahren führte er seine ersten Alleinflüge mit Segelflugzeugen durch. Nach einer technischen Berufslehre studierte er Maschinenbau in Zürich und erwarb sich die Lizenz für Berufspiloten und Flugverkehrsleiter. Den Abschluß seiner fliegerisch-technischen Ausbildung bildete ein Ausbildungslehrgang für Flugsicherheits-Ingenieure an der Technischen Hochschule Stockholm.
Der Autor vermied es stets, sich hauptberuflich auf ein Spezialgebiet festzulegen; die moderne Flugzeugtechnik wie das persönliche Flugerlebnis interessieren ihn gleichermaßen – mit einem alten Bückerflugzeug Loopings zu drehen oder ein modernes Reiseflugzeug zu fliegen, fasziniert ihn genauso, wie fluggeschichtliche Dinge zu ergründen oder hierüber für die Jugend zu schreiben.
H. R. Häberli steht seit über zehn Jahren im Staatsdienst und bearbeitet Sachgebiete des militärischen Flugbetriebes und der Flugsicherheit.

Rechts: Der Kunstflugverband der Schweizer Flugwaffe, die *Patrouille Suisse,* in enger Formation und im Stechflug

September 1913, steuerte er mit seinem drahtverspannten Blériot-Eindecker den ersten wohlgelungenen »Looping«, eine Figur, die mit einem hochgezogenen Überschlag vergleichbar ist. Ganz im Zeichen der damals stürmischen Entwicklung ließen Wiederholungen nicht lange auf sich warten. Flugpioniere anderer Länder taten es Adolphe Pégoud gleich und eröffneten damit die wohl spektakulärste Art des Fliegens. In Deutschland waren es Piloten wie Boelcke, von Richthofen und Udet, in der Schweiz vor allem Oskar Bider, die mit ihren für damalige Verhältnisse atemberaubenden Kunstflugvorführungen im Mittelpunkt der Sensation standen.

Mit dem Beginn des Ersten Weltkrieges wurde aber der Vorführungskunstflug abrupt entzaubert. Die anfänglich in friedlichem Wetteifern erflogenen Figuren wurden über Nacht zur Kampftaktik der ersten Jagdflieger. Was anfänglich freudige Ausdrucksweise fliegerischen Könnens war, wurde unvermittelt zu bitterem Ernst. Beim Duell in der Luft, beim Luftkampf also, blieb derjenige Sieger, der sein Flugzeug und damit den Kunstflug besser beherrschte.

Diese Erkenntnis behielt ihre Gültigkeit bis in die heutige Zeit. Glücklicherweise aber vermochte der »kanonenlose« Kunstflug nach beiden Weltkriegen neu zu faszinieren und die einstigen Gegner der Luftkämpfe im friedlichen Wettkampf neu zu vereinen. So kommt es denn, daß unsern Vätern große Kunstflugasse wie die Deutschen Ernst Udet, Gerhard Fieseler und Albert Falderbaum sowie die Schweizer Oskar Bider, Albert Ruesch und Francis Liardon von Flugvorführungen her unvergessen bleiben.

Das Flugzeug in allen Lagen beherrschen

Im Mittelpunkt des Kunstfluggeschehens steht der Mensch, der das Flugzeug steuert. Das Flugzeug selbst kann theoretisch gesehen in allen drei Dimensionen bewegt werden; beim Piloten allerdings verhält es sich anders, da er von der Natur her nicht geschaffen ist, sich

beispielsweise auf dem Kopf zu bewegen. Er muß sich mit hartem Training an diesen für das Akrobatikfliegen unerläßlichen Zustand gewöhnen, und dies so lange, bis die in den verschiedenen Fluglagen wahrgenommenen Sinnesempfindungen bei ihm normale Reaktionen in der Steuerführung auslösen. Aus diesem Grunde muß ein Pilot, der sich im Kunstflug ausbilden lassen will, ein Angewöhnungspensum mit einem Fluglehrer an Bord durchführen. Er wird mehrere Flugstunden brauchen, bis die rasch wechselnden Fluglagen und Beschleunigungen seine Sinne und Empfindungen nicht mehr täuschen, bis er frei von beklemmenden Gefühlen sein Flugzeug durch die verschiedenen Fluglagen und Figuren steuern kann. Ein ausgeglichener Charakter, überdurchschnittliches fliegerisches Feingefühl und eine gute Dosis Selbstvertrauen stellen die Voraussetzung für ein erfolgreiches Bestehen im Kunstflug dar.

Die Kunstflugausbildung erfolgt in der Angewöhnungsphase mit dem Fluglehrer am Doppelsteuer und in Flughöhen von mehr als 500 Meter über Grund. Der Kandidat kann dabei die vom Fluglehrer gesteuerten Fluglagen und Figuren am Steuerknüppel mitfühlen. Allmählich aber wird er die Steuerführung selbst übernehmen, und der Fluglehrer wird nur noch korrigierend eingreifen. Die Ausbildung konzentriert sich dabei vorläufig nur auf die einfacheren Elementarfiguren wie *Vrille, Looping, Rolle* und *Renversement;* später dann werden etwas schwierigere und kombinierte Figuren wie der *Rückenflug,* der *Immelmann,* das *Retournement* und die *Loopingacht* geübt. Gleichzeitig mit dem Üben dieser Figuren muß der Pilot versuchen, die Präzision im Raum zu erlangen. Hierzu gehört, daß jede Figur mit einer bestimmten Geschwindigkeit, in exakter Höhe und über einem bestimmten Geländepunkt sauber geflogen wird. Sobald der Pilot die Steuerführung und Raumeinteilung einigermaßen beherrscht, wird ihn der Fluglehrer allein »hinaufschicken« und sein Tun mit kritischem Blick vom Boden aus überwachen. Der Kandidat ist nun bei der Arbeit auf sich allein angewiesen; erstmals verspürt er auch das

Oben links: Bücker-Jungmeister setzt über der Brissago-Insel zu einer Rolle an

Oben rechts: Rückwärtsaufnahme aus senkrechtem Steigflug zu einem *Looping* über der Achereggbrücke

Unten: Die *Pattuglia Acrobatica Italiana* mit Flugzeugen FIAT G-91 in der Formation *Diamant.* Die Düsentriebwerke stoßen Rauchfahnen in den Landesfarben aus

seltsame und sicherlich etwas stolze Gefühl, ein angehender Kunstflieger zu sein. Er hat aber noch viel zu trainieren, bis er die genannten Figuren regelmäßig und fein und sauber im Raum verteilt zu steuern vermag. Dazu kommt, daß er diese Figuren in einer bestimmten Reihenfolge und einem bestimmten Rhythmus zu einem Kunstflugprogramm zu vereinen hat, das in einer festgelegten, sekundengenauen Zeitspanne zu durchfliegen ist. Sobald es dem Piloten gelingt, sein Flugzeug in allen Lagen richtig zu »fühlen«, und dies in Übereinstimmung mit der räumlichen und zeitlichen Präzision, kann er vor einem Experten zur Kunstflugprüfung antreten. Das Prüfungsprogramm kann wie folgt aussehen:

Steigflug auf 1200 m/Grund
Vrille links, 3 Umdrehungen
Looping
Renversement links
Renversement rechts
Retournement links
Immelmann rechts
Rolle links
Retournement rechts
Immelmann links
Rolle rechts
Rückenflug, 15 Sekunden

Mindestflughöhe 500 m/Grund
Zeitlimit 8 Minuten

Besteht er diese Flugprüfung, dann »darf« er nicht nur die freudigen Gratulationen von Fluglehrer und Kameraden entgegennehmen, sondern auch entsprechend alter Tradition ein Fliegerfest »zelebrieren«.

Sinn und Zweck des Kunstfluges

Der Kunstflug muß als klassisches Mittel zur Selbsterziehung des Piloten betrachtet werden. Durch die Kunstflugschulung wird er zu fliegerischer Geduld und Disziplin erzogen. Auch lernt er dabei, das Flugzeug aus anomalen in normale Flugzustände zurückzuführen, was

ein bedeutender Beitrag zur Flugsicherheit ist. Wenn ein Flugzeug auf einem Reiseflug ungewollt in eine unkontrollierte oder anomale Fluglage gerät, so wird dieser Gefahrenzustand nur von demjenigen Piloten sicher gemeistert, der dies geübt hat. Die Erfahrung im Kunstflug beseitigt beim Piloten die Schockanfälligkeit, sie verleiht ihm die innere Gewißheit und Fertigkeit, sein Flugzeug in einer Gefahrensituation wesentlich besser beherrschen zu können.

Aus diesem Blickwinkel betrachtet, ist der Kunstflug eine Angelegenheit der Flugsicherheit. Diese Tatsache wurde schon immer von den Ausbildungsexperten anerkannt, so daß der Kunstflug auch heute noch zum festen und wichtigen Ausbildungsstoff der Militär- und Verkehrsfliegerschulen zählt.

Mit der Grundausbildung im Kunstflug kann es der Pilot an sich bewenden lassen und einzig von Zeit zu Zeit die erlernten Figuren wieder trainieren, wobei er auch einen Passagier mitnehmen kann. So betrachtet, ist der Kunstflug ein reiner Sport, der den Piloten in fliegerischer »Fitness« hält, der ihm das Gefühl des vollendeten Fliegens vermittelt und zu einer Quelle unvergeßlicher Erlebnisse wird.

Der Kunstflug kann aber auch im Hinblick auf den Wettkampf oder auf Vorführungen betrieben werden. Hierzu allerdings muß der Pilot neu hinzulernen und unablässig trainieren. Es ist dabei zu bedenken, daß der Kunstflug weit über 100 Figuren kennt, die größtenteils als Abwandlung oder Kombination aus den Grundfiguren hervorgehen. Auch muß der Wettbewerbs- oder Vorführungskunstflug in niedriger Höhe erfolgen, da sonst der Eindruck des geflogenen Programms auf Punktrichter und Zuschauer zu wenig gehaltvoll wirken würde. Der weit höhere Schwierigkeitsgrad dieser Kunstflugart, die niedrige Flughöhe und die Platzhaltung auf engstem Raum bringen dem Piloten eine große physische und psychische Belastung, der nur mit enormer Konzentration und unablässigem Training begegnet werden kann. Die Trainingsintensität dieser Piloten ist ungefähr mit derjenigen von Spitzenathleten anderer Sportarten vergleichbar.

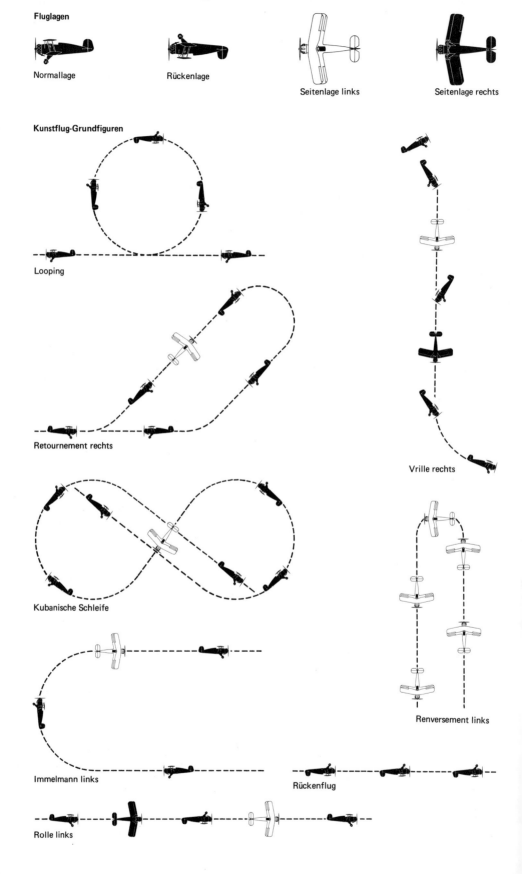

Fluglagen

Normallage

Rückenlage

Seitenlage links

Seitenlage rechts

Kunstflug-Grundfiguren

Looping

Retournement rechts

Vrille rechts

Kubanische Schleife

Renversement links

Immelmann links

Rückenflug

Rolle links

Die *Patrouille Suisse* mit Flugzeugen
Hawker-*Hunter* Mk 58 im Kunstflug-
training über den Alpen:
Links: im senkrechten Stechflug
Rechts: im senkrechten Steigflug

An Kunstflugwettbewerben werden von den
Punktrichtern neben der rein fliegerischen
Präzision auch die Art des Aneinanderreihens
der Figuren, die Originalität, der Schwierigkeitsgrad und die Eleganz des ganzen Programms beurteilt. Kunstflugwettbewerbe gibt
es auf regionaler, nationaler und internationaler Ebene. Meistens wickeln sie sich ohne großen Publikumsaufmarsch ab. Wenn aber diese
Kunstflugpiloten ihr Kürprogramm vor dem
vieltausendköpfigen Publikum eines Flugmeetings vorfliegen, dann werden sie immer
wieder zum Mittelpunkt der fliegerischen Sensation und zum Star des Tages. Kunstflugvorführungen mit spektakulär wirkenden Über-

schlägen, raschen Rollen und Rückenflügen in
Bodennähe zählen zu den eindrucksvollsten
und imposantesten Nummern eines Flugmeetings. Dabei wollen aber die Kunstflugpiloten
keineswegs spektakulär oder sensationell wirken, ihre Absicht und ihr Ziel gehen lediglich
dahin, dem Zuschauer die vollendete Form
der Flugzeugbeherrschung und des Fliegens
vorzuführen.

Die Flugzeuge

Im Kunstflug kommt neben dem Menschen als
Pilot auch dem verwendeten Flugzeugtyp eine
wichtige Bedeutung zu. Nur wenig Flugzeuge

eignen sich für diese Art des Fliegens. Solche Maschinen müssen sehr wendig und stabil gebaut sein. Auch sollten sie über einen im Verhältnis zum Flugzeuggewicht und zur Flügelgröße leistungsstarken Motor verfügen, dessen Treibstoffzufuhr in allen Fluglagen sichergestellt ist. – »Mit einer lahmen Ente lassen sich am Himmel keine Knoten knüpfen«, pflegen die Piloten zu sagen; was sie sich wünschen, sind temperamentvolle »Vollblutpferde«.

Abgesehen von einigen kunstflugtauglichen Einzeltypen wurden in den Vor- und Nachkriegsjahren hauptsächlich die aus Deutschland stammenden *Bücker-*, die französischen *Stampe-* und die englischen *Chipmunk*-Flugzeuge für den Kunstflug verwendet. Fast legendäre Berühmtheit haben im schweizerischen Flugwesen die zweisitzigen Bücker-Jungmann (105 PS) sowie die einsitzigen Bücker-Jungmeister (160 PS) erlangt, standen sie doch bei der Flugwaffe von 1937 bis 1971 ununterbrochen für die Nachwuchs- und Kunstflugschulung im Einsatz. Im internationalen Wettbewerbskunstflug wurde allerdings mit dem Erscheinen der tschechischen *Zlin-Trener* und der russischen *Jak* deren Vorherrschaft bereits in den frühen sechziger Jahren gebrochen.

Die Überlegenheit dieser Tiefdecker-Typen zeigte sich ganz besonders im großen Steigvermögen, das den Aufbau der Programme in die Höhe erlaubte und zum sogenannten Vertikalkunstflug führte. Die sich erneut abzeichnende Vorherrschaft schienen die Piloten westlicher Länder nur schwer zu verdauen, und so schritten sie ohne jegliche Unterstützung von Staat und Industrie zur Selbsthilfe. Der Schweizer Flugkapitän und Kunstflugmeister Arnold Wagner setzte sich ans Zeichenbrett und konstruierte unter der Bezeichnung *Akrostar* eine völlig neue Maschine speziell für den Kunstflug. In Deutschland, wo man sich für dieses Flugzeug sehr interessierte, erfolgten dann der Bau und die Flugversuche. Mit Genugtuung und Freude durften die Fachleute und Piloten aus beiden Ländern feststellen, daß diese Neukonstruktion ein Erfolg wurde. Sie brennen heute darauf, ihr Können auf diesem Supervo-

gel im internationalen Wettbewerbsgeschehen unter Beweis stellen zu können.

Der Formationskunstflug

Die Militäraviatik aller Länder stand von jeher in enger Verbindung mit dem Kunstflug. Für Militärflieger, ganz besonders für die Kampfpiloten, gehört das Fliegen in anomalen Fluglagen zum täglichen Brot. Im Alleinflug mit einem kraftstrotzenden Düsenflugzeug einen Looping oder eine Rolle zu drehen bedeutet für sie keine Attraktion mehr. So stellen sie sich denn fliegerisch noch anspruchsvollere Aufgaben und fliegen die Programme miteinander im Verband, mitunter sogar bis zu zwölf Flugzeugen. Neben den ständig wechselnden Figuren ändern sie auch laufend ihre Platzhaltung, so daß der Zuschauer am Boden immer andere Formationsbilder zu Gesicht bekommt. Um sich ein Bild von dieser fliegerischen Präzisionsarbeit machen zu können, muß man sich vergegenwärtigen, daß die Kunstflugprogramme mit Geschwindigkeiten von 600 bis 900 km/h geflogen werden und daß die Abstände der einzelnen Flugzeuge untereinander oft weniger als fünf Meter betragen. Ein in derart enger Formation fliegender Pilot darf sich nicht die geringste Fehlreaktion am Steuer erlauben, er würde sonst seine mitfliegenden Kameraden gefährden und eine Kollision heraufbeschwören. Die Kunstflugverbände werden von dem in der Regel an der Spitze fliegenden Verbandsführer geleitet; über Sprechfunk gibt er den Beginn jeder Figur und jedes Formationswechsels bekannt und befiehlt laufend die einzuhaltenden Geschwindigkeiten und Flughöhen. So kommt es denn, daß man als Zuschauer vom Boden aus den Eindruck gewinnt, die Flugzeuge wären untrennbar miteinander verbunden.

Kunstflugvorführungen im Verband gehören zum Imposantesten, was die Fliegerei dem Besucher eines Flugmeetings zu bieten hat. Sie vermitteln das faszinierende Bild vollendeten fliegerischen Könnens und einer erstaunlichen Harmonie zwischen Mensch und Technik.

Die Geburt einer Farbe

Hans Rasi-Wolf

Sicher habt ihr schon einmal etwas bemalt – und sei es nur mit Wasserfarben. Doch hat sich dabei keiner von euch den Kopf darüber zerbrochen, wieviel Arbeit dahintersteckt, ehe man eine Farbe streichen kann.

Schon die Höhlenbewohner bemalten die Wände ihrer Wohnungen mit Bildern. Ihre Farben bestanden aus Tierblut, zerstoßenen Holzkohlen und getrockneter Erde.

Auch die Maler in späteren Zeiten stellten ihre Farben nach eigenen, streng geheimgehaltenen Rezepten selbst her.

Ein guter Anstrich darf weder zu spröde noch zu weich sein. Er muß nach der Trocknung elastisch bleiben, um stärkste Sonnenbestrahlung wie auch die beißende Kälte einer Winternacht ertragen zu können. So wird eine Farbe gewaltigen Strapazen ausgesetzt . . . Deshalb werden Musterplatten gestrichen. Nach der Trocknung kommen diese auf den Prüfstand, der Wind und Wetter ausgesetzt ist. Sie bleiben dort ein bis zwei, oft sogar fünf Jahre lang unter ständiger Beobachtung. Schlechte Eigenschaften können auf diese Weise rechtzeitig erkannt und behoben werden.

Ist dieses Ziel erreicht, erstellt der Laborchef ein Rezept für die Fabrikation. Auf diesem Rezept sind die dazugehörenden Mengen genau aufeinander abgestimmt. Aber auch der Herstellungsvorgang, die Fabrikationsvorschrift, ist exakt angegeben. Zuerst erfolgt das Einwiegen, dann das Anpasten. Ferner ist zu bestimmen, welche Teile gerieben werden müssen. Ebenso ist die Feinheit des Produktes vorgeschrieben.

Das Proberezept gelangt nun in die Fabrikation, wo eine bestimmte Menge Farbe hergestellt werden muß. In besonderen Behältern werden die vorgeschriebenen Produkte der Reihenfolge nach – und genau nach Rezept – unter dem Rührwerk eingearbeitet, zum Beispiel flüssige Lösungsmittel, gelöstes Kunstharz, pulverisierte Rohstoffe, auch Farben in Pulverform, Kreidemehl, Talkum. Die Produkte in Pulverform heißen in der Fachsprache »Füllstoffe«.

Eine schnell drehende, schiffsschraubenähnliche Stahlscheibe benetzt die festen mit den flüssigen Stoffen, so daß der Farbbrei nach einiger Zeit immer mehr zu einer teigigen Masse wird. Auf dem Walzwerk erfolgt anschließend der Reibprozeß. Die eng aneinanderliegenden Stahlwalzen sorgen für die vorgeschriebene Feinheit.

Farben mit hohem Glanzgrad müssen viel feiner gerieben werden als Mattanstriche. Je feiner die kleinsten Farbteile sind, um so mehr greifen sie ineinander und ergeben beim Anstrich eine dichtere Oberfläche, also mehr Glanz.

Ist die vorgeschriebene Feinheit erreicht, wird als letzte Beigabe Trockenstoff zugesetzt, das sogenannte Sikkativ, und danach die Farbe unter dem Rührwerk bis zur Streichfertigkeit verdünnt.

Bevor man nun das Endprodukt in die Verkaufskessel abfüllt, wird eine Probe davon der Schlußkontrolle unterzogen. Dabei beweisen Musteranstriche, ob die am Anfang erwähnten Eigenschaften vorhanden sind. Ist dies der Fall, wird die Farbe durch eine Siebmaschine gesiebt und in Kessel und Büchsen abgefüllt. Von hier aus führt der Weg dann in die Werkstatt des Handwerkers.

Satelliten zeichnen das Porträt der Erde

Geographie aus dem Weltraum

Vitalis Pantenburg

Geodäsie – speziell großräumige Erdvermessung – und Kartographie sind auf dem Weg zu hoher Vollkommenheit, wobei riesige Flächen erfaßt werden. Die Landkarte, eines der ältesten Hilfsmittel zur Eroberung und Erschließung unseres Planeten, profitierte nun auch vom unaufhaltsamen Fortschritt der Ingenieurwissenschaften. Flugzeug und Luftphotographie, in jüngster Zeit bemannte Raumschiffe und Vermessungssatelliten, Fernsehtechnik, Elektronik und Computer dienen nunmehr der Erd- und Landvermessung, um vorzügliche Kartenwerke ganzer Kontinente, schließlich des gesamten Erdrunds, mit nicht mehr zu übertreffender Genauigkeit herzustellen. Nun gelingen Filmaufnahmen von unerhört farbenechter Schönheit, wobei Streifen großer Räume funkschnell ausgestrahlt werden. Eine Entwicklung, um so mehr erwünscht, als sich das Profil des festen Landes, auch durch großräumige Ingenieurprojekte, ständig verändert. Bisher hinkten die Geodäten stets hinterher, veralteten ihre Kartenwerke viel zu rasch. Dank revolutionierender Entwicklungen lassen sich nunmehr Veränderungen im Antlitz der Erde in den Karten mit einem Minimum der früher benötigten Zeit auf neuestem Stand halten.

Die bisher üblichen, ungemein beschwerlichen und zeitraubenden Verfahren, überdies sehr kostspielig und ermüdend-langweilig, sind heute schon fast Geschichte. Regelrechte Expeditionen von Landmessern und Hilfskräften stießen in Gebiete vor, über denen noch das Weiß des Unbekannten, Unverkarteten lockte. In unwegsamen Geländen waren trigonometrische Bezugspunkte zu fixieren, um das Kartennetz daran sozusagen aufzuhängen. Die Zuverlässigkeit einer Karte hing ganz von der Gewissenhaftigkeit der Geodätenarbeit ab. Der Theodolit, ein Fernrohr, das durch Feintrieb ein sehr genaues Messen von Winkeln in zwei Ebenen gestattet, war wichtigstes Instrument des Landmessers. Arabische Mathematiker erfanden es vor etwa einem Jahrtausend. Der Kartograph fällt von verschiedenen Punkten, unabhängig von deren Höhen, das Lot auf eine gedachte Ebene: das »Parallel-Projektion« genannte Verfahren. Ein dadurch gewonnenes Abbild der Erdoberfläche ist »entzerrt«, wie es in der Fachsprache heißt. Der Höhenverlauf wird durch »Isohypsen« angedeutet, sichtbar gemacht durch Schraffierungen oder Einfärbungen. Das Ergebnis ist die uns geläufige »physikalische Karte«.

Vitalis Pantenburg, Diplom-Ingenieur: Nach dem Dipl.-Examen an der Techn. Universität Hannover unternahm er als Fachmann für Energiefragen, Wasser-Bau und Wasser-Wirtschaft zahlreiche längere Informations- und Studienreisen, insbesondere zum Studium der wirtschaftlich-industriellen und verkehrstechnischen Erschließung arktisch-subarktischer Regionen. U. a. leitete er vier Jahre lang eine Forschungsstation im hohen Norden.
Es gilt als Polarexperte auf seinem Spezialgebiet, arbeitet als Sachbuchautor und Mitarbeiter u. a. im Fernsehen (Dokumentarberichte) und im Hörfunk.

Modell des von den USA und Kanada zur
Vermessung ganz Nordamerikas in Umlauf
gebrachten Geo-Satelliten Pageos.
Rechts unten im Relief die St.-Lorenz-
Golf-Region

Heute arbeiten die Geodäten, von der Öffentlichkeit kaum bemerkt, mit Methoden und Instrumenten, die menschliche Unzulänglichkeit weitgehend ausschalten. Weit mehr als früher kommt der modernen Kartenherstellung lebenswichtige Bedeutung zu. Es war höchste Zeit; immer noch sind bisher nicht einmal von der Hälfte der Landoberfläche, die Antarktis nicht gerechnet, Karten im Maßstab 1:250000 oder größer, von nicht mehr als 14 Prozent im Maßstab 1:75000 oder größer vorhanden; höchstens zwei Prozent sind in 1:25000 oder größer dargestellt. Geht man jedoch von ihrer Güte, ihrer Zuverlässigkeit aus, so schrumpft der geschätzte Anteil bei Karten im Maßstab 1:75000 sogar auf nur zwei Prozent der gesamten Landfläche der Erde! Eine besorgniserregende Bilanz, weil in zahlreichen Entwicklungsräumen der Ausbau der Infrastruktur des wirtschaftlich-organisatorischen Unterbaues, großzügige Bewässerungsprojekte, der Kampf gegen Bodenerosion ohne aussagereiches Kartenmaterial keinen Erfolg versprechen.

Luftbilder und Aerophotogrammetrie, die Luftbildmessung, übrigens von Deutschen um die zwanziger, dreißiger Jahre entwickelt, sind unerläßliche Voraussetzungen für die Automation der Topographie. In der winzigen Fläche eines derartigen Meßbildes sind geometrische und Bildinformationen in hoher Dichte gespeichert. Aufnahmen aus 15 Kilometer hoch fliegenden Spezialkameras lassen noch Gegenstände von Golfballgröße klar erkennen! Die feinmechanisch-optische Industrie entwickelte Geräte, in denen solcherart gespeicherte Informationen zu vorzüglichen photographischen Luftbildkarten verarbeitet werden. Das Ziel: Der Geodät soll, befreit von primitiver Routinearbeit und unzulänglicher menschlicher Beobachtung, möglichst vollautomatisch arbeitende Einrichtungen nur noch überwachen. Elektronik hilft, meß- und rechentechnische Schwierigkeiten, nach früheren Methoden bei der Landesvermessung unvermeidbar, spielend zu überwinden. Mit nach Radarprinzip arbeitenden Distanzmeßgeräten lassen sich in kaum faßbar kurzer Zeit sehr große Entfernungen auf der Erde mit höchster Präzision bestimmen. Elek-

tronische Datenerfassung und -auswertung ermöglichen unter Verwendung von Erdsatelliten kartographische Aufnahmen erdumspannender Größenordnung. Endlich fand nun das Vermessungswesen Anschluß an fortschrittliche Methoden der Informationsverarbeitung.

Schon aus minimalen Abweichungen der beobachteten Satellitenbahnen von den theoretischen Vorausberechnungen zieht der erfahrene Geodät seine Schlüsse. Hierbei geht man von einer angenommenen Gestalt der Erde und einer ebenfalls angenommenen Lage der Beobachtungspunkte aus. Diese Methode führt zu einem weit verläßlicheren Wert für die Abplattung der Erde. Selbst minimale Abweichungen eines Satelliten vom Kurs machen kleinste Unregelmäßigkeiten in der Erdmassenverteilung deutlich. Schweremessungen, von Satelliten ausgestrahlt, erwiesen unter anderem, daß die Erde kein reines Ellipsoid ist, sondern ihre »exakte« Form eher einer Birne ähnelt, mit Abweichungen, die am Nordpol einen um 17 Meter größeren, am Südpol einen um 17 Meter kleineren Wert ergeben. Derartige Anomalien mögen vernachlässigbar erscheinen, übermitteln dem Geomorphologen aber wertvolle Hinweise auf die Widerstandsfähigkeit der Erdkruste gegen zerstörende Einflüsse.

In etwa 1000 Kilometer Höhe umlaufende Satelliten dienen der großräumigen Erdvermessung als Hochziele. Sie ermöglichen, die kontinentalen Festpunktnetze über die Ozeane miteinander zu verbinden, die gesamte Erde als Polyeder zu umschreiben. Die augenblickliche Position eines Erdtrabanten läßt sich beim »passiven« Satelliten, den man gegen den Sternenhimmel als Hintergrund photographiert, oder durch Blinkzeichen eines »aktiven« sehr genau ermitteln. Von mindestens drei Erdpunkten aus vorgenommen, wobei die Kameraverschlüsse zur Synchronisation durch gegenseitige Funksteuerung exakt festgelegt, der Augenblick des Auslösens durch eine Quarzuhr präzise bestimmt sind, ergibt sich eine unübertreffliche »Satelliten-Triangulation«. Rotierende Verschlüsse bei Satelliten zum Beispiel der »ECHO«- und »PAEGEOS«-Reihe prägen den Aufnahmen auf eine Tau-

Unten links: Die Halbinsel Sinai und das
Rote Meer, aufgenommen von Gemini 12

Unten rechts: Mit kaum noch zu übertreffender Präzision können mit diesem

»Telurometer« genannten, nach Radarprinzip arbeitenden Distanzmesser Entfernungen bestimmt werden. Der
Hubschrauber kann ihn spielend leicht
an jeden beliebigen Ort transportieren

sendstelsekunde genaue Zeitmarken auf.
Selbst wenn die Meßpunkte auf der Erde viele
Hunderte Kilometer voneinander entfernt sind,
lassen sich die Seitenlängen eines Meßdrei-
ecks noch auf ein Millionstel genau bestimmen.

Die moderne dreidimensionale Geodäsie, die
sich der Aufzeichnung durch Satelliten bedient,
gibt die Reliefgestalt der Erdoberfläche unvergleichlich genauer wieder, als dies bisher möglich war. Durch Entfernungsmessungen mit
LASER läßt sich der Maßstab eines erdüber-
spannenden Meßvierecks jetzt sehr genau bestimmen. Bei den bisherigen Vermessungen
wiesen die gegenseitigen Anschlußwerte nicht
selten Fehler von etlichen hundert Metern auf.
Nun lassen sie sich durch Satellitenvermes-
sung ausmerzen. Systematisch von Satelliten
aufgezeichnete Bildreihen ermöglichen heute

die Kartographierung der gesamten Erdoberfläche, einschließlich aller bisher schlecht zu-
gänglichen, daher ungenügend oder überhaupt nicht vermessenen Regionen. Ein enormer Fortschritt, bedenkt man, daß nicht einmal
zwei Prozent der Erdoberfläche hinlänglich genau kartographiert sind. Zur Zeit führen die
USA und Kanada die erste genaue geodätische
Vermessung ihres Kontinents vom Ballonsa-
telliten »PAEGEOS II« aus durch.

Farbaufnahmen von Satelliten aus, auch mit
verschiedenen Lichtfiltern, übermitteln eine
Fülle Details, so Angaben über Bodenuneben-
heiten von nur zwei Meter Höhendifferenz. Die
NASA setzt in diesem Jahr den speziell für Bodenforschung entwickelten Satelliten »ERT I«
ein. In 925 Kilometer Höhe wird er die Erde in
einer über die Pole führenden Bahn umrunden.
Ausgestattet mit einem Fernkamerasystem,

soll er bestimmte Gebiete zur Rohstofferfassung aufnehmen. Land- und Forstwirtschaft erwarten ebenfalls Informationen von »ERT I«.

Der neu entwickelte Wettersatellit »SMS – A« soll im Abstand von 36 000 Kilometern die Wolkenentwicklung über einem Drittel der Erdoberfläche im elektronischen Blickfeld haben. An diesem Vorhaben und anderen Teilen des NASA-Programms ist die Bundesrepublik stärker als je mit Instrumenten und Forschungsaufgaben beteiligt.

Als modernste Forschungseinrichtung der deutschen Genossenschaft wird ein geophysikalischer Satellit auf einer zwischen 500 und 900 Kilometer hohen Bahn ab 1975 die Erde umlaufen. Drei Spezialgeräte sind an Bord: Infrarot-Wolken-Photo- und -Radiometer, Infrarot-Radiometer für Vertikalsondierungen sowie »LINE-SCANNERS« – statt Fernsehkameras. Außerdem führt der Satellit einen meteorologischen und einen geophysikalisch-geologischen Instrumentensatz mit.

Dank dieser Ausrüstung strahlt der Geosatellit Tag und Nacht Wolkenbilder aus, zeigt laufend in Bildreihen die Verteilung von Wasser und Eis an und mißt die Erdtemperatur in dem von ihm überflogenen Streifen. Er soll den Wissenschaftlern in erster Linie Einblick in die geologische Struktur, in die Bedeckung der Erdoberfläche und deren Veränderungen im Jahresablauf geben. Der »SCANNER« übermittelt punktweise angenommene Abtast-Rasterbilder der Erdoberfläche in verschiedenen Wellenlängen. In den USA wird nach dieser Methode schon seit Jahren gearbeitet, zumal die Apparatur wesentlich einfacher ist als eine Fernsehkamera, überdies Gewichtsersparnis bedeutet. Die Meßdaten fallen hier in verschiedenen Wellenlängen als elektronische, sofort zur Erde ausgestrahlte Signale an.

Wichtigster Bestandteil der »SCAN«-Anlage ist ein rotierender Spiegel, der – eingestellt im Winkel von 45 Grad zur Erdoberfläche – das auf ihn treffende Licht in einzelne Impulse »zerhackt«. Elektronisch gemessen, werden diese auf Tonband zwischengespeichert und sofort über Funk zur Erde abgesetzt. Hier lassen sie

sich wie auf Band gespeicherte Fernsehbilder, etwa wie beim Videorecorder, zu analoger Wiedergabe zusammensetzen.

Diese Rasterbildtechnik gibt aufschlußreiche Ergebnisse, vornehmlich aus Bildern der Infrarotsphäre. Hier werden noch Temperaturdifferenzen bis 0,2 Grad Celsius angezeigt. Da die Infrarotstrahlung von Kiesen und Sanden – Lockergestein – je nach Korngröße und Feuchtigkeitsgehalt erheblich differiert, läßt sich die Art des Bodens klar erkennen.

Neue Möglichkeiten von Diagnosen der im »SCAN«-Verfahren aufgenommenen Eigenstrahlung des Erdbodens und seiner Strukturelemente werden seit 1969 durch die Bundesanstalt für Bodenforschung, Hannover, und das Geologische Institut der TU Clausthal und das Institut für Satellitenelektronik in Oberpfaffenhofen untersucht. Dank der Infrarot-Rasterbildtechnik lassen sich Temperaturerhöhungen über unterirdischen Lagerstätten, zum Beispiel von Erzen, ausmachen oder Temperaturerhöhungen, die ihre Ursache in Oxydationsprozessen unter Einwirkung der Atmosphäre und des Grundwassers haben. In den USA verzeichneten stationäre Versuchsanlagen bereits Erfolge; einzelne Minerale in Gesteinen konnten durch ihre Infrarot-Ausstrahlung auf Entfernungen über viele Kilometer analysiert werden.

Die großen Fortschritte im Vermessungswesen und bildhaft-kartographischer Wiedergabe der Erdoberfläche regen zu vertiefter Zusammenarbeit zwischen den Teildisziplinen der Geowissenschaften an. So ermöglichen die durch Auswertung von Satelliten-Aufzeichnungen gewonnenen Kenntnisse der Erdform und der Dichtverteilung präzisere Antworten auf die ungelösten Fragen der Kontinentalverschiebungen und Bewegungen in der Erdkruste.

Heute vermag der Mensch seinen Planeten aus dem Weltraum zu betrachten, im Film aufzuzeichnen und sein Abbild funkschnell über die »magische Röhre« der Bildschirme Millionen und aber Millionen unübertreffbar lebensnah vorzuzaubern. Wir alle kennen die Bilder, die unsere Erde als frei im Kosmos dahinjagende Kugel zeigen . . .

Tarmac-Autos

Motorfahrzeuge, die man nur auf dem Flughafen sieht

Roger Gloor

Wer hin und wieder einen Flughafen besucht hat oder gar schon selbst Flugpassagier gewesen ist, mag sich ob der Vielzahl der hier zirkulierenden geheimnisvollen Fahrzeuge gewundert haben. Es sind fast durchweg Automobile, die einem im normalen Straßenverkehr nie begegnen. Sie werden von spezialisierten Fahrzeugfabriken in aller Welt hergestellt und sind ausschließlich für den Einsatz auf dem sogenannten Tarmac bestimmt. Unter Tarmac versteht man das gesamte, mit einem festen Belag versehene Areal zwischen den Flughafengebäuden und den Start- und Landepisten. Auf ihm werden die Flugzeuge abgefertigt.

Hier wollen wir einmal den Verwendungszweck dieser Tarmac-Fahrzeuge unter die Lupe nehmen. Dabei dient uns der Flughafen von Zürich-Kloten als eindrückliches Beispiel, stehen doch hier über 600 motorisierte Fahrzeuge im Einsatz. Sie gehören zum überwiegenden Teil der schweizerischen Luftverkehrsgesellschaft Swissair, während weitere Fahrzeuge vom kantonalen Amt für Luftverkehr eingesetzt werden. Zu den letzteren zählen beispielsweise die mächtigen Brandbekämpfungsfahrzeuge, die blauen Busse, mit denen die Fluggäste von den Wartehallen zu den Flugzeugen gefahren werden, und die gelben VW mit der Aufschrift »Follow me« (»Folge mir«), die den Flugzeugen den Weg weisen. Praktisch alle andern Motorfahrzeuge, die in Kloten auf dem Tarmac verkehren, sind in der silbergrauen Swissair-Farbe mit rotem Streifen gehalten.

In Kloten hat die Swissair nicht weniger als etwa 500 selbstfahrende Abfertigungsgeräte und -fahrzeuge im Einsatz. Sie verteilen sich auf 35 verschiedene Kategorien, innerhalb welcher noch nach den Fahrzeuggrößen zu unterscheiden ist. Eindrücklich ist der Wert, den dieser Fahrzeugpark verkörpert: Die Swissair beziffert ihn auf rund 30 Millionen Franken oder an die 25 Millionen DM.

Hohe Anforderungen an Fahrer und Fahrzeuge

Für die Bedienung dieser 500 verschiedenartigsten Automobile stehen 300 Fahrer zur Verfügung. Einige von ihnen befinden sich freilich

Roger Gloor, 1937 in Luzern geboren, entpuppte sich schon in seinen jüngsten Jahren als großer Autofan. Mit seiner Vorliebe für das motorisierte Transportmittel war er zwar keineswegs allein; doch was bei andern eine Jugenderscheinung blieb, wurde ihm zum Lebensinhalt. Seine berufliche Laufbahn begann in der Autobranche und führte in die Automobilindustrie, und 1963, nachdem er sich bereits gelegentlich automobiljournalistisch betätigt hatte, wurde er an die Redaktion der »Automobil Revue« in Bern berufen. Dort betreut er nebst zahlreichen weiteren Gebieten des Automobils und des Straßenverkehrs insbesondere die Sonderfahrzeugen unterschiedlichster Art gewidmeten Rubriken.

570 PS starker Schlepper »International
and Hough T-800 S Paymover« für die
Jumbo Jet und Airbus. Die Fahrerkabine
(linke Fahrzeugseite) kann zur Sichtver-
besserung um 45 cm hochgefahren werden;
am Heck ein zusätzlicher Lenkstand

nicht ausschließlich als Chauffeure im Einsatz.
Zur Zeit werden einige Kleinfahrzeuge noch
von Rampenarbeitern gelenkt, die keinen Füh-
rerausweis besitzen; künftig wird der Besitz einer Fahrbewilligung jedoch für diese verantwortungsvolle Aufgabe zur Bedingung gestellt.
Für das Bedienen von schweren Vehikeln wird
hingegen seit jeher der Lastwagenausweis
vorausgesetzt. Die Swissair verfügt über eine
eigene Fahrschule, damit sie ihre Chauffeure
ganz speziell auf die Anforderungen, die der
Verkehr auf dem Tarmac stellt, ausbilden kann.
Für tüchtige Fahrer bietet sich zudem die Möglichkeit, durch Umschulung von den kleinen zu
den großen und größten Abfertigungsfahrzeu-
gen aufzusteigen.
Wer aber pflegt diese Vielzahl an Fahrzeugen,
die aus den verschiedensten Fabriken stammen und daher von den Mechanikern ein breit-
gefächertes Fachwissen verlangen? Nun, für
Service und Unterhalt wie auch etwaige Reparaturen steht eine 70 Mann umfassende Equipe
zur Verfügung. Sie arbeitet in verschiedenen
Werkstätten. In den einen werden die großka-

librigen Fahrzeuge gepflegt, während in andern jeweils die leichtgewichtigen Automobile
in die Kur genommen werden. Die Unterhalts-
mannschaft ist außerdem für den Service an
weiteren Flughafengeräten zuständig.
Übrigens sind die Betriebsbedingungen, die
auf einem Tarmac herrschen, außergewöhnlich
hart, so daß einer besonders sorgfältigen Fahr-
zeugpflege große Bedeutung zukommt. Von
harten Betriebsbedingungen sprechen zu hören mag erstaunen, wenn man weiß, daß auf
dem Tarmac bloß mit einer Höchstgeschwin-
digkeit von 30 km/h gefahren werden darf. Der
große Verschleiß an Motoren und Getrieben
kommt jedoch von den unentwegten Kaltstarts.
All die Fahrzeuge werden stets nur während einer kurzen Zeit von einem Standort zum andern
bewegt; dann werden die Motoren wieder abgestellt, bevor sie richtig warmgelaufen sind.
Bekanntlich ist es aber immer die Startphase,
die bei einem Automobil – welcher Art es auch
sein mag – eine große Abnützung verursacht.
Ein Autofahrer, der nicht speziell instruiert
worden ist, würde sich hinsichtlich der einzu-

Oben: Einer der riesigen, vom Straßenverkehr ausgeschlossenen Tankwagen, ein 80 000 Liter fassender Auflieger-Tankwagen von Viberti mit Sattelzugmaschine Lancia Esagamma E.

Unten: Ein Airstarter auf Bedford-Lastwagenchassis unter einer DC 8. Mit ihm werden bei älteren Flugzeugtypen die Triebwerke in Gang gesetzt

haltenden Fahrspuren auf dem Tarmac kaum auskennen. Denn hier wird der Verkehr mit weißen, gelben und roten Markierlinien geregelt, die auf normalen Straßen nicht anzutreffen sind. Die aufgemalten Linien sind auf dem Tarmac jedoch großenteils für die Flugzeuge bestimmt. Weil immer größere Flugzeuge zum Einsatz kommen, müssen diese Linien von Zeit zu Zeit geändert werden. Trotz der niedrigen Fahrgeschwindigkeiten wird von den Tarmac-Fahrern große Umsicht verlangt, wird doch auf dieser ausgedehnten Betonfläche in allen Himmelsrichtungen gerollt, zu den Flugzeugen, um die Flugzeuge herum oder gar unter ihnen durch. Es kommt denn auch selbst hier hin und wieder zu Zusammenstößen mit mehr oder weniger großem Sachschaden. In Kloten hat man daher vor kurzem alle Swissair-eigenen Motorfahrzeuge mit großen Ziffern auf dem Dach oder an den Seiten gekennzeichnet . . . damit Verkehrssünder vom Flugkontrollturm aus erfaßt werden können.

Für die Flugpassagiere

Manchmal sieht man auf dem Flughafenareal auch Personen- und Kombiwagen zirkulieren. Sie stehen den leitenden Angestellten zur Verfügung, die auf dem ausgedehnten Gelände von einem Gebäude zum andern gelangen müssen. Wer jedoch in Kloten einen weißen Personenwagen beobachtet, der anstelle von Nummernschildern eine aufgemalte »1« trägt, der kann damit rechnen, daß sich auf dem Hintersitz ein besonders wichtiger Fluggast befindet. Solche Passagiere nennt man VIP – very important person –, was auf deutsch soviel wie wichtige Persönlichkeit bedeutet. Staatsbesuche werden freilich zumeist mit schwarzen Limousinen direkt am Flugzeug abgeholt.

»Gewöhnliche« Flugpassagiere aber müssen sich mit dem Bus bescheiden, der sie von der Wartehalle zum Flugzeug beziehungsweise von diesem zur Ankunftshalle bringt. Wenn ein Flugzeug nahe genug dem Flughafengebäude abgestellt werden kann, so wird dieser Weg oft auch zu Fuß zurückgelegt. Auf den Flughäfen

verkehren die originellsten Buskonstruktionen, die man sich vorstellen kann. Denn sie sind zumeist speziell für den Betrieb auf dem Tarmac gebaut und würden sich daher kaum für den Straßenverkehr eignen. Auf dem Flughafen von Paris-Orly beispielsweise gibt es *Passagierbusse*, die so breit sind wie Eisenbahnwagen und zudem wie diese über einen Verbindungsbalg verfügen. Auf den großen Flughäfen Brasiliens – um ein anderes Beispiel zu nennen – benutzen die Fluggäste Busse, die an beiden Enden völlig gleich gebaut sind und bei denen es daher kein Vorne und kein Hinten gibt. An beiden Enden weisen sie je eine Fahrerkabine mit allen nötigen Steuerungsorganen auf, während der Motor in der Fahrzeugmitte untergebracht ist. Mit dieser Konstruktion wird jedes Wendemanöver vermieden, und der Fahrer hat beim Hin- und Herpendeln zwischen Flughafengebäude und Flugmaschinen jeweils bloß den Platz zu wechseln.

So raffiniert sind die in Kloten verwendeten blauen Busse nicht. Doch kann man dieser niedrigen, einen bequemen Ein- und Ausstieg erlaubenden Konstruktion im Stadtverkehr ebenfalls nirgends begegnen. Es handelt sich nämlich um Ford-Sattelzugmaschinen mit Auflieger-Passagieranhänger. Sie bieten 105 Steh- und 23 Sitzplätze; in der älteren Ausführung weisen sie noch zusätzliche Hecktüren auf, in der neueren dafür beidseitig je zwei Zwillings-Schwenkflügeltüren. Die Frontlenker-Zugmaschinen werden von 210 SAE-PS starken Ford-Benzinmotoren über ein automatisches Vierstufengetriebe angetrieben. Diese Busse sind insgesamt 15,9 m lang, 11,8 Tonnen schwer, und ihr Wendekreis beträgt bloß 21 m.

Jumbo-Schlepper mit Riesenkräften

Wenden wir uns nun den eigentlichen Abfertigungsgeräten und -fahrzeugen zu. Imposanteste Konstruktion ist zweifelsohne der *Schlepper*, der für die Großflugzeuge Boeing 747 Jumbo-Jet und DC-10-Airbus benötigt wird. Ein solches »Ding« kostet nicht weniger als

Oben: Reinigungsfahrzeuge und Küchen-versorgungswagen verfügen über solche über ein Scherensystem bis zu den Flug-zeugtüren hochstemmbare Laderäume (System Edbro, England)

Unten: Solche selbstfahrende Einstieg-treppen werden für die Jumbo Jets (Bild) und Airbusse verwendet. Für den Antrieb dient ein VW-Industriemotor. Links im Vordergrund ein GPU

eine halbe Million Franken! Schleppern dieses Kalibers kommt doppelte Bedeutung zu, weil sie nämlich diese riesigen Flugmaschinen nicht nur zu den Hangars, sondern auch auf die Startpiste schleppen müssen. Jumbo-Jets dürfen nämlich ihre Antriebsaggregate erst auf der Abflugpiste in Betrieb setzen, weil durch den von ihnen erzeugten Druck die Scheiben der Flughafengebäude in Trümmer gehen könnten.

Die Jumbo-Schlepper – sie tragen die Bezeichnung T-800 S Paymover und werden in Amerika hergestellt – sind viermal so stark wie ihre nächstkleineren Brüder, die für das Schleppen etwa der DC-8 und Boeing 707 benutzt werden. Ihr Gewicht beträgt 49 Tonnen, womit sie gleich schwer sind wie eine vollgeladene DC-6 B. Damit sie auch auf verschneiten Pisten voll aktionsfähig bleiben, kann ihr Gewicht durch Zuladen von Blei sogar noch bis auf 70 Tonnen erhöht werden. Trotz ihrer Länge von 915 cm und ihrer Breite von 275 cm sieht man ihnen dieses Gewicht wohl kaum an. Sie sind 157 cm hoch, wobei die Fahrerkabine noch um 45 cm angehoben werden kann.

Die T-800 S bestehen im Prinzip aus zwei zusammengesetzten halben Traktoren. In jeder Hälfte treibt ein Motor über ein automatisches Getriebe die Achsen an, die beide lenkbar sind. Die Motoren sind V-8-Dieselaggregate International HC von je 9,4 Liter Hubraum und 285 PS Leistung. Der Treibstofftank faßt 760 Liter Dieselöl! Diese mächtigen Schlepper weisen eine Menge bemerkenswerter technischer Details auf, und die mit ihnen mitgelieferten Handbücher wiegen insgesamt 5 kg. Schon daraus kann ersehen werden, um wieviel komplizierter diese Fahrzeuge im Vergleich zu einem Personenwagen sind. Für die Bedienung der 30 km/h erreichenden T-800-S-Schlepper bestehen strenge Vorschriften. Bevor sie einen Jumbo-Jet oder einen Airbus bewegen dürfen, müssen die Motoren während mindestens zehn Minuten vorgewärmt werden. Die Fahrer haben zudem Anweisung, auch nach erfolgtem Schleppen die Motoren noch während einiger Minuten im Leerlauf abkühlen zu lassen.

Für jede Flugzeuggröße stehen entsprechende Schlepper zur Verfügung; die nächstkleineren stehen für die DC-8 und Coronado im Einsatz. Für die im europäischen Mittelstreckenverkehr verwendeten DC-9 werden in Kloten für die Swissair speziell angepaßte deutsche Schlepper Schopf D 9 benutzt. Sie werden von einem luftgekühlten Deutz-Vierzylinder-Dieselmotor von 155 PS Leistung angetrieben und wiegen elf Tonnen.

Von Spezialvehikeln umringt

Welchen Zweck die auf dem Flughafen anzutreffenden *Riesentankwagen* erfüllen, dürfte jedermann klar sein. Sie gehören den Benzinfirmen, deren Markenaufschrift sie tragen. Unter jenen, die in Kloten das Auftanken der Jumbo-Jets und Airbusse besorgen, gibt es welche, die bis zu 80 000 Liter Treibstoff fassen. Wegen ihrer Größe und ihres Gewichts dürfen sie auf dem normalen Straßennetz nicht verkehren.

Zu den kleinsten, aber wichtigsten Spezialvehikeln, die jeweils ein gelandetes Flugzeug umringen, zählen die »Hilfskraftwerke«. In der Flugfachsprache werden sie kurz *GPU* (Ground Power Unit) geheißen. Sie besitzen eine niedrige kubische Form, und sie haben dafür zu sorgen, daß die Flugzeuge im Stillstand über den notwendigen Strom verfügen. Die von der Swissair verwendeten Bauscher-Elektroaggregate liefern 75 kVA und werden von Deutz-V-8-Dieselmotoren betrieben. Auch die *Boden-Klimaanlagewagen*, die sommers kühlende und winters wärmende Luft in die Flugzeuge pumpen, erfüllen eine solche Hilfsfunktion.

Bei jüngeren Flugzeugtypen, wie DC-9, Jumbo-Jet und Airbus, sind eigene Hilfstriebwerke (Auxiliary Power Unit) eingebaut, die sie von den GPU unabhängig machen. Die Auspufföffnungen dieser Aggregate erkennt der aufmerksame Beobachter am Flugzeugheck. Die Verwendung von flugzeugeigenen Hilfsaggregaten ist aber aus wirtschaftlichen Gründen und wegen des Lärms nur während einer beschränkten Dauer möglich. Darum ist auch

Oben: Luftfrachtcontainer werden auf
solchen Übermittlungstransportern zu den
Flugzeugen befördert . . .

Unten: . . . und auf solchen Hebebühnen
in den Frachtraum verschoben

beim Jumbo-Schlepper T-800 S ein GPU-Aggregat direkt am Heck angebaut.

Für die älteren Flugzeugtypen ohne eigene Hilfstriebwerke – bei der Swissair die Coronado und die DC-8 – wird zudem ein sogenannter *Airstarter* benötigt. Mit ihm werden die Triebwerke gestartet und die Klimatisierung des Flugzeugs vor dem Start ermöglicht. In Kloten sind die Airstarter auf Bedford-Lastwagenchassis (6-Zylinder-Benzinmotor von 3,5 Liter Inhalt und 86 DIN-PS Leistung) aufgebaut. Die für das Starten der Düsenmotoren benötigte Druckluft wird von einem mächtigen Cummins-6-Zylinder-Dieselmotor von 320 PS Leistung geliefert; dieser ist in einem Gehäuse auf dem Lastwagenchassis untergebracht.

Zu den Speziallastwagen, die sich um gelandete Flugmaschinen gruppieren, zählen auch die *Reinigungsfahrzeuge* (Cleaning Truck) und die *Küchenversorgungswagen* (Catering Loader). Sie basieren ebenfalls auf englischen Bedford-Frontlenkerlastwagen (6-Zylinder-Dieselmotoren von 138 PS Leistung). Ihr kastenförmiger Laderaum wird mit einem Scherensystem bis auf die Höhe der Flugzeugtüren hochgefahren. Das gestattet ein schnelles und rationelles Umladen der für die Fluggäste bestimmten Verpflegung beziehungsweise der Reinigungsutensilien. Im Jumbo-Jet sind zwischen zwei Flügen jeweils bis zu 24 Personen mit der Innenreinigung beschäftigt. Benötigt werden auch die 2500 Liter fassenden *Trinkwasserservicefahrzeuge* und die *Toilettenservicefahrzeuge*. Mit letzteren werden die Flugzeugtoiletten entleert und gespült. Diese beiden Fahrzeugtypen sind auf den gleichen Bedford-Chassis aufgebaut wie die Airstarter.

Für das Einsteigen und Beladen

Beachtung verdienen die selbstfahrenden *Einstiegtreppen,* über welche die Passagiere in Jumbo-Jet und Airbus ein- und aussteigen. Sie wurden nach einem von der Swissair zusammengestellten Pflichtenheft in der Schweiz konstruiert. Diese gedeckten Stufenrampen sind 12 m lang, und die Höhe der Einstiegplattform läßt sich von 4,3 bis 5,5 m über Boden variieren. Für den Antrieb dient ein VW-Industriemotor von 1,6 Liter Inhalt. Von einem Opel-Kadett-Motor werden hingegen die ebenfalls in der Schweiz konstruierten selbstfahrenden *Förderbänder* angetrieben. Mit ihnen werden das Gepäck und kleinere Frachtstücke in den Flugzeugrumpf befördert.

Besonders raffiniert geht das Verladen von Containern vor sich. Diese für den Luftverkehr extra leicht gebauten Behälter von einheitlicher Größe werden im Frachthof der Fluggesellschaften zunächst auf Handwagen gestellt. Von diesen können sie auf einen motorgetriebenen *Übermittlungstransporter* verschoben werden. Damit dieses Umladen leicht vonstatten geht, sind die Rollen auf dem Übermittlungsfahrzeug, welche die Container tragen, angetrieben. So können diese mühelos auf die *Hebebühne* weitergeschoben werden. Die Hebebühne besitzt ebenfalls angetriebene Rollen, und auch sie ist selbstfahrend. Für den Antrieb dieser in den USA gebauten Geräte dient ein Ford-4-Zylinder-Industriedieselmotor von 2,8 Liter Hubraum. Die Hebebühne bringt die Container auf die Höhe des Flugzeug-Frachtraumes, worauf sie über die Rollen in die Maschine eingeschoben werden. Übrigens: Die Jumbo-Jets bieten so nebenbei noch die Transportkapazität eines herkömmlichen Frachtflugzeugs.

Für Spezialaufgaben bestimmt

Hebebühnen weisen auch einige der *Reparatur- und Werkstattwagen* auf, die für Kontrollarbeiten, Unterhalt und Reparaturen an den Flugzeugen verwendet werden. In Kloten gibt es beispielsweise Ford-Transit-Lieferwagen, die über eine hochfahrbare Korbplattform verfügen und damit den Mechanikern Zugang zu den hoch über dem Boden gelegenen Flugzeugteilen verschaffen.

Nur in der kalten Jahreszeit im Einsatz steht ein 12-m-*Enteiserfahrzeug* auf einem OM-Diesel-

Oben: Zu den kleinsten Tarmac-Fahrzeugen zählen die Frachtpalettenschlepper (im Bild ein Clarktor 50). Zum Größenvergleich dahinter ein Jumbo Jet

Unten: Mächtigste Fahrzeuge in Kloten sind die beiden Schaumlöschfahrzeuge Walter Twin 3500, die für den Katastrophenfall bestimmt sind

Lastwagenchassis, dessen Plattform sich bis auf eine Höhe von 12 m ausfahren läßt. Es besitzt einen Tank von 8000 Liter Inhalt, aus dem Enteisungsflüssigkeit auf Flugzeugflügel und -rumpf gesprüht werden kann. Ebenfalls auf einem OM-Frontlenker basiert ein 24-m³-*Wartungsfahrzeug* mit einem 3300-Liter-Tank, das sowohl für das Waschen als auch für das Enteisen von Flugzeugen eingesetzt werden kann. Diese beiden Spezialfahrzeuge zählen mit ihren Anschaffungspreisen von 220000 und 300000 Franken mit zu den teuersten Tarmac-Autos.

Erwähnen wir noch einige Fahrzeuge, denen auch wichtige Aufgaben zukommen. Zu den für den *Verbindungsverkehr* benutzten Personen- und Kombiwagen zählen die schwedischen Kolmar mit holländischer Daf-Variomatic-Antriebseinheit, die sich – mit Funk ausgerüstet – für die Flugzeugabfertigung besonders gut bewähren. Um die Flugzeugbesatzungen, vom Kapitän bis zu den Stewardessen, von ihren Flughafen-Aufenthaltsräumen zu den Flugzeugen zu bringen, werden sogenannte *Crew-Transporter* (Crew = Mannschaft) eingesetzt. Da sie überdies für gebrechliche und mitunter selbst für verspätete Passagiere verwendet werden, nennt man sie auch kurzerhand Tarmac-Busse. Während die Swissair hierzu bis vor kurzem noch Hanomag-Kleinbusse benutzte, geht man nun in Kloten zu solchen des Typs Peugeot JP 7 über. Dies gibt einen Hinweis darauf, daß nicht nur der Flugzeugbestand einer Luftfahrtgesellschaft, sondern auch der Tarmac-Fahrzeugpark einer steten Modernisierung bedarf.

Zum Abschluß dieser Umschau wenden wir uns einigen Monstren zu, von denen zu hoffen ist, daß sie stets bloß zu Übungszwecken in Betrieb gesetzt werden. Wir meinen die vier Großlöschfahrzeuge, über die seit 1972 das Amt für Luftverkehr verfügt. Die je zwei *Schaumlösch- und Staublöschwagen* ergänzen den Park von mehr oder weniger normalen Feuerwehrautos;

sie sind für den Katastropheneinsatz im Jumbo-Jet-Zeitalter konstruiert und wurden in den USA hergestellt. Das Schaumlöschfahrzeug Walter Twin 3500 übertrifft hinsichtlich seiner Abmessungen von 960 cm Länge, 290 cm Breite und 397 cm Höhe noch die Dimensionen des Jumbo-Schleppers, mit 26,2 Tonnen Gesamtgewicht in beladenem Zustand kommt es freilich nicht an diesen heran. Der Totalinhalt des Löschmitteltanks beläuft sich auf 13200 Liter, und die Reichweite des gleich einer Kanone auf dem Dach montierten Löschmittelwerfers beträgt 70 m. Der Antrieb des Walter Twin 3500 erfolgt mit zwei im Heck nebeneinander eingebauten Ford-V-8-Motoren von zusammen 550 PS Leistung. Sie treiben alle vier Räder an und ermöglichen dem Schaumlöschfahrzeug eine maximale Fahrgeschwindigkeit von 95 km/h. Etwas kleiner dimensioniert sind die Staublöschfahrzeuge des Typs Walter-Total PLF 6000. Ihre Außenabmessungen sind 770 × 250 × 360 cm. Sie wiegen beladen 21 Tonnen, und ihre Staubpulverbehälter fassen 6000 kg. Sie werden von einem Detroit-Diesel-V-8-Motor angetrieben, der 350 PS leistet und die Wagen auf 92 km/h bringt. Während der Walter Twin 300 in der Anschaffung nicht weniger als 650000 Franken kostet, wird der Preis des Walter-Total PLF 6000, dessen Aufbau vom deutschen Total-Werk stammt, auf 475000 Franken beziffert. Ebenfalls mit zu den wertvollsten Flughafenfahrzeugen zählt in Kloten die auf einem Mercedes-Benz-Lastwagenchassis aufgebaute *Großambulanz*, in der 20 Tragbahren gleichzeitig untergebracht werden können.

Mit der Herstellung von Flughafenfahrzeugen und -ausrüstungen befaßt sich heute ein Industriezweig, der in den vergangenen Jahren sehr schnell an Bedeutung gewonnen hat. Auch die Zukunftsaussichten dieser Branche werden äußerst optimistisch beurteilt, nimmt doch die Zahl der Flugpassagiere Jahr für Jahr in ungeahntem Ausmaß zu.

Heinzelmännchen 1974

Roboter, unsere stählernen Kollegen

Ludwig Hermann

Sie beladen und entladen, transportieren, schweißen und bohren, spritzen, emaillieren und helfen komplizierte Montageprobleme lösen: die Roboter, die »stählernen Kollegen« – die »andern unter uns«. Wenn nötig, stehen sie 24 Stunden pro Tag im Einsatz: unter schwierigen, schmutzigen, geräuschvollen und gefährlichen Verhältnissen, bei glühender Hitze oder bei 40 Grad unter Null. Sie fordern keine Gehaltsaufbesserung, murren und streiken nicht, werden nicht krank und reisen nie in den Urlaub.

»Menschenähnliche Mechanismen«, prophezeit der sowjetische Wissenschaftler Iwan Artobolewskij, 67, Spezialist auf dem Gebiet der Menschen-Maschinen, »werden Bagger und Förderkräne ersetzen. Stählerne Gullivers und Liliputaner sind die künftigen Erbauer von Häusern und Schiffen, Walzstraßen oder Mikroschaltungen.« Erstmals in der Geschichte zeichnet sich die technische Möglichkeit ab, »die Idee vom völligen Verschmelzen der körperlichen und der geistigen Arbeit auf technischem Wege« (Artobolewskij) zu realisieren. Die elektromotorische Fünffinger-Greifhand, schon jetzt für komplizierte Hantierungen an empfindlichen Gegenständen im Einsatz, bedeutet nur einen Anfang. Androiden-Klauen sind universelle, unspezialisierte Arbeitsmaschinen, die alles machen, was von Menschenhand ausgeführt werden kann. Mit Programmsteuerung versehen und an eine entsprechende Werkzeugmaschine gekoppelt, steigt die Leistung der Androiden-Pfote, die – so ihre Schöpfer – »feinfühlig und mit dosierter Kraft« an die Arbeit geht.

Androiden, elektronisch-mechanische Einrichtungen mit den Eigenschaften einer Arbeitsmaschine und eines Computers, bedeuten Zukunftsvision. Noch müssen Probleme der Mechanik, Dynamik und Energieversorgung ausgetüftelt werden, was nach Schätzung der Erschaffer »künstlicher Menschen« zehn bis fünfzehn Jahre in Anspruch nimmt. Doch Schlimmes ahnend, stellt der amerikanische Biochemiker Dr. Isak Asimoff schon jetzt Grundgesetze der Robotik auf, die das Verhalten des Androiden-Clans in geordnete Bahnen lenken sollen:

– Ein Roboter darf kein menschliches Wesen verletzen oder eine Verletzung des Menschen zulassen.

Ludwig Hermann: Geboren 1940 in Lugano. Nach Besuch von Schulen in Lugano, Bern und Biel 1957 Eintritt ins Staatliche Lehrerseminar Bern-Hofwil. Dreieinhalb Jahre Lehrer in einem Knabenerziehungsheim bei Bern. »Film« als Freizeitbeschäftigung, Filmkritiken (»Seeländer Volkszeitung«), Mitgründer einer Filmgesellschaft (»V-Pictures«), Dreharbeiten (»Geh mit der Zeit« u. a.). 1965 Aufenthalt in den USA als »Bummler im Bus«, Gärtner und Chauffeur in einem Hotel in Buffalo. Mitgründer des Pressebüros Cortesi in Biel. Journalistische Tätigkeit (Reportagen, unpolitische Features) für Tageszeitungen und Illustrierte sowie freier Mitarbeiter des Schweizer Fernsehens. Ziel: Filme zu drehen im Stil des Franzosen Jean-Pierre Melville.

Bekannt aus Film und Comics: Roby der
Roboter – eine Persiflage moderner
Maschinen-Menschen

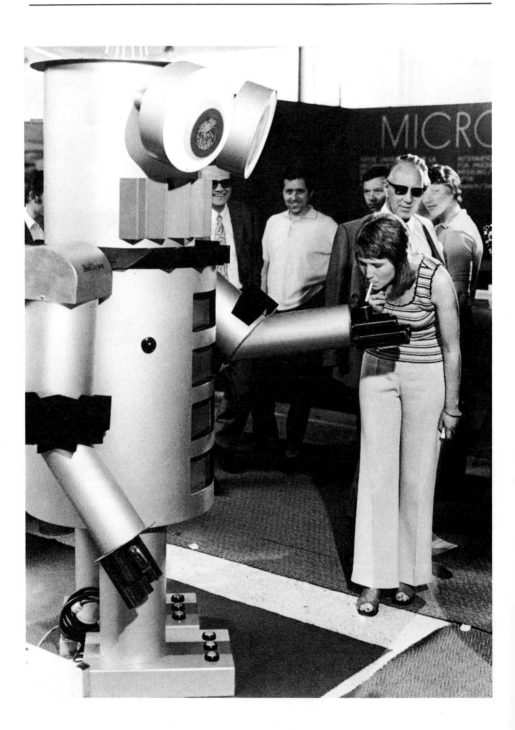

Oben links: Professor Walter Guttropf:
»Der Mensch wird vom Roboter von
jeglicher Arbeit befreit!«

Oben rechts: Roboter-»Papst« Xavier B.
Ghali: »Roboter besitzen keine Kaufkraft!«

Unten: Master/Slave-Manipulator mit
ganggesteuerter Handeinrichtung, wie er
in Atomkraftwerken in radioaktiv ver-
seuchten Bearbeitungszellen verwendet
wird

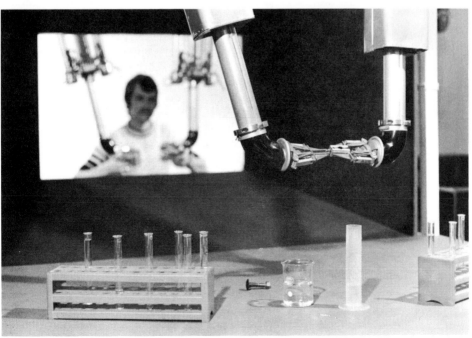

Bleibt der Mensch weiterhin »der bessere Roboter«?

– Ein Roboter muß jeden menschlichen Befehl ausführen, es sei denn, der gegebene Befehl verstoße gegen den ersten Grundsatz.
– Ein Roboter muß die eigene Existenz schützen, darf dabei aber nicht gegen die ersten beiden Regeln verstoßen.
Führende Wissenschaftler vermuten, der Roboter der Zukunft nehme den Menschen zum Ebenbild. Der Mensch als »Maß aller Dinge« hat sich nicht nur an seine Umwelt, sondern auch an die »zweite Natur« – die rings um ihn geschaffene »Technosphäre« – angepaßt. Artobolewskij: »Der anthropomorphe, menschenähnliche Roboter wird sich leichter und schneller in die uns gewohnte Umwelt einpassen als irgendein anderer.«
Zur Zeit zuckeln und werkeln erst gegen 1000 Roboter auf der ganzen Welt. Nach Schätzungen des amerikanischen Wirtschaftsmagazins »Business Week« wird sich die Zahl bis 1980 lediglich verdoppeln – für den deutschen Robotologen Hans-Jürgen Warnecke ist der Roboter trotzdem schon heute »ein Stück Wirklichkeit«.

Die Wirtschaftlichkeit der Maschinenmenschen läßt auf sich warten, doch der Anmarsch eines Heers von Stahlkolossen in den 90er Jahren ist kaum mehr zu bremsen. Japan und die USA sind führend in der Roboter-Industrie – zum Leidwesen einheimischer Futurologen dagegen »hinkt Europa noch schwer hintennach«. Einer der originellsten »Vettern« aus der gegenwärtigen Roboter-Generation ist 1,82 Meter groß, 600 Kilogramm schwer und von »Beruf« Feuerwehrmann. Seine Kollegen in der japanischen Stadt Yokohama applaudierten, als der Gigant Anfang dieses Jahres seine Feuerprobe bestand: Ohne Zaudern dringt er in brennende Häuser vor, steigt Treppen hoch und bringt in seiner Umgebung dank Sprühdüsen die Flammen unter Kontrolle. Fernsehkameras in den Augen des Golems übermitteln Bilder an die Außenwelt.
Beim Syntelmann (Abkürzung für »Synchronous Tele-Manipulator«), einem von Professor Hans Kleinwächter in Lörrach entwickelten Roboter, steuert ein Mensch (»Meister«) mit ei-

Oben: Der stählerne »Kollege« streikt nicht, wird nicht krank und verlangt keine Lohnaufbesserung

Unten: Roboter kennen keinen Feierabend und arbeiten wenn nötig im 24-Stunden-Betrieb

nem an Armen und Beinen befestigten Exoskelett synchron entsprechende Glieder des »Maschinensklaven«. Eine zweiäugige Stereo-Fernsehkamera sowie feingestufte Kraftrückmeldungen verleihen dem Gerät, das sowohl einen Ring verbiegen als auch ein Ei ohne Beschädigung reichen kann, den nötigen Seh- und Tastsinn. Syntelmann tritt dort in Aktion, wo Menschen in lebensfeindlicher Umgebung resignieren müßten: in strahlungsgefährdeten Räumen, in der Tiefsee und im All.

Ob beim Beschicken von Werkzeugmaschinen oder Schweißen von Autokarosserien – Manipulatoren ersetzen den Arbeiter. Von einem Bewegungsspeicher können Modellbewegungen beliebig gesammelt und abgefragt werden. Zu den fortgeschrittensten Industrierobotern zählt »Unimate«, ein in den USA entwickeltes Präzisionssystem, das mit Backsteinen, Betonplatten oder Paletten hantiert – wenn nötig rund um die Uhr. »Die Lebensdauer«, sinniert Dipl.-Ing. Walter Guttropf, Professor HTL, Brugg-Windisch, »beträgt 40 000 Stunden, was vielleicht das Entscheidende an dieser Maschine ist. Auf den Menschen umgerechnet sind dies 20 Arbeitsjahre mit Acht-Stunden-Tag. Bei einem Anschaffungspreis des Roboters von 90 000 Franken läßt sich's gut errechnen, wann das Ding Gewinn einbringt!«

Wo führt die Entwicklung hin? Wird das Regiment der andern unter uns Regie und Regime übernehmen? »Mechanisierung und Automatisierung«, lobt Guttropf, »sind die Vollendungsformen der Rationalität in der Technik. Der Mensch wird nicht nur von der Monotonie der Arbeit, sondern von der Arbeit überhaupt befreit!« Xavier B. Ghali (»Der Mensch wird immer der bessere Roboter bleiben«), Zürcher Roboter-Experte, hegt trotz allem Bedenken: »Eine wirtschaftliche Studie auf nationaler Ebene sollte – um objektiv zu sein – berücksichtigen, daß ein Roboter im Gegensatz zu einem von ihm ersetzten Arbeiter keine Kaufkraft besitzt. Er steigert die Produktion, ohne am Konsum teilzunehmen!« Oder ist der superintelligente Roboter-Mann der Zukunft so programmiert, daß er nach Feierabend auf Einkaufsbummel geht?

SIN

Atomkernforschung in der Mesonenfabrik

Reinhard Frosch

Was heißt SIN? Englischkundige werden sagen: Sünde; in unserem Fall ist jedoch etwas anderes gemeint: SIN ist die offizielle Abkürzung von »Schweizerisches Institut für Nuklearforschung«.

Dieses Forschungsinstitut ist gegenwärtig im Aufbau und soll 1974 in Betrieb genommen werden. Das SIN liegt auf dem Gemeindegebiet von Villigen, am linken Aare-Ufer, etwa 10 km vor der Einmündung in den Rhein. Auf einer flachen Wiese unmittelbar neben dem hier schon recht imposanten Strom steht bereits die große Experimentierhalle (mit fabrikhallenähnlichem Sägezahndach, s. Abb. S. 211), flankiert von zwei Nebengebäuden (Betriebs- und Speisegebäude), sowie das Laborgebäude. Die Montagehalle nähert sich der Vollendung.

Über eine neue Brücke gelangt man zum EIR (Eidgenössisches Institut für Reaktorforschung), etwas flußabwärts liegt ein Atomkraftwerk – wir haben es hier mit einer »atomaren Gegend« zu tun.

Interessanter als die geographische Lage eines Forschungslabors ist sein Platz in der Welt der Naturwissenschaft. Wie sein Name sagt, wird sich das SIN mit Nuklearforschung befassen, also mit Atomkernen (lateinisch nucleus = Kern). Wir verstehen heute recht gut, wie das Atom funktioniert: Negativ geladene Elektronen sausen um den kleinen, schweren, positiv geladenen Atomkern herum. Die Elektronen werden gehalten durch elektrostatische Anziehung, ähnlich wie ein Kamm trockenes Haar hält.

Hingegen verstehen wir noch schlecht, was den Atomkern zusammenhält. Er besteht aus positiv geladenen Protonen und neutralen Neutronen. Vieles ist noch unklar. Hier will das SIN, zusammen mit andern Forschungsstätten in aller Welt, ansetzen.

Neben dieser »reinen« oder Grundlagenforschung, deren Motiv die Neugierde des Homo faber (homo = Mensch, faber = Handwerker) ist oder der Wunsch nach kulturellem Leben, werden am SIN auch praktische Anwendungen stehen: Gewisse medizinisch wertvolle radioaktive Präparate werden sich dank der vergleichsweise hohen Intensität und Energie der Teilchenstrahlen erzeugen lassen; möglicherweise wird man Krebspatienten mit sogenann-

Reinhard Frosch: geboren 1935 in Zürich. Etwas zu brave Schulzeit. Physikstudium an der ETH und Uni Basel. Dazwischen Gymnasiallehrer und Mitarbeiter der Jugendzeitschrift »clou«. 1963 Dissertation über Präzisionsbestimmung der Quellstärken radioaktiver Präparate.
1964–1967 am Hochenergiephysiklabor der Uni Stanford (Kalifornien) Arbeiten über die Ladungsverteilung des Helium-Kerns. 1967–1970 am CERN Mitarbeiter an Teilchenphysik-Experimenten. Seither Leiter einer Gruppe am SIN und am Hochenergiephysiklabor der ETH.
Hobbys: Verseschmieden (in jüngeren Jahren zwei Gedichtbände verbrochen) und Reisen.

Oben: Forschungs- und Kraftwerkbezirk am Unterlauf der Aare: Rechts im Vordergrund das Institut für Reaktorforschung, links davon, durch eine neue Brücke verbunden, das Institut für Nuklearforschung (SIN), im Hintergrund das Atomkraftwerk Beznau

Unten: Der Ringbeschleuniger des SIN

ten Pi-Mesonen besonders wirkungsvoll direkt bestrahlen können; Strahlenschäden in Materialien will man bei bisher unzugänglichen Bedingungen untersuchen.

Diese praktischen Anwendungen werden in »populären« Artikeln meist in den Vordergrund geschoben. Ich möchte im folgenden eher für die Grundlagenforschung eine Lanze brechen. Die Anstrengungen in dieser Richtung sind am SIN und an ähnlichen Plätzen mindestens ebenso groß wie die praktischen. Überdies nehme ich an, daß junge Leser sich für die »philosophische« Seite der Physik besonders begeistern können.

Das Rätsel des Atomkerns

Wie schon erwähnt, fliegen im Atom Elektronen in wohlbekannter Art um den Kern herum. Sie tun dies ähnlich wie Planeten um die Sonne. In der Tat haben die elektrostatischen Kräfte gewisse Ähnlichkeiten mit dem Gravitationsfeld. Diese Kenntnisse besitzen wir, obschon man Atome nicht sehen kann. Diesen Text kannst du sehen. Was geschieht? Du machst ein Licht-Streu-Experiment. Die Photonen (= Lichtteilchen) kommen von der Sonne oder von einer Lampe. Das weiße Papier wirft viele Photonen zurück, die schwarzen Buchstaben wenig. Dein Auge wirkt als Detektor (= Empfänger) und registriert die Größe, die Form und Farbe der Buchstaben.

Es ist nun eine der großen Erkenntnisse unseres Jahrhunderts, daß alle Teilchenbewegungen in Wellenform vor sich gehen. Umgekehrt ist bei vielen Vorgängen, die wir zunächst als Wellen auffassen, ein Teilchen im Spiel. Zum Beispiel heißen die Teilchen, die sich in Form von Schallwellen bewegen, Photonen. Die schon besprochenen Photonen kommen als Lichtwellen daher. Auch einen hochgeworfenen Stein oder Tennisball kann man als Welle betrachten.

Eine Wasserwelle der Wellenlänge zehn Meter wird von einem Pfahl kaum gestört. Das Hindernis muß so groß wie die Wellenlänge oder größer sein.

Darum kann man Atome nicht sehen (auch mit dem besten Mikroskop nicht): Sie sind viel kleiner als die Lichtwellenlänge.

Man hat gefunden (»man« = Planck, Einstein, Louis de Broglie und andere), daß Photonen und andere Teilchen kürzere Wellenlängen haben, wenn man sie auf höhere Energie beschleunigt. »Härteres« Licht heißt Ultraviolettstrahlung, Röntgenstrahlung, Gammastrahlung. Als andere Teilchen kommen in Frage: Elektronen, auch Betastrahlen genannt (werden z. B. im Elektronenmikroskop verwendet); Heliumkerne = Alphastrahlen (führten zur Entdeckung des Atomkerns durch E. Rutherford Anno 1912); Protonen (also die positiv geladenen Atomkern-Bestandteile).

Am SIN
wird man Protonen
verwenden

Zum Lesen brauchst du eine Quelle sichtbaren Lichts; am SIN wird man statt dieser Lichtquelle einen Protonen-Beschleuniger haben, also eine Maschine, die Protonen auf hohe Energien bringt und sie dann in gebündelter Form, als Protonenstrahl, ausspuckt.

Du willst (hoffe ich) diesen Text studieren. Die SIN-Forscher wollen die Atomkerne studieren, die rund 1 000 000 000 000mal kleiner als einer dieser Buchstaben sind.

Du benutzt die Linsen deiner Augen und eventuell deiner Brille zur Scharfeinstellung, bei gewissen Experimenten auch die Prismen eines Feldstechers; im SIN stehen bereits viele Tonnen schwere magnetische Prismen (d. h. Dipolmagnete) und magnetische Linsen (Quadrupolmagnete). Dein Detektor ist die Netzhaut des Auges. Die Physiker verwenden eine Vielzahl von Detektoren, die sichtbare Lichtblitze oder elektrische Signale von sich geben, wenn ein Teilchen ankommt.

Dein Gehirn verarbeitet die Signale. Am SIN tun dies elektronische Datenverarbeitungssysteme, unter anderem mehrere Computer. Die menschlichen Gehirne, behauptet man, sollen aber am SIN nicht völlig arbeitslos bleiben.

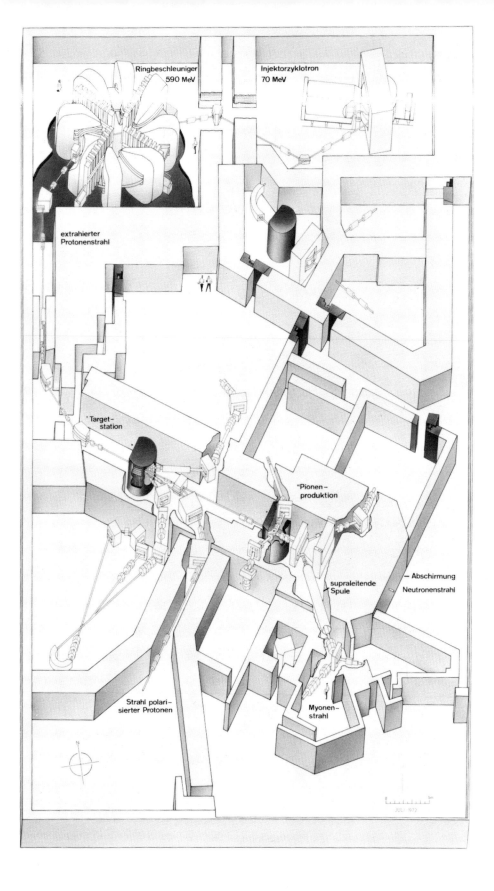

Ringbeschleuniger
590 MeV

Injektorzyklotron
70 MeV

extrahierter
Protonenstrahl

Target-
station

"Pionen-
produktion

supraleitende
Spule

Abschirmung

Neutronenstrahl

Strahl polari-
sierter Protonen

Myonen-
strahl

JULI 1972

Was ist das Besondere am SIN?

Nicht die Höhe der Energie, also die Kürze der Protonenwellenlänge. Die Protonen, welche der SIN-Ringbeschleuniger dann 1974 ausstoßen soll, werden eine Wellenlänge von etwa 0,000 000 000 000 1 cm haben. Dies ist zwar klein genug, um einen Atomkern zu »sehen« oder sogar einen Kernbestandteil (also ein anderes Proton oder ein Neutron); es gibt aber in der Nähe von Chikago seit kurzem eine Riesen-Protonenschleuder, National Accelerator Laboratory oder kurz NAL genannt, deren Wellenlänge noch etwa 170mal kürzer ist. Auch am CERN (Centre Européen de la Recherche Nucléaire) bei Genf befaßt man sich mit ähnlich kleinen Distanzen.

Das Spezielle am SIN ist also nicht die Energie, sondern die Intensität des Protonenstrahls. Der Ringbeschleuniger soll pro Sekunde etwa 600 000 000 000 000 Protonen abgeben, etwa hundertmal mehr als die heute im Betrieb befindlichen Hochenergiemaschinen. Damit wird man die Möglichkeit haben, bisher unzugängliche, sehr seltene Prozesse in Atomkernen oder Kernbestandteilen zu untersuchen. Insbesondere hofft man, Prozesse zu finden, die nach den heute akzeptierten Naturgesetzen »verboten« sind.

Die Kerne stellt man sich ähnlich wie Flüssigkeitströpfchen vor. In solchen kriechen Moleküle durcheinander, im Kern die Neutronen und Protonen. Manchmal verwandelt sich ein Proton in ein Neutron und ein neuartiges Teilchen, z. B. ein sog. Pi-Meson. Pi ist das griechische P; dieser Buchstabe wurde gewählt, weil diese Teilchen in der Höhenstrahlung, wo sie entdeckt wurden, primär auftreten. Mesonen sind (wieder griechisch) mittelschwere Teilchen, schwerer als ein Elektron, leichter als ein Proton.

Man nimmt heute an, daß die im Kerninnern auftretenden Pi-Mesonen verantwortlich sind für einen großen Teil der Kräfte, die den Kern zusammenhalten. Um diese Kernkräfte zu verstehen, muß man also – unter anderem – die Pi-Mesonen genau untersuchen.

Normalerweise findet das Pi-Meson ein Neutron im Kern und verwandelt dieses in ein Proton, so daß alles wieder beim alten ist. Wird aber, wie am SIN, ein Kern sehr hart getroffen, so kann das Pi-Meson den Kern verlassen. Die vielen Protonen am SIN werden besonders viele Mesonen produzieren. Deshalb wird das SIN manchmal als Mesonenfabrik bezeichnet.

Die Pi-Mesonen sind unstabil. Sie zerfallen schon nach etwa 0,000 000 03 Sekunden. Dabei entstehen meist zwei neue Teilchen, darunter das Mü-Teilchen. Mü ist das griechische M und steht für Meson schlechthin, weil dieses mittelschwere Teilchen als erstes, vor dem Pi-Meson, entdeckt wurde. Paradoxerweise zählt man aber das Mü heute nicht mehr zu den Mesonen.

Auch das Mü zerfällt bald und gebiert dabei ein – endlich stabiles – Elektron.

Daß diese Teilchen wirklich existieren, kann am überzeugendsten durch Blasen-Kammer-Aufnahmen sichtbar gemacht werden.

Eine Flüssigkeit wird expandiert; entlang der Teilchenspuren bilden sich Bläschen, die man photographieren kann. Das Bild zeigt die eben beschriebene Zerfallsfolge Pi-Meson – Mü-Teilchen – Elektron.

Eines der am SIN geplanten Experimente befaßt sich mit der Suche nach dem heute als »verboten« geltenden Zerfall eines Mü in ein Elektron und ein Photon. Wenn dieser Zerfall gefunden wird, ist den Autoren des Experiments nicht nur weltweite Anerkennung sicher, sondern auch eine Flasche Champagner, die ich mit ihnen gewettet habe.

Wie arbeiten die Forscher?

Der Gelehrte, der allein in seinem Privatlabor mit den Naturgeheimnissen ringt, um dann, einer Laune folgend, seine Geräte plötzlich im Stich zu lassen und spazierenzugehen, gehört der Vergangenheit an. Die heutigen Apparaturen sind teuer, und an einem Experiment arbeiten gewöhnlich mindestens sechs Physiker, die sich paarweise den 24-Stunden-Tag in drei Schichten einteilen – wenigstens solange sie

Arbeitsplatz des Experimentalphysikers und
Teilchenspuren in einer Blasenkammer

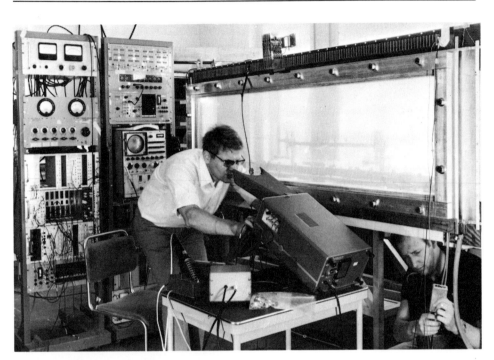

»den Strahl haben«. Sie hantieren, oft hektisch, mit elektronischen Apparaten (s. oben; das Bild wurde zwar nicht während eines Experiments aufgenommen, sondern in einer der Montagehallen des CERN; die Atmosphäre bei den »runs« am Beschleuniger ist aber ungefähr getroffen).

Die nichtphysikalischen Mitarbeiter – vor allem Ingenieure, Techniker und Mechaniker – haben einen normalen 8-Stunden-Tag – mit mehr oder weniger häufigen Ausnahmen. Manchmal werden sie morgens um drei telephonisch aus dem Bett geholt, wenn sich die Physiker nicht mehr zu helfen wissen.

Verwaltungsaufgaben werden teils wie in Industriebetrieben von Personaldienst, Buchhaltung usf. bewältigt, teils auch von älteren Physikern, die sich seufzend nach den Nächten am Beschleuniger zurücksehnen.

Die geheimnisvollen Fingerlinien

Daktyloskopie – das Fingerabdruckverfahren der Kriminalpolizei

Alfred Kosean-Mokrau

Im argentinischen Necochea, einem schmutzigen Nest nahe der Küste bei der Stadt La Plata, wurde Ende Juni 1892 die Arbeiterin Francisca Roja des Mordes verdächtigt. Sie sollte, um ihrer ledig zu sein und einen feurigen Liebhaber heiraten zu können, ihre beiden Kinder mit einer Axt erschlagen haben. Die Roja stritt alle Schuld hartnäckig ab, bezichtigte dafür einen anderen Mann der Tat, einen älteren. Mit der Begründung, dieser sei ihr nachgegangen, von ihr abgewiesen worden, und er habe aus Rache die Bluttat begangen.

Der zuständige Polizeibeamte traute ihren Aussagen nicht. Es wollten ihm aber seine üblichen Vernehmungsmethoden, Prügel hauptsächlich, auch nicht weiterhelfen, so daß er sich, ratlos schon, gar zu einer Maskerade entschloß. Er erschien in Franciscas Zelle als ein »böser Geist«, der sie unter fürchterlichen Androhungen beschwor, ihre Sünde einzugestehen. Dieses Mittel, das zwar schon im alten China abergläubische Kriminelle geschreckt und zum Schuldbekenntnis gebracht hatte, nützte in diesem Falle aber nichts, weil Francisca entweder nicht abergläubisch war oder den Tod mehr fürchtete als den Geist.

Schließlich bat der entmutigte Polizist seinen Vorgesetzten herbei, den Polizeiinspektor Alvarez aus La Plata. Und dieser fand bei der Untersuchung des Tatorts, der Hütte Francisca Rojas, einen blutigen Daumenabdruck an der Tür, klar gezeichnet, die Hautlinien deutlich erkennbar. Sogleich erinnerte sich Alvarez an allerlei Seltsames, was in Polizeikreisen gerade zu jener Zeit über die menschlichen Finger geschrieben und geredet wurde. Daß sie, nach Meinung einiger, damals noch umstrittener Neuerer, wie kein anderes Beweismittel geeignet seien, einen Täter der angelasteten Tat zu überführen.

Nun wußte Inspektor Alvarez nicht eben viel von dem neuen Verfahren. Hatte er doch nur beiläufig gehört, daß die Muster der Fingerhautlinien bei allen Menschen auf geheimnisvolle Weise verschieden sein sollten. Trotzdem beschloß er, einen Versuch damit zu machen. Stimmte diese Theorie, dann würde sich wohl herausstellen, ob Francisca Roja den blutigen Abdruck hinterlassen hatte.

Er ließ sich eine Säge geben, schnitt das Beweisstück aus der Tür und befahl dann, die Verdächtigte vorzuführen. Ohne Umstände

Alfred Kosean-Mokrau wurde 1919 geboren und zog »bald darauf« in den Krieg. Hernach studierte er Germanistik, Geschichte und Philosophie und trat in den höheren Schuldienst ein. Die Nachwirkungen einer schweren Kriegsverletzung zwangen ihn zur Aufgabe seines Berufes schon nach kurzer Zeit. Seitdem widmet er sich privaten Studien vor allem auf den Gebieten der Geschichte und Kulturgeschichte; publizierte auch in deutschen und anderen Zeitungen und Zeitschriften. In diesem Buch 1972 erschien von ihm »Wanka Kain, die Geschichte eines Moskauer Räubers und Polizeispitzels«. Er ist Autor des Buches »Räuberleben – Räubersterben« (1972) im Hallwag Verlag.

Spezialbeamte des Bundeskriminalamtes FBI in Washington (Federal Bureau of Investigation) bei der Sicherung von Fingerabdrücken an einem Auto

drückte er ihre Daumen auf ein Stempelkissen und danach auf ein Blatt Papier, nahm eine Lupe zur Hand und verglich aufmerksam die neuen Fingerabdrücke mit denen auf dem ausgesägten Holzstück. Er sah die Linien, die Kurven, die Spiralen und fand sie alle so verblüffend gleich aussehend, daß er der Frau die Tat auf den Kopf zusagte. Weil auch Francisca die Übereinstimmung der Abdrücke zugestehen mußte, gab sie den Doppelmord schließlich zu.

Während sich in Europa die Gelehrten, Richter, Anwälte und Kriminalisten noch über den Wert des Verfahrens stritten, geschah es in Argentinien zum erstenmal, daß ein Mord mit Hilfe der Daktyloskopie aufgeklärt werden konnte. (Daktyloskopie = Fingerbetrachtung; von griech. daktylos = Finger und skopein = betrachten.)

Was aber damals noch als Sensation betrachtet wurde, gehört heute längst zur kriminalistischen Routine, zur täglichen Übung. Wo immer auf der Welt ein Kriminalist die Spur eines Täters aufnimmt, er wird zuerst und überall nach Fingerabdrücken suchen. Man bezeichnet die Fingerabdrücke gern als die Visitenkarte des Verbrechers, die er unvorsichtigerweise am Tatort zurückläßt. In Wahrheit aber sind sie noch zuverlässiger als eine Visitenkarte mit Namen und genauem Wohnort. Denn diese könnte gefälscht sein; Fingerabdrücke indessen trügen nie, nie und nirgendwo. Und das macht sie zum sichersten, daher auch wichtigsten Beweismittel der Kriminalpolizei.

Warum aber sind diese Fingerlinien, auch Papillarlinien genannt, so absolut zuverlässig? Es handelt sich bei ihnen um feine Hautleisten, Tastlinien, die jeder Mensch auf der inneren Hand, besonders aber auf den Fingerkuppen (Fingerbeeren) trägt. Man sieht solche Linien natürlich auch auf den unteren Zehenballen, und diese haben im Grunde die gleichen Eigenschaften wie die Fingerlinien. Aber die Tastlinien auf den Fingerkuppen, stärker ausgeprägt, eignen sich weit besser für den polizeilichen Erkennungsdienst.

Fingerlinien-Grundmuster nach Sir Henry:
Bogen, Spitzbogen, Schleife, Wirbel

Die von den Fingerlinien gebildeten Muster besitzen nun zwei ganz besonders wichtige Eigenschaften:
1. Sie sind durchaus einmalig, das heißt, sie sind bei jedem Menschen ganz und gar verschieden angeordnet, so daß es sicherlich keine zwei Menschen auf der Welt gibt, bei denen die Linienbilder in allen Punkten übereinstimmen. Demnach ist der Mensch mit seinen Fingerlinien unverwechselbar gekennzeichnet. Jederzeit, als Kind wie als Greis, kann man ihn daran erkennen, denn die Fingermuster sind auch

2. auf immer unveränderlich. Noch vor der Geburt, im fünften Monat, bilden sie sich beim Menschen heraus. Und dann verändern sie sich das ganze Leben hindurch nicht mehr. Freilich werden mit zunehmendem Alter die Linien gröber, die Rillen vertiefen sich, doch die Muster bleiben bestehen. Sie lassen sich nicht einmal gewaltsam beseitigen, durch keine Art von Verletzungen oder Operationen. Sobald die Haut über die Wunden wächst, zeigen sich auch die Linienmuster ganz aufs neue. Selbst dicke Narben verhindern das Erkennen und Unterscheiden von Fingerabdrücken nicht mehr.

Der Mensch kann versuchen, sein Äußeres zu verändern, durch Operationen der Nase, des Mundes, der Ohren. Er kann seine Stimme verstellen, sein Haar färben, eine Brille aufsetzen, im Alter lahm, krumm und grau daherkommen. Es mögen hundert Fotografien von ihm existieren, sie alle können täuschen. Nur seine Fingerlinien lügen nicht.

Zweifler an dieser Erfahrungstatsache gab es immer, und es soll sie auch heute noch geben.

Zugegeben sei deshalb: Die Wissenschaft hat die Ursachen dieser geheimnisvollen Erscheinung bisher nicht restlos klären können. Wie wir ja auch nicht erklären können, warum ein Baumblatt niemals einem anderen völlig gleicht. Allen Skeptikern aber kann die nicht zu leugnende Praxis entgegengehalten werden: Die amerikanische Kriminalpolizei FBI (Federal Bureau of Investigation) besitzt die Fingerabdrücke von weit mehr als siebzig Millionen Menschen. Und nicht zwei davon stimmen überein.

Durch eine Wahrscheinlichkeitsrechnung haben kluge Leute herausgefunden, daß sich, wenn überhaupt, erst unter mehr als siebzehn Milliarden Menschen zwei befinden könnten, deren Fingerabdrücke völlig gleich wären. Da aber die Erdbevölkerung gegenwärtig nur etwas mehr als drei Milliarden Menschen zählt, dürfen wir einen solchen Fall von Übereinstimmung auch weiterhin ausschließen.

Das internationale Verbrechertum jedenfalls hatte das Fingerabdruckverfahren sehr bald fürchten gelernt. Große und kleine Gauner mußten inzwischen auch einsehen, daß sie mit ihren Fingerlinien leben müssen. Doch gab es eine Zeit, da hartbedrängte Kriminelle versuchten, die verräterischen Beweise an ihren Händen zu tilgen, sie loszuwerden.

Die Ärmeren unter ihnen machten es selbst: Sie zerfetzten ihre Fingerkuppen oder rieben sich mit Feilen und Schmirgelleinen bis aufs Blut die Haut herunter. Ein schmerzhaftes und, wir wissen es nun, auch nutzloses Tun.

Wohlhabend gewordene Verbrecher setzten ihre Hoffnungen auf eine Operation. Leider waren immer wieder gewissenlose Ärzte für gutes Geld zu einem entsprechenden Eingriff bereit.

Im Mai 1934 sah der amerikanische Gangster John Dillinger das Ende seiner blutigen Karriere kommen. Er war ein brutaler Totschläger, Bank- und Geschäftsräuber, der sich erbarmungslos den Weg freizuschießen pflegte. Elf Kriminalbeamte waren bereits im Kampf gegen ihn gefallen. Nun war auch die Polizei zu einer ebenso erbarmungslosen Hetzjagd übergegangen. Amerika hatte ihn zum »Staatsfeind Nr. 1« erklärt und eine hohe Summe Kopfgeldes auf ihn ausgesetzt. Nirgends mehr fand Dillinger eine Lücke zum Entschlüpfen. Da suchte er zwei Ärzte auf, die in Gangsterkreisen gut angeschriebenen Herren Dr. Wilhelm Löser und Dr. Harold Cassedey. Für fünfzigtausend Dollar operierten sie ihn an Gesicht und Fingern. Aber auch dieser doppelte Eingriff war vergebens: Die Polizei spürte Dillinger trotzdem auf. Wenige Wochen später schon, am 22. Juli 1934, wurde er in Chikago auf offener Straße von FBI-Leuten erschossen. Um Bruch-

teile von Sekunden nur hatten die Beamten schneller reagiert. Der tote Dillinger hielt seine Pistolen fest in den kaum verheilten Händen. An den Fingern waren die Linienmuster bereits wieder nachgewachsen.

Im gleichen Jahr mußte auch ein Gangsterchirurg sterben: Dr. Joseph P. Moran aus Chikago. Ärzte wie er verdienten mitunter viel Geld, aber sie lebten gefährlich. Dr. Moran stand in den Diensten der gefürchteten »Barker-Bande«. Diese Gang arbeitete zur selben Zeit wie Dillinger und nach den gleichen Methoden. Eine schon bejahrte Dame war der Bandenboß: Kate Barker. Sie hatte ihre Söhne zu Verbrechern erzogen und sie zum Stamm einer weitläufigen Bande gemacht. Von Kate Barker erhielt Dr. Moran den Auftrag, einen Sohn der Gangchefin, Freddy Barker, an den Fingern zu operieren und die Linienmuster zu beseitigen. Da dies natürlich mißlang, glaubte die Gangsterfamilie, dieser Dr. Moran habe sie um Geld und Erfolg betrogen. Der Arzt wurde von den Barkers im Michigansee ertränkt. Kate Barker starb ein Jahr später in Florida. Spezialtruppen des FBI hatten ihr Landhaus besetzen müssen. Kate und ihr letzter Sohn Freddy waren tot, die heißgeschossenen Maschinenpistolen in den Händen. Sie hatten sich bis zum letzten Schuß gewehrt.

Die Kriminellen von heute zerstören ihre Fingerkuppen nicht mehr. Sie bemühen sich eher, keine Fingerabdrücke, ja überhaupt keine Spuren zu hinterlassen. Aber gerade das ist nicht möglich. Denn nicht nur bei verbrecherischer Tätigkeit, sondern bei jedem Tun hinterläßt der Mensch Spuren. Wenn trotzdem immer wieder Verbrecher entkommen, dann eben nur, weil auch Kriminalisten keine allgegenwärtigen und allwissenden Wesen sind. Irgendwo aber, trotz verbrecherischer Raffinesse, bleibt doch immer wieder ein Fingerabdruck zurück.

Wie aber gelangt ein Fingerabdruck vom Tatort in die Zentralen der Kriminalpolizei, wo er eingeordnet und verwahrt werden kann? Sicherlich nicht mehr unbedingt mittels Säge wie 1892 in Argentinien. Immer noch aber finden sich Fingerabdrücke an den unhandlichsten Gegenständen: an dunkelfarbigen Geldtresoren, an einer großen Tapetenwand oder am Kotflügel eines Autos. Sie wegzutragen ist also nicht immer möglich; geradezu selten nämlich lassen Verbrecher ihre Abdrücke an überall umherstehenden Whiskygläsern zurück, wie es in Kriminalromanen so hübsch beschrieben wird.

Weiter müssen wir bedenken, daß Fingerabdrücke außerordentlich leicht verletzlich sind. Nicht jeder Kriminelle hinterläßt blutige Abdrücke; sie sind daher in der Regel »modelliert« aus den Substanzen, die der menschliche Körper absondert: Schweiß und Fett. Recht besehen ist es eine Plastik aus butterähnlichem Material, die der Kriminelle da zurückläßt, weich und empfindlich. Ein einziger unbedachter Wischer mit dem Ärmel, und eine wichtige Spur ist zerstört. Also muß man einen Fingerabdruck entsprechend »präparieren«, damit er einen Transport übersteht.

Nehmen wir nun an, der Kriminalist hat Glück und findet auf einer Schreibtischplatte einen prächtigen Fingerabdruck. Vorsichtig packt er seine große Diensttasche aus. Aus einer Sprühdose oder aus einem Glasbehälter stäubt er mit dem Pinsel etwas Aluminiumpulver auf die Schreibtischplatte. Und siehe, das Aluminumpulver bleibt an den fettigen Linien des Abdrucks haften. Er wird nun schon mit dem bloßen Auge deutlich sichtbar. Nun holt der Beamte ein Stück dunkle Klebefolie aus der Tasche und drückt die Klebstoffseite unendlich vorsichtig auf den eingestäubten Abdruck. Ebenso vorsichtig zieht er die Folie wieder ab. Auf ihrem dunklen Grund leuchtet jetzt das silberfarbene Fingerbild. Im Laboratorium wird es nun noch fotografiert und vergrößert, und dann erst gilt ein Fingerabdruck als »gesichert«.

Solche Prachtstücke von Fingerabdrücken finden sich in der Praxis leider recht selten. Früher wurde mancher Abdruck beiseite gelegt, weil er sich als so hauchdünn erwies, daß er unter einem Mikroskop nicht deutlich genug herauskam. Die moderne Kriminalpolizei, in deren Diensten wahre Gelehrte arbeiten, benutzt in solchen Fällen das Elektronenmikroskop, das eine 200000fache Vergrößerung erlaubt. Sie geht mit Röntgen-, Infrarot- und ultravioletten Strahlen den verborgensten Dingen nach und macht mit ihnen auch das scheinbar Unsichtbare sichtbar. Manche großen Kriminalämter gleichen heute mehr einer gut ausgebauten technischen Universität als einer biederen Polizeistation.

Alle Mühe aber wäre umsonst, wenn der Kriminalist einen Fingerabdruck nicht an bestimmten Merkmalen unwiderlegbar und ohne Zweifel von anderen unterscheiden könnte. Wie er andererseits auch eindeutig beweisen können muß, daß ein Fingerabdruck mit einem anderen vollkommen übereinstimmt.

Weiterhin wäre jeder Fingerabdruck auch dann nutzlos, wenn ihn die Polizei zwar in ihren Karteischränken hätte, ihn aber, wenn nötig, nicht in ganz kurzer Zeit wiederfände. Unter Tausenden, Hunderttausenden, ja Millionen anderer muß ein Abdruck buchstäblich immer griffbereit liegen.

Die Kriminalisten vom Erkennungsdienst müssen also über ein sicheres Klassifizierungs- und Unterscheidungssystem verfügen.

Es hat in der Vergangenheit mehrere solcher Systeme gegeben. Doch wird heute in den meisten Staaten das System des Engländers Sir Edward Henry benutzt (1850–1931), der es kurz vor der letzten Jahrhundertwende entwickelt hatte. Es beruht auf den verschiedenen Figuren, die unsere Hautlinien auf den Fingerkuppen bilden.

Beim Betrachten vermögen wir auch mit bloßem Auge schon Wirbel, Schleifen, Bögen und Spitzbögen zu unterscheiden. Mit der Lupe erkennen wir auch, daß diese Linien entweder frei enden oder frei beginnen, daß sie Gabeln bilden, sich vereinigen und kreuzen. Jedes Merkmal nun hat seine Bedeutung. Und der Beamte vom Erkennungsdienst zieht außerdem noch die winzigen, kaum sichtbaren Hautporen in das Bild der Merkmale ein. Sie besitzen als »Augen« eine sehr wichtige Funktion in diesem System.

Verbindet der Kriminalist auf dem Foto des Fingerabdrucks zwei entfernt liegende Augen durch einen geraden Strich, so muß dieser eine Anzahl von Hautlinien mit ihren zahlreichen

Oben: Schon das werdende Kind im Mutterleib weist Hautlinien auf. Hier das Fingerlinienmuster eines ca. dreieinhalb Monate alten Menschen-Embryos. Diese Muster verändern sich bis zum Tode des greisen Menschen nicht mehr

Unten: Auch Affen hinterlassen Fingerabdrücke. Hauptleisten an der »Hand« eines Mantelpavians

verschiedenen Merkmalen kreuzen. Diese Linien und Merkmale werden ausgezählt, und es ergeben sich dabei »Gruppierungen« von Augen, Bögen, gegabelten Linien und so fort, die immer so eigenartig sind, daß sie in dieser Zusammensetzung bei keinem zweiten Abdruck auftreten.

Auf einer Karteikarte werden dann die errechneten und gezählten Ergebnisse mit einer Art »mathematischer« Formel versehen. Die Karte kommt danach mit anderen in eine bestimmte »Formelgruppe«. Und diese Formelgruppe wird endlich in einem bestimmten Katalogschrank aufbewahrt. Ein solcher Fingerabdruckkatalog gleicht dem Katalograum einer großen wissenschaftlichen Bibliothek.

Bekommt nun der Herr vom Erkennungsdienst einen neuen Fingerabdruck in die Hand, beginnt er zunächst mit dem Auszählen und Gruppieren, um festzustellen, zu welcher »Formelgruppe« er gehört. Und hat er diese, dann braucht er nur noch nach der Einzelformel zu suchen, die ja in einem bestimmten Fach des Formelgruppenschrankes liegen müßte. So kann er sehr bald feststellen, ob dieser Fingerabdruck schon katalogisiert ist oder nicht. In gut ausgerüsteten Kriminalämtern hilft bereits ein Computer bei dieser Arbeit.

Sollte sich die Karte in der Kartei befinden, dann steht darauf auch schon der Name des Betreffenden; die beiden Fingerabdrücke werden nur noch einmal verglichen, und der Auftrag ist erledigt.

Im anderen Falle flimmert über den Bildschirm eines entfernten Kriminalamtes eben dieses bisher unbekannte Fingermuster. Und in wenigen Minuten kann die fragende Kriminalpolizei etwa in München vom Bundeskriminalamt in Wiesbaden erfahren, ob ihnen die dortigen Kollegen weiterhelfen können. Und wenn die Wiesbadener Polizei, die Zürcher, die Interpol, Scotland Yard, oder wer es auch immer sein mag, auch dazu noch im Besitze aller zehn Fingerabdrücke eines Verdächtigen ist, macht die Entscheidung keine Schwierigkeiten mehr.

Das alles hört sich, hier beschrieben, für den Laien etwas verwirrend an. Man muß es eben gesehen haben, wie Kriminalisten mit Nadel

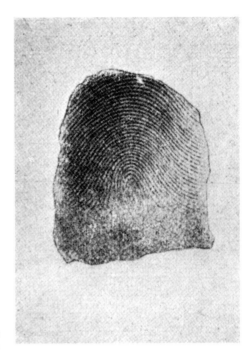

Links: Der Fingerabdruck vom Tatort, einem Schaufenster

Rechts: Der von der Polizei zum Vergleich genommene Fingerabdruck des Täters

Es handelt sich um den linken Zeigefinger. Das Beweisstück ist überwältigend: 28 übereinstimmende Merkmale. Vor Gericht genügen ein Dutzend solcher Merkmale

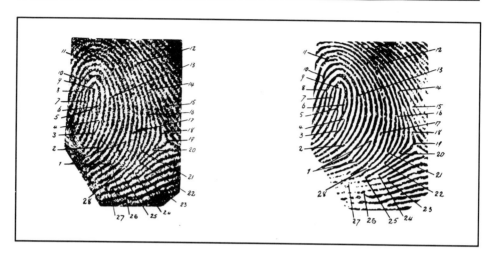

und Mikroskop die Linien und Augen eines Fingerabdrucks auszählen. Und man darf altgedienten »Hasen« unter ihnen glauben, wenn sie behaupten, daß eben dieses Fingerabdruckverfahren, das Auszählen und Katalogisieren, in verhältnismäßig kurzer Zeit zu lernen sei.

Dennoch können auch Fingerabdrücke einen Kriminalisten gelegentlich in Verwirrung bringen. Das passierte sogar Professor Dr. Edmonde Locard, der bis in die letzten dreißiger Jahre als Begründer und Leiter des kriminaltechnischen Instituts in Lyon zu den erfolgreichsten Kriminalisten der Welt gehörte. Gerade in den genannten Jahren erregten sich die Bürger von Lyon über eine lang anhaltende Diebstahlserie. Stets bei offenen Fenstern und immer bei Tage verschwanden selbst aus hochgelegenen Wohnungen auf unerklärliche Weise irgendwelche Gegenstände: hier eine Uhr, dort ein kostbarer Ring, anderwärts auch nur ein wertloser Löffel. Immer hatte die Beute greifbar gelegen; niemals hatte der Dieb einen Schrank oder Kasten geöffnet. Und immer verschwand nur ein einzelnes Stück, oft von fragwürdigem Wert für den Dieb: ein Halsband, eine Brille, eine Vase, ein künstliches Gebiß. Bis eines Tages die Kriminalpolizei einen Fingerabdruck sicherte. Verwundert brachte sie ihn dem großen Kollegen, Herrn Professor Locard. Aber auch er und seine Beamten standen

vor einem Rätsel. Ein Mitarbeiter berichtet: »Der Fingerabdruck war völlig anders als jeder, den wir bis dahin gesehen hatten. Der zeigte kein normales Muster, denn alle Linien verliefen vertikal.« Die Verwirrung wuchs, als noch mehrere solcher Abdrücke abgeliefert wurden; doch endlich fiel dem Professor die Lösung ein: »Nichts anderes kann es sein, es muß sich um einen Affen handeln.« Sofort schwärmte die Polizei aus. Alle Orgeldreher und andere Besitzer von Affen wurden mit ihren Tieren ins kriminaltechnische Institut gebracht, denn der Herr Professor wollte den Affen die Fingerabdrücke abnehmen, um den Dieb auszumachen. Der Augenzeuge erinnert sich: »Es stellte sich heraus, daß sich nicht alle Affen gern die Fingerabdrücke nehmen lassen. Einige von ihnen leisteten erbitterten Widerstand, bissen, kratzten und schrien.«

Das Affentheater war ungeheuerlich: Mit Maulkörben und Fesseln versehen, mußten sich die Affen der polizeilichen Autorität beugen. Als Dieb wurde ein winziges Äffchen entdeckt, dessen Fingerlinien genau denen auf den gesicherten Abdrücken entsprachen. Der Besitzer, ein Straßenmusikant, hatte das Tier zum Fenstereinsteigen und Stehlen abgerichtet. Er kam ins Gefängnis; der kleine Affe wurde ihm genommen und erhielt Asyl in einem freundlichen Zoo. Und das alles nur, weil auch Affen ihre ureigenen Fingerabdrücke besitzen.

Die Schmetterlinge und das Gleichgewicht in der Natur

Othmar und Edeltraud Danesch

Als wir im vergangenen Sommer in einem entlegenen Tessiner Tal einen Apollofalter fotografierten, blieb ein fremder Bergwanderer bei uns stehen und betrachtete eine Weile interessiert und schweigend den wunderschönen, selten gewordenen Schmetterling, dessen große, eisweiße Schwingen von schwarzen Flecken und hochroten »Augenmalen« geziert werden. Der Falter, ein Weibchen, flog mit leicht raschelnden Flügeln, wie es seine Art ist, über blühende weiße Fetthenne (Sedum album), ließ sich dann und wann kurz nieder, bog den pelzigen Hinterleib, klebte ein kleines,

perlrundes Ei an die Pflanze, erhob sich wieder, flog unstet und raschelnd ein Stückchen weiter, um ein weiteres Ei abzulegen. Eine Zeitlang dauerte diese wechselhafte Szene an, und es gelang uns eine Reihe Bilder, ehe der Schmetterling endgültig auf- und weiterflog. »Schade«, meinte der Fremde, »man sieht selten diesen herrlichen Schmetterling so nahe.« Wir kamen mit ihm in ein Gespräch über die Schönheit der Schmetterlinge und daß sie heute immer seltener würden, und schließlich erzählte er, er hätte unlängst eine Schmetterlingssammlung gesehen und sei geradezu er-

Othmar Danesch, in Wien geboren, Bauingenieur studiert und als Architekt beruflich tätig gewesen.
Edeltraud Danesch, ebenfalls gebürtige Wienerin, früher Lehrerin und Biologin.
Beide von jeher fasziniert von den lebendigen Vorgängen in der Natur; Othmar Danesch zudem leidenschaftlicher Fotograf.
Vor allem diese gemeinsame Zuwendung zur Natur war die Voraussetzung und der Grund für den nunmehr gemeinsamen Beruf, den sie bereits über 20 Jahre ausüben: Als Arbeitsteam (»O. u. E. Danesch«) bearbeiten sie bestimmte Themen, wie das Verhalten bodenbrütender Vögel, die Entwicklung tropischer und heimischer Schmetterlinge, die Alpenpflanzen, die Lebensgemeinschaft Wald, die Erscheinungen des Parasitismus u. ä. Seit Jahren besonders befaßt mit den europäischen Orchideen, die neben ihrer faszinierenden Schönheit besondere Einblicke erlauben in die Art und Weise, wie in freier Natur neue Arten entstehen. Durch zahlreiche Veröffentlichungen und Vorträge weit über Fachkreise bekannt. Ausdrucksmittel von Othmar Danesch: die technisch hervorragende Fotografie. Verfügt z. Z. über mehr als 50 000 sorgfältig registrierte Farb- und über 25 000 Schwarzweiß-Aufnahmen.
Edeltraud Danesch ist verantwortlich für die fachlich fundierten, lebendig geschriebenen Texte.
Bisher von beiden Autoren erschienen: 9 Bücher und viele z. T. neuartige Bildreportagen, u. a. in »DU« und in anderen führenden internationalen Zeitschriften.
Ausgedehnte Forschungs- und Studienreisen nach einem vierjährigen Aufenthalt in Brasilien durch Italien, Frankreich, Griechenland, Spanien, Mallorca, Portugal, Holland, Österreich und die Schweiz.

schüttert gewesen über die Unzahl der Falter-
arten, die es gibt, und frage sich nunmehr,
warum sich die Natur gerade mit diesen Ge-
schöpfen eine solche Mühe gäbe. Dahinter
müsse doch ein Sinn stehen, denn wir wüßten
heute, daß nichts in der Natur sinnlos sei.

Wir kennen heute rund 100 000 beschriebene
Schmetterlingsarten, und immer noch werden
weitere, bisher unbekannte, entdeckt. Allerdings bleibt für das Auge des Nichtspezialisten
der Großteil dieser Schmetterlinge unsichtbar,
denn diese Falter fliegen ausschließlich nachts.
Der weitaus kleinere Teil besteht aus den »Tag-
faltern«, von denen manche für uns zum Bild
der Sommerwiese gehören und deren Schönheit wir immer wieder aufs neue bewundern.
Wenn wir nun diese Tagfalter beobachten – den
Kleinen Fuchs, das Tagpfauenauge, den
Schwalbenschwanz und andere –, finden wir
schließlich auch selbst die Antwort auf die
Frage nach dem Sinn ihres Daseins, nach ihrer
Aufgabe im großen Zusammenspiel der Natur.
Wir sehen sie tänzeln, flattern und wie schwe-
relos schweben, wir sehen sie aber auch an den
Blüten sitzen oder über ihnen schwirren. Die
langen, dünnen Rüssel in die Blüten gesenkt,
saugen sie Nektar, nehmen dabei anhaftenden
Blütenstaub mit, fliegen weiter, saugen bei anderen Blüten, laden Pollen ab, nehmen neuen
mit. Auf diese Weise befördern sie den Blütenstaub der an den Platz gebundenen Pflanzen
und werden an zahllosen Blüten zum Bestäuber.

Manche Schmetterlingsarten verbindet mit bestimmten Blüten ein besonders starkes Band.
Im Laufe der Jahrmillionen währenden Evolu-
tion haben sich diese Blüten so geformt, daß sie
nur von ganz bestimmten Faltern bestäubt
werden können. Bekannt ist zum Beispiel die
Geschichte jener Orchidee, die einen solch langen Sporn besitzt, daß ihr Entdecker behauptete, sie könne nur von einem Falter mit
einem ebenso außerordentlich langen Rüssel
bestäubt werden. Doch war ein solcher
Schmetterling zur Zeit der Entdeckung dieser
Orchidee noch unbekannt. Erst Jahre danach
wurde tatsächlich im Gebiet dieser Orchidee
ein großer Nachtfalter, ein Schwärmer, aufge-

funden, dessen Rüssel so lang ist, daß er den
Grund des Orchideenspornes erreichen kann.
Und dieser Falter bekam dann den Namen »der
Vorhergesagte«.

Die meisten Schmetterlinge aber sind nicht
spezialisiert auf bestimmte Blüten. Sie fliegen
entweder mehr oder weniger wahllos die Blüten ihres Bezirkes an, oder sie zeigen eine Vorliebe für gewisse allgemeine Blütentypen.
Doch da Nektar ihre Nahrung ist, stehen
Schmetterlinge stets in engster Wechselbeziehung mit Blüten, denen sie, Nahrung empfan-
gend, zum Bestäuber werden.

Als wir den eierlegenden Apollofalter im entlegenen Tessiner Tal fotografierten, konnten wir
nicht feststellen, wieviel Eier er insgesamt
legte. Sein Besuch der Sedum-album-Pflanze
vor unseren Blicken war nur ein Ausschnitt aus
seiner viele Stunden währenden Eiablage. Von
vielen Schmetterlingsarten kennt man die Eizahl, die das Falterweibchen produziert. Diese
Eizahl ist jeweils von der Schmetterlingsart abhängig und schwankt zwischen 20 und mehreren Tausend! Wenn man bedenkt, daß demnach ein Falterweibchen durchschnittlich etliche hundert Eier legt, kommt man zu dem
Schluß, daß in kurzer Zeit die Erde von Schmetterlingen überflutet werden müßte und demzu-
folge in kürzester Frist alles Grün der Erde von
deren hungrigen Raupen abgefressen sein
würde. Aber wir wissen, daß unter normalen
Umständen, das heißt, wenn das natürliche
Gleichgewicht ungestört bleibt, die Schmetterlinge keineswegs beängstigend zunehmen,
obwohl ihre Weibchen tatsächlich unglaublich
viele Eier legen. Und wir wissen auch, warum
die Anzahl der Falter, im großen gesehen,
gleichbleiben kann: In der ungestörten Natur
»schaukelt sich das Gleichgewicht stets wieder
ein«, und zwar durch die gesetzmäßig gere-
gelte Wechselbeziehung der Geschöpfe untereinander. Wie wird nun dieses Gleichgewicht
bei den Schmetterlingen hergestellt bzw. erhalten?

Zunächst werden bereits aus vielen Schmetter-
lingseiern nie Falter. Meist sind etliche »taub«
oder defekt, andere werden von Vögeln und
anderen Tieren gefressen oder von Parasiten

Oben links: Aus den Eiern des Kohlweißlings schlüpfen die Räupchen und fressen als erste Nahrung die Eierschalen auf

Die Schmetterlinge und das Gleichgewicht in der Natur

Oben rechts: Die 2,5 mm kleine Schlupfwespe, Apanteles glomeratus, sticht eine Raupe des Großen Kohlweißlings an und injiziert ihr ein Ei

Unten: Statt den eigenen Gürtelfaden zu spinnen, überspinnt die Raupe, in der die Schlupfwespenlarven lebten, mit letzter Kraft ihre Kokons

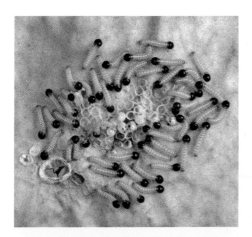

Oben: Einer der schönsten Schmetterlinge, der Apollofalter, oft auch »König der Berge« genannt

Unten: Die sehr kleine Erzwespe, Pteromalus puparum, sticht die Puppen des Großen Kohlweißlings an und legt ihre Eier in sie

befallen. Aus manchen schlüpfen wohl die Raupen, doch sind Raupen für viele Tiere begehrte Beute. Vögel, Igel, Maulwürfe und Spitzmäuse suchen sie, Kröten und gewisse Käfer stellen ihnen nach, Raubwanzen saugen sie aus. Grab- und Wegwespen lähmen Raupen durch einen Stich und tragen sie in Erdhöhlen ein, um an die gelähmte Raupe ihre Eier zu legen. Von den ausschlüpfenden Wespenlarven wird die Raupe dann allmählich verzehrt. Bestimmte Schlupfwespen und etliche Fliegenarten »parasitieren« Raupen, das heißt, sie versenken mit ihrer Legeröhre ein Ei oder mehrere Eier in den Raupenkörper. Unter Parasiten versteht man Tiere, die ihre Entwicklung im Körper eines anderen Lebewesens durchmachen; sie scheinen nur zu leben, um dem anderen das Leben zu nehmen.

Vor Jahren konnten wir eine solche Schlupfwespe, die Raupen des Großen Kohlweißlings befällt, bei ihrer »Arbeit« beobachten und fotografieren; sie ist 2,5 mm klein! Mit bloßem Auge kann man von ihr nicht mehr als ein flink fliegendes Pünktchen wahrnehmen, das über die Kohlköpfe fliegt, an deren Blättern da und dort Kohlweißlingsgelege kleben. Bei einem Gelege von 54 Eiern war damals zu sehen, daß eben Räupchen geschlüpft waren. Viele der millimeterkleinen Raupen fraßen an ihren Eischalen – bei vielen Raupenarten ist dies die erste Nahrung –, die übrigen ruhten oder bewegten sich unmittelbar neben ihren Eischalenresten. Plötzlich kam die 2,5 mm kleine Schlupfwespe *Apanteles glomeratus* an. Sie landete mitten unter der Raupenschar. Mit den langen, dunkelgelben Beinen stelzte sie über Räupchen und Eischalen, ihr dunkler Wespenleib glänzte, die gläsern durchsichtigen Flügel hielt sie über dem Körper gefaltet. Mit den langen Fühlern tastete sie. Kurz nach ihrer Ankunft geriet ihr leicht gekrümmter Hinterleib an eine Raupe, die an einer Eischale fraß. Die Wespe hielt an, drückte den Hinterleib, aus dem eine feine, stachelähnliche Legeröhre fuhr, kurz an den kleinen Raupenkörper und injizierte eines ihrer winzigen Eier. Dann kletterte sie weiter, wie fiebrig mit den Fühlern tastend, während die »angestochene« Raupe nach der kurzen Stö-

rung wieder ruhig weiterfraß. In kurzen Abständen stach *Apanteles glomeratus* weitere Raupen desselben Geleges an und injizierte jeder ein Ei. Die eine traf sie an der Kehle, jene in den Bauch, weitere in den Rücken, sie war nicht wählerisch, und stets hielt sie dabei Flügel und Fühler steil hochgereckt. Nach jedem Stich schritt sie kurz über Raupen und Eischalen, ehe sie die nächste Raupe anstach. Der Besuch dauerte so lange, bis nahezu alle Raupen mit Eiern beschickt waren, dann flog sie, ein kleines, flinkes Pünktchen, davon.

Das Leben der befallenen Raupen verläuft scheinbar gleich wie jenes der anderen. Alle fressen, wachsen und häuten sich zu den entsprechenden Zeiten. Äußerlich ist den Raupen nichts anzumerken, doch in ihren Leibern schlüpfen bald die Larven der Schlupfwespen und beginnen zunächst vor allem in den Fettgeweben der Raupen zu fressen. Die Entwicklung dieser Parasiten ist derjenigen der Raupen genau angepaßt. Normalerweise bereitet die erwachsene Raupe ihre Verpuppung vor, indem sie den Gürtelfaden spinnt, in dem sie als Puppe hängen wird. Anschließend verpuppt sie sich, und nach einer gewissen Puppenruhe schlüpft dann der Falter. Die parasitierte Raupe hat jedoch ein anderes Schicksal. Wenn sie erwachsen ist und sich normalerweise verpuppen würde, brechen die ebenfalls erwachsenen *Apanteles*-Larven durch ihre Körperhaut und spinnen sich außen an der Raupe, in der sie bisher lebten, kleine gelbe Seidenkokons. Statt sich selbst einen Gürtelfaden zu spinnen, überspinnt die Raupe noch diese Seidenkokons, dann ist ihre Kraft erschöpft, und sie fällt tot ab. Aus den Kokons schlüpfen nach etwa 10 Tagen bereits die fertigen Wespchen, die nun wieder wie kleine, flinke Pünktchen ausschwärmen und auf ihre Weise »Jagd« auf junge Kohlweißlingsraupen machen.

Neben dieser Schlupfwespe *Apanteles glomeratus* hat sich auch noch eine sehr kleine Erzwespe (Pteromalus puparum) auf unsere Großen Kohlweißlinge spezialisiert. Allerdings sticht sie nicht die jungen Raupen an, sie legt ihre Eier in Puppen ab. Die winzigen *Pteromalus*-Larven fressen dann die Puppen des Großen Kohlweißlings aus, und statt des Falters verlassen eines Tages kleine Erzwespen die Puppenhülle.

Aber nicht genug damit. Auch die 2,5 mm kleine Schlupfwespe *Apanteles glomeratus* weist einen Parasiten auf, und zwar winzige Schlupfwespchen aus der Gattung *Hemiteles*, die nun ihrerseits die *Apanteles*-Larven durch die kleinen gelben Kokons hindurch ansticht! Man nennt dies »Hyperparasitismus«. Und noch weiter: Auch der winzige Hyperparasit *Hemiteles* wird gelegentlich von einem außerordentlich kleinen Parasiten, einer Erzwespe, heimgesucht! Diese Kette von ineinandergreifenden Lebenskreisen ist ein eindrückliches Beispiel für das ordnende Wechselspiel in der Natur, durch das sich das Gleichgewicht herstellt und erhält.

Natürlich weisen nicht nur die hier angeführten Großen Kohlweißlinge solche Parasiten auf. Da es sich bei ihnen um »Schädlinge« handelt, ist das Leben und die Wirksamkeit ihrer Parasiten lediglich sehr präzise erforscht worden. Es ist bekannt, daß viele, vielleicht sogar alle Schmetterlingsarten Parasiten aufweisen, die sehr wirksam mithelfen, sie »in Schranken zu halten«. Wer Schmetterlinge züchtet und dazu Raupen sammelt, sei es hier bei uns daheim oder auch in tropischen Ländern, kann erzählen, wie oft zu seiner Enttäuschung aus den aufgezogenen Raupen oder Puppen letzten Endes statt des erwarteten Falters Schlupfwespen oder Raupenfliegen schlüpfen. Selbsttätig regelt sich dieses Wechselspiel zwischen Schmetterling und Parasit so genau, daß in Jahren, in denen sich einzelne Schmetterlingsarten besonders stark zu vermehren scheinen – sei es durch außerordentlich günstige Witterung, durch Ausfallen eines sonst sehr wirksamen Feindes oder ähnliches –, auch die entsprechenden Parasiten so häufig auftreten, daß schließlich nicht mehr Falter zur Fortpflanzung gelangen als in normalen Jahren. Ebenso zeigen sich in ungünstigen Schmetterlingsjahren entsprechend weniger Parasiten, und es wird auf diese Weise ein Ausgleich erzielt.

Wenn wir in diese Zusammenhänge Einblicke bekommen und sehen, auf welch diffizile Weise sich das oft zitierte Gleichgewicht in der Natur aufbaut und erhält, wie ein Lebewesen oft auf mehrere andere einwirkt, dann kann uns begreifbar werden, welch eine heillose Unordnung entstehen muß, wenn in dieses Gefüge andauernd störend eingegriffen wird. Wunderbarerweise vermag sich selbst nach groben Störungen dieses Gleichgewicht wiederherzustellen, wenn es dazu auch manchmal längerer Zeiträume bedarf, wie sich dies ja zum Beispiel nach Naturkatastrophen immer wieder zeigt. Unrettbar wird die Lage erst dann, wenn solche schweren Störungen andauern und sich dementsprechend kein Gleichgewicht mehr aufbauen kann. Dann entsteht, was wir heute in großem Ausmaß erleben.

Sehen wir uns dazu nur die Lage der Schmetterlinge an. Ursprünglich war zum Beispiel auch der Große Kohlweißling ein schöner Falter, an dem man sich freuen konnte. Heute ist er – wie manche anderen Schmetterlinge – zum »Schädling« geworden, dessen Schönheit keiner mehr sehen will. Doch ist er zum Schädling geworden, weil wir Menschen, wenn auch zunächst unbewußt, einseitig in sein Leben eingegriffen haben, indem wir z. B. durch Anlegen von Monokulturen (große Anpflanzungen von Kohl u. ä.) seinen Tisch allzu reichlich deckten. Er vermehrte sich entsprechend stark, ohne daß jedoch auch jene Tiere, die ihn »in Schach zu halten« haben, gleicherweise gefördert worden sind. An dieser Stelle war ein Gleichgewicht gestört worden. Wir stören es unentwegt weiter, indem wir Gift spritzen, um der Kohlweißlinge Herr zu werden, und töten damit auch noch seine Parasiten und darüber hinaus weitere Tiere, die mit anderen in uns noch unbekannten Wechselbeziehungen stehen. Letzten Endes haben wir uns selbst durch Unverstand jeden Schädling selbst herangezüchtet. Wenigstens diese Einsicht haben wir heute gewonnen. Aber wir sind in den seltensten Fällen in der Lage, »das Rad zurückzudrehen«, das heißt die Störungen wieder zu beseitigen.

Uns bleibt nur eines zu tun, nämlich bei der Natur selbst in die Schule zu gehen, um zu erfahren, in welcher Weise ihre Geschöpfe miteinander leben und aufeinander wirken.

Tiger im grünen Wasser

Ein Streifzug durch Indiens Tierwelt

Willi Dolder

Eine Shikar (ind. = Reise) durch Indiens Wildparks ist heute noch so abenteuerlich und voll unvorhergesehener Ereignisse wie eine Safari vor 15, 20 Jahren durch die afrikanischen Tierschutzgebiete. Indien ist noch nicht auf Touristen eingestellt: nur wenig ist organisiert, und noch weniger klappt gleich auf Anhieb – selbst wenn es organisiert worden ist! Das indische Gouvernement unternimmt zwar gewaltige Anstrengungen, um dem Tourismus und dem Besuch der Tierparks auf die Beine zu helfen. Aber überall fehlt es an geschulten Kräften und vor allem an Geldmitteln. Die Regierungen der Bundesstaaten haben mit den Problemen eines 550-Millionen-Volkes zu kämpfen, und da bleibt sehr wenig Zeit und Geld für die bedrohte Fauna übrig. Indien fehlt ein Mann wie Professor Grzimek, der an der Erhaltung der ostafrikanischen Tiere maßgeblich beteiligt war. Wohl ist vielerorts guter Wille vorhanden, aber der allein genügt nicht, um das bedrohte Großwild vor der Ausrottung zu bewahren.

Verglichen mit ost- und südafrikanischen Parks, sind die indischen sehr klein, und die Besucherzahlen nehmen sich neben denen des Schwarzen Kontinents geradezu unbedeutend aus. Kaziranga, das vielleicht schönste und reichhaltigste Reservat Indiens, zählte 1971 lediglich 610 ausländische Besucher, und der Jim-Corbett-Nationalpark, der verhältnismäßig nah bei Neu-Delhi liegt, wenig mehr als 3000. Kanha, Mudumalai, Bandipur und Periyar, um nur die wichtigsten zu nennen, weisen Ziffern ähnlicher Größenordnung auf. Der Nairobi-Nationalpark in Kenia oder der Krüger-Nationalpark in Südafrika bringen es dagegen auf weit über 100000 Besucher!

200 Reservate

Dem Besucher stehen in Indien an die 200 verschiedenen Parks, Schutzgebiete und Reservate zur Auswahl, die aber insgesamt nur eine Fläche von rund 20000 km² bedecken (zum Vergleich sei der Tsavo-Park in Kenia mit seinen 20000 km² genannt oder der berühmte Serengeti mit etwa 12000 km²).

Willi Dolder: Geboren 1941 in Winterthur. Die ersten sechs Lebensjahre verbrachte ich im Bauernhof Dachsen (am Rheinfall). Anschließend Übersiedlung nach Schaffhausen, wo ich Volks- und Sekundarschulen mit wechselndem Erfolg besuchte. Berufslehre und -schule als Verwaltungskaufmann. Schule und Berufslehre waren jedoch nur Mittel zum Zweck – nämlich so schnell wie möglich in fremde Länder zu ziehen, Abenteuer zu erleben und Fotos von Menschen und Tieren zu machen. Es dauerte aber noch bis 1966, bis ich zusammen mit meinem Bruder nach Ostafrika reisen konnte – für volle sechs Monate. Dann folgten in rascher Reihenfolge Reisen nach Südamerika, Norddeutschland, Südafrika und Indien. Die »Beute« – Bilder und Erlebnisse – wird laufend zu Reportagen, Artikeln, Vorträgen und Büchern verarbeitet. Projekte für die nächste Zukunft: Australien, Nordamerika.

Einige der wichtigsten und bekanntesten der indischen Reservate schaute ich mir auf einer Reise an, die mich 15000 km kreuz und quer durch den Subkontinent führte, vom nördlichen Uttar Pradesch bis zum Kap Comorin an der Südspitze.

Gleich der erste Park, der *Gir-Forest* im südlichen Gujarat, bescherte mir einen Anfahrtsweg von beinahe 1000 Kilometern. Von Bombay aus fuhr ich mit meinem Wagen nach Sasangir, einer etwa 2000 Köpfe zählenden Ortschaft am Rande des Parkes. Am nächsten Tag sah ich meine ersten asiatischen Löwen und trug – eher unfreiwillig – zu ihrer Erhaltung bei. Einheimische Wildspäher hatten die beiden Männchen mit Hilfe einer Ziege aus dem Busch herausgelockt. Wie gut dressierte Hunde folgten sie dem Inder und der dauernd meckernden Ziege im Abstand von 20, 25 Metern. Ein paar Forstbeamte und ich standen auf einem kleinen Hügel und sahen die Wildkatzen in nur sieben, acht Metern an uns vorbeigehen, ohne daß sie uns eines Blickes gewürdigt hätten. Zum Schluß kriegten sie ihre Ziege und ich eine gesalzene Rechnung, weil ich das Schauspiel bezahlen mußte! Von den rund 200 im Gir-Wald lebenden Löwen – die einzigen noch überlebenden der asiatischen Rasse – ist nur eine kleine Zahl von 15 bis 20 auf dargebotene Beutetiere (Ziegen und Büffel) geprägt, während sich der Rest zum großen Teil von den 20000 bis 80000 Rindern ernährt, die im 1400 km² großen *Gir-Forest* weiden und sehr viele Zerstörungen anrichten. Bei den etwa 7000 Wildtieren, die nach zuverlässigen Schätzungen hier leben, handelt es sich um Axishirsche, Nilgau- und Vierhornantilopen und Wildschweine. Die starke Überweidung durch Hausvieh gefährdet die Wildtiere in hohem Maße, ebenso wie der unkontrollierte Holzschlag (Teak) in den Wäldern.

Menschenfresser sind selten geworden

Der landschaftlich schönste Park Indiens ist der *Jim-Corbett-Nationalpark* im nördlichen Uttar Pradesch, 290 km von Delhi entfernt. Hier, zu Füßen der großartigen Himalaja-Bergkette, verbrachte der berühmte Großwildjäger und Schriftsteller Jim Corbett einen großen Teil seines abenteuerlichen Lebens und jagte manchen menschenfressenden Tiger und Leoparden. Der 525 km² messende Park gilt als tigerreich, aber während meines fünftägigen Aufenthaltes sah ich keine einzige der gestreiften Katzen, obwohl ich bei Morgengrauen aufstand, mit Auto und Elefant unterwegs war und zwei Treibjagden mit je acht Elefanten durchgeführt wurden. Zwar tötete ein Tiger eine Hauskuh der Eingeborenen, aber der vielstündige Ansitz blieb erfolglos, weil der Tiger erst bei völliger Dunkelheit zu seiner Beute zurückkehrte und sie in den Dschungel schleppte. Menschen sind durch Tiger seit vielen Jahren nicht mehr zu Schaden gekommen, und alle von mir befragten Beamten und Wildhüter sagten, es gebe in diesem Gebiet keine menschenfressenden Tiger und Leoparden mehr. Ende der sechziger Jahre wurde ein Mann, der im Park an einer Straße arbeitete, von einer Tigerin, die er wahrscheinlich im Ruhelager gestört hatte, umgebracht. Ein eilends herbeigerufener Jäger erlegte das Raubtier noch am selben Abend, als es zum Opfer zurückkehrte.

Hatte ich mit dem Tiger kein Glück, wurde ich von anderen Tieren reichlich dafür entschädigt. Mehrmals stieß ich zusammen mit meinem Führer auf wilde Elefanten, bei denen die Einzelgänger von den Eingeborenen recht gefürchtet sind, weil sie immer wieder Leute angreifen und töten. Einer dieser solitär lebenden Bullen hatte während der letzten Regenzeit eine zahme Elefantenkuh, die im Wald Futter suchte, angegriffen und umgebracht. Im Jim-Corbett-Nationalpark sah ich zum erstenmal abgerichtete Elefanten, die als Reittiere benutzt werden – ein Erlebnis ganz besonderer Art!

Die Inder sind von jeher erfolgreiche Tierhalter und -züchter gewesen. Mit einer uns Europäern fast unbegreiflichen Geduld und Ausdauer ist es ihnen gelungen, viele Wildtiere zu domestizieren und zu zähmen. Das Bankivahuhn aus den indischen Dschungeln gilt als Stammutter

aller Haushuhnrassen; der Arni oder Wildbüffel Nordindiens wurde zum Urahn der über die ganze Welt verbreiteten Wasserbüffel, die sowohl als Arbeitskräfte wie auch als Milchlieferanten gehalten werden.

Das Meisterstück gelang den Indern aber mit der Zähmung des wilden Elefanten, der noch heute in vielen Teilen Indiens, Ceylons, Burmas und Nepals als Arbeitstier verwendet wird. Im Gegensatz zu den obengenannten Tierarten wurde der Elefant nie domestiziert, sondern wild eingefangen und innerhalb von sechs bis neun Monaten gezähmt und abgerichtet. Ein paar »zahme Kollegen« halfen dabei mit, indem sie ihren gefangenen Vetter in die Mitte nahmen und ihm Manieren beibrachten, wenn er sich zu ungebärdig benahm.

Auf vielen Tempelreliefs und Skulpturen, die 2000 und mehr Jahre alt sind, sieht man ganze Herden von Kriegselefanten, die oft entscheidenden Anteil an Sieg oder Niederlage der Truppen hatten. Seit vielen Jahrtausenden wurden sie auch bei religiösen Festen mitge-

führt, prachtvoll bemalt und aufgezäumt; so etwa beim weitbekannten Elefantenfest in Kandy, Ceylon. Aus Überlieferungen wissen wir, daß manche Maharadschas mehrere hundert Elefanten an ihrem Hof hielten und sie zu Löwen- und Tigerjagden benutzten, aber sie auch bei farbenfrohen Prozessionen und Umzügen einsetzten.

Die Zahl der Arbeitselefanten nimmt ständig ab; Maschinen sind einfacher und problemloser zu bedienen und brauchen weniger »Wartung«. Außerdem werden die asiatischen Elefanten immer seltener, und es finden sich immer weniger Leute, die die Kunst des Einfangens und Zähmens wilder Elefanten beherrschen. Am weitesten sind die Dickhäuter noch dort verbreitet, wo in den tiefen Wäldern Edel- und Nutzholz geschlagen wird und sie die Baumstämme in die Sammellager schleifen müssen.

In mehreren Reservaten werden sie seit einigen Jahren zu Reitelefanten abgerichtet, weil sie oft die einzigen »Verkehrsmittel« in den ausge-

dehnten Sümpfen und Dschungeln sind und man sich auf ihnen den wilden Tieren – Büffeln, Nashörnern, ja sogar Tigern – bis auf wenige Meter nähern kann, ohne daß sich das Wild stören läßt. Nach Ansicht der Fachleute werden aber Arbeitselefanten bis zum Ende unseres Jahrhunderts nahezu verschwunden sein – und ein Stück Geschichte in der Mensch/Tier-Beziehung wird der Vergangenheit angehören.

15 000 Franken für ein Kilo Horn!

Das größte und eindrücklichste Erlebnis schenkte mir ein Abstecher nach Assam in den herrlichen *Kaziranga-Wildpark,* der im Gegensatz zu den anderen Schutzgebieten neben beachtlicher Artenzahl auch größere Herden aufweist. Nirgendwo sonst in Indien ist die Gelegenheit günstiger, das seltene Panzernashorn aus nächster Nähe zu bewundern. Dank langjährigem, intensivem Schutz ist die Zahl des um die Jahrhundertwende vom Aussterben bedrohten »Einhorns« von etwa zwei Dutzend auf etwa 400 Stück im Jahre 1966 und auf 671 im März 1972 angestiegen. Leicht und gefahrlos näherten wir uns auf Reitelefanten den gepanzerten Kolossen. Durch den zweimaligen Besuch von 5 bis 9 Elefanten pro Tag sind die Rhinos so »zahm« geworden, daß sie keine Reaktion zeigen – selbst wenn man nur wenige Meter an ihnen vorbeireitet und sich nicht unbedingt ruhig verhält. In von Besuchern unberührteren Teilen, etwa bei Baguri, sind sie nicht so duldsam und greifen die Elefanten ab und zu an. Fast immer bleibt es beim Scheinangriff, der an den mehr oder weniger guten Nerven des Elefanten und seines Mahouts scheitert.

Angeblich soll jedes Jahr im unwegsamen Gelände zwischen dem Diphlu-Fluß und dem Brahmaputra noch ein halbes Dutzend Panzernashörner gewildert werden. Das begehrte Nasenhorn bringt im Fernen Osten, wo es als liebessteigerndes Mittel gehandelt wird, einen Kilopreis von rund 15 000 Franken ein!

Rechts: Im Bharatpur – Vogelreservat

Kaziranga ist auch einer der wenigen Orte Indiens, wo noch der Arni oder Wildbüffel lebt, der Vorfahre der domestizierten Wasserbüffel. Die fast zwei Meter großen Rinder, oft in Gesellschaft von Nashörnern und Sumpfhirschen, machten einen ungestümen, überaus kraftvollen Eindruck und zeigten in ihrem Verhalten weder das träge Gebaren ihrer zahmen Brüder noch im Aussehen deren oft skurril verformte Hörner.

Ein Zensus im Februar/März 1972 hat im Kaziranga-Wildpark neben 554 Wildbüffeln 461 Elefanten ergeben, daneben 521 Sumpfhirsche oder Barasingas und 107 Sambarhirsche, neben den bereits erwähnten 671 Panzerrhinos. Außerdem zählte man die Spuren von 7 Tigern (gegenüber 20 vor sechs Jahren) und 18 Gaurs, dem zweiten Wildrind Indiens.

Barasingas sind bedroht

Im Herzen Indiens, im Staate Madha Pradesch, liegt der *Kanha-Nationalpark,* an die 450 km² groß, auf einer Höhe von 600 bis 900 Metern. Der überwiegende Teil des Reservates ist von Salbäumen und in den höheren Regionen von Bambus dicht bewachsen. Das Zentrum des Parks bietet die beste Möglichkeit zur Wildbeobachtung. Hier weicht der schattige Forst einigen Maidans (offenen Graslandschaften), auf denen sich zu gewissen Jahreszeiten mehrere tausend Axishirsche tummeln. Den Kanha-Nationalpark hatte ich vor allem wegen des Barasinga-Projekts des WWF (World Wildlife Fund) in mein Programm aufgenommen. Die südlichste Rasse des Sumpfhirsches findet hier im Park ihr letztes Rückzugsgebiet. Die Bestandszahlen der letzten dreißig Jahre zeigen ein erschreckendes Bild: Zählte man 1938 noch 3023 Barasingas, waren es 1958 nur noch 577, 10 Jahre später 98 und 1969 noch 73 Exemplare. Mit etwa 90 Stück hat sich der Bestand inzwischen wieder leicht erhöht, ist aber noch lange nicht gesichert. Seit April 1971 untersucht ein Schweizer Wildbiologe mit finanzieller Hilfe des WWF und der Reinhard-Stiftung in Winterthur die Lebensbedingungen des seltenen Hirsches und arbeitet zugleich Vorschläge zur Rettung der überlebenden Barasingas aus. Da nun verschiedene Wildschutzorganisationen und die Regierung des Staates Madha Pradesch auf die bedrohliche Lage der Sumpfhirsche aufmerksam geworden sind, darf man hoffen, daß alles unternommen wird, sie zu erhalten. Aber erst die kommenden Jahrzehnte werden zeigen, wie erfolgreich die Bemühungen der Wissenschaftler und Beamten sind.

Im Kanha-Nationalpark führte der amerikanische Professor Georg B. Schaller 15 Monate lang Tigeruntersuchungen durch, um mehr über die Lebensweise und das Verhalten der größten asiatischen Raubkatze zu erfahren. Vor gut 30 Jahren schätzte man in Indien den Bestand an Tigern noch auf etwa 40 000 Stück, heute dürften es kaum noch 2500 bis 3000 sein! Maßlose Verfolgungen durch Jäger und Wilderer haben zu diesem erschreckenden Rückgang geführt. Nur wenig fehlte, und die Prophezeiung Jim Corbetts wäre eingetroffen: daß der Tiger zu Beginn der 70er Jahre vollständig ausgerottet sein würde.

Buchstäblich in letzter Minute erließ die indische Zentralverwaltung in Neu-Delhi einen Appell an alle Unionsstaaten, den Tiger für vorerst drei Jahre unter vollständigen Schutz zu stellen. In dieser Zeit sollen Fachleute der Forstverwaltung zusammen mit ausländischen Wissenschaftlern und Organisationen die Überlebenschancen der bedrohten Großkatze studieren und geeignete Schutzmaßnahmen ausarbeiten. Die Jagd ist nämlich nur einer von verschiedenen Gründen, warum der Tiger immer seltener wird. Ein anderer ist das schnelle Wachstum der Bevölkerung und die damit verbundene Zerstörung ursprünglichen Lebensraumes zur Gewinnung von Kulturland. Die natürlichen Beutetiere des Tigers, wie Wildrinder, Hirsche, Antilopen und Wildschweine, werden ebenfalls immer seltener und Übergriffe auf Hausvieh, Schafe und Ziegen häufiger. Die Bauern vergiften daher in vielen Teilen Indiens die angefallenen Tiere, und die Tiger, die zu ihrer Beute zurückkehren, gehen elend an dem ausgelegten Gift zugrunde. Auch das Wildern

Oben links: Reitelefant in Assam

Oben rechts: Buntstorch

Unten: Königstiger

spielt noch eine gewisse Rolle – solange die Frevler in den großen Städten einen blühenden Absatzmarkt vorfinden. Der Export von Tigerfellen ist zwar untersagt, aber in Bombay, Delhi, Kalkutta und Madras kann der Tourist sogar in den Regierungsläden für 2500 bis 3000 Franken Felle in beliebiger Zahl kaufen und sie ohne großes Risiko außer Landes bringen.

Im Kanha-Nationalpark gelangen mir endlich die ersehnten Tigeraufnahmen. Eine Tigerin mit zwei nahezu erwachsenen Jungen riß in drei- bis viertägigen Abständen einen der ausgesetzten Wasserbüffel, und eines Abends war es soweit: Auf einem Elefanten sitzend, konnte ich die ganze Familie fotografieren, wie sie in einem Wasserloch lag und auf die kühleren Stunden wartete. Die gleiche Tigerin hatte wenige Wochen zuvor dem ehemaligen Direktor des Delhi-Zoos, Sankhala, einige ungemütliche Minuten bereitet. Der Mann war unvorsichtigerweise von seinem Reitelefanten aus auf einen Baum gestiegen, um die Tigerin beim Baden zu fotografieren. Aber die Katze entdeckte

ihn und griff ihn an. Sie konnte zum Glück den Baum, auf dem der verschreckte Zoodirektor saß, nicht erklimmen, reckte sich aber gut 2½ Meter am Stamm in die Höhe. Mein Mahout zeigte mir beim Vorbeireiten die tiefen Kratzspuren am Baum, und Sankhala, dessen Hosenboden nur wenig darüber gewesen war, muß eine Todesangst ausgestanden haben!

Die Tigerin erschreckte auch einen jungen, noch unerfahrenen Reitelefanten dermaßen, daß er in Panik geriet und davonlief. Der Mahout flog in hohem Bogen vom Tier herunter, während es den Touristen gelang, sich verzweifelt festzuklammern.

Der Süden Indiens hält neben einer lieblichen Landschaft für den Besucher auch noch einige interessante Reservate bereit. In der Nähe von Mysore liegen im heiligen Cauvery-Fluß draußen einige Inseln, auf denen riesige Kolonien von Reihern, Ibissen, Löfflern und Kormoranen nisten: das Ranganthitto-Vogelreservat. Für wenig Geld kann man sich im Ruderboot den Vogelinseln nähern und sie von allen Seiten

Männlicher Axishirsch

---

begutachten. Etwas weiter flußaufwärts schläft tagsüber in einem mächtigen Baum eine stattliche Kolonie Fliegender Hunde, die in der Dämmerung aktiv werden und in die Fruchtplantagen der Umgebung einfallen, wo sie große Schäden anrichten können.

Rinderpest
rottete nahezu alle Gaur aus

Das *Bandipur-* und das *Mudumalai-Reservat* liegen zu Füßen der »Blauen Berge«, der Nilgiri-Hügel. Die beiden Parks sind nur durch die Staatengrenze Mysore/Tamil Nadu getrennt. Bis vor wenigen Jahren waren sie für ihre großen Herden von Gaurs berühmt gewesen. 1969 wütete die Rinderpest, und mehr als tausend »indische Bisons«, wie sie von den Einheimischen genannt werden, gingen an der Krankheit zugrunde, aber auch zahlreiche Axishirsche und Sambars. Der Besuch dieser beiden Gebiete war enttäuschend. Zudem befanden

sich die Straßen in einem derart schlechten Zustand, daß ich an meinem Wagen einen Stoßdämpfer, den Auspuff und den Boden beschädigte. Mehrere Tage streifte ich mit meinem Führer in den Parks umher; wir sahen aber nur einige Elefanten, vor denen mein ebenso ängstlicher wie vorsichtiger Begleiter gleich ausriß, und obwohl wir mehrmals nachts hinausfuhren, sahen wir von den versprochenen Tigern, schwarzen Panthern und Lippenbären keine Spur.

Sehenswert war dagegen das Teppakada-Elefantencamp im Mudumalai-Reservat, in dem gut drei Dutzend Elefanten gehalten werden. Das Lager nimmt für sich in Anspruch, die meisten Elefantengeburten in Gefangenschaft zu verzeichnen. Jedes Jahr kommen 5 bis 6 Kälber zur Welt, die von den zahlreichen indischen Besuchern mit Begeisterung begrüßt werden. Besonders stolz sind die Forstoffiziere auf Devaki, eine 40 Jahre alte Elefantenkuh, die am 20. Mai 1971 Zwillinge gebar, ein äußerst seltenes Ereignis bei Elefanten. Die Dickhäuter werden

Indischer Elefant

jeden Abend in den nahen Wald »entlassen«, wo sie sich ihr Futter selbst suchen. Dabei werden die Kühe – sofern sie in Brunst sind – regelmäßig von wilden Bullen gedeckt.

Der weitaus beste Platz zum Beobachten und Fotografieren frei lebender Elefanten ist der *Periyar-See* im südlichsten Zipfel Indiens, im Staate Kerala. 1900 wurde der See künstlich gestaut und wuchs auf 25 km² an. Das umliegende Gebiet, bekannt als Periyar-Nationalpark, umfaßt nahezu 700 km² Urwald, der kaum je von Menschen betreten wird, dafür 500 bis 600 Elefanten beherbergt. Das reichhaltige Wildleben des Parkes wird vom Motorboot aus verfolgt. Morgens und abends fahren die 15- bis 20plätzigen Schiffe den See bis zur Staumauer hinunter und wieder nach Thekkady zurück, was im Durchschnitt drei Stunden dauert.

In Ausnahmefällen kann der Besucher zu Fuß und in Begleitung eines einheimischen Führers in den Busch eindringen, wo seine Nerven strapaziert werden. Ich konnte mich einer dreitägigen Inspektionsreise des Forstoffiziers anschließen und Elefanten wie auch Gaurs fotografieren. Keine Pirsch hat mir je soviel Spaß gemacht und war so aufregend wie die Bildjagd auf den Gaur, das mächtige Wildrind Indiens.

Nach stundenlangem Suchen hatte mein Führer, ein kleiner, zäher Bursche, ausgerechnet um 13.00 Uhr, zur Zeit der größten Mittagshitze, an einem Hügelzug eine Herde äsender Gaurs entdeckt. Zuerst ruderten wir mit einem Kanu ein Stück weit durch mehrere versumpfte Buchten und stiegen dann an Land. Schnell erstieg mein Begleiter die Hügel; ab und zu zischte seine Machete nieder und hieb uns durch das dichte Gestrüpp einen Weg frei. Bald floß mir der Schweiß in Strömen den Körper hinunter, und meine in kurzen Hosen steckenden Beine wurden ganz zerstochen und zerkratzt. Ein dichter Urwaldgürtel hatte die Rinderherde unseren Blicken entzogen, aber der Eingeborene lief mit untrüglicher Sicherheit bergwärts. Mit großer Genugtuung stellte ich fest, daß auch sein Hemd klatschnaß war und er ebenso mühsam atmete wie ich. Wir schlugen einen großen U-Bogen, um die Gaurs gegen den Wind angehen zu können. Unvermittelt zischte mein Führer leise und deutete hinauf. Im ersten Moment bemerkte ich nur ein Gewirr von Ästen, Zweigen und Blättern, dann sah ich mitten drin, keine 25 Meter von uns entfernt, den kleinen Kopf und den schlanken Hals einer Gaurkuh, die angestrengt zu uns hinunterblickte. Plötzlich war die Hölle los: Äste krachten, Steine rollten, lautes Schnauben ertönte, und Sekunden später donnerte die ganze Herde – etwa 20 Tiere – wie eine dunkle Lawine an uns vorbei den Hang hinunter und war wenige Augenblicke darauf im Wald verschwunden. Ich überlegte nicht lange, sondern rannte mit klopfendem Herzen hinter den Rindern her und erlebte in der folgenden Stunde ein dramatisches Hasch-mich-Spiel, während dem sich mir ein fast schwarz gefärbter Bulle bis auf 15 Meter näherte und ich mit zitternden Knien dastand und der Kopf im Kamerasucher größer und größer wurde . . .

Krone des Sports oder Mauerblümchen?

Der Moderne Fünfkampf

Alex Tschui

Ein berittener Krieger muß eine Botschaft überbringen. Er gerät in einen Hinterhalt, wobei sein Pferd getötet wird. Mit der Pistole schießt er sich durch. Die Munition geht aus. Er greift nach dem Degen, kämpft sich frei und überquert schwimmend einen Fluß, um dann laufend das Ziel zu erreichen, wo er die Botschaft übergeben kann; so die Legende.

Eine Vielseitigkeitsprüfung

Erstmals im Jahre 1912 taucht, von Baron de Coubertin eingeführt, der Moderne Fünfkampf im Programm der Olympischen Spiele auf. Dadurch wurde eine Sportart, die ihren Ursprung in der Antike hat, in neuzeitlichem Gewande ins Leben zurückgerufen und in die moderne Sportbewegung integriert. Der Wettkampf ist eine Vielseitigkeitsprüfung mit *Reiten, Fechten, Schießen, Schwimmen und Laufen.*
Bei der Wahl dieser Sportartenkombination mögen verschiedene Überlegungen maßgebend beteiligt gewesen sein: Die populärste Art ist diese Legende, die uns übermittelt ist.

Hier Mauerblümchen – dort Nationalsport

Der Moderne Fünfkampf vermag in westlichen Ländern die sportliche Welt nicht für sich zu gewinnen: Trotz allseitigem, gewaltigem Einsatz sieht sich jeweils an gewissen internationalen Fünfkampfturnieren *ein* Wettkämpfer *einem* Offiziellen und einem *halben* Zuschauer gegenüber.
Anders in Ungarn, wo die Jugend in der gesamten Breite in der Grundschule schon erfaßt, im Schwimmen und Laufen geschult und in der technischen Ausbildung gezielt gefördert wird. Unerschöpflich scheint auch das Fünfkampfpotential der Russen zu sein, die an einer Weltmeisterschaft fast dreißig ungefähr gleich starke Wettkämpfer einsetzen könnten. Es kommt also nicht von ungefähr, daß sich Ungarn und Russen bei Olympischen Spielen oder Weltmeisterschaften die unerbittlichsten Kämpfe um die Goldmedaille liefern. Einzig noch die Schweden vermögen mit einer gewissen Regelmäßigkeit die östliche Phalanx zu durchbrechen.

Alexander Tschui: Geboren 1939, aufgewachsen in der Stadt Bern, vier Jahre Lehrer in Röschenz (Laufental), Absolvierung des Sekundarlehrerstudiums mathematisch-naturwissenschaftlicher Richtung von 1963 bis 1965. Tätig als Sekundarlehrer an der Sekundarschule Bözingen in Biel bis 1971. Dann Wiederaufnahme des Studiums an der Abteilung für pädagogische Psychologie in Bern im Herbst 1971. Dazwischen ab 1964 während neun Jahren Mitglied der schweizerischen Nationalmannschaft im Modernen Fünfkampf. Militärische Schulen bei der Luftschutztruppe, seit fünf Jahren Kommandant einer Luftschutzkompanie. Spezielle Interessen: Führungsprobleme und Ausbildungsmanagement.

Ein Wettkampf – tausend Aufwände

Ein Wettkampf besteht aus fünf verschiedenen Spezialistenwettkämpfen, so daß für jede Disziplin eine vollorganisierte Anlage aufgebaut werden muß. Das bedeutet fünffachen Aufwand für die Wettkampforganisation.

Manche Wettkampfleitung hat sich zum Beispiel am Problem der Pferderekrutierung die Zähne ausgebissen, sollten doch für eine mittlere internationale Prüfung ungefähr 30 Pferde ausgeglichener Qualität zur Verlosung bereitgestellt werden. Es ist also durchaus kein Zufall, daß sich gewisse Hochburgen des Modernen Fünfkampfes herausbilden, nämlich Plätze, in deren Umgebung die notwendigen Anlagen und die erprobten Organisationen vorhanden sind.

Die wichtigsten sind Budapest für Ungarn, Moskau für Rußland, Jönköping für Schweden, San Antonio (Texas) für die USA, Warendorf für Westdeutschland, Brugg für die Schweiz, Passo Corese (bei Rom) für Italien und Fontainebleau für Frankreich.

Vom Reiten zum Moto-Cross

Was heute modern, ist morgen veraltet. So wenigstens in der Armee. Für Fünfkämpfer in der Schweiz aber ist die Armee als große Pferdebesitzerin ein lebenswichtiger Partner. Hier können die Organisatoren noch Pferde bekommen. Die Mechanisierung der Armee hat jetzt die Auflösung des Pferdebestandes mit sich gebracht. Man sieht sich deshalb schon heute bei der Beschaffung von Pferden großen

Schwierigkeiten gegenüber: Niemand kann jungen Fünfkämpfern zumuten, ein eigenes Pferd zu unterhalten. Noch weniger kann man erwarten, daß ein sorgsam behütetes Privatpferd für eine derart harte Prüfung mit unbekanntem Reiter hergegeben wird.

Wird die Austragung der Reitprüfung ein unlösbares Problem? Wird sie tatsächlich einem Moto-Cross-Rennen weichen müssen? Gehen Namen wie Novikov (UdSSR) und Balczo (Ungarn) als letzte markante Größen in die Fünfkampfgeschichte ein?

Fünfmal Einzelkämpfer

Reiten

Länge des Parcours ungefähr 1000 m, 20 Hindernisse, Richtgeschwindigkeit 400 m pro Minute, Idealzeit für 1000 Punkte also $2^1/_2$ Minuten, plus oder minus 1 Sekunde gibt plus oder minus 5 Punkte. Maximale Punktzahl: 1100. Strafpunkte analog dem Reglement der Springreiter. (Ausnahme: Bei dreimaliger Verweigerung kann ein Hindernis umritten werden.)

Bei der Verlosung der Pferde spielt das Glück die entscheidende Rolle. Beim Reiten kann man oft die im Schwimmen und Laufen mühsam erkämpften Punkte loswerden ... Rekorde sind hier nicht meßbar, weil die Punktzahl nach oben bei 1100 Punkten limitiert ist (Schonung der Pferde) und die Organisatoren im Parcoursbau viele Gestaltungsmöglichkeiten haben.

Fechten

Jeder gegen jeden, mit dem Degen, auf einen

Treffer. Kampfzeit maximal 3 Minuten. Die Formel für die Punktverteilung ist hier wesentlich komplizierter. Das Maximum von 1100 Punkten wird durch die Anzahl Gefechte geteilt, die ein Wettkämpfer auszutragen hat. Deutlicher: Bei 51 Teilnehmern hat jeder 50 Kämpfe zu bestreiten. 1100 P : 50 = 22 P. Pro verlorenen oder gewonnenen Kampf werden also bei 51 Athleten 22 Punkte ab- und dazugezählt. Wenn einer 70% der Austragungen für sich entscheiden kann (hier also 35), erhält er als Wertungsbasis 1000 Punkte.

Bei beispielsweise 51 Wettkämpfern müssen 1275 Gefechte durchgeführt werden. Für die Organisatoren bedeutet dies ein enormes Pensum, das bewältigt werden muß. Es ist kein Wunder, daß der »Fechtmarathon« oft mehr als 12 Stunden dauert! Rekorde werden beim Fechten nicht registriert.

Schießen

Olympiascheibe (Silhouette eines Mannes), 25-m-Distanz, 4×5 Schuß bei 3 Sekunden lang sichtbarer Scheibe, Zehner-Einteilung, 194 Ringe ergeben 1000 Wertungspunkte. 1 Ring mehr oder weniger ergibt plus oder minus 22 Punkte.

Das Schießen verlangt eine ruhige Hand, was am Tage nach dem Fechtmarathon immer ein Problem bedeutet. Alkohol oder Pharmazeutika können hier als Doping »gute« Dienste leisten. Deshalb wurden sie ab 1965 strengstens verboten. Den Rekord hält Alex Tschui (Schweiz) mit 199 Ringen, beim CISM in Rom.

Schwimmen

300 m Freistil, 3 Minuten, 50 Sekunden = 1000 Punkte. 1 Sekunde mehr oder weniger ergibt plus oder minus 8 Punkte.

Eine der ersten Forderungen an einen Fünfkämpfer ist die, daß er früh schwimmen lernt. Später muß er zuviel Zeit aufwenden, um seine Leistungen verbessern zu können. Rekordhalter ist Charles Richards (USA), der die Strecke bei den Olympischen Spielen in München in 3 Minuten, 21,7 Sekunden bewältigte.

Laufen

4000 m Gelände, 14 Minuten, 15 Sekunden ergeben 1000 Punkte. 1 Sekunde mehr oder weniger ergibt plus oder minus 3 Punkte.

Ein Rekord ist hier nicht meßbar, weil die Strecke von Ort zu Ort verschieden und stark witterungsabhängig ist.

Sport und Beruf

Moderner Fünfkampf, auf internationalem Niveau von heute betrieben, füllt einen Alltag über Jahre aus. Um das immense Training bewältigen zu können, sind Spitzenfünfkämpfer entweder

Staatsamateure: Sie sind in einem Betrieb angestellt, werden aber praktisch ständig für Training oder Wettkämpfe freigegeben;

Berufssoldaten: Soldaten mit einer minimalen soldatischen Grundausbildung, die dann für den Sport besoldet und beurlaubt werden;

Amateure: Idealisten mit unmenschlichen Arbeits- und Trainingspensen, die das Glück haben, bei sportfreundlichen Arbeitgebern angestellt zu sein, oder

Söhne reicher Väter, die allerdings im Fünfkampf sehr selten sind, da ihnen meistens die nötige Härte fehlt.

Heute zeichnet sich bereits eine Zweiteilung des Fünfkampfes ab: einerseits eine internationale Spitzenklasse mit Topathleten und andererseits eine Amateurklasse, die sich ihres zweitrangigen Status bewußt ist, aber mit viel Freude mitmacht.

Werde Fünfkämpfer, aber . . .

Versuche, 3000 m auf der Bahn in 9 Minuten, 50 Sekunden zu laufen und 300 m in 4 Minuten, 30 Sekunden zu schwimmen. Dann sprichst du mit dem Vater und dem Arbeitgeber über deine berufliche Ausbildung, neben der du die Möglichkeit haben solltest, pro Woche 5 × 3 Stunden zu trainieren. Erst nach den ersten Erfolgen wirst du sehen, wie sich Verbände und Vereine mit ihren Vergünstigungen und Unterstützungen »auf dich stürzen« . . . dann ist für dich – als Fünfkämpfer – gesorgt. Für dich aber bleibt die Pflicht, dir über deine die sportliche Tätigkeit überdauernde Rolle innerhalb der Gesellschaft Rechenschaft zu geben.

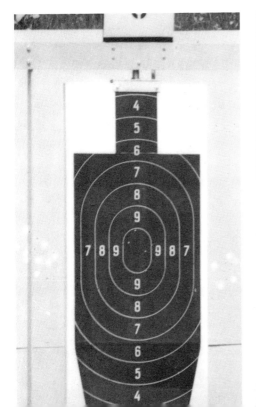

Rugby

Kampfspiel mit dem ovalen Ball

Hans Erpf

Man schreibt das Jahr 1823. In der englischen Stadt Rugby spielen die Schüler der Volksschule Fußball. Unvermutet nimmt W. Webb Ellis den Ball mit den Händen auf und läuft damit an den verblüfften Kameraden vorbei ins gegnerische Tor . . . das Rugby-*Spiel* war geboren. So jedenfalls will es die Überlieferung. In Großbritannien breitete sich dieser neue Sport rasch aus, ebenfalls im englisch beeinflußten Südafrika, in Neuseeland, Kanada und Indien. Englische Studenten brachten Rugby zu uns, und bereits 1900 wurde der Deutsche Rugby-Fußball-Verband (heute Deutscher Rugby-Verband) gegründet.

Was aber ist denn eigentlich Rugby? Besuchen wir doch gemeinsam ein Match! Es ist Samstag nachmittag. Nacheinander betreten die zwei *Mannschaften* (Abb. 1) – nennen wir die eine die Blauen, die andere die Rot-Schwarzen – mit je *15 Spielern* das *Spielfeld* (Abb. 1) und spenden sich gegenseitig freundschaftlichen Applaus. Das *Spiel*, geleitet von einem Schiedsrichter und zwei Seitenrichtern, beginnt mit einem Tritt der rot-schwarz gestreiften Mannschaft gegen den auf dem Mittelpunkt der *Mittellinie* liegenden *ovalen Ball* (Abb. 2), dem sogenannten *Platztritt* (Tritt, zu dem der Ball auf den Boden aufgesetzt wird). Der so getretene Ball muß mindestens zehn Meter weit in die gegnerische Platzhälfte fliegen, wobei keiner

der Rot-Schwarzen die Mittellinie überschreiten darf, ehe dieser Antritt ausgeführt ist. Nun beginnen die Spieler zu laufen, und jeder Spielberechtigte versucht, den unberechenbaren ovalen Ball zu fangen, aufzunehmen, zu dribbeln oder zu treten. Die blauen *Stürmer* starten einen Angriff. Ziel des Sturms ist es, das Spiel möglichst weit in die gegnerische Hälfte zu tragen, um günstige Ausgangspositionen, vor allem für den Einsatz der *Dreiviertelreihe*, zu schaffen. Wichtiges Bindeglied dabei sind die beiden *Halbspieler (Angriffshalb* oder *Verbinder* und der *Gedrängehalb)*. Beim Zuspiel mit der Hand wird der Ball nach hinten gestaffelt abgegeben, um ein Vorwerfen zu vermeiden. Ein *Vor* wird nämlich mit einem *Gedränge* unterbrochen. Aber der Angriff scheint zu klappen. Die Blauen haben ihren Gegner mit einer schnellen Ballabgabe verwirrt und klug umlaufen. Auch der schwarz-rote *Schlußspieler*, dessen Aufgabe darin besteht, den gesamten Raum hinter seiner Mannschaft abzudecken und zu kontrollieren, der fangsicher und in der Lage sein muß, durch weite Tritte Raumgewinne zu schaffen, kann den Gegner nicht mehr fassen – der Blaue erreicht die *Mallinie*, drückt den Ball nieder und hat für seine Mannschaft einen *Versuch* (vier Punkte) erzielt. Begreiflicher Jubel bei den Blauen und den Schlachtenbummlern. Dieser Versuch berechtigt die er-

Hans Erpf: geboren 1947 in Bern. Autor, Herausgeber oder Verleger zahlreicher Bücher. Lebt als Publizist und Verleger in Bern. Gründungsmitglied, Sekretär und aktiver Spieler (Hakler) des Rugby-Clubs von Bern. Demnächst Herausgeber einer Rugby-Fachzeitschrift.

Oben: Rugby-Spielfeld

Unten: Rugbyball (Länge 279–286 mm,
Umfang längs 762–787 mm, Umfang
breit 610–641 mm, Gewicht 382–425 g

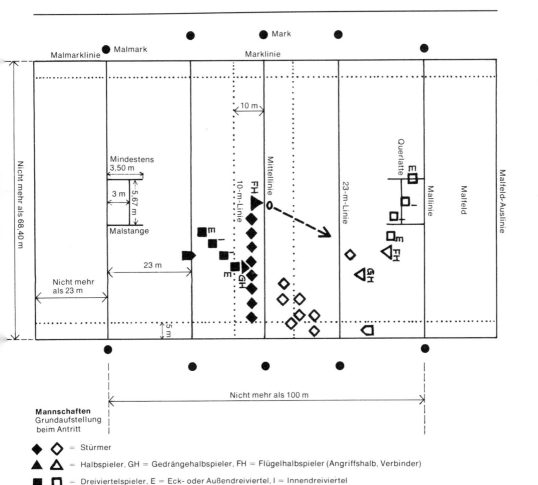

Mannschaften
Grundaufstellung
beim Antritt

◆ ◇ = Stürmer

▲ △ = Halbspieler, GH = Gedrängehalbspieler, FH = Flügelhalbspieler (Angriffshalb, Verbinder)

■ ☐ = Dreiviertelspieler, E = Eck- oder Außendreiviertel, I = Innendreiviertel

⬟ ⬠ = Schlußspieler

folgreiche Mannschaft, mit einem Platztritt
oder einem *Sprungtritt* (Tritt, bei dem der Ball
aus den Händen fallen gelassen und getreten
wird, sobald er vom Boden zurückspringt) von
einem Punkt des Spielfeldes aus zu versuchen,
den Ball zwischen die *Malstangen* und über die
Querlatte des *Mals* (Abb. 3) zu treten. Der blaue
Spieler schlägt mit dem Hacken eine *Kerbe* in
den Rasen, und der Ball wird mit seiner Spitze
hineingesetzt. Gelingt dieser *Erhöhungstritt*,
so kommen zwei weitere Punkte dazu. Blau
geht mit 6:0 in Führung!

Der schwarz-rote Gegenangriff bleibt nicht aus, doch wird der balltragende Angriffshalb gefaßt und zu Boden gebracht. Nur derjenige Spieler, welcher den Ball trägt, darf durch *Fassen* (Halten), Stoßen oder Wegdrücken vom Ball getrennt werden (Abb. 4). Beinstellen aber oder andere unfaire Behinderung ist verboten. Der gefaßte Spieler ist verpflichtet, sich umgehend vom Ball zu trennen.

Unverständlich ist dem Zuschauer, der erstmals einem Rugby-Spiel beiwohnt, wenn die Spieler einen »Knäuel« bilden, oder ganz einfach einen »unordentlichen Haufen«, wie es scheint. Das ist ein *Gedränge* oder ein *offenes Gedränge*, und von einem Durcheinander kann überhaupt nicht die Rede sein. Das Gedränge ist eine Formation, um nach bestimmten Regelverstößen, zum Beispiel einem Vor, den Ball wieder in das Spiel zu bringen. Die gegnerischen Sturmreihen stellen sich einander gegenüber und in gebückter Haltung auf, und zwar in der Aufstellung 3-2-3, damit der Ball in den so entstandenen »Tunnel« eingeworfen werden kann. Dabei umfassen sich die Spieler beider Mannschaften. Aufgabe des *Haklers*, des mittleren Mannes in der ersten Reihe jeder Mannschaft, ist es nun, den Ball mit den Füßen nach hinten, in die eigenen Reihen zu hakeln. Die beiden Achterreihen bemühen sich durch gegenseitiges Drängen und Stoßen, den Ball weiter nach hinten und hinten heraus zu bekommen, damit die Hintermannschaft einen Angriff starten kann. Im Gedränge ist es verboten, den Ball mit den Händen zu berühren. Ein offenes Gedränge bildet sich während des Spiels, wenn der Ball auf dem Boden liegt und mehrere Spieler beider Mannschaften, einander gegenüberstehend, sich um ihn zusammengeschlossen haben. Solche Ballgewinne sind äußerst wichtig, und ein Gedränge muß taktisch gut organisiert sein.

Der Schlußspieler der Blauen hat eben einen Ball abgefangen und schickt ihn mit einem *Falltritt* (Tritt, bei dem der Ball aus den Händen fallen gelassen und getreten wird, ehe er den Boden berührt) in Richtung der gegnerischen Spielhälfte zurück. Er hat jedoch nicht mit einem Schwarz-Roten gerechnet, der, auf beiden

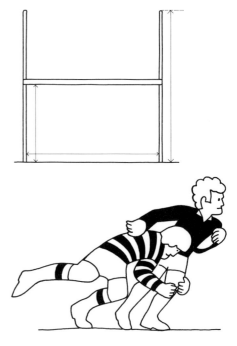

Füßen stehend, den Ball fängt *(Freifang)* und »*Marke*« ruft. Dafür erhält er einen *Freitritt*, den er als Platz-, Sprung- oder Falltritt ausführen kann. Er entscheidet sich für einen Platztritt, schlägt eine Kerbe, konzentriert sich – und bringt den Ball über die Querlatte des Mals. Drei Punkte für die Schwarz-Roten – das Spiel steht 6:3 für Blau. Ebenfalls drei Punkte erhält eine Mannschaft zugesprochen, die den Ball durch einen *Straftritt* (bei Regelverstößen), der in jeder Trittart gespielt werden darf, verwertet. Vier Punkte wird ein sogenannter *Strafversuch* gezählt, der einer Mannschaft zugesprochen wird, wenn ein Versuch, der wahrscheinlich erzielt worden wäre, durch unfaires Spiel der gegnerischen Mannschaft verhindert wurde. Nach 40 Minuten wird die erste Halbzeit beim Stand von 6:3 für Blau abgepfiffen. In der kurzen Fünf-Minuten-Pause scharen sich die Spieler um die Mannschaftscaptains und erhalten neue Anweisungen. Dann wird schnell ein nasser Schwamm auf dem Kopf ausgedrückt, eine kleine Schramme mit einem Pflaster verklebt und eine Zitronenscheibe zwi-

Weiterspiel
nach einem offenen Gedränge

schen die Zähne gepreßt – und schon geht das Spiel weiter! Die beiden Mannschaften schenken sich nichts. Es wird hart um Punkte gekämpft: Blau ist ein weiterer Versuch geglückt (4 Punkte), konnte aber den Erhöhungstritt nicht unterbringen. Die Rot-Schwarzen erzielten einen Sprungtritt aus dem Spiel heraus und somit drei Punkte *(Sprungtreffer)* – Blau führt somit noch immer, und zwar 10:6.

Gerät der Ball oder ein balltragender Spieler über die Seitenlinie *(Mark)* ins Aus, so ordnet der Schiedsrichter einen Einwurf aus der Mark an. Dabei stellen sich die beiden Stürmerreihen im rechten Winkel zur Seitenlinie auf und bilden somit die sogenannte *Gasse* (Abb. 5). Der

Ball muß gerade und mindestens fünf Meter weit und über die Sturmreihen ins Spielfeld geworfen werden. Für eine nachfolgende Angriffsaktion ist es entscheidend, welche Stürmerreihe sich in den Besitz des Balls bringt und durchbrechen kann.

Die Blauen drängen auf eine endgültige Entscheidung, haben aber sichtlich Mühe mit ihrem Gegner. Soeben konnten die Blauen mit einem *Handauf,* das heißt dem Niederlegen des Balls im eigenen Malfeld, knapp einen rotschwarzen Versuch verhindern. Mit einem Sprungtritt von einem beliebigen Punkt der *23-m-Linie* (Lagergrenze) aus wird das Spiel wieder in Gang gesetzt. Drei Minuten vor

Springen nach dem Ball

Schluß kommt es zu einem *5-m-Gedränge* (Gedränge fünf Meter vor der Mallinie) vor der blauen Mallinie. Der rot-schwarze Gedrängehalb erwischt den Ball, wirft ihn nach hinten zum anstürmenden Dreiviertelspieler, der nicht mehr gefaßt werden kann, durchbricht und einen Versuch erzielt. Ein schönes Spiel – und entsprechende Begeisterung bei den Zuschauern. Unerwartet steht es also nun 10:10. Mit aller Sorgfalt wird ein Platztritt vorbereitet – und die Erhöhung gelingt. Sekunden später wird das Spiel 10:12 für die Rot-Schwarzen abgepfiffen.

Kehren wir nochmals kurz zum Anfang unserer Geschichte zurück. Rugby wird heute in über 60 Ländern auf der ganzen Welt gespielt. Und trotzdem ist es nicht olympische Disziplin. Einzig in den Jahren 1900, 1908, 1920 und 1924 fanden bescheidene olympische Rugby-Turniere statt. International ist Rugby organisiert durch die *FIRA*, die Fédération Internationale de Rugby Amateur (gegründet 1934), mit Sitz in Paris. Ihr gehören über 20 Nationen an. Die Dachorganisation der Amateur-Rugby-Verbände von Großbritannien, Australien, Neuseeland und Südafrika ist der *International Board* (gegründet 1890) in London. Seit 1966 wird ein *Europa-Cup der Nationalmannschaften* ausgetragen, und seit 1910 findet jährlich das berühmte *Fünf-Nationen-Turnier* zwischen England, Schottland, Irland, Wales und Frankreich statt.

Zur Zeit beste Rugby-Mannschaft der Welt ist die Nationalmannschaft von Neuseeland, die berühmten »*All Blacks*«.

Rugby ist ein Amateursport. Die internationale »Erklärung zum Amateurismus« sagt: »Das Rugby-Spiel ist ein Spiel für Amateure. Niemandem ist es erlaubt, für die Teilnahme am Spiel Bezahlung oder andere materielle Belohnung zu fordern oder anzunehmen.« Dennoch gibt es Rugby-Profis, vor allem in Frankreich, England und Australien, die dann das sogenannte *13er-Rugby*, mit nur 13 Spielern, austragen. Das *7er-Rugby* ist als Erziehungsrugby für Schüler gedacht. Das Spielfeld ist entsprechend kleiner (maximal 30×40 m), und die Spieldauer darf 60 Minuten nicht überschrei-

Oben: Gedränge. Eben ist der Ball eingeworfen worden, und die Hakler beider Mannschaften versuchen, ihn in die eigenen Reihen zu hakeln

Unten: Wo der Ball wohl so lange bleibt . . .?

---

ten, je nach Altersklasse. Es ist erfreulich zu sehen, wie Rugby immer mehr zum anerkannten Schulsport wird und die bestehenden Hemmungen und Vorurteile überwunden werden.

Nicht geringe Schuld an diesen Vorurteilen hat das sogenannte *American Football,* ein dem Rugby nachgebildetes Kampfspiel von zwei Mannschaften mit je 11 Spielern und beliebig vielen Auswechselspielern. American Football, als College-Football oder äußerst harter Professional-Football vor allem in Amerika gespielt, fordert immer wieder Todesopfer. Die Spieler sind mit Helm und Gesichtsschutz, mit gepolsterten Jacken sowie mit Knie- und Schienbeinschützern ausgerüstet. Im Rugby

hingegen ist das Tragen von gefährlichen Gegenständen und Schulterpolstern verboten, um den Gegner nicht zu verletzen.

Wer einmal Rugby gespielt hat, wird sich kaum wieder von diesem schnellen, rassigen und fairen Sport trennen wollen oder können. Nicht von ungefähr finden sich viele frühere Handballer, Fußballspieler und Leichtathleten im Rugby-Sport zusammen. Hättest du nicht auch Lust, Rugby zu spielen? In Deutschland gibt es etwa 70 Klubs mit über 6000 Aktiven, in der Schweiz 20 Mannschaften mit annähernd tausend Spielern. In Österreich ist Rugby nicht organisiert.

Vielleicht auf bald!

»Eddy ist der Größte«

Porträt eines Profis

Fernand Racine

Diesen simplen, aber alles sagenden Satz prägte ein Sportjournalist. Journalisten sind in der Regel um Superlative nicht verlegen, doch beim Berufsradrennfahrer Eddy Merckx geraten sie leicht in Bedrängnis.

1972 – vorläufig die Krone seiner Laufbahn

Werfen wir einen Blick auf die Saison 1972, dann erscheint dieses Lob gerechtfertigt: Innerhalb von 221 Tagen, vom 18. März bis zum 25. Oktober, stand Eddy Merckx während rund 120 Tagen im Renneinsatz. In dieser kurzen Zeitspanne vollbrachte er eine ganze Reihe von Ausnahmeleistungen: Er siegte in vier »klassischen« Eintagsrennen, nämlich *Mailand–San Remo, Lüttich–Bastogne–Lüttich*, in der Flèche Wallone und in der Lombardei-Rundfahrt. Diese Erfolgsliste kann kein anderer Fahrer aufweisen. Eddy Merckx gewann dazu zum zweiten Mal den Giro d'Italia und die Tour de France – also die anforderungsreichsten Rundfahrten – im gleichen Jahr. Das hatte vor ihm nur der Italiener Fausto Coppi fertiggebracht.

Überdies verbesserte der Belgier den Stundenweltrekord. Als Mannschaftskapitän sicherte sich Eddy den Löwenanteil am Gewinn des Weltcups. Zählt man alle Siege von Merckx im Jahr 1972 zusammen, kommt man auf die stolze Zahl von 50.

Der Junge von Sint-Pieters Woluwe

Eddy Merckx wurde am 17. Juni 1945 als Sohn eines wohlhabenden Gemüsehändlers in Sint-Pieters Woluwe bei Brüssel geboren. Als 16jähriger fuhr er sein erstes Rennen und – gewann! Noch im gleichen Jahr verließ er das Gymnasium und wurde Rennfahrer. Er hätte wie Bruder und Schwester auch studieren können. Das Zeug dazu hätte er gehabt. Aber er war zu anderem berufen. Mit 19 Jahren gewann Eddy die Amateur-Weltmeisterschaft, später folgten noch zwei Titel als Professional. Und dann: Erfolge und Siege am laufenden Band.

Fernand Racine, heißt in Wirklichkeit anders, wurde 1927 in Turgi geboren. Im Lehrerseminar Wettingen ließ er sich zum Primarlehrer ausbilden. Diesen Beruf übte er 15 Jahre lang in Muhen aus, wo er nebenamtlich als Chordirigent und Klavierlehrer wirkte und in Vorständen mehrerer Sportverbände tätig war. Schon mit 17 Jahren erschienen die ersten Zeitungsartikel. Racine war während vieler Jahre ständiger Mitarbeiter verschiedener Zeitungen. 1962 wurde das große Hobby zum Beruf, indem er Redakteur wurde. Heute ist er in Zürich als Sportredakteur tätig. Verheiratet, zwei Kinder. Hobbys: klassische Musik, älterer Jazz, Literatur. Vater zweimaliger Träger des Schweizerischen Jugendbuchpreises.

Zur Spitze
führt nur ein harter Weg

Welches ist das Erfolgsgeheimnis von Eddy Merckx? In früheren Jahren ging er mit seinen Kräften wenig haushälterisch um, er verausgabte sich. Er kümmerte sich nicht darum, daß er an Substanz verlor. Diese Fahrweise hat heute einer überlegteren Dosierung der Kräfte Platz gemacht. Aber diese Verausgabung, diese Großzügigkeit glaubte Eddy Merckx dem zahlenden Publikum schuldig zu sein. Und er war von einem unheimlichen Ehrgeiz getrieben, alles zu gewinnen, was zu gewinnen war. Von der körperlichen Beschaffenheit her stellt Eddy nicht unbedingt das Bild des idealen Rennfahrers dar. Eines seiner Beine ist sogar etwas kürzer als das andere. Er ist 1,82 m groß und 76 kg schwer. Weder Lungenkapazität noch Herzvolumen sind, im Vergleich zu anderen Radstars, übermäßig entwickelt. Extremtyp ist er jedoch, was den Pulsregenerierungsprozeß betrifft. Zehn Minuten nach einem anstrengenden Rennen hat sich sein Puls wieder auf 44 ruhige Schläge pro Minute eingependelt. Dieses außerordentliche Erholungsvermögen kommt dem Belgier insbesondere bei Rundfahrten zugute, wenn sich die Konkurrenz von Etappe zu Etappe abnützt, er aber vergleichsweise frisch wie eine Rose bleibt. »Ich bin groß und stark, aber kein Phänomen, wie gesagt wird. Mein Puls schlägt normal, meine Lunge ist nicht überdimensioniert groß«, sagt Merckx über sich selbst.

Neben dem großen Talent sind vor allem die Einstellung zum Beruf, der unermüdliche Trainingswille, Beachtung einer vernünftigen Saisonplanung, Vermeidung jeglicher Exzesse, Harmonie im Familienleben mitentscheidende Faktoren, die zum Triumph führen. Und als großer Vorzug gegenüber allen anderen Champions früherer Zeiten: Merckx ist außergewöhnlich ausgeglichen, er ist ein guter Roller, ein guter Bergfahrer, ein guter Sprinter, ein guter Verfolgungsfahrer – kurz, er ist ein kompletter Fahrer wie kein anderer je zuvor.

Daß Eddy nicht (mehr) der alles an sich rei-
ßende Profi ist, beweist auch die Tatsache, daß
er im Winter über etwa zwei Monate lang auf jedes Engagement verzichtet und damit auf viele
Tausende von Franken. Aber er will seinem
Körper Gelegenheit zur Erholung bieten, er will
seine »Batterien« wieder in aller Ruhe frisch
aufladen. Auch der Angriff auf den Stundenweltrekord, den er aus eigener Kasse zu bestreiten hatte, kostete ihn wegen des Ausfalls
einiger Rennen in Europa Hunderttausende
von Franken.

»Merckx macht den Berufsradsport kaputt«,
haben schon Kritiker gemahnt. Denn zu oft
schon hat der Belgier seine gesamte Konkurrenz in Grund und Boden gefahren, zu oft weiß
man schon vor dem Start, wer als Sieger das
Zielband kreuzen wird.

Das ist es ja: Der belgische Champion hat mit
seinen vielen großen Siegen die Gegnerschaft
zeitweilig richtiggehend lächerlich gemacht, er
hat manchmal sogar mit ihr gespielt. Er hat sich
gegen eine starke ausländische Übermacht behauptet, er hat seinen Konkurrenten getrotzt,
wenn er nicht in Bestform war. Aber seine
außergewöhnliche Energie, sein unbezähmba-
rer Wille haben ihn über jede Schwäche hin-
weggetragen.

Natürlich hat Merckx etliche Erfolge auch seiner Mannschaft zu verdanken, die sich bedin-
gungslos in den Dienst des strengen »Chefs«
stellte. Merckx hat eines der stärksten Teams
um sich vereinigt. Alle diese Fahrer reagieren
auf den kleinsten Wink von Eddy. Sie müssen
in seinem Interesse auf die Wahrung der eigenen Vorteile verzichten, sie müssen ihn stoßen,
wenn er in Schwierigkeiten ist, sie müssen ganz
einfach für ihn da sein. Aber für diesen Verzicht
auf eigenen Ruhm erhalten die »Wasserträger«
klingenden Lohn. Denn die Preise werden in
der Mannschaftskasse vereinigt und nachher
geteilt, so daß jeder seinen Anteil von den Sie-
gesprämien bekommt. Und bei Merckx fährt jeder sicher gut damit.

Und doch, im entscheidenden Augenblick,
wenn er ganz allein an der Spitze liegt, kommt
es nur noch auf den Chef an, ob das Unternehmen auch zum Sieg führt. Dann stellt sich her-

aus, ob der Wille die aufkommenden Schwächen zu überwinden vermag, ob die athletischen Qualitäten groß genug sind, um die Gegner in Schach zu halten.

Die Meilensteine seiner Karriere

Schon allein das Aufzählen der Erfolge von 1972 würde genügen, um Eddy Merckx' Sportlerporträt zu zeichnen. Doch werfen wir auch einen Blick auf die anderen großen Siege des Belgiers: Straßenweltmeister wurde er 1964 als Amateur, 1971 als Professional. Die Tour de France gewann er viermal hintereinander, nämlich von 1969 bis 1972. Im Giro d'Italia siegte er 1968, 1970 und 1972. Das Rennen Mailand–San Remo entschied er fünfmal zu seinen Gunsten, die Lombardei-Rundfahrt zweimal, ebenso Paris–Roubaix und die belgische Straßenmeisterschaft. Je dreimal siegte Eddy in Lüttich–Bastogne–Lüttich und in der Flèche Wallone. Und schließlich führt er die Jahreswertungen von 1969 bis 1972 klar an. Das alles sind trockene Zahlen, hinter denen aber eine gewaltige sportliche Leistung steckt.

Den wichtigsten Test bildet unzweifelhaft der Stundenweltrekord, der auf der Rennbahn gefahren wird. Eddy Merckx wählte dafür die Bahn von Mexico-City, wo er sich auf 49,67 Kilometer steigerte. Sechzig Minuten lang muß man sich in dieser wohl härtesten Prüfung ganz allein abmühen, man fährt gegen die unerbittlich tickende Uhr, man fährt nach einem genau ausgetüftelten Fahrplan, der keine Schwäche und kein Verschnaufen erlaubt.

Der Traumrekord von Mexiko

Der Stundenweltrekord von Eddy Merckx war die größte bisherige athletische Leistung im Radsport. Er verbesserte dabei die seit vier Jahren bestehende Rekordmarke des Dänen Ole Ritter um 781 Meter auf 49,67 km.

Die Verbesserung des Stundenweltrekordes ist ein gutes Beispiel für die Vorbereitungen und die allgemeine Einstellung des belgischen Champions: Er hatte vorher schon so viele Siege und Triumphe errungen, daß er es eigentlich gar nicht mehr nötig gehabt hätte, die aufwendige und entbehrungsreiche Expedition nach Mexiko zu unternehmen. Aber sein sportlicher Ehrgeiz stachelte ihn zu dieser Sonderleistung auf: Er wollte auch diesen hochdotierten Rekord in seinem Besitz haben. Eddy hatte seinen Weltrekordversuch bis ins kleinste Detail vorbereitet. Er unternahm mehrere Tests und ließ sich von Spezialisten auf Herz und Nieren prüfen. Trotzdem waren die Bedingungen, unter denen er an den Start ging, nicht ausgesprochen die besten. Der Belgier hatte eine extrem strenge Saison hinter sich und war sicher rechtschaffen müde. Zu diesem Zeitpunkt (25. Oktober) waren die meisten anderen Rennfahrer in den Ferien und dachten ans Ausspannen. Zudem spielte ihm das Wetter in Mexico-City mehrmals einen Streich. Er mußte seinen Weltrekordversuch verschieben, was die Nerven arg strapazierte. Trotzdem schaffte es Eddy Merckx, und zwar schaffte er es in einer Weise, die selbst Optimisten aufhorchen ließ. Es gibt nicht wenige Fachleute, die Merckx prophezeien, daß er den Stundenweltrekord noch über die 50-km-Marke bringen könnte. »Diese Leistung ist für unsere Generation unerreichbar«, hatte Felice Gimondi, einer der härtesten Rivalen von Eddy Merckx in den Straßenrennen, kommentiert. Merckx hatte schon als junger Rennfahrer einmal erklärt, der Stundenweltrekord sei neben dem Sieg in der Tour de France sein größtes Ziel. Damit haben sich seine Jugendträume mehr als erfüllt.

Sport und Geschäft

Der Belgier trägt auf seinem Leibchen den Markennamen einer italienischen Salamifabrik. Denn der Profiradsport ist natürlich eng mit dem Geschäftsleben verbunden. Und wenn der Namenszug einer Firma wochenlang regelmäßig immer wieder in der Öffentlichkeit erscheint – in der Presse, in der Wochenschau, im Fernsehen –, dann läßt man sich diese Riesenreklame gerne viel Geld kosten.

Der Ehrgeiz brachte dem Belgier ein Einkommen, das ihn für die Zukunft jeglicher Sorgen enthebt: Er verdient jährlich rund zwei Millionen Franken, für jeden Start kann er eine fünfstellige Summe verlangen. Er hat sein Geld so klug angelegt, daß er später einmal, wenn er seine einmalige Karriere abgeschlossen hat, ohne große Anstrengungen ein sorgenfreies Leben führen kann.

Und doch ist Eddy Merckx in einem gewissen Sinn Amateur geblieben, wenigstens zeitweilig: Schon mit 16 Jahren, als er seine Berufswahl traf, erklärte er: »Ich denke bei diesem Entscheid am wenigsten ans Geld.« Und später stellte er fest: »Ohne Radrennen wäre ich nur ein halber Mensch. Ich brauche dieses Milieu. Es gibt mir ein unbeschreibliches Glücksgefühl.« Seine Ehefrau Claudine meinte: »Eddy geht in seinem Beruf ganz auf.« Und Eddy selbst: »Wenn ich mich in einem Rennen abquälen muß, denke ich nie daran, wieviel ich dabei verdienen werde. Ich sage mir: du hast es so schwer, weil du den schönsten Beruf, den es für dich gibt, ausgewählt hast.«

Der frühere Weltmeister Vittorio Adorni aus Italien hat Merckx folgendermaßen charakterisiert: »Er kann lächelnd im Sattel sitzen, obwohl ihm hundeelend ist. Er beherrscht die Kunst, auftretende Schwächen geschickt zu verbergen. Eddy ist ein Meister der Tarnung.«

Wie lange siegt Eddy noch?

Auch Eddy Merckx denkt ans Aufhören. Er will eines Tages auch vor allem Familienvater sein. Die Frage »Wie lange noch?« stellt sich mit Recht. »Ich fahre oft bis an meine physischen Grenzen«, sagt Merckx über sich selbst, »aber nur, solange ich mich fit fühle. Als alternder Star möchte ich mich nicht von meinen früheren Fans auslachen lassen. Denn das Publikum ist unerbittlich mit seinem Spott. Mit dreißig – also in zwei Jahren – will ich Schluß machen.«

Jugend und Sport in China

Hugo Steinegger

Nachdem ich auf vorangehenden Reisen den Fernen Osten kennengelernt und in der Nähe von Hongkong am »Bambusvorhang«, der Grenze zur Volksrepublik China, gestanden hatte, reifte in mir immer stärker der Wunsch, einmal dieses große, gegen außen fast hermetisch abgeschlossene Land besuchen zu dürfen. So stellte ich denn bei der chinesischen Botschaft in Bern einen Antrag für ein Visum, das mir nach einiger Zeit – gerade nach meiner Rückkehr von den Olympischen Winterspielen in Sapporo Anfang 1972 – mit einer Einladung des Allchinesischen Sportverbandes zuging. Aufgrund meiner Stellung im Schweizer Sport wollte mich die chinesische Dachorganisation des Sportes als ihren Gast empfangen. Also ging es gleich wieder ans Kofferpacken. Nach einer langen Flugreise über Paris, Athen, Karatschi und Rangun landete ich in Schanghai erstmals auf chinesischem Boden, und gleich machte ich auch schon Bekanntschaft mit der großen Gastfreundschaft der Menschen Chinas und mit ihrer allgegenwärtigen Teezeremonie.

Von Schanghai aus ging es anschließend weiter nach Peking, dem Hauptziel meiner Reise. Vieles gab es zu besichtigen, von den prächtigen Bauten aus den alten Kaiserdynastien über Industriebetriebe, Schulen, Kommunen (kollektivierte Landwirtschaftsbetriebe) bis zur Großen Mauer. Aber vor allem interessierte mich natürlich, wie in China Sport getrieben wird, welche Sportarten man kennt und ausübt, was für Sportanlagen bestehen etc. Und gerade hier gab es einiges, was mich in Erstaunen setzte.

Mao fordert – und das Volk treibt Sport

Vor 20 Jahren erließ der Vorsitzende Mao Tse-

Hugo Steinegger entdeckte schon früh seine Neigungen zu Sport und Presse. So trat er denn nach der Diplomschule als Volontär bei einer Tageszeitung ein, wurde anschließend Journalist und Redakteur. Seit 1970 ist er erfolgreicher Pressechef des Schweizerischen Landesverbandes für Leibesübungen (SLL, Dachorganisation des Schweizer Sports), des Nationalen Komitees für Elitesport und der Stiftung Schweizer Sporthilfe. Das Jahr 1972 brachte mit den Olympischen Spielen einen zusätzlichen interessanten, arbeitsreichen Posten für den 29jährigen Berner: Erstmals begleitete in seiner Person ein Pressechef die Schweizer Mannschaft zu den Olympischen Spielen in Sapporo und München. Kurz nach der Rückkehr von Sapporo reiste er auf Einladung des Allchinesischen Sportverbandes, der Dachorganisation des Sportes in der Volksrepublik China, für einen zweiwöchigen Aufenthalt ins Reich der Mitte, wo er interessante Kontakte mit Spitzenfunktionären des chinesischen Sportes hatte und vor allem Sportstätten und -schulen besichtigte. – Hugo Steinegger wohnt und arbeitet in Bern, ist verheiratet und hat siebenjährige Zwillingstöchter.

tung den Aufruf: »Fördert Körperkultur und Sport, härtet das Volk körperlich ab!« Dieser Leitsatz hat in China sozusagen eine Lawine ins Rollen gebracht. Ein charakteristisches Merkmal des Sportes in China ist die Teilnahme der Massen. Überall im Land treiben Millionen Erwachsene und Kinder Sport. Und aus der Masse werden junge Leute je nach Talent speziell ausgebildet, sie werden Sportlehrer, Trainer, Spitzensportler. Auf meinen Besichtigungsfahrten in und um Peking und Schanghai fiel mir auf, daß viele Menschen frühmorgens und zu bestimmten Tageszeiten in Parks, auf Höfen, auf breiten Trottoirs und auf Sportplätzen sich sportlich betätigten. Man sieht Federballspieler, Tai-Dji-Tjüan, ein Schattenboxen mit langsamen Bewegungen, Wu-schu (traditionelle Sportart, eine Art gymnastischer Zweikampf mit Spieß und Schwert). Am meisten aber wird Radiogymnastik betrieben. Aus zahlreichen Lautsprechern ertönt Musik, zu der ein vorgegebenes Gymnastikprogramm absolviert wird. Dies nicht nur in den Städten, sondern bis weit ins Landesinnere. Die Schulklassen machen vor Unterrichtsbeginn dieses Programm mit. Weit verbreitet ist das Velofahren, denn das Fahrrad ist das Hauptfortbewegungsmittel des Chinesen, und was wir hier schon als außerordentliche Leistung betrachten, ist dort an der Tagesordnung. Die Aktivierung des Massensportes hat ganz besondere Ziele. Ein alter Mann, der Radiogymnastik und Schattenboxen betrieb, meinte dazu: »Wir müssen gesund und leistungsfähig bleiben, um dem Volk besser dienen zu können.« Dies ist die Überzeugung großer Bevölkerungskreise, und deshalb wird Sport sehr eifrig und konsequent betrieben. Populärste Breitensportarten sind in China Gymnastik, Tischtennis, Schwimmen, Basketball, Volleyball und Federball. Mao Tse-tung schwamm in hohem Alter mehrmals im Jangtse-Fluß und spornte so die Bevölkerung persönlich an. Im Juli 1970 überschwammen in der Stadt Wuhan mehr als 10000 Menschen den Jangtse. Es gibt Schwimmtage mit oft Zehntausenden von Teilnehmern, und im Jahr

1971 sollen in der Stadt Schanghai 600 000 Menschen an einem Tischtennisturnier teilgenommen haben!

Die Organisation des Sportes in China

Nach der Gründung der Volksrepublik China setzte der Staatsrat 1949 den Ausschuß für Körperkultur und Sport zur Leitung der Arbeit auf diesem Gebiet ein. Heute wird er Komitee für Körperkultur und Sport genannt. Dieses ist das oberste Organ des chinesischen Sports, praktisch ein Ministerium. Die eigentliche Zentralstelle für den Sport ist der Allchinesische Sportverband – mein Gastgeber – mit 30 Zweigstellen in den Provinzen (in jeder Provinz und jedem autonomen Gebiet eine). Die Sportverbände, denen keine Vereine/Klubs angeschlossen sind (Sportbetrieb auf Vereins- und Klubebene ist unbekannt), sind dem Allchinesischen Sportverband unterstellt. Anstelle der Vereine gibt es Mannschaften der Fabriken, Schulen, Städte, Kommunen.

Die Schüler sind sportbegeistert

Der Jugendsport wird in China sehr gefördert, vor allem in den Schulen. Nehmen wir das Beispiel der Mittelschule Nr. 26 von Peking: Am Morgen um 6.30 Uhr kann man dort ungefähr 500 Schüler auf dem Sportplatz trainieren sehen – manche üben sich im Speer-, Diskus- oder Handgranatenwerfen (letzteres gehört zum Sportprogramm), andere sprinten, trainieren Hoch- und Weitsprung oder spielen Basketball, Volleyball, Tischtennis, Federball. Um 7.30 Uhr versammeln sich die Schüler auf dem großen Sportplatz und absolvieren die Radiogymnastik. Der Unterricht beginnt um 8.00 Uhr. Die Kinder sind vor allem von den Ballspielen so begeistert, daß die Sportplätze der Schule auch an Sonntagen besetzt sind.

In der genannten Mittelschule lernen über 3000 Jungen und Mädchen in 54 Klassen. Fünf hauptberufliche und drei nebenberufliche Sportlehrer sind angestellt, und an Anlagen sind neun Basketballfelder, ein Volleyball- und ein Fußballplatz und zehn Tischtennistische vorhanden. Außer den Fußballmannschaften und den Knaben- und Mädchenteams für Basket- und Volleyball, Tischtennis und Leichtathletik gibt es Klassen- und Stufenmannschaften. Zwischen verschiedenen Klassen und Schulstufen und zwischen Lehrern, Angestellten und Schülern werden regelmäßig Ballwettspiele ausgetragen. Dazu treffen sich die Schulmannschaften häufig mit Teams anderer Schulen. Wer nicht aktiv eingesetzt werden kann, amtiert nach dem Regelstudium als Schieds- oder Punkterichter. Bei all diesen Wettkämpfen steht aber nicht das Wetteifern an sich, das Gewinnen, im Vordergrund, sondern die freundschaftliche Begegnung, das Lernen voneinander. Dies ist auch so bei den Spitzensportlern, sogar bei internationalen Begegnungen. Gerade diesen wird immer wieder ins Gedächtnis

gerufen, daß im Sport die völkerverbindende Freundschaft an erster Stelle steht.

Schüler, die in der einen oder anderen Sportart talentiert sind, dazu noch gute Schulleistungen und eine den Richtlinien Mao Tse-tungs entsprechende Gesinnung mitbringen, werden zur fachlichen Ausbildung für eine kurze oder längere Zeit in Gruppen in die sogenannte Freizeitsportschule (auch Amateursportschule genannt) geschickt und hier zu Sportaktivisten ausgebildet. Mit ihnen als Rückgrat hat der Sport in Chinas Schulen – so wurde mir gesagt – große Fortschritte gemacht.

In allen Schulen werden die Kinder angehalten, Sportgeräte und -anlagen selbst herzustellen. So entstehen Tischtennistische aus Holz und Ziegeln, oder es wird ganz einfach »Pingpong« am Boden über die Schulmappen gespielt. »Dies hilft den Schülern, sich daran zu gewöhnen, das kollektive Eigentum zu hüten und zu bewahren und an körperlicher Arbeit teilzunehmen«, meinte ein Sportlehrer dazu.

Gezielte Förderung junger Sportler

Über dem Torbogen einer der in China stark verbreiteten Freizeitsportschulen hing ein buntes, großes Transparent mit der Aufschrift »Herzlich willkommen unserem Sportfreund aus der Schweiz«. Die Kinder im Alter von 7–16 Jahren kommen jeweils nach dem normalen Schulunterricht nachmittags von 16.30 bis 18.30 Uhr zum Training. Sie nehmen im Durchschnitt dreimal wöchentlich gratis an den Lehrgängen teil, ganz Talentierte noch mehr. Die Sportschule wird täglich von rund 1800 Schülern, die aus 180 verschiedenen Schulen des betreffenden Stadtkreises kommen, besucht. In diesem Zusammenhang eine Randnotiz zum Eishockeytraining: Wegen zur Zeit noch ungenügender Eisflächen trainiert man auf Beton, und zwar auf Schlittschuhen, die ähnlich Rollschuhen kleine Räder haben ...

Die Anlagen sind zum Teil bescheiden: Festgestampfter Lehmboden bildet für verschiedene Spielfelder die Unterlage. Die Schüler, welche diese Schule besuchen, kommen zusammen mit dem üblichen Schulturnen in den Genuß von 12–18 Sportstunden pro Woche. Die älteren Absolventen gelten dann zugleich auch als Sportaktivisten.

Auf den Spitzensport hin trainieren die Absolventen der Hochschule für Körperkultur in Peking, die ungefähr der Eidg. Turn- und Sportschule in Magglingen vergleichbar ist. Der Gang durch diese Schule dauerte einen ganzen Vormittag. Sie umfaßt eine Schwimmhalle (50 m, 8 Bahnen), eine Leichtathletikhalle mit 200-m-Rundbahn, Werferanlage, drei Turnhallen, zwei Spielhallen, zwei Tischtennissäle, einen Gewichtheberraum, Wohn- und Eßräume für die Schüler und viele Außenanlagen (Spielfelder, Leichtathletik). Die Schule weist diverse Abteilungen auf: Körperkultur, Wettkampfsport, Aspiranten und Junioren. Der Tagesablauf: 6.00 Uhr Tagwache, anschließend Gymnastik und Frühstück, 8.30–12.00 Uhr Studieren (Fachtheorie, politische Erziehung),

12.00–14.30 Uhr Mittagessen und Pause. Bis 17.30 Uhr Training. 18.00 Uhr Abendessen. Abends frei oder Selbststudium. 6-Tage-Woche. Die Ausbildung an der Sporthochschule dauert 2–3 Jahre. An der von mir besuchten Schule werden zur Zeit über 500 Schüler, davon 40% Mädchen, unterrichtet. Die Lehrer sind im allgemeinen auf eine Sportart spezialisiert. Unterricht gibt es unter anderem in Basketball, Volleyball, Badminton, Tischtennis, Fußball, Turnen, Schwimmen, Leichtathletik. Die Absolventen der Schule werden Sportlehrer, Trainer, Elitesportler. Die Abteilung des Jugendsportinternates bildet speziell Zwölf- bis Vierzehnjährige mit einem täglichen mehrstündigen Trainingspensum zu Spitzensportlern heran. Zur Zeit gibt es in China fünf solche Hochschulen für Körperkultur, Wettkampfausbildung wird weiter in 18 Sportfakultäten an pädagogischen Instituten praktiziert.

Sportanlagen in China

Die Sportanlagen sind seit der Gründung der Volksrepublik China 1949 im ganzen Land in großem Ausmaß erweitert und ausgebaut oder neu erstellt worden. Die Städte Chinas haben heute Stadien, Sporthallen, Schwimmbäder und Sportplätze. Gerade Peking, die Hauptstadt, weist sehr moderne Anlagen auf, die vielfach polysportiv sind, das heißt, es können mehrere Sportarten auf einer respektive auf mehreren nebeneinanderliegenden Anlagen ausgeübt werden. Da ist beispielsweise das Arbeiterstadion mit Sitzplätzen für 100000 Zuschauer, Trainingshalle und Wohn- und Eßräumen für 1500 Sportler. Es dient für Ballspiele und Leichtathletik. Daneben findet sich ein großes Hallen- und Freibad und die Arbeitersporthalle mit Sitzplätzen für 15000 Zuschauer, die 1961 für die 26. Tischtennis-Weltmeister-

schaften fertiggestellt wurde. Imposant ist die »Halle der Hauptstadt Peking«, wie die obengenannten Anlagen überraschend »modern« gebaut. Sie bietet 18 000 Sitzplätze und wird vor allem für Basketball, Volleyball, Tischtennis und Badminton (wettkampfmäßiger Federball) benutzt. Der Parkettfußboden kann weggenommen und darunter eine Kunsteisbahn hergerichtet werden. Daneben gibt es in Peking wie in allen anderen Städten einfachere Anlagen, die jedem offenstehen. Diese sind zwar zum Teil bescheiden, aber zweckmäßig und viel benützt. In der Stadt Schanghai (ohne Vororte) lebt auf engem Raum eine Bevölkerung so groß wie die der ganzen Schweiz: gut 6 Millionen Menschen. Hier finden sich heute 30 große Sportanlagen und Stadien, dazu zahlreiche Kleinanlagen, 9 Sporthallen, 30 Schwimmanlagen (davon 7 Hallenbäder) und 240 kleine Schwimmanlagen.

Kämpfen Chinas Sportler bald wieder um olympische Medaillen?

Die Volksrepublik China ist 1958 aus dem Internationalen Olympischen Komitee (IOC) ausgetreten und kann somit nicht an den Olympischen Spielen teilnehmen. Dies, weil das IOC wie auch zahlreiche andere internationale Sportdachverbände ausschließlich Taiwan (= Formosa, Nationalchina) anerkennen. Deshalb gehört Rotchina gegenwärtig nur zwei internationalen Sportverbänden an, nämlich dem Tischtennis- und dem Eishockeyverband. Zwar möchte die Volksrepublik weiteren Sportver-

bänden beitreten, jedoch nur unter der Bedingung, daß Taiwan ausgeschlossen oder nicht mehr anerkannt wird.

Chinas Sportler sind international trotzdem sehr aktiv, vor allem in Treffen mit sozialistischen Ländern. Praktisch als Konkurrenz zu den Olympischen Spielen wurden 1963 in Asien die »Games of the new emerging forces« (Ganefo) ins Leben gerufen. 1963 holte sich China hier 65 Gold-, 56 Silber- und 47 Bronzemedaillen, 1966 113 Goldmedaillen. Fachleute rechnen heute damit, daß die Volksrepublik bei den Olympischen Spielen 1976 in Montreal wieder dabei sein wird – erste Fäden wurden schon 1971 mit dem Beginn der sogenannten »Pingpong-Diplomatie« mit Amerika geknüpft: Tischtennisspieler aus den USA wurden zu einer Freundschaftstournee gegen chinesische Spieler eingeladen. Dieser Anfang hat in der Zwischenzeit zu regen Sportkontakten mit westlichen Ländern geführt. Die Chinesen luden ein und ließen sich einladen. So kamen gegen Ende 1972 die chinesische Eishockey-Nationalmannschaft und eine Tischtennis-Nationalmannschaft auf ihren Europatourneen auch nach Deutschland und in die Schweiz, wo sie gegen die Nationalteams Länderspiele austrugen. Zur Zeit vergeht keine Woche, in der man nicht über ähnliche Kontakte mit anderen Ländern in diversen Sportarten liest.

Alles deutet also darauf hin, daß die Volksrepublik China bald wieder bei den Olympischen Spielen vertreten sein will – das Internationale Olympische Komitee wird jedenfalls nicht überrascht sein, wenn eines Tages das Wiederaufnahmegesuch Chinas eintrifft.

Kleiner Fotokurs für Anfänger

Jürg König

Die Fotografie gehört zu den wichtigsten Erfindungen des letzten Jahrhunderts. Sie dient heute den Massenmedien, der Technik und den Wissenschaften; sie umfaßt eine weltweite Industrie, welche unentwegt Neuerungen auf den Markt bringt. Der Berufsfotograf muß eine lange Lehr- und Schulzeit hinter sich bringen, bis er sein Diplom erhält; seine Tätigkeit ist vielseitig und außerordentlich anspruchsvoll. Trotzdem ist das Fotografieren eine der beliebtesten Freizeitbeschäftigungen vieler Laien. 1888 brachte der Amerikaner George Eastman unter der Firmenbezeichnung »Kodak« ein völlig neuartiges Kamerasystem heraus, begleitet vom Slogan »Sie drücken auf den Knopf – wir erledigen den Rest!« Mit 10 Dollar bezahlten die Käufer nicht nur den Film, sondern auch die Verarbeitung von 100 Bildern.

Damit war der Freizeitfotograf geschaffen, von den Berufsleuten herablassend »Amateur« oder »Knipser« genannt.

Kameras für schmale Geldbeutel

Der Fachmann arbeitet mit technisch ausgefeilten, sündhaft teuren Systemkameras, die sich ein Amateur kaum leisten kann. »Amateur« heißt jedoch »Liebhaber«, und wer mit Liebe und Sorgfalt an die Arbeit geht, bringt auch mit den einfachsten Hilfsmitteln wertvolle Aufnahmen zustande.
Heute gibt es für den Anfänger mit bescheidenem Taschengeld grundsätzlich zwei Möglichkeiten:

Jürg König: Geboren 1933, wußte sich schon früh der zahlreichen Hobbys nicht mehr zu erwehren, was oft zu miesen Zeugnisnoten und betrübten Ermahnungen der Eltern führte, folglich in Bern spätere Ausbildung zum »Ferientechniker«, auch Lehrer genannt. Akutes Fernweh führte schon früh und mehrmals zu Ausbrüchen aus der trauten Heimat, meistens von zwei geliebten Freundinnen begleitet (Gattin und Kamera).
Heute berufstätig an der Sekundarschule Pieterlen bei Biel. Hauptaufgabe ist das Unterrichten elf- bis fünfzehnjähriger Mädchen und Buben, die ständig vom Erwachsenendasein träumen. – Nebenaufgabe: Freizeitgestaltung. Hauptproblem: Zeitmangel, denn zu den eigenen Liebhabereien (Reisen, Wandern, Bücher, Fotografieren, Schallplatten, Briefmarken, Film, Theater und Musik) gesellen sich noch diejenigen der drei Söhne (13, 11 und 9 Jahre alt), zum Beispiel Kasperletheater, Eisenbahnmodellbau, Wildwestgeschichten, Fußball . . .
Besonders verdächtiges Merkmal: kein Fernsehgerät.
Ernsthafte Anliegen: 1. Wie bringt man den Mitteleuropäern bei, sich vermehrt spürbar für die Dritte Welt einzusetzen? – 2. Wie bringt man erfolgreich Alkohol, Nikotin und andere Suchtmittel endlich zum Verschwinden? – Leider bis jetzt auch noch keine gute Lösung gefunden.

Oben links: Großmutterkamera:
O Objektiv, AS Aufsichtssucher,
RS Rahmensucher, F Filmtransportknopf,
S Stativmutter, B Balgen

Oben rechts: Kassettenkamera:
O Objektiv, D Durchsichtssucher, F Film-
Schnellschalthebel, B Blitzkontakt,
G Gehäuse

Unten links: Bedienungselemente der
Großmutterkamera: 1 Auslöser, 2 Blendenring, 3 Verschlußzeiten, 4 Entfernungs-
einstellung, 5 Sucher, 6 Drahtauslöser-
nippel, 7 Selbstauslöser

Unten rechts: Bedienungselemente der
Kassettenkamera: 1 Auslösetaste,
2 Blendenring mit Symbolen

Oben: Tiefenschärfe. Die Kameraent-
entfernung war auf das Gesicht des vordersten Bläsers eingestellt. Der Hintergrund
verschwimmt mit zunehmender Entfernung

Unten: Tiefenschärfe. Starkes Abblenden
ermöglicht eine starke Erweiterung der
Schärfezone. Bei Kameras mit längerer
Brennweite ist dies nur begrenzt möglich

– *Die Kassettenkamera:* Sie ist in Warenhäu-
sern und Fotogeschäften für wenig Geld zu haben. Die Gebrauchsanweisung beschränkt sich
auf wenige Sätze – und das sagt schon genug!
Außer dem Auslöseknopf und vielleicht einem
Blendenring mit einigen Symbolen findest du
hier nichts zu bedienen. Selbst das Einlegen
der Filmkassette und das Aufstecken des Blitzwürfels bereiten auch dem völlig unbegabten
Benützer keine Schwierigkeiten. Das Negativ-
format (d.h. die Bildgröße auf dem Film) mißt
meistens 28×28 mm, bei den neuesten Minia-
turmodellen sogar nur 13×17 mm.

– *Die Großmutterkamera:* Vielleicht gehörte sie
auch dem Großvater, der Großtante oder sonst
einem lieben Vorfahren, der für sie keine Verwendung mehr hatte. Solche Kameras liegen
oft in tiefem Dornröschenschlaf in einem verstaubten Winkel im Estrich, oder du kannst sie
in manchen Fachgeschäften als Occasion billig
erwerben. Ein solcher Apparat zeichnet sich
dadurch aus, daß er meistens von ausgezeichneter, dauerhafter Qualität ist. Sein Äußeres
(kistchenförmige »Box« oder Faltmodell mit
Lederbalg) wirkt altmodisch, und das Negativ-
format ist recht groß, nämlich 60×60 mm oder
60×90 mm. Er verdient aber unsere Achtung,
denn neben solider Konstruktion und den Vor-
teilen des großen Bildformats bietet er mehr
Möglichkeiten, denn du findest hier zusätzliche
Bedienungselemente wie Distanzeinstellung,
verschiedene Verschlußgeschwindigkeiten,
verstellbare Blenden, Stativmutter, Drahtaus-
lösernippel und anderes mehr.

Beide grundsätzlich verschiedenen Kamera-
typen erlauben prächtige Bilder, wenn du beim
Knipsen nicht nur das Knöpfchen, sondern
auch ein wenig das Köpfchen brauchst.

Distanz einhalten!

Was die meisten großformatigen Kameras zusätzlich aufweisen, ist die Entfernungsskala.
Wozu?
Wenn du am Strand angestrengt auf das Wasser hinausblickst, siehst du das Gestell deiner
Sonnenbrille nur noch undeutlich. Möchtest du
es trotzdem genau betrachten, stellen sich
deine Augen von selber anders ein, und sofort
verschwimmt die Landschaft in der Ferne.
Das Fotoobjektiv gleicht in vielem dem
menschlichen Auge. Je näher du gegen das
Motiv rückst, desto weiter muß das Objektiv von
der Filmebene entfernt sein, damit die Abbildung scharf wird. Ältere Kameras bedingten
das Vor- und Zurückschieben der Objektivhal-
terung, neuere verfügen über ein Einstellge-
winde. Zu diesem Thema gibt es sehr schöne
physikalische Formeln, die du in deinem Phy-
sikbuch nachschlagen kannst.
Für die Aufnahme eines Blumenstraußes, der 2
Meter von dir entfernt steht, ist es also nötig,
die Distanzskala auf die Ziffer 2 einzustellen.
Theoretisch müßte also ein Fotograf immer mit
einem Meßband herumfuchteln!
Glücklicherweise ißt man auch hier die Suppe
nicht so heiß, wie sie gekocht wurde. Obwohl
Physik eine sehr exakte Wissenschaft ist, läßt
sie zur Freude aller Amateure mit sich reden
und gewährt die Wohltat der *Tiefenschärfe.*

Vordergrund. Weil die Horizontlinien in der Landschaft oft waagerecht verlaufen, trägt ein geeigneter Vordergrund viel zur Bewegung bei

---

Das bedeutet nichts anderes, als daß die Blumenvase durchaus auch ein wenig näher oder weiter stehen darf, ohne durch Unschärfe zu stören, und der Kirchturm (200 m) wird auf dem Foto genauso scharf wie die Berge im Hintergrund (50 km entfernt).

Übrigens: Entfernungen ab etwa 20 m heißen »unendlich« und haben das Symbol ∞.

Die Tiefenschärfe ist von der *Blendenöffnung* abhängig. Hinter dem Objektiv jeder Kamera kannst du deutlich ein Blech mit einem kreisrunden Ausschnitt sehen. Meistens ist dieser Ausschnitt veränderlich, dann spricht man von einer verstellbaren Blende (Irisblende). Ihre Öffnung ist am *Blendenring* ablesbar. Eine *kleine* Blendenöffnung hat eine *große* Tiefenschärfe zur Folge und umgekehrt.

Schließlich ist zu beachten, daß bei Aufnahmen aus geringer Distanz der Schärfenbereich *klein* ist. Die Skizzen auf Seite 268 zeigen, wie das gemeint ist. Sie gelten für die *Blendenöffnung 8* und eine Brennweite von f = 105 mm, also für eine 6 × 9-Kamera.

Du siehst deutlich, daß beim Nahbereich (Einstellung auf 1 m) die Schärfenzone nur *20 cm* beträgt, bei mittlerer Entfernung (Einstellung auf 4 m) bereits *rund 3 m.*

Die gleiche Brennweite und die gleiche Blende ermöglichen bei der Einstellung auf 15 m sogar eine Tiefenschärfe von 7 m bis ∞ (= unendlich weit). Zu jeder Brennweite gibt es Tabellen, welche den Umfang der Tiefenschärfe je nach Blende und Distanzeinstellung genau angeben. Für Kleinbildkameras mit 7,5 mm Brennweite oder weniger hast du eine solche Tabelle gar nicht nötig, denn hier ist das Objektiv mit einem Tiefenschärfenring versehen, welcher die jeweilige Schärfenzone bequem ablesen läßt.

Die modernen Kassettenkameras bieten noch weniger Probleme, denn dort ist die Entfernung überhaupt nicht einstellbar. Hier ist die Blendenöffnung ohnehin sehr klein und die Brennweite kurz, so daß hier zwei für die Tiefenschärfe günstige Voraussetzungen zusammentreffen. Das hat zur Folge, daß vom Vordergrund (1,5 m) bis zur größten Entfernung *alles* scharf abgebildet wird (bei kleinster Blendenöffnung sogar von 1,2 m an). Die Konstrukteure nennen das »Fixfokus-Einstellung« und sind stolz darauf – obschon sie selber nicht viel dafür können, denn es ist ein Naturgesetz.

Bei Kassettenkameras mußt du also bloß berücksichtigen, daß du ohne Hilfsgeräte *niemals näher* als 1,5 m an ein Objekt herangehst, wenn es scharf aufs Bild kommen soll.

Tiefenschärfe im Nahbereich

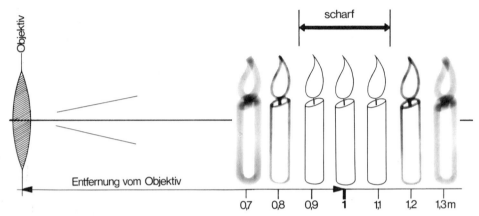

Tiefenschärfe bei mittlerer Entfernung

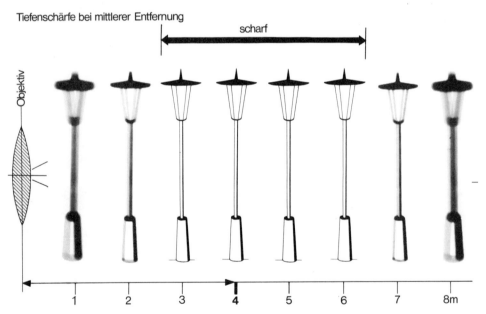

Die Sache
mit dem Vordergrund

Scharfe Aufnahmen gelingen demnach mit sämtlichen Kameramodellen, wenn sich das Motiv in großer Entfernung befindet.

Nun geht es ja aber darum, die Bilder auch einigermaßen zu gestalten; nobel ausgedrückt: Die *Bildkomposition* ist zu beachten. Hier gilt nun die Grundregel: *Möglichst nahe heran!* Was sich im Vordergrund des Fotos abspielt, ist immer sehr wichtig.

In vielen Fällen soll nur ein einziges Objekt eingefangen werden; eine Person, ein Tier, ein Gegenstand, ein Gebäude. Diesem *Hauptmotiv* ist große Aufmerksamkeit zu schenken. Daß es

Oben links: Personen. Bei Aufnahmen mit kurzer Brennweite und großer Tiefenschärfe ist unbedingt auf einen ruhigen Hintergrund zu achten

Oben rechts: Personen. Eine Person sollte immer gegen die Bildmitte blicken, sonst hat sie ein »Brett (Bildrand) vor dem Kopf«

Unten: Bildaufbau. Der rote Knabe sitzt im wichtigsten Punkt, nämlich links neben der Bildmitte. (Rot ist eigentlich hier die einzige Farbe). Allzu bunte Farbbilder sind schlecht

Vorhergehende Seiten: Lichtreklame.
Aufnahmen gleißender Leuchtreklamen
gelingen am besten bei Regenwetter,
wenn sich die Lichter im nassen Boden
spiegeln

Oben: Gegenlicht. Eine der reizvollsten
Gestaltungsmöglichkeiten. Die Lichtquelle
selber sollte verdeckt sein

Mitte und unten: Farbdiafilme sind in zwei
Ausführungen erhältlich. Der Kunstlichtfilm
wirkt eher blau und ist dem Kunstlicht
angepaßt. Der Tageslichtfilm gibt es allzu
rötlich wieder

Links: Linien. Die schrägen, parallel verlaufenden Treppen sowie ihre Schatten beeindrucken den Betrachter

Rechts: Linien. Frontalaufnahmen von Häusern sind ungünstig, besser ist der Blick in die Straße hinein. Dankbar sind Straßen, die nicht schnurgerade verlaufen

---

scharf abgebildet sein sollte, ist wohl selbstverständlich. Ebenso wichtig ist seine Einordnung ins Bildquadrat – oder Rechteck. Der Platz genau in der Mitte ist weniger günstig, immer ein wenig neben der Mitte:

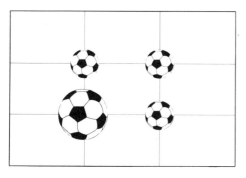

Der große Ball zeigt den wirkungsvollsten, sogenannten »harmonischen Mittelpunkt« des Bildes; brauchbar sind auch die drei anderen

Punkte. Diese Aufteilung entspricht den Prinzipien des »Goldenen Schnittes«.

Landschaftsaufnahmen wirken langweilig, wenn kein Vordergrund sie belebt. Er sollte um die Landschaft einen Rahmen bilden oder dann im Gestaltungsschwerpunkt liegen.

Eine große Rolle spielen auch die Linien, welche durch Straßen, Hausfronten, Waldränder, Autokolonnen und anderes mehr gebildet werden. Schnurgerade waagrechte und senkrechte Linien sind ungünstig; Diagonalen wirken schon viel lebendiger, aber am reizvollsten sind gebogene Linien. Ein bewegtes Motiv ist am eindrucksvollsten, wenn es von rechts nach links strebt oder von oben nach unten.

Es ist gut, wenn die Linien wenigstens einen Endpunkt innerhalb des Bildes haben. Sie sind nichtssagend, wenn sie das Feld genau in der Mitte durchschneiden. Immer teilen sie die Bildfläche in kleinere Flächen, und diese sollten verschiedene Ausmaße haben, so daß sie dem Bild Spannung verleihen. Schön ist auch hier die harmonische Aufteilung etwa 3:5.

Links: Aufnahmewinkel. Gebäude, von unten her fotografiert, erscheinen stark verzerrt. Eine schwache Verzerrung stört, eine übertriebene kann ein originelles Gestaltungsmittel sein ·

Rechts: Aufnahmewinkel. Aufnahme von unten – aus der »Froschperspektive« – zeigt die Welt auf ungewohnte Weise. Ausschnitte sind immer wirkungsvoll

---

Der Blick durch den Sucher zeigt ungefähr jenen Ausschnitt der Umwelt, welchen dein Kameraobjektiv auf den Film zu bannen vermag – aber eben: nur ungefähr! Bei allen billigen Kameras liegt der Sucher nämlich etwas oberhalb des Objektivs. Das hat zur Folge, daß besonders bei Aufnahmen aus der Nähe, das »Kameraauge« tiefer blickt als das menschliche. Das kann so weit führen, daß oben ein wesentliches Stück weggeschnitten wird. Dieser »Sucher-Parallaxe« tragen teure Kameras automatisch Rechnung; bei einfachen Geräten mußt du daran denken und den Apparat leicht heben.

Fotografieren kann eine recht sportliche Angelegenheit sein, wenigstens dann, wenn der denkbar günstigste *Bildausschnitt* gefunden werden soll. Da sich viele Motive nicht so ohne weiteres verschieben lassen, muß der Fotograf selber beweglich sein. Das kann heißen: hopp! in die Knie, längelang auf den Boden, dann in den Straßengraben; wieder auf!, in die Höhe, auf die Zehenspitzen, auf Mäuerchen, Bäume und Hügel; hundert Meter nach rechts, zwei-

hundert nach links, kurz: Mit dem Knöpfchendrücken ist es nicht getan! Der ewig gleiche *Aufnahmewinkel* verleidet dem Betrachter das Fotografieren, viel aussagekräftiger sind Bilder, welche aus ungewöhnlichen Winkeln aufgenommen wurden.

Immer ist es aber wichtig, daß du möglichst *nahe* ans Objekt herangehst. Du mußt dich also mit dem Nahbereich deiner Kamera auseinandersetzen; messen oder, wenn es um eine »Fixfokus«-Optik geht, deren untere Grenze genau kennen.

Vorsicht – Tempo!

Jede auch noch so einfache Kamera ist mit einem Verschluß versehen. Dieser sorgt dafür, daß nur während einer äußerst kurzen Zeit Licht auf den Film fällt. Die mehr oder weniger große Lichtmenge, welche jeder Gegenstand abstrahlt, bewirkt eine mehr oder weniger starke chemische Beeinflussung des eingeleg-

Bewegung. Das Mitziehen der Kamera vermindert die Bewegungsschärfe. (Verschlußzeit ¹/₈₀ Sekunde)

---

ten Films. Die neuzeitlichen Filmsorten sind hochempfindlich, es genügen also, wenn der Lichteinfall durch die Fotooptik sehr kurz ist. Je kürzer der Verschluß arbeitet, desto weniger spielen deine Körperbewegungen bei der Aufnahme eine Rolle. Leider haben fast alle billigeren Kameras eher lange Verschlußzeiten; die Kassettenkameras 1/40 oder 1/80 Sekunde. Daher ist die Gefahr recht groß, daß du die Aufnahme *verwackelst,* was eine Unschärfe zur Folge hat. Bemühe dich also, deinen Aufnahmeapparat immer äußerst ruhig zu halten;

presse ihn an den Kopf und halte den Atem an. Nun spielen aber auch die Bewegungen der Umwelt eine Rolle; es gibt so viele Objekte, welche äußerst lebendig sind: Menschen, Tiere, Motorräder, Züge usw. Hier gilt es nun, die Möglichkeiten der Kamera gut zu kennen. Es ist mit langsamen Verschlußzeiten rein unmöglich, ein Motiv rechtwinklig zu seiner Bewegungsrichtung scharf aufs Bild zu bekommen. Günstiger ist ein schräger Aufnahmewinkel; noch besser ist die Aufnahme frontal von vorn oder von hinten:

ungünstig	besser	am besten

Bewegung. Der »tote Punkt« der Schaukel-
bewegung, die an sich sehr schnell ist,
ermöglicht eine scharfe Wiedergabe des
Knaben. (Verschlußzeit $^1/_{80}$ Sekunde)

Mit einiger Übung gelingt es dir bestimmt auch,
ein schnelles Objekt durch eine geschickte
Verfolgung mit der Kamera scharf einzufangen,
etwa ein Auto auf der Landstraße. Dieses »Mitziehen« erfordert, daß die Schwenkung deines
Apparates mit der Bewegung des vorbeifah-
renden Wagens übereinstimmt, und zwar sollte
er möglichst immer in der Mitte des Bildfeldes
sein. Übe dieses Vorgehen einige Male, bis du
richtig auf den Auslöser drückst! Auf dem Bild
erscheint der Hintergrund selbstverständlich
unscharf, was den Eindruck von Geschwindigkeit verstärkt.

Einige sehr rasche Bewegungen lassen sich
auch mit langen Verschlußzeiten scharf einfan-
gen, wenn man sie in einem »toten« Punkt erwischt. Einen solchen Punkt kennt etwa die
Schaukel, welche zwischen dem Auf- und Ab-
steigen für eine ganz kurze Zeit zu einem völligen Stillstand kommt. Diesen Augenblick zu
erfassen erfordert einige Übung und genaues
Beobachten. Für sportbegeisterte Fotoama-
teure sind solche Überlegungen besonders
wichtig.

Übrigens: Selbst die Besitzer teurer Wunder-
kameras mit Verschlußgeschwindigkeiten bis
zu 1/2000 Sekunde haben mit schnellen Objek-
ten dieselben Sorgen, wenn auch in einem ge-
ringeren Maße (zum Beispiel Fotografen bei
Autorennen).

Bewegung. Fahrzeuge mit großer Geschwindigkeit können bei starrer Kamerahaltung niemals scharf abgebildet werden

Schärfe ist auch nicht alles

Die beiden vorangegangenen Kapitel erwecken den Eindruck, als ob nur ein durchweg scharfes Bild gut sei. Tatsächlich gehören die Regeln der Scharfeinstellung zu den Grundkenntnissen der Fotografie; andererseits ist aber oft gerade die *Unschärfe* ein sehr erwünschtes Gestaltungsmittel.

Bei Personenaufnahmen kann ein scharfer Hintergrund eher stören, also ist es besser, ihn in wohltuende Unschärfe versinken zu lassen. Kameras mit langer Brennweite bieten hierzu dank geringer Tiefenschärfe beste Gelegenheit: Wenn der Distanzring auf den Nahbereich eingestellt (ca. 1,5 m bis 3 m) und die Blende ganz geöffnet ist, verschwimmt der Hintergrund.

Manchmal ist das Hauptmotiv weiter weg als gewisse Gegenstände im Vordergrund. Nun erlaubt selbst die Fixfokus-Einstellung der Kassettenkamera eine sinnvolle Unschärfe, wenn nämlich sehr nahe gelegene, aber unwichtige Gegenstände nur noch als undeutliche Schemen erscheinen, welche niemand zur Kenntnis nimmt. Das Hauptmotiv tritt entsprechend klarer zutage, und das Bild gewinnt an Tiefenwirkung.

Oben: Schärfe. Die Köpfe im Vordergrund sind unscharf. Das ist jedoch von Vorteil, da sie nicht bildwichtig sind

Unten: Schärfe. Die Muschel ist das Hauptmotiv, nur sie ist scharf, alles übrige verschwimmt und gewinnt an Tiefe

Ähnliche Möglichkeiten bieten die langsamen Verschlußgeschwindigkeiten: Es ist oft unpassend, wenn gewisse Bewegungen wie »eingefroren« wirken. Mit einer gewollten Unschärfe kannst du deine Bilder fast lebendig scheinen lassen. Ein Motorfahrzeug, ein spielendes Kind, fließendes Wasser und viele andere Motive gewinnen an Aussage, wenn sie ein bißchen verwischt sind.
Selbstverständlich braucht es auch hier sorgfältige Überlegung, denn es ist immer häßlich,

wenn die Unschärfe am falschen Ort eingesetzt wird.

Richtig belichten . . .

Ein Foto ist technisch perfekt, wenn die Schärfe stimmt und wenn es richtig *belichtet* wurde.
Jede Filmemulsion kann nur eine gewisse Menge Licht »verdauen«; wenn dieses Maß nicht stimmt, sind die Bilder zu hell oder zu dunkel, also über- oder unterbelichtet.
Es ist die Aufgabe von Verschluß und Blende, diese Lichtmenge zu regeln. Teure, moderne Kameras haben eine Belichtungsautomatik eingebaut, so daß der Benützer nichts zu überlegen braucht. Einfache Modelle, vor allem ältere, erfordern ein wenig Nachdenken.
Der Fotomarkt bietet verschiedene Filmempfindlichkeiten an; zur Information des Käufers dienen Zahlenreihen. Zwei Skalen sind heute gebräuchlich:

DIN	15	18	21	24	27	30
ASA	25	50	100	200	400	800

Die Tabelle zeigt die Abstufungen, welche immer die doppelte oder halbe Empfindlichkeit bedeuten. 15 DIN (oder 25 ASA) erfordern also eine doppelt so lange Belichtungszeit wie ein Film von 18 DIN (oder 50 ASA). 21 DIN (oder 100 ASA) ist doppelt so empfindlich (und braucht daher nur die halbe Belichtungszeit) wie ein Film von 18 DIN (oder 50 ASA).
Eine ähnliche Reihe mit völlig anderen Zahlen ist am Blendenring zu finden:

$$2,8 - 4 - 5,6 - 8 - 11 - 16 - 22$$

Diese Zahlen scheinen wenig Sinn zu haben, sie sind physikalisch aber durchaus begründet. Du brauchst darüber bloß zu wissen, daß immer die nächsthöhere Blendenzahl nur die halbe Lichtmenge durchläßt, die nächsttiefere jedoch die doppelte.
Verständlicher sind die Angaben über die Verschlußgeschwindigkeiten, auch wenn die Einstellskala der Kamera nicht »1/50 Sekunde« oder »1/100 Sekunde« zeigt, sondern nur »50« oder »100«. Selbst einfache Apparate verfügen oft über die Einstellung »B« für Zeitaufnahmen.

Bei »B« (B wie beliebig) bleibt der Verschluß so lange offen, wie du auf den Auslöseknopf drückst.

Auch die Verschlußgeschwindigkeiten sind, ähnlich den Blenden oder Filmempfindlichkeiten, so aufeinander abgestimmt, daß die Zahlen immer eine Halbierung oder eine Verdoppelung der Lichtmenge ergeben:

$$1 - 1/2 - 1/5 - 1/10 - 1/25 - 1/50 - 1/100 - 1/250 \text{ Sek.}$$

Falls du den Eindruck hast, diese Reihe sei mathematisch nicht immer ganz stubenrein, so ist dein Eindruck richtig. Tatsächlich achteten die Konstrukteure auf einfache Zahlen; die Reihe ist auch nicht bei allen Kameras genau gleich, und moderne Kassettenkameras erteilen überhaupt keine Auskunft über ihre Verschlußgeschwindigkeit (in der Regel 1/80).

Diese kleinen Unterschiede geben uns einen Hinweis auf eine sehr günstige Eigenschaft des Filmmaterials: Es kann nämlich recht große Fehlbelichtungen schlucken. Selbst Farbfilme weisen heute einen beachtlichen Belichtungsspielraum auf, so sehr, daß die Behauptung gewagt sein darf, ein Belichtungsfehler sei weniger schlimm als beispielsweise eine verwackelte Aufnahme. Dieser Tatsache trägt die Kassettenkamera Rechnung, denn dort findest du auch keine Blendenzahlen mehr, sondern Belichtungssymbole, welche – international verständlich – mit Sonne, Wolken usw. jedermann zeigen, wie er einstellen soll.

Gewiß kann, besonders bei unklaren Lichtverhältnissen, ein elektrischer Belichtungsmesser gute Dienste leisten. Es genügt aber vollkommen, wenn du dir eine vereinfachte Belichtungstabelle merkst, wenn deine Kamera nicht mit Symbolen versehen ist:

Filmmaterial: 18 DIN (50 ASA)

	Blende:	Verschluß:
Grelle Sonne	16	1/100
Sonne, blauer Himmel	11	1/100
Leicht bedeckt	8	1/100
	(oder 11	1/50)
Bedeckt	5,6	1/100
	(oder 8	1/50
	oder 11	1/25)

Diese Angaben gelten tagsüber im Freien; nur in den frühen Morgenstunden und kurz vor Sonnenuntergang ist die Intensität des Lichtes weniger stark.

In Innenräumen und in dunklen Schatten sind die Verhältnisse anders. Hier ist es meist zu dunkel, um mit einfachen Kameras überhaupt noch Fotos aufnehmen zu können, wenn nicht ein hochempfindlicher Film oder andere Hilfsmittel zur Verfügung stehen. Auch das mußt du wissen, wenn du keinen Film verschwenden willst!

... und beleuchten

Eine primitive Faustregel heißt: Die Sonne muß dem Fotografen auf den Rücken scheinen! Wenn du nur diese Regel berücksichtigst, kann kaum etwas schiefgehen, andererseits entstehen auf diese Weise bestimmt sehr langweilige Aufnahmen. Genau das wollen wir ja nicht, und in Sachen Beleuchtung sind die einfachen Kameras ihren teuren Genossen ebenbürtig.

Die beste Beleuchtung eines Motivs ist diejenige von der Seite, von links oder rechts. Das Seitenlicht erzeugt Schatten, und diese verleihen dem Bild eine plastische Wirkung.

Aus diesem Grunde ist eine Aufnahme in den Mittagsstunden weniger günstig als eine solche früh oder spät am Tage.

In den Film- und Fernsehstudios stehen Dutzende von verstellbaren Scheinwerfern zur Verfügung. Sie ermöglichen den Einsatz eines eng gebündelten Lichtstrahls (»Spot«), um ein Objekt nach Belieben auszuleuchten und von seiner Umgebung abzuheben.

Diese Möglichkeit hast du auch: Im Wald dringt die Sonne zwischen den Baumstämmen durch und taucht Pflanzen oder Personen in helles Licht. Ähnliches gilt in den Gassen der Stadt oder in Innenräumen in der Nähe des Fensters.

Bei dieser »Lichtmalerei« im wahrsten Sinne des Wortes ist die Belichtung dem bildwichtigsten Teil anzupassen, nämlich dem beleuchteten Objekt, und nicht dem schattigen Hintergrund (also auf »Sonne« einstellen). In dieser

Oben links: Seitenlicht. Wenn die Sonne schon tief am Horizont steht, tauchen die letzten Strahlen noch einige Motive in helles Licht

Oben rechts: Seitenlicht. Vor dunklem, schattigem Hintergrund kommen beleuchtete Blumen viel besser zur Geltung

Unten rechts und links: Gegenlicht. Die Lichtquelle selber sollte, wie schon gesagt, verdeckt sein

Situation fallen auch die Besitzer automatischer Kameras oft herein, denn die meisten eingebauten Belichtungsmesser erfassen stur das gesamte Bildfeld.

Beim Lichteinfall von der Seite kann es vorkommen, daß die andere Hälfte des Objekts allzu arg im Schatten liegt. In solchen Fällen ist es leicht möglich, mit einem hellen Tuch oder einer weißen Wand etwas aufzuhellen.

Außerordentlich reizvoll sind die *Gegenlichtaufnahmen,* bei denen die Kamera gegen das Licht gerichtet ist. Wichtig ist nur, daß die Sonne nicht mit aufs Bild kommt, sonst entstehen häßliche Überblendungen.

Gewisse Objekte (Gesichter, Gebäude) sind bei bedecktem Himmel besser aufzunehmen, denn so lassen sich harte Schatten vermeiden.

Ein grämlicher, grauer Himmel ohne eindeutige Wolkenbilder wirkt auf Schwarzweiß- und Farbfotos immer sehr häßlich und langweilig. Fehlt die Sonne, solltest du keine Landschaften fotografieren oder dann höchstens mit einem deutlichen Vordergrund, welcher den Himmel größtenteils abdeckt.

Oben: Flutlicht. Solche Bilder lassen sich problemlos mit einem Stativ und jeder Kamera bewerkstelligen, bei der Einstellung B möglich ist

Unten: Zirkus. Aufnahme mit einer einfachen Kassettenkamera ohne Blitz. Der Film wurde lediglich länger entwickelt

Wenn es dunkel wird

Sobald der Abend hereinbricht, müßtest du eigentlich deine Kamera zusammenpacken. Die Fotoindustrie hat aber – in ihrem eigenen Interesse – etliche Hilfsmittel erfunden, die bei Dunkelheit noch Aufnahmen ermöglichen.

Die meisten Kameras – selbst eine einfache »Box« – haben die Verschlußposition »B« und eine Stativmutter. Die letztere ermöglicht, die Kamera verwacklungsfrei aufzustellen und nun, dank langer Belichtungszeit, äußerst sehenswerte Bilder aufzunehmen.

Einige Beispiele
(Motive im Freien)

Filmmaterial: 18 DIN (50 ASA)
Blende: 8

Motiv:	Belichtungszeit:
Helle Straßen	4 Sekunden
Gebäude im Flutlicht	8 Sekunden
Motiv im Licht einer Straßenlampe	8–16 Sekunden
Leuchtreklamen	4 Sekunden
Christbaum	8 Sekunden

Selbstverständlich ist es wichtig, die Kamera während dieser langen Belichtungszeit nicht zu bewegen!
Wenn kein solides Stativ zur Verfügung steht, läßt sich fast jede ältere Kamera dank ihrer Gehäuseform (Box!) oder mit Hilfe des eingebauten, herausklappbaren Ständers auf eine feste Unterlage stellen. – Wenn eine Uhr fehlt, kannst du die Sekunden auf einfache Art recht genau abzählen: Das Wort »einundzwanzig«, normal ausgesprochen, dauert gerade eine Sekunde. Gleiches gilt für die anderen Zwanzigerzahlen; wenn du also von »21« bis »28« zählst, sind 8 Sekunden vorbei.
Sehr nützlich ist ein Drahtauslöser. Er wird in den hierfür eingebauten Nippel geschraubt und dämpft die leichten Bewegungen der auslösenden Hand, so daß die Kamera selber nicht erschüttert wird. Eine Feststellschraube am Drahtauslöser ermöglicht es, den Verschluß während längerer Zeit in offener Stellung zu verriegeln.
Nachtaufnahmen im Freien brauchen nicht unbedingt Nachtaufnahmen zu sein! Schon in der Dämmerung leuchten die Straßenlampen auf, so daß beim letzten Tageslicht – infolge Unterbelichtung – eine glaubwürdige Nachtstimmung entsteht.
Innenaufnahmen mit den normalen kurzen Verschlußzeiten gelingen bestimmt nicht, denn selbst gute elektrische Lampen sind wesentlich weniger hell als die Sonne. Also: Auch hier mit Stativ und langen Zeiten arbeiten oder dann die eigentlichen *Fotolampen* verwenden. Jede

gute Glühlampenfabrik stellt solche her. Sie geben viel mehr Licht als gewöhnliche Glühbirnen, brennen allerdings weniger lang und sind verhältnismäßig billig.
Alle erwähnten Aufnahmen mit »B«-Einstellung und Stativ sind nur von toten Gegenständen möglich. Was nun, wenn Schnappschüsse gewünscht sind? Nehmen wir das Beispiel »Zirkus«.
Hierfür sind zwei Voraussetzungen nötig: erstens sehr helles Scheinwerferlicht, zweitens ein hochempfindlicher Film. Sowohl Schwarzweiß- als auch Farbfilme lassen sich zudem mit einer Spezialentwicklung auf eine noch höhere Empfindlichkeit steigern, etwa der Kodak-Ektachrome »High Speed«, ein Farb-Diafilm, dessen Empfindlichkeit sich durch geeignete Entwicklung (im Fotogeschäft verlangen!) bis auf 29 DIN steigern läßt.
Nun ist die Bahn frei, selbst für Kameras mit lichtschwacher Optik! Du mußt nur beachten, daß du Szenen mit recht viel Licht und einigermaßen langsamen Bewegungen einfängst.
Leider verfügen die modernen Kassettenkameras weder über die Einstellung »B« noch über eine Stativmutter; auch ihr Filmsortiment ist äußerst beschränkt, so daß du hierfür keinen höchstempfindlichen Film erhältst. Für diesmal sind also die Großmutterkameras eindeutig im Vorteil.

Frisch geblitzt
ist halb gewonnen

Andererseits verfügen die Kassettenkameras ausnahmslos über einen Anschluß für Lämpchen oder Würfelblitze, um mit der Dunkelheit fertig zu werden. Blitzen ist kinderleicht! Nicht nur ausgezeichnete Aufnahmen bei Dunkelheit sind möglich, der Blitz ist auch bei Tageslicht sehr willkommen, um dunkle Schatten aufzuhellen oder eine Innenaufnahme gegen das Fenster zu ermöglichen.
Um gegen Enttäuschungen gefeit zu sein, ist zu beachten, daß die Lichtmenge eines Blitzes irgendwelcher Art mit der Entfernung *sehr rasch abnimmt!*

Jede Gebrauchsanweisung macht darauf aufmerksam, daß die Reichweite höchstens vier Meter beträgt.

Trotzdem gibt es immer wieder Leute, die nach der Devise »dunkel – also Blitz« von den Zuschauerreihen eines Stadions, im Zirkus oder sogar vom Tal her tapfer einen Berggipfel anblitzen! *Das ist natürlich Unsinn!*

Die Belichtungstabelle auf einer Blitzwürfelpackung sieht etwa so aus:

Distanz:	Blende:
2 m	11
3 m	8
4 m	5,6
	usw.

Größere Distanzen erfordern noch größere Blendenöffnungen (also noch tiefere Zahlen), denn die Lichtmenge nimmt sogar im *Quadrat der Entfernung* ab. Die brauchbare Ausleuchtung eines 15 m entfernten Objekts wäre nur mit der Blendenöffnung 1,4 möglich, wie sie nur ganz komplizierte Apparate kennen.

Blitzen aus einer Distanz von 20 m, 30 m oder mehr wäre auch mit Spitzenkameras völlig wirkungslos. Das Resultat wäre ein schwarzes Bild!

Natürlich spielt nicht nur die Kraft des Blitzwürfels – oder Lämpchens – eine Rolle, sondern auch die Empfindlichkeit des Films. Oft findest du die sogenannte *Leitzahl* auf den Blitzpackungen, z. B. LZ 16 (für einen Film von 18 DIN) oder LZ 24 (für einen Film von 21 DIN). Nun gilt die einfache Division

Leitzahl : Entfernung = *Blende.*

Die meisten Kassettenkameras haben auf ihrem Blendenring gerade Meterzahlen eingraviert, so daß keine Rechnerei nötig ist, nur die Kenntnis der Distanz.

Leider suchst du bei älteren Kameras vergeblich einen Anschluß für Blitzgeräte. Als Trost bleibt dir immer noch die *»Offenblitzmethode«,* und diese ist sehr einfach: Vorausgesetzt, daß fast völlige Dunkelheit herrscht, stellst du den Verschluß deiner Großmutterkamera auf »B«, öffnest ihn für eine kurze Zeit und zündest den Blitz. Dann schließt du den Verschluß – fertig!

Dieses »Zünden« geht auf verschiedene Weise vor sich. Bei den meisten Blitzgeräten erfolgt die Auslösung elektrisch; du oder ein Gehilfe muß also bloß die Metallteile des Anschlußkabel-Endes mit einem geeigneten Werkzeug kurzschließen. Viele Blitzgeräte, auch die modernen Elektronenblitze, haben eine Auslösetaste am Gehäuse.

Die neueste Errungenschaft auf dem Fotoblitz-Markt, die »X«-Würfelblitze, erfordern überhaupt kein spezielles Gerät.

Filme

Zum Schluß noch einige Angaben über das Filmmaterial. Schwarzweißfilme kommen fast nur für Papierbilder zum Einsatz und bringen kaum Probleme, auch keine finanziellen. Sie sind in verschiedenen Empfindlichkeiten erhältlich, wobei die Filme geringer Empfindlichkeit schärfere Bilder ermöglichen.

Farbfilme sind schon teurer. Hier gibt es zwei Sorten: die eine für Papierbilder, die andere für Diapositive. Beide sind heute äußerst beliebt und weit verbreitet; jeder Fabrikant bringt auch hier beide Sorten mit verschiedenen Empfindlichkeiten auf den Markt. Sei beim Einkaufen also vorsichtig, »Color« ist nicht immer »Color«.

Für Diapositive gibt es den Tageslichtfilm und den Kunstlichtfilm. Es hat sich nämlich gezeigt, daß die Farbe des Lichts, auch wenn unser Auge das kaum feststellt, sehr unterschiedlich sein kann. Für Innenaufnahmen bei elektrischem Licht gelangt der Kunstlichtfilm zur Anwendung. Sobald ein solcher bei Tageslicht verwendet wird, hat das schreiendblaue Aufnahmen zur Folge, also aufpassen!

Der Farbfilm für Papierbilder ist für jede Lichtart verwendbar; die Labors beseitigen beim Kopieren jeden Farbstich der Bildchen.

Verfälschte Farben können auch durch ältere Objektive verursacht werden. Deshalb, aber auch aus preislichen Gründen, sind Großmutterkameras für Farbdias weniger zu empfehlen.

Von Zelten, Schirmen und Baldachinen

Kurt Wilhelm Blohm

Ein einfaches Ding, so ein Zelt: ein oder zwei Masten in der Mitte, gespannte Leinwand. Schnell ist es aufgebaut, und man kann einziehen. Doch dieses einfache Ding hat eine abenteuerliche Geschichte. Es ist immerhin neben der Höhle die älteste Menschenwohnung.

Das Zelt beherbergte einst Eiszeitjäger, Indianer, Götterbilder, Könige und Soldaten, Gaukler und fliegende Händler.

Auch heute noch dient es Eskimos, Mongolen, Beduinen, wissenschaftlichen Expeditionen, Ferienreisenden und Bergsteigern als Unterkunft.

Zelte stehen überall in der Welt. Sie sind aus Kunststoff gefertigt, aus grauem Filz, schwarzem Ziegenhaar, Nylon oder buntem Tuch. Ob ihr die Olympiazelte in München betrachtet oder ein einfaches Bergsteigerzelt in den Alpen, ihr werdet merken, daß die Konstruktion im Grunde gleich und ziemlich einfach ist. Das hatten auch vor 15000 Jahren schon die Eiszeitjäger gemerkt, die damals durch Europa zogen und von erlegten Mammuts oder Wildpferden lebten. Natürlich hatten sie keine Baumwolle und konnten keine Zeltbahnen weben. Sie stellten gerade Äste im weiten Kreis zusammen und banden die Spitzen oben aneinander. Dann legten sie Felle um die Stangen herum und erhielten so einen windgeschützten Raum, in dem man sogar Feuer anzünden konnte, wobei der Rauch oben aus der offenen Zeltspitze hinauszog.

Woher man das so genau weiß? Nun, nach 15000 Jahren ist natürlich von den Zeltstangen und Fellen nichts mehr erhalten. Das Holz der Stangen ist vermodert, es hat aber im hellen Sand einen Kreis dunklerer Verfärbungen hinterlassen. Und mitten in diesem Kreis fand man rußgeschwärzte Steine. Da auch steinernes Gerät, Rentierknochen und Geweihe gefunden wurden, konnte man darauf schließen, daß hier Rentierjäger gewohnt hatten.

Noch heute leben in Nordeuropa und Kanada Menschen fast allein vom Rentier. Das Zelt dieser kanadischen Eskimos sieht noch genauso aus wie das Zelt der europäischen Jäger vor 15000 Jahren. Nur die Lappen in Schweden und Finnland haben einen etwas komplizierteren Typ entwickelt.

Überall auf der Erde, wo der Mensch gezwungen war, mit seinen Herden zu wandern, mußte er eine Behausung erfinden, die schnell auf- und abzubauen und zu transportieren war. Das war das Zelt.

Kurt Wilhelm Blohm, geb. 1918, arbeitete nach dem Studium der Malerei und Kunstgeschichte nach dem Kriege zunächst als Grafiker, später als Journalist. Er schrieb kunst- und kulturgeschichtliche Beiträge für Rundfunk, Zeitschriften und Jahrbücher. 1959 unternahm er seine erste Türkeireise, die ihn nach Istanbul, Bursa und an die türkische Westküste führte. In sechs weiteren Reisen, auf denen er neben Anatolien auch den Irak, Jordanien, Syrien und den Libanon besuchte, sammelte er Material für seine journalistische Arbeit und für mehrere im Laufe der Jahre erschienene Reiseführer.

Albrecht Altdorfer (1480–1538):
Die Alexanderschlacht (Ausschnitt:
Zeltlager der Makedonier), 1529

So entstand in den Prärien Nordamerikas das buntbestickte, lederne Tipi der Indianer, auf den Steppen Mittelasiens die kugelrunde Jurte aus Filz und in der nordafrikanischen und arabischen Wüste das langgestreckte schwarze Beduinenzelt aus Ziegenhaar.

Doch wie es bei uns nicht nur Wohnhäuser gibt, sondern auch Kirchen, Gemeindehäuser und Regierungsgebäude, so besaßen die Nomaden ebenfalls Zelte, in denen sie ihren Gott verehrten oder in denen der Anführer residierte. So bewahrten die Israeliten ihre Bundeslade in der sogenannten Stiftshütte auf, die aber keine Hütte war, sondern ein Zelt, bedeckt mit kostbaren Teppichen, rotgefärbten Widderfellen und Dachspelzen.

Weitaus phantastischer war das Zelt, das sich Kubilai, der Enkel Dschingis-Khans, in seinem Palast bei Peking errichten ließ: Vergoldete und bemalte Säulen, verziert mit goldenen Drachen, trugen ein leichtes Dach aus vergoldeten Bambusrohren. Das luftige Gebilde wurde von über zweihundert seidenen Seilen gehalten. Das kostbare Bauwerk war einer Jurte nachgebildet und sollte Kubilai an die Steppenwohnungen seiner mongolischen Vorfahren erinnern.

Die Perser, früher ebenfalls Reiternomaden,

Vornehmes französisches Paar, das auf
seiner Reise ein Zelt für die Mahlzeit
aufschlagen läßt. Um 1290

die in Zelten lebten, errichteten nach ihrer Seß-
haftwerdung prächtige Paläste. Doch zu besonderen Festlichkeiten schlugen sie Zelte auf,
deren Größe und Pracht uns in Erstaunen ver-
setzt. Unser Erstaunen müssen wir allerdings
aus Beschreibungen beziehen, denn von diesen kostbaren Gebilden existiert natürlich kein
Stückchen eines Zeltpfahls mehr.

So berichtet ein gewisser Aristobulos, vermutlich ein Kriegsingenieur Alexanders des Großen, von dem großen Prunkzelt in Susa, in dem
sich 324 v.Chr. Alexander und einige seiner
Generäle mit persischen Prinzessinnen ver-
mählten. Das mit unerhörter Pracht ausgestat-
tete Zelt besaß einen von 50 goldenen und silbernen Säulen umschlossenen Mittelraum,
über dem sich eine Kuppel aus reich bestickten
Stoffen wölbte. An den Wänden hingen gold-
durchwirkte Teppiche. Der Umfang des Zeltes,
in dem sich eine Festtafel mit etwa 100 Liege-
plätzen befand, soll 700 Meter betragen haben.
Hoffentlich ist das kein Rechenfehler.

Etwa fünfzig Jahre später veranstaltete der
Ägypterkönig Ptolemaios II. in Alexandria ein
Festmahl, das in einem unglaublich riesigen
und kostbaren Zeltbau stattfand. Eine alte Beschreibung läßt erraten, daß dieses Schloß aus
Holz und Gewebe etwa 28 Meter hoch war. Auf
dem hohen Dach saßen vier Meter hohe vergoldete Adler. Der ganze hufeisenförmige Bau

war etwa 55 Meter breit und ebenso lang. Die
Seiten des Prunkbaus bestanden aus Säulen,
zwischen denen Stoffe gespannt und Bildtafeln
aufgehängt waren.

Wer nun glaubt, solche prunkvollen Zelte seien
nur im Altertum gebaut woren, irrt sich. Vor
zwei Jahren, am 14. Oktober 1971, lud der per-
sische Schah Mohammed Resa Pahlewi die
Könige, Kaiser und Präsidenten der Welt zur
Zweitausendfünfhundertjahrfeier seines Reiches nach Persepolis ein. Und worin wurde
wohl dieses bedeutsame Ereignis gefeiert? In
Zelten natürlich.

Die Besucher wohnten in Rundzelten, das
Festmahl fand in einem großen Zelt statt, das
ihr sicher in den Illustrierten gesehen habt. Die
Festtafel stand in einem weiten Saal. An den
gerafften Stoffbahnen der Decke und Wände
konnte man erkennen, daß es ein Zelt war.

Doch neben den Riesenzelten gab es früher
auch kleine Zelte, winzige Zeltchen, die nur auf
vier Stangen getragen wurden. Und diese Zelte
hatten noch größere Bedeutung als die Riesen-
bauten, denn unter ihnen stand oder ging der
Herrscher. Oft war dieses Zeltdach oder der
Baldachin mit Gestirnen geschmückt und sym-
bolisierte damit die Weltherrschaft. Ein Baldachin als Herrschaftszeichen wird auch heute
noch verwendet. So sieht man den Papst oder
Bischöfe unter dem Zelthimmel. Auch Prinz
Charles wurde unter einem Baldachin zum
Prinzen von Wales geschlagen.

Ein Baldachin konnte über einer stehenden
oder schreitenden Person getragen werden, es
war aber unmöglich, ihn über einem Reiter zu
halten. So erfanden die Seldschuken Vorder-
asiens einen großen Schirm, der von einem
Reiter über dem ebenfalls reitenden Sultan gehalten wurde. Dieser Schirm diente nicht nur
als Sonnen- oder Regenschutz, er war vor allem ein Signal: hier reitet der Sultan! Die Soldaten achteten sehr genau auf den Baldachin,
und als einmal in einer Schlacht der Huf des
Pferdes des Baldachinträgers in das Loch einer
Haselmaus sank und der Baldachin zu Boden
stürzte, floh das Heer.

Auch heute noch gilt der Schirm, der simple
schwarze Regenschirm, als Herrscherzeichen.

Meister des Hausbuches (Meister von
1480): Wagenburg und Feldlager
Kaiser Friedrichs III. auf seinem Zug gegen
Karl den Kühnen. Etwa 1475

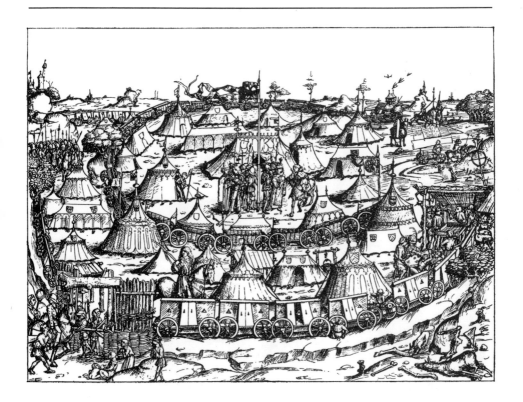

Wir finden ihn im Wappen von Laos, und auch
einige afrikanische Herrscher, so der frühere
ghanesische Staatspräsident Kwame Nkrumah
und der Kabaka von Uganda, ließen sich von einem Hofbeamten begleiten, der einen großen
Schirm über das Präsidentenhaupt hielt.
Die schönsten, größten und prunkvollsten Zelte
entstanden also im Orient. In Europa hat sich
keine besondere Zeltkultur entwickelt. Das lag
nicht am Klima, sondern an der seßhaften Lebensweise. Nur Leute, die viel unterwegs waren, Soldaten, Gaukler oder fliegende Händler,
wohnten in Zelten.
Wenn Könige oder Herzöge in Kriegslagern
weilten, wohnten sie in recht prächtigen Zelten.
Wir kennen eine Abbildung des Feldlagers Kaiser Friedrichs III., die Rundzelte, aber auch
Hauszelte zeigt, geschmückt mit Wimpeln,
Wappen und Standarten.
In gewaltiges Erstaunen aber gerieten die pol-
nischen und deutschen Soldaten, die 1683 die

Türken vor Wien vertrieben und in das feindli-
che Lager eindrangen. Einen solchen ver-
schwenderischen Prunk hatten sie noch nicht
gesehen, und der polnische König Johann III.
Sobieski, der im Zelt des geflohenen türkischen
Großwesirs Kara Mustafa übernachtete, be-
schrieb in einem Brief an seine Frau das Tür-
kenzelt, »das mit seinen Gärten, Springbrun-
nen und Bädern, mit gold- und silberdurch-
webten Diwanen, mit Lampen und Wohlgerü-
chen und allem anderen Luxus des reichen
Orientalen sich als eine phantastische Insel im
Chaos des verlassenen Lagers darstellte«. Der
Türkenprunk wurde nun Mode in Europa, und
zahlreiche Barockfürsten ließen sich ihre Ge-
mächer mit wallenden Stoffen ausstatten und
ihre Betten mit Seiden und Brokaten zeltartig
umhüllen. Doch neben allem Prunk wurde auch
der alte Sinn des Zeltes wieder erkennbar.
Wenn wir auf einer Wanderung oder Fahrt
abends in das Zelt kriechen, empfinden wir

Der Schirm als Herrschaftssymbol wie zur
Zeit der mittelalterlichen Seldschuken:
Der Kabaka Mutesa II. von Uganda, 1951

Vom Zelthimmel zum Baldachin. Hier als
Herrschaftssymbol für geistliche und
weltliche Herren. General Franco beim
Einzug in die Kathedrale von Burgos.
3. 10. 1961

Ausstellung von türkischen Prunkzelten
des 17. Jahrhunderts im Wawel-Schloß-
museum, Krakau (aus: »Polen« 1, 1965,
S. 38)

---

trotz der dünnen Stoffbahnen ein Gefühl der Sicherheit und Geborgenheit. Und eben diese Geborgenheit suchten auch die mittelalterlichen Menschen, wenn sie sich in ihren großen Wohnstuben in ihr Bett zurückzogen, die Vorhänge herabließen und sich damit von der Außenwelt abschlossen.

Dem Menschen genügte nicht mehr seine künstliche Höhle, sein Haus, seine Stube oder Kammer. Er umhüllte auch noch sein Bett, das ihm so noch mehr Ruhe, Schutz und Geborgenheit vermittelte.

Das Zelt in der Stube also!

Ende des 18. und am Beginn des 19. Jahrhunderts verloren Berge und Wälder allmählich ihren Schrecken für den Menschen, wenn auch der Hamburger Ratsherr Brockes die Alpen noch mit »lustvollem Grausen« betrachtete. An Schrecken verlor auch die Nacht, die von einigen Wanderern geradezu bevorzugt wurde. Das heißt, man brach um drei oder vier Uhr auf, um den Sonnenaufgang zu erleben. Geschlafen aber hatten die wackeren Wanderer natürlich im Gasthaus.

Bei allem romantischen Überschwang jener Jahre kam keiner auf den Gedanken, unmittelbar in der Natur – unter dem Sternen- oder Himmelszelt – zu übernachten.

Um 1900 erhielt das Wandern einen neuen Schwung. Die Wandervögel, deren Gruppen überall in Europa entstanden, wollten nicht auf Bürgerart ins Seebad reisen, in Gesellschaften

Jäger und Frau des Stammes der
Techuelche in Patagonien. (Nach einer
Lithographie aus dem Jahre 1847)

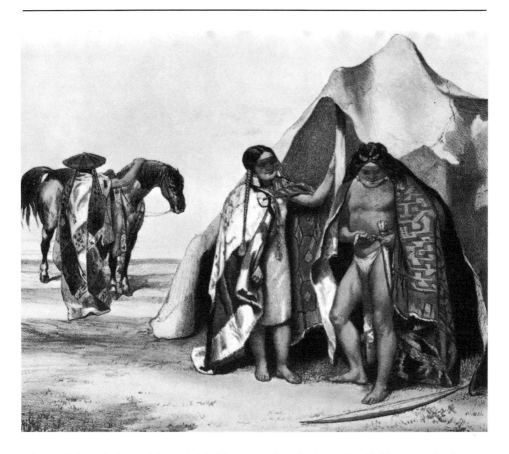

mit der Zahnradbahn auf Berggipfel fahren oder vom lauten Rheindampfer aus mit dem Fernglas die Burgen betrachten. Sie wollten wandern, zu Fuß über Berg und Tal streifen, frei sein von Eisenbahn, Gasthof, von aller Zivilisation. Sie kochten sich ihr Essen auf dem Lagerfeuer und schliefen im Zelt.

Doch sahen diese Gruppen in ihrer Anfangszeit noch etwas lustig aus. Einige wanderten im blauen Anzug, andere in Kniehosen, einer trug einen Regenschirm, der andere einen Strohhut, alle aber einen Rucksack und einer den großen rußgeschwärzten Kessel, in dem gekocht wurde.

In der Zeit zwischen den beiden Kriegen entstanden in Europa zahlreiche Jugendbünde und -gruppen – nicht nur Jungen, auch Mädchen wanderten mit. Eine Jungengruppe übernahm eine besondere Zeltform von den Lappen – die Kote, ein schwarzes Rundzelt mit einem Rauchabzug in der Mitte. Hier konnte man ein Lagerfeuer im Zelt anzünden, singen und lesen bis tief in die Nacht – ein unvergleichlich romantisches Erlebnis!

Die Zelte der damaligen Zeit waren nicht mit unseren heutigen zu vergleichen. Meistens trug jeder eine drei- oder viereckige Zeltbahn und einen Zeltstab bei sich. Wollte man übernachten, wurden die Bahnen zu kleinen quadratischen oder Langzelten zusammengeknöpft, und wollte man besonders komfortabel schlafen, besorgte man sich etwas Stroh. Sonst schlief man auf Gras oder Tannenzweigen. Campingplätze gab es damals natürlich noch nicht. Die Glücklichen konnten an jedem Waldrand, auf jeder Alm und an jedem Seeufer ihr

Zeltstadt zur 2500-Jahr-Feier des
Persischen Reiches am 29. 6. 1971
in Persepolis

Zelt aufschlagen, und wenn der Besitzer es erlaubte, auch ein Lagerfeuer anzünden, das dann die Gesichter der Jungen in der dunklen Nacht hell beleuchtete.

Doch nicht alle Jungen hatten es anfangs so gut. In den englischen Industriestädten, in Paris, Berlin oder Wien gab es zu jener Zeit ganze Stadtviertel mit grautristen Häuserzeilen und engen, lichtlosen Hinterhöfen, in denen kein Baum wuchs und in die niemals ein Lichtstrahl fiel. Die hier wohnenden ärmeren Jungen wußten kaum, wie eine blühende Wiese, eine saftige Alm oder ein Tannenwald aussah. Erst das Zeltwandern der Pfadfinder und Jugendgruppen holte sie aus ihren Hinterhöfen. Eine lange Eisenbahnreise und Hotelkosten hätten sie nie bezahlen können.

Um diese Zeit kam auch ein Berliner Schulrat auf den Gedanken, ein ganzes Zeltdorf in den Sommerferien als Kinderrepublik einzurichten. Das liest sich heute nicht besonders aufregend, aber vor einem halben Jahrhundert war es geradezu revolutionär.

So konnten über 2000 Kinder mit ausländischen Gästen sechs Wochen lang ihre Ferien in einem Zeltlager bei Kiel an der Ostsee verbringen. Jeweils zehn Zeltbewohner bildeten eine Zeltgemeinschaft und bestimmten einen Zeltsprecher. Die Zeltsprecher wählten einen Dorfrat und der wiederum einen Bürgermeister. Der erste Anfang also einer Jugendselbstverwaltung.

Doch nun in die heutige Zeit. So wie der Nomade in der mittelasiatischen Steppe oder arabischen Wüste sein Zelt auf Kamele verlädt, muß auch der europäische Zeltwanderer – oder besser: Zeltreisende – seine luftige Behausung verpacken und transportieren. Für ein kleineres Zelt genügt ja ein Fahrrad, ein größeres mit Tisch, Stühlen, Luftmatratzen, Schlafsäcken und Küchengerät kann man nur im Auto verstauen. Als nun die Automobilfabriken in den fünfziger Jahren ihre Produktion verdoppelten, verdreifachten oder verzehnfachten, als immer mehr Leute ein eigenes Auto besaßen, wuchs

auch die Lust am ungebundenen Reisen mit dem Zelt. Freilich war es schnell vorbei mit dem freien Zelten an See- und Waldrändern, überall entstanden Campingplätze.

Auch immer schönere und größere Zelte wurden hergestellt: Steilwandzelte mit großen Panoramascheiben, Zelte, die über einem kleinen Anhänger einfach aufgespannt werden, Zelte, die sich durch prall mit Luft gefüllte Rippen selbst tragen, kleine Wanderzelte, die man wie einen Schirm aufspannt, und ganz große Zelte mit Veranda und mehreren Räumen.

Eigentlich müßte man jetzt fragen: Warum wohnen Leute, die genug Geld für ein Hotelzimmer haben, trotzdem in einem Zelt, das sie morgens abbauen und abends wieder aufstellen müssen. Ist das nicht sehr mühsam, und hätten sie es in einem Gasthof nicht viel bequemer?

Und außerdem: Die Europäer sind ja von Natur aus keine Nomaden, sondern seit zwei Jahrtausenden seßhaft. Wo liegt hier wohl der Grund für die große Verbreitung des Zeltwanderns – zu dem man natürlich auch das Reisen mit dem Wohnwagen zählen muß.

Es gibt sicher mehrere Gründe. Zum einen ist es Abenteuerlust, denn wenn man so ins Blaue hineinfährt, weiß man oft nicht, wo man abends sein Zelt aufschlägt. Dann ist es das Gefühl der Freiheit, der Unabhängigkeit. Es wartet kein bestelltes Hotelzimmer, man muß nicht unbedingt zu einer bestimmten Zeit am bestimmten Ort sein. Zuletzt gibt es nicht wenige Leute, die möchten in ihrem Urlaub alles anders machen als zu Hause. Sie verzichten gern für ein paar Wochen auf ihr Badezimmer und waschen sich unter einem Wasserkran, sie tauschen Bett mit Luftmatratze, essen am wackligen Campingtisch in frischer Luft und hören nachts durch die dünne Stoffwand Wind und Regen.

Ja, das ist es wohl: Der Zeltbewohner spürt von allem ein wenig mehr – von der Sonne, vom Wind, vom Regen. Vielleicht schläft er auch nicht so lange, dann hat er einen längeren Ferientag.

Wir beschäftigen uns mit Drucktechniken

Hanni Thöne

Tagtäglich bekommen wir Druck-Erzeugnisse zu Gesicht, Zeitungen, Prospekte, Bücher usw., ohne daß wir uns darum kümmern, wie sie hergestellt wurden. Fragte man uns danach, so würden wir antworten, daß der Druck wohl immer noch nach der Erfindung Gutenbergs erfolge. Gutenberg färbte die erhabenen Stellen seiner Lettern mit einer Walze ein und legte einen Papierbogen darüber, worauf sich durch den Druck einer weiteren Walze die Farbe auf das Papier abdruckte, wie wir dies vom Gummistempel her kennen. Gewiß wird dieses Verfahren im Prinzip auch heute noch angewendet, und zwar im sogenannten Hochdruck, aber inzwischen hat die Technik eine ganze Reihe neuer Druckverfahren entwickelt, die weit leistungsfähiger sind und Drucke ermöglichen, die früher unmöglich erschienen. Man denke nur an die Mehrfarbendrucke, die sich von den Originalen kaum unterscheiden lassen.

Wir wollen uns hier nicht eingehend mit diesen neuen Verfahren befassen, sondern zunächst nur die drei Drucktechniken kennenlernen, die der Fachmann grundsätzlich voneinander unterscheidet: den schon erwähnten Hochdruck, den Tiefdruck und den Flachdruck. Diese Bezeichnungen beziehen sich auf die Art der Druckplatte und darauf, wie diese mit Farbe versehen wird.

Bei der Druckplatte für den *Hochdruck* sind die Stellen, welche die Farbe annehmen und auf dem Papier abdrucken sollen, erhöht. Wird die Platte auf das Papier gepreßt, so überträgt sich die Farbe der erhöht liegenden Stellen auf das Papier.

Die älteste Anwendung des Hochdrucks ist der Holzschnitt. Heute werden die meisten Bücher und Zeitungen im Hochdruckverfahren hergestellt.

Beim *Tiefdruck* wird die Farbe in Vertiefungen der Druckplatte gedrückt. Die Vertiefungen können mit stählernem Stichel in Metallplatten gestochen oder mit Säure geätzt werden. Die beim Einfärben der Druckplatte auf ihre glatte Oberfläche geratende Farbe muß vor dem Druckbeginn abgewischt werden. Das Papier ist mit besonders hohem Druck auf die Platte zu pressen, damit es mit der in den Vertiefungen liegenden Farbe in Berührung kommt.

Beim *Flachdruck* kommt die Farbe in gleicher Höhe zu liegen wie die nichtdruckende Fläche der Druckplatte. Das zu druckende Bild oder die Schrift werden mit einer fetten Farbe auf die Druckplatte gebracht, die früher aus einem besonderen Stein (Lithostein) mit glattgeschliffener ebener Oberfläche bestand, wie er auch heute noch von Künstlern benutzt wird. Alle übrigen Flächen der Druckplatte nehmen Wasser an und werden während des Druckens feucht gehalten.

Beim Einfärben nehmen nun nur die mit der Fettfarbe versehenen Stellen Farbe an und

Hanni Thöne, Gümligen bei Bern: Ich bin Mitarbeiterin vieler Jugendzeitschriften, Autorin dreier Bastelbücher und leitete während acht Jahren die Bastelsendungen des Schweizer Fernsehens.

Linolschnitt

übertragen sie beim Drucken auf das Papier. Die andern, mit Wasser feucht gehaltenen Flächen bleiben frei, weil die fette Farbe vom Wasser abgestoßen wird.

Zum Flachdruck zählt man die Lithographie, den Offsetdruck und eine ganze Reihe neuer Druckverfahren.

Mit diesen drei kurz beschriebenen Drucktechniken, mit dem Hochdruck, dem Tiefdruck und dem Flachdruck, wollen wir uns nun praktisch beschäftigen, soweit dies hier möglich ist.

Linolschnitt

Wie der bekanntere Holzschnitt, so zählt auch der Linolschnitt zum Hochdruck. Die nicht weggeschnittenen, also hochstehenden Linolflächen drucken.

Wir beschaffen uns in einer Linoleumhandlung Reststücke von unbedrucktem Linol, 3 bis 4 mm dick. Geeignetes Linol erhält man auch in Geschäften für Malbedarf. Die Zeichnung skizzieren wir zuerst auf einem Blatt Papier. Hier müssen wir schon die Eigenart des Linols berücksichtigen. Linol ist eine körnige, brüchige Masse, die es nicht erlaubt, feine Linien zu schneiden, denn sie halten beim Drucken nicht stand. Dagegen ist es leicht, weiße Linien und Flächen auf dunklem Grunde beim Drucken zu erreichen. Wir lassen also beim Zeichnen alle feinen Einzelheiten weg und begnügen uns mit dem Wesentlichen. In dieser vom Material bedingten Vereinfachung liegt gerade der Reiz des Linolschnittes.

Am einfachsten auszuführen ist für den Anfänger der reine Linienschnitt, bei dem aus dem Linol nur linienförmige Vertiefungen ausgehoben werden, die beim Druck weiß auf dunklem Grund erscheinen (Negativdruck). Belebt wird dieses einfache Verfahren durch das Ausheben größerer Flächen, wobei sich eine silhouettenartige Wirkung des Bildes erzielen läßt. Besonders schöne und malerisch wirkende Ergebnisse lassen sich durch Schraffuren erreichen, die sich durch das Ausheben größerer Flächen beim Drucken meist von selbst ergeben.

Zum Übertragen der Zeichnung auf die zugeschnittene Linolplatte kopieren wir die Vorlage zuerst auf ein darübergelegtes Blatt durchsichtiges Zeichenpapier (Transparentpapier). Hierauf bedecken wir die Linolplatte mit einem Kohlepapier, legen das mit der Zeichnung versehene Transparentpapier darüber, und zwar mit der Rückseite nach oben, denn auf dem Linol muß die Zeichnung seitenverkehrt geschnitten werden. Ziehen wir jetzt mit einem spitzen, harten Bleistift die Konturen der Zeichnung nach, so haben wir das Bild so auf der Linolfläche stehen, daß sich die linke Seite des Bildes rechts und die rechte Seite links befindet. Damit sich die Zeichnung auf dem dunklen Linol deutlicher abhebt, können wir vor dem Durchpausen das Linol mit einer dünnen weißen Wasserfarbe bestreichen. Vorher müssen wir aber die Linoloberfläche mit Seife gut abwaschen, sonst haftet die Wasserfarbe darauf nicht.

Das Schneiden

Zum Schneiden des Linols benutzt man Werkzeug mit verschiedenen Profilen (Abb. 2). Das

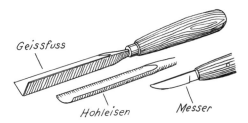

Geissfuss

Hohleisen   *Messer*

Schneidemesser dient zum Umschneiden der stehenbleibenden Flächen. Mit dem Geißfuß kann man weiße Linien aus den schwarzen Flächen herausarbeiten sowie das Schwarz der Druckflächen schraffieren. Mit dem Hohleisen entfernt man weitere Linolflächen, die nicht mitdrucken sollen.

Das Ausschneiden der Flächen muß tief genug erfolgen, damit diese Stellen beim mehrmaligen Einwalzen der Farbe nicht mitdrucken. Man darf aber auch nicht zu tief schneiden, sonst wird das Gewebe des Linols beschädigt.

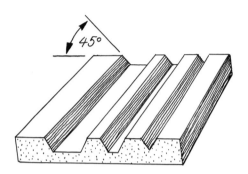

Wie aus Abb. 3 hervorgeht, muß zum Umschneiden der stehenbleibenden Flächen das
Messer schräg in einem Winkel von etwa 45
Grad gehalten werden. Beim Schneiden einer
schwarzen Linie bildet so das stehenbleibende
Linol gleichsam einen Damm, der sich nach unten verbreitert und deshalb beim Drucken nicht
brechen kann. Man schneide also nie senkrecht
oder gar so, daß die stehenbleibende Fläche
unterhöhlt wird.

Im Fachgeschäft gibt es auch Schneidefedern,
die man wie Schreibfedern in einen Halter stek-
ken kann. Diese sind in Form von Schneide-
messern, Geißfüßen und Hohlmessern zu kaufen (Abb. 4). Es werden auch ganze Garnituren

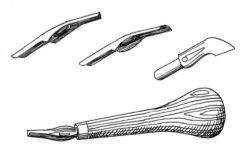

solcher Schneidefedern mit Halter, Druckwalze
und Farbe angeboten. Sie lassen sich allerdings nur für kleinere Arbeiten verwenden, und
da die Schneidefähigkeit der Federn zu wünschen übrigläßt, beschaffe man sich besser die
schon genannten einzelnen Messer aus dem
Fachgeschäft oder einer Werkzeughandlung.

Übrigens gibt es befähigte Linolschneider, die
sich ausschließlich der kleinen Klinge eines
scharfgeschliffenen Taschenmessers bedienen. Sie behaupten, damit künstlerisch freier
arbeiten zu können als mit Geißfuß und Hohleisen.

Das Drucken

Als Druckfarbe können wir sowohl wasserun-
lösliche Firnisfarbe aus einer Druckerei als
auch wasserlösliche Farben, wie sie für Linol-
drucke   hergestellt   werden,   verwenden.
Schwarze Firnisfarbe erbitten wir uns in einer
Druckerei und vergessen nicht, gleich ein Glas
mit Schraubdeckel zum Einfüllen mitzubrin-
gen.
Sauberer läßt sich mit wasserlöslichen Farben,
am besten mit den Japanaquafarben, arbeiten,
die in Geschäften für Malbedarf gebrauchsfertig zu haben sind. Sie können, wenn nötig, mit
Wasser verdünnt werden. Die mit ihr verwendeten Geräte und Druckplatten lassen sich mit
Wasser leicht reinigen. Zum Verdünnen der
schwarzen Druckereifarbe läßt sich Terpentin
verwenden; zum Reinigen der Druckplatten
und der Walze eignet sich Petrol oder Benzin.
Das Einfärben der Druckplatte erfolgt mit einem Tampon oder einer Gummiwalze. Beide
Geräte lassen sich leicht selber herstellen. Für
den Tampon brauchen wir ein etwa 7 cm langes
Stück Besenstiel als Griff, ein aus Sperrholz
geschnittenes rundes Brettchen von 6 cm
Durchmesser, ein rundes Stück Hirschleder
von etwa 18 cm Durchmesser und Watte. Wie
Abb. 5 zeigt, befestigen wir das runde Brettchen mit einer Schraube am Besenstielstück.
Dann legen wir die Watte in die Mitte des
Hirschleders, geben das Brettchen mit Griff
darauf und ziehen den Rand des Leders rund-
herum so nach oben über das Brettchen, daß
er, zusammengerafft, mit einer Schnur am Griff
festgebunden werden kann.
Nachdem man eine kleine Menge Farbe auf
eine Glasplatte gegeben hat, drückt und wiegt
man die Farbe mit dem Tampon gleichmäßig
aus. Die nun am Tampon haftende Farbe über-

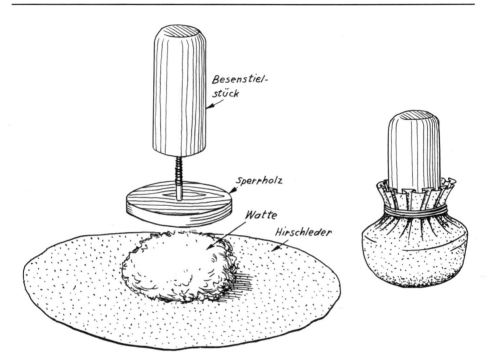

trägt man tupfend auf die Druckplatte. Dies muß mehrmals wiederholt werden, bis die Poren des Linols geschlossen sind und die Oberfläche der Druckplatte genügend Farbe angenommen hat.

Leichter erfolgt das Einfärben mit einer Gummiwalze. Man erhält solche Walzen in verschiedenen Größen im Fachgeschäft. Ihre Selbstherstellung bereitet aber keine Schwierigkeiten. Um ein Stück Besenstiel wickelt man einen langen Streifen dünnen Kartons, den man vorher mit Kleister bestrichen hat. Dadurch entsteht eine Walze, die so dick werden muß, daß man ein Stück Fahrradschlauch mit Mühe gerade noch überstülpen kann (Abb. 6). Die Kante des aufgewickelten Kartonstreifens muß vorher mit Glaspapier geglättet werden. Der zur Führung der Walze notwendige Bügel wird aus drei Brettchen und einem Werkzeuggriff hergestellt. Die zwei Seitenteile versieht man mit einer Bohrung zum Durchstecken der Besenstielenden. Wir schneiden sie aus mindestens 2 cm dickem Hartholz. Mit dem langen Brettchen müssen sie gut verschraubt werden (Abb. 7).

Mit der Walze rollen wir die auf die Glasplatte gegebene Farbe gut aus, so daß sich auf der Platte eine gleichmäßige Farbschicht bildet, worauf wir mit der Walze einige Male über die Druckplatte hin und her fahren.

Für den Druck verwenden wir dünnes, saugfähiges, nicht zu glattes Papier. Wir legen es vor-

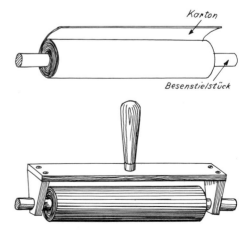

her eine Stunde lang zwischen leicht ange-feuchtetes Zeitungspapier, weil es dann die Farbe besser aufnimmt. Das Blatt wird auf die eingefärbte Druckplatte gelegt und mit dem Handballen vorsichtig angedrückt. Dann reiben wir mit einem Falzbein oder einem Löffelstiel das Papier an allen Stellen der Platte fest. Zur Prüfung, ob der Druck gut geraten ist, heben wir das Papier von einer Ecke her vorsichtig ab. Meist wird uns der erste Probedruck veranlas-sen, am Linolschnitt noch Korrekturen vorzu-nehmen. Vorher ist die Platte aber von Farbre-sten zu reinigen.

Eine alte eiserne Kopierpresse, wie sie früher zum Kopieren von Geschäftspapieren verwen-det wurde, kann das Drucken mit Linolschnit-ten wesentlich erleichtern. Man legt das Papier auf einen dicken Karton, die eingefärbte Druckplatte vorsichtig darauf und gibt das Ganze unter die Presse, die einen sehr starken Druck ermöglicht. Es ist allerdings schon ein Glücksfall, heute noch einer solchen Kopier-presse zu begegnen, aber man kann sie zuwei-len noch in Altwarengeschäften auftreiben.

Die praktische Anwendung des Linolschnittes ist vielseitig. Man denke nur an die Möglichkeit, damit Glückwunschkarten, Einladungen, Exli-bris, ja sogar einen eigenen Briefkopf zu druk-ken.

Stoffdruck

Linoldruckplatten lassen sich auch zum Druk-ken auf Stoff verwenden: Stoffe nehmen aber die Farbe nicht so gut an wie Papier, weshalb wir beim Stoffdruck anders vorgehen müssen.

Vor allem darf die Druckplatte nicht groß sein, sonst bringen wir den erforderlichen Druck zum Übertragen der Farbe auf das Gewebe nicht auf. Man kann aber gleichwohl eine große Stofffläche bedrucken, indem man einen oder mehrere kleine Druckplatten wiederholt ne-beneinander abdruckt. Am besten eignen sich für den Stoffdruck stets wiederkehrende orna-mentale und dekorative Verzierungen.

Der zu bedruckende Stoff muß vorher gut aus-gewaschen werden, damit die in ihm enthal-tene Appretur entfernt wird, sonst kann die Farbe das Gewebe nicht gut durchdringen.

Wegen des hier notwendigen stärkeren Druk-kes müssen wir die Linolplatte vorher mit Kunstharzleim auf eine Holzplatte von 1 bis 2 cm Dicke leimen, wozu sich am besten ein Stück Sperrholz oder Tischlerplatte eignet, das sich in jeder Schreinerei als Abfall finden läßt. Zum Drucken legt man den Stoff auf eine dicke Lage glatt ausgebreiteten Zeitungspapiers, um eine weiche Unterlage zu erhalten. Falten im Stoff müssen vorher ausgebügelt werden. Dann legt man die gut eingefärbte Druckplatte vorsichtig auf den Stoff und drückt mit aller Kraft darauf. Da dieser Druck meist nicht ge-nügt, kann man einen Hammer zu Hilfe nehmen und damit einen Schlag auf die Druckplatte ausführen. Durch das fugenlose Nebeneinan-derdrucken gleicher Motive lassen sich auf Stoffen dekorative Randleisten erzielen.

Mit Vorteil verwendet man zum Drucken be-sondere Stoffstempelfarben, wie sie im Fach-geschäft in verschiedenen Farbtönen erhältlich sind. Es gibt solche, die nach dem Drucken fest in das Gewebe eingebügelt werden und her-nach wasch- und kochecht sind.

Preßspanschnitt

Jetzt wollen wir an einem praktischen Beispiel die Technik des Tiefdrucks kennenlernen. Zum Tiefdruck zählt man den Kupferstich, der früher weiteste Anwendung gefunden hat. Bei ihm wird die Zeichnung in eine glatte Kupferplatte geritzt oder geätzt. In die so entstehenden Ver-tiefungen reibt man die Druckfarbe. Was an Farbe auf der Metalloberfläche haftenbleibt, wird weggewischt. Beim Druck preßt eine Walze das Papier so stark gegen die Druck-platte, daß es auch ein wenig in die Vertiefun-gen dringt und die darin enthaltene Farbe dar-aus hervorholt.

Kupfer ist ein ziemlich hartes Material und er-fordert zum Eingravieren der Bildlinien große Geschicklichkeit und besonderes Werkzeug (Grabstichel, Schaber). Für den Tiefdruck läßt sich aber auch weicheres Material verwenden,

mit dem man dem Kupferstich ähnliche Bilder herstellen kann. Als solches hat sich der Preßspan bewährt, ein sehr fester Karton mit harter und glatter Oberfläche. Man erhält ihn in Papeterien, und zwar in verschiedenen Dicken. Für unsern Zweck sollte er mindestens 0,8 bis 1 mm dick sein und möglichst von heller Farbe, damit sich die auf ihn gepauste Zeichnung gut abhebt.

Im Gegensatz zum Linolschnitt erlaubt der Preßspanschnitt die Wiedergabe von schwarzen oder farbigen Flächen nicht, sondern nur von mehr oder weniger feinen Linien auf hellem Grund. Schattierungen lassen sich durch nah nebeneinander geschnittene Linien erzielen. Wir müssen also, wie beim Linolschnitt, schon die Zeichnung den Möglichkeiten der Drucktechnik anpassen und uns hier auf reine Strichtechnik beschränken.

Das Schneiden

Wir pausen die Zeichnung zuerst auf ein Blatt Transparentpapier. Dann bedecken wir die zugeschnittene Preßspanplatte mit Kohlepapier und legen das Transparentpapier darüber, auch hier mit der Rückseite nach oben und Bildseite nach unten, damit das Bild auf der Druckplatte seitenverkehrt steht. Beim Drukken erhalten wir wieder ein seitenrichtiges Bild. Das ist besonders bei Zeichnungen wichtig. Da die Oberfläche des Preßspans sehr glatt ist und daher die Kohlepapierstriche schlecht an-

Schnitt in den Preßspan: A richtig,
B falsch

---

nimmt, muß beim Durchpausen der Zeichnung ein starker Druck des Stiftes ausgeübt werden. Ein Bleistift würde dabei abbrechen. Gut eignet sich hierzu die Spitze eines ausgedienten Kugelschreibers, die keine Tinte mehr abgibt.

Zum Einschneiden der Vertiefungen in den Preßspan verwenden wir ein spitzes scharfes Taschen- oder Küchenmesser. Da nur die Spitze der Klinge gebraucht wird, können wir den hinteren Klingenteil mit Papier umwinden, das wir festkleben. So vermeiden wir eine Verletzung der Finger. Wichtig ist, daß wir im Preßspan einen senkrechten Schnitt erreichen. Ein bei schräger Messerhaltung schräg verlaufender Schnitt ist ungeeignet, weil er schon beim ersten Druckabzug zusammengepreßt würde und hernach keine Farbe mehr annähme (Abb. 9). Je nach der Schnittiefe bildet sich eine un-

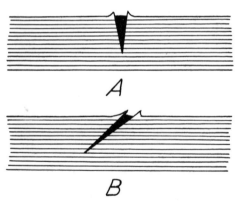

terschiedlich breite Vertiefung, die auch mehr oder weniger Farbe aufnimmt und beim Drukken einen dickeren oder dünneren Strich ergibt. Zu tief darf der Schnitt nicht erfolgen, auf keinen Fall bis zur Rückseite der Platte.

Fährt man mit den Fingern über den Schnitt, so fühlt man nicht nur die Vertiefung, sondern zu beiden Seiten eine vom Messer aufgeworfene Überhöhung, die man als Grat bezeichnet. Beim späteren Überwischen von Druckfarbe bleibt die Farbe nicht nur in der Vertiefung, sondern auch hinter dem Grat sitzen. Dadurch wirkt der Strich auf dem Druckpapier kräftiger, als nach der Breite der Vertiefung zu erwarten wäre, dies besonders bei tiefgeschnittenen Li-

nien. Machen wir, wie schon erwähnt, dicht nebeneinanderstehende parallele Schnitte, so erreichen wir beim Drucken flächige Schattierungen.

Das Drucken

Ist der Schnitt beendet, so wird die Druckplatte mit einem Lappen, den wir zu einem Tampon zusammenballen, eingefärbt. Als Farbe läßt sich, wie beim Linoldruck, solche aus der Druckerei verwenden. In Geschäften für Malbedarf erhält man spezielle Kupferdruckfarben, die sich auch für unsern Druck gut eignen. Wir geben eine kleine Menge der Farbe auf eine Glasplatte und verreiben sie mit dem Tampon, bis dieser genügend Farbe angenommen hat. Dann fahren wir mit dem Tampon gleitend und wiegend über die Platte. Damit die Farbe in alle Vertiefungen gelangt, muß ziemlich stark gerieben werden.

Die auf der Plattenoberfläche verbleibende Farbe muß nun weggewischt werden, denn nur die in den Vertiefungen haftende soll stehenbleiben. Hierzu benutzen wir einen sauberen Lappen, den man mit kreisenden Bewegungen über die Platte führt, bis ihre Oberfläche sauber ist. Läßt man noch einen Hauch von Farbe stehen, so verleiht dieser beim Drucken dem Bild eine leichte Tönung, die durchaus erwünscht sein kann. Durch unterschiedliches Wegwischen der Farbe auf der Platte lassen sich auch nur Teile des Bildes tönen.

Zum Drucken eignet sich weiches, saugfähiges Papier am besten. Auch jedes holzfreie Briefpapier ist verwendbar, besonders Japanpapier, das aber teuer ist. Vor dem Drucken befeuchtet man die Papierbogen mit einem Schwamm und legt sie zwischen einige Lagen Zeitungspapier, das zwischen Brettern gepreßt wird.

Hat man einen Papierbogen vorsichtig auf die eingefärbte Druckplatte gelegt, so drückt man ihn mit der flachen Hand an und überfährt mit dem Falzbein oder einem Löffelstiel alle Stellen der Platte. Dabei muß ein genügender Druck ausgeübt werden, damit das Papier in die Vertiefungen gelangt. Wir müssen auch darauf

Preßspandruck

achten, daß das Papier während des Anpressens auf der Platte nicht verrutscht. Auf diese Weise lassen sich mehrere Abzüge herstellen, ohne daß es nötig wäre, die Platte neu einzufärben.

Der Druck echter Kupferstichplatten erfolgt allerdings nicht wie hier angegeben. Die mit dem Papier bedeckte Kupferplatte wird nebst weiteren Zugaben zwischen zwei schweren eisernen Walzen durchgedreht, die einen gewaltigen Druck ausüben. Solche Leistungspressen sind teuer und kommen für den Laien, der sich nur gelegentlich mit dem Bereiten und Drucken einer Platte befaßt, kaum in Betracht.

Monotypie

Monotypie

Den Flachdruck können wir mit so einfachen Mitteln praktisch nicht anwenden, wie uns dies mit dem Hoch- und Tiefdruck gelungen ist. Es steht uns jedoch eine Möglichkeit zur Verfügung, Bilder auch auf Grund der Flachdrucktechnik herzustellen, aber sie hat den Nachteil, daß sich mit ihr jeweils nur ein einziger Abzug des auf die Druckplatte gebrachten Bildes herstellen läßt. Man bezeichnet diese Art des Drucks als Monotypie, von monos = allein. Als eigentlichen Druck kann man aber die Monotypie nicht bezeichnen, denn darunter versteht man immer eine Vervielfältigung der Vorlage. Uns jedoch gibt sie Gelegenheit, auch den Flachdruck, bei dem die Farbe in gleicher Höhe wie die nichtdruckende Fläche der Druckplatte zu liegen kommt, praktisch auszuführen.

Wir brauchen hierzu nichts weiter als eine nichtsaugende Unterlage als Druckplatte, am besten eine Glas- oder Kunststoffplatte, ferner Druckfarbe, eine Walze zum Einfärben der Platte und saugfähiges Papier für den Druck.

Die Zeichnung auf der Druckplatte

Zuerst wird die ganze Fläche der Druckplatte mit Farbe gleichmäßig eingewalzt, wozu wir gewöhnliche Druckerschwärze oder eine Linoldruckfarbe benutzen können. Die Zeichnung hat nun direkt auf dieser eingefärbten Platte zu erfolgen. Mit einem mehr oder weniger spitzen Stift, den man sich aus einem Hölzchen zuschneidet, schabt man die Konturen des Bildes aus der nassen Farbe heraus. Flächige Aussparungen der Farbe, die im Druck hell erscheinen sollen, lassen sich durch Her-

auswischen mit dem Finger erzielen oder mit einem kleinen Lappen, mit dem man die Spitze des Hölzchens umwickelt. Die Farbe wird dabei nur zum Teil von der Platte weggewischt, ein anderer Teil wird beiseite geschoben, wodurch entlang der Aussparung eine Erhöhung der Farbschicht entsteht.

Dem Ungeübten fällt es nicht leicht, das Bild ohne Vorzeichnen in die nasse Farbe zu schaben. Korrekturen sind aber während des Zeichnens leicht vorzunehmen. Will man einen Strich ändern, so streicht man mit dem Finger leicht über die betreffende Stelle, wodurch sich die geschabte Linie wieder mit Farbe füllt.

Der Druck

Ein Blatt saugfähiges Papier wird nun sorgfältig auf die Druckplatte gelegt, worauf man durch den Druck des Handballens oder einer Gummiwalze die Zeichnung auf das Papier bringt. Je nach der Dicke der aufgetragenen Farbschicht, der Stärke des ausgeübten Druckes und der Saugfähigkeit des verwendeten Papiers erhält man einen Abzug, der von einer grauen Tönung bis zum tiefen Schwarz variieren kann. Das durch Schaben und Wischen auf der Farbschicht hervorgerufene Bild ermöglicht außerdem eine ganze Skala von Tönungen, wodurch sich reizvolle Effekte erzielen lassen (Abb. 11).

Leider läßt das Verfahren, wie schon erwähnt, nur einen einzigen Abzug der Zeichnung zu, während beim echten Tiefdruck die Platte das Bild so festhält, daß jede neue Einfärbung den Druck eines weiteren Abzuges erlaubt. Schriften müssen, wie bei den andern Drucktechniken, seitenverkehrt auf die Platte geschrieben werden.

Die Modellbahn im Garten

Gerhard Reuter

Alljährlich zu Winteranfang herrscht in vielen Kinderzimmern, auf Dachböden und in Kellerräumen stets aufs neue emsige Betriebsamkeit: Die Zeit der elektrischen Eisenbahn ist gekommen. Da werden Schienen, Lokomotiven und Waggons aus ihren Kartons hervorgeholt, Gleispläne geschmiedet und wieder verworfen, da wird gesägt, gegipst und geklebt, elektrische Leitungen werden verlegt, und, um die Hauptsache nicht zu vergessen, auf den Weihnachtswunschzetteln erscheinen die »unbedingt notwendigen« Ergänzungsteile, ihre Anschaffung wird mit Nachdruck verteidigt.

Das für Väter und Söhne gleichermaßen interessante und abwechslungsreiche Spiel mit der Miniaturbahn hält in den folgenden Tagen und Wochen die ganze Familie in Atem, in der Regel bis kurz nach Weihnachten. Dann verschwindet die ganze Herrlichkeit für lange Zeit in Schränken und Kisten, eigentlich schade drum!

Doch wer hat schon so viel Platz in seiner Wohnung, daß dem Hobby »Eisenbahn« ein eigener Raum gewidmet werden kann? Und schließlich: Welcher Junge möchte schon als Stubenhocker gelten, wenn die ersten Sonnenstrahlen wieder in den Garten locken?

Apropos Garten: Schön wär's ja, wenn man die Modellbahn mit ins Freie nehmen könnte. Ob das geht?

Versuchen wir's doch!

Noch vor wenigen Jahren wurde in der Spielzeugbranche hauptsächlich dünnes Eisenblech verarbeitet. Auch die Schienen, Waggons und manche Zubehörteile der elektrischen Eisenbahn waren damals mehr oder weniger rostanfällig und nur zum Spiel in geschlossenen, trockenen Räumen geeignet. Heute ist das anders: Durch die überwiegende Verwendung von Kunststoffen, Messing und Neusilber sind teilweise sogar solche Fabrikate bedingt »freilandtüchtig«, die vom Herstellerwerk nicht ausdrücklich für den Betrieb im Garten konstruiert worden sind.

Wer also bereits eine Modelleisenbahn besitzt und diese zukünftig auch im Garten laufen lassen will, möge – gegebenenfalls an Hand der Katalogangaben – nachprüfen, aus welchen Materialien seine Gleise, Wagen usw. bestehen. Um eine kleine Hilfestellung zu leisten: Bei den gängigen Modellbahnfabrikaten sind es eigentlich nur die Märklin-HO-Gleise der Ausführung M (M = Metall), die Fleischmann-HO-Gleise des Typs 6600 sowie die Trix-HO-Gleise der Ausführung »Trix-Express« (mit dritter Mittelschiene), die für eine Verwendung im Freien nicht geeignet sind. – Auch bei dem bereits vorhandenen Rollmaterial dürfte sich

Gerhard Reuter wurde am 5. August 1931 in Rottweil geboren. Nach dem Besuch der allgemeinbildenden Schulen in Remscheid studierte er von 1951 bis 1954 Elektrotechnik (Fachbereich Fernmeldetechnik) an der Fachhochschule Wuppertal und erwarb dort 1954 die Graduierung zum Ingenieur. Nach dem Studium beschäftigte er sich ca. 15 Jahre lang mit der Planung und Bauleitung von automatischen Fernsprechvermittlungen für die Deutsche Bundespost. Seit etwa zwei Jahren sind ihm Aufgaben aus der Kundendienst- und Pressearbeit übertragen worden.

Oben: Bahnhofsanlage einer Freilandbahn, geschickt in die Pflanzenwelt des Gartens eingebettet

Unten: Mit dieser Gartenbahn kann man während des ganzen Jahres draußen spielen, selbst Kälte und Schnee können ihr nichts anhaben

leicht feststellen lassen, ob die Aufbauten aus Blech oder aus thermoplastischem Kunststoff bestehen. Daß die Radsätze und Kupplungen in der Regel aus brüniertem Stahl bzw. aus Stahlblech gefertigt und demnach rostanfällig sind, müssen wir in diesem Zusammenhang in Kauf nehmen.

Wer jedoch noch keine Modellbahn sein eigen nennt, wohl aber mit dem Kauf einer Anlage liebäugelt oder gar eine Bahn geschenkt bekommt, kann seine Wünsche exakt auf den späteren Einsatzplan abstimmen. Speziell für den Gartenbetrieb geeignete Modelleisenbahnen berücksichtigen bereits all diejenigen Faktoren, die beim Außenbetrieb zu Betriebsstörungen Anlaß geben könnten. Von einer »echten« Gartenbahn, die selbstverständlich auch als »Zimmerbahn« verwendbar ist, können wir demnach verlangen, daß ein störungsfreier Betrieb selbst im Winter bei Schneefall möglich ist.

Falls ein – wenn auch nur gelegentlicher – Einsatz im Garten geplant ist, sollte man sich übrigens zu einer Bahn mit »großer« Spurweite entschließen. Die Gründe dafür liegen klar auf der Hand: Verunreinigungen des Gleissystems lassen sich in der freien Natur kaum ausschließen. Sie wirken sich bei einer HO-Bahn mit der Spurweite von 16,5 mm im Verhältnis sehr viel stärker aus als beispielsweise bei einer Bahn mit 45 mm Spurweite (Spur I und Spur IIm). Um es an einem Beispiel zu verdeutlichen: Ein auf den Gleisen liegendes Steinchen, das von einer 1700 Gramm schweren Spur-IIm-Lok noch mühelos und gefahrlos beiseite geschoben wird, kann für eine HO-Lok mit z. B. 500 Gramm Eigengewicht bereits die sichere Entgleisung bedeuten. Noch etwas anderes müssen wir uns in diesem Zusammenhang klarmachen: Gleisunebenheiten werden sich wohl nie ganz vermeiden lassen, sie wirken sich jedoch bei kleinen Spurweiten und kurzen Gleisstücken im Verhältnis sehr viel stärker auf die Entgleisungsfreudigkeit aus. Bei Zimmeranlagen sind wir es gewohnt, die Schienen auf planebenen Flächen auszulegen, meist auf dem Fußboden oder auf einer großen Holzplatte. Eine gute Gleislage, d. h. eine einwandfreie Höhen- und Seitenführung der Gleisstücke untereinander, ergibt sich dadurch fast von selbst. Derartige Verhältnisse, die zwar einen relativ störungsfreien Fahrbetrieb mit wenig Entgleisungen garantieren, in bezug auf die Landschaftsgestaltung jedoch alles andere als ideal sind, werden wir im Garten kaum vorfinden. – Schließlich und endlich wäre noch zu berücksichtigen, daß auch eine Gartenbahn in ihrem Gesamteindruck nur dann vorbildgerecht wirkt, wenn wir sie – wie jede andere Zimmerbahn auch – mit einer natürlichen, maßstabgerechten Landschaftskulisse umgeben. Dazu gehören Täler und Hügel, Straßen, Brücken, Wasserläufe und eine angemessene Vegetation, die ihrerseits aus Bäumen, Sträuchern, Hecken, Wiesen besteht. Selbstverständlich greifen wir im Freien auf echte Pflanzen aus der Gärtnerei zurück. Geeignete Sträucher, die maßstäblich in etwa zu den »großen« Spurweiten passen, lassen sich relativ leicht finden, wie wir noch sehen werden. Auch dies ist ein Grund mehr, für Freilandanlagen möglichst Bahnen der Spurweiten O, I oder IIm zu wählen.

Um es noch einmal ganz deutlich zu sagen: Auch die meisten HO-Bahnen sind im Prinzip durchaus geeignet, ihre Runden unter freiem Himmel zu drehen. Wer Lust und Mut dazu hat, dies auszuprobieren, wird sicher seine Freude daran haben. Ideale Betriebsbedingungen allerdings dürfen wir nur von solchen Fabrikaten erwarten, die speziell für den Gartenbetrieb gebaut worden sind. Hier ist es in erster Linie die Lehmann-Bahn, die den rauhen Außenbetrieb mit erstaunlicher Sicherheit meistert.

Nach diesen Vorbemerkungen wollen wir uns nun mit dem Bau der Gleisanlage beschäftigen. Wenig Sinn hat es, die Schienen lose auf dem Erdboden oder Rasen auszulegen: Gleisunebenheiten mit all ihren üblen Begleitumständen wären die Folge. Unsere Bahn würde mehr schlecht als recht über die Strecke holpern und häufig entgleisen oder gar umkippen. Räder und Achsen der Fahrzeuge wären bald kräftig verschmutzt, und wenn ein Regenguß die ungeschützt auf dem Boden liegende Gleisanlage mit Erde und Sand überschwemmen würde, käme der Eisenbahnverkehr auf

Oben: Eine Lokstation, die bei keiner
Modellbahn fehlen darf

Unten: Ein Schotterbett aus Steinsplitt ist
bei Freilandanlagen sehr zu empfehlen

unserer Privatbahn ganz zum Erliegen. Wir sehen also, wie wichtig bei einer Gartenbahn die sorgfältige und fachmännische Gleisverlegung ist.

Jetzt fragt sich nur: Wie verlegen wir die Gleise, wenn nicht lose auf dem Boden?

Nun, vielleicht können wir von der »richtigen« Eisenbahn lernen, wie man dieses Problem meistert. Schauen wir uns dort um, so finden wir, daß die Schwellen der Gleisjoche in einem Schotterbett liegen. Das Schotterbett selbst hat zwei wichtige Aufgaben zu erfüllen: zum einen soll es die mechanischen Kräfte, die beim Darüberfahren eines Zuges auf Schienen und Schwellen einwirken, möglichst gleichmäßig und elastisch auf den Boden übertragen, zum anderen soll es Regen- und Schmelzwasser ableiten und somit Frostaufbrüche verhindern. Dem gleichen Zweck dient auch die Miniatur-Gleisbettung für unsere Freilandbahn.

Was liegt also näher, als zur nächsten Straßenbaufirma zu gehen, um dort einige Eimer voll Splitt zu erbitten. Dieses Material eignet sich hervorragend für unsere Zwecke, nicht zuletzt deshalb, weil es durchweg in verschiedenen Korngrößen vorrätig gehalten wird. Je nach Spurweite und Maßstab unserer Bahn können wir somit die Körnung des »Gleisschotters« maßstabgerecht auf unsere Bahn abstimmen. Und nun ans Werk!

Zunächst zeichnen wir auf einem Blatt Papier die vorgesehene Gleisführung auf. Anschließend legen wir die Gleise im Garten probeweise auf dem Boden aus. So entsteht aus geraden Gleisstücken, aus Krümmungen und Steigungen die dem Gelände angepaßte Linienführung der Bahn, die der Eisenbahnfachmann »Trasse« nennt.

Wir markieren die Trasse, indem wir den späteren Gleisverlauf durch kleine, in den Boden gerammte Holzpflöcke kennzeichnen, und können die Schienen nun wieder weglegen. Die Breite der Trasse richtet sich selbstverständlich nach der Spurweite, genauer gesagt, nach der Schwellenlänge des verwendeten Gleismaterials, außerdem danach, ob es sich um eingleisige oder zweigleisige Strecken handelt. Als Anhaltspunkt können wir uns merken, daß

eine Spur-O-Trasse (eingleisig) etwa 18 cm Platz erfordert, wogegen wir eine Spur-I-Trasse ebenso wie eine Ilm-Trasse (eingleisig) ca. 25 cm breit abstecken müssen.

Führt die Bahnlinie über den Rasen, so stechen wir die Grasnarbe sorgfältig in entsprechender Breite der Trasse ab und heben die Rasensoden nach oben heraus. Hierzu benötigen wir einen scharfen Spaten. Anschließend planieren wir die Bahntrasse in ihrer ganzen Länge, das heißt, wir ebnen den Boden mit Hilfe einer Schaufel und klopfen den Untergrund mit einem stabilen Brett fest. Der schwerste Teil der Arbeit ist damit schon getan.

Nun legen wir das Schotterbett an, das ist bei weitem nicht so schwer, wie es sich anhören mag. (Es kann allerdings nicht schaden, wenn wir uns in Gedanken nochmals den Aufbau und das Aussehen einer »richtigen« Gleisanlage der Bundesbahn ins Gedächtnis zurückrufen.) Zunächst verteilen wir den Steinsplitt gleichmäßig über die ganze Länge der Trasse. Am besten schütten wir das Material aus einem Eimer heraus auf den Boden und gehen dabei langsam an der Trasse entlang. Auf diese Weise bildet der Schotter automatisch, sozusagen im »Vorübergehen«, einen gewissen Schüttwinkel, der dem Bahndamm später das charakteristische Aussehen des Vorbildes gibt. Die Spitze des entstandenen Schotterbandes glätten wir mit einem geeigneten Gegenstand, wie einem Stück Holz, und erhalten somit den trapezförmigen Querschnitt der Bettung. Selbstverständlich muß ihre Krone in der Breite gleich groß oder etwas größer sein, als es die Schwellenlänge des verwendeten Gleismaterials ist.

Jetzt ist der Augenblick gekommen, die vorsorglich beiseite gelegten Schienen wieder hervorzuholen, zusammenzustecken und auf das Schotterbett aufzulegen. Wer schon einmal einer Gleisbaukolonne bei der Arbeit zugeschaut hat, wird sich vielleicht erinnern, daß die Schottersteine unterhalb und seitlich der Schwellen verdichtet werden, entweder von Hand mit besonders geformten Hacken oder maschinell mit motorisch angetriebenen Geräten. Diese Arbeit an der Gleisbettung nennt der Fachmann »stopfen«, und zwar im Sinne von

Oben: Doppelgleiskörper aus Kunststoff
(Hostalit Z) für HO-Bahnen

Unten: Gebäudemodelle kann man selbst
bauen aus imprägnierten Holzleisten,
Kunststoffplatten, Styropor u. ä.

»zusammenpressen«, »feststopfen«. Dadurch
wird unter anderem erreicht, daß sich die
Schwellen stark in das umgebende Schotterbett einkrallen. Ähnliches tun wir jetzt im Garten, allerdings brauchen wir kein Werkzeug
dazu. Es genügt, wenn wir die Schienen fest
andrücken, alle eventuellen Hohlräume und
Buckel beseitigen und auch die Zwischen-
räume zwischen den Schwellen mit Steinsplitt
auffüllen.

Wenn wir einigermaßen sorgfältig gearbeitet
haben, kann sich das Ergebnis unserer Bemühungen sehen lassen. Gleisanlage und Schotterbett wirken nicht nur optisch absolut reali-
stisch und vorbildgetreu, die Bettung erfüllt
auch den ihr zugedachten Zweck: Übertragung
der mechanischen Kräfte und Ableitung des
Wassers. Im Grunde sind die Arbeiten am
Gleiskörper damit beendet. Abgesehen von
gelegentlichen Wartungs- und Pflegearbeiten,
wird eine solchermaßen erstellte Bettung viele
Monate lang die ihr zugedachten Aufgaben erfüllen.

Allerdings haben wir es – dank der modernen
Kunststoffchemie – in der Hand, die Lebensdauer der Bettung und die Betriebssicherheit
der Bahn ohne großen Arbeitsaufwand erheblich zu verlängern beziehungsweise zu verbessern. Dazu verwenden wir eine flüssige Kunststoffdispersion, die unter dem Namen »Curasol
AH« im Handel ist. Für diejenigen, die mit dem
Wort »Dispersion« nichts Rechtes anfangen
können, sei hier erst einmal eine kleine Erläu-
terung eingefügt: Eine Kunststoffdispersion
besteht aus vielen kleinen, fein verteilten
Kunststoffteilchen, die in einer Flüssigkeit,
dem   sogenannten   Dispergiermedium,
schwimmen. Die Wirkung einer solchen Dispersion beruht darauf, daß die in ihr enthalte-
nen Kunststoffteilchen unter gegenseitiger Berührung zu einem festen Gebilde erhärten,
sobald man das Dispergiermedium entzieht.
Mit anderen Worten, wenn wir eine mit Wasser
verdünnte Curasol-Lösung auf die Gleisbettung sprühen, so verdunstet das Wasser oder
es sickert weg, und die erhärtenden Kunststoffteilchen verbinden den Steinsplitt, die
Schwellen und die unter und neben der Bettung befindlichen Bodenpartikeln mit einer zu-
sammenhängenden, netzartigen Kunststoff-
haut, die zwar porös ist, aber nicht mehr
wasserlöslich.

In der Praxis sieht das folgendermaßen aus: In
einen Eimer geben wir vier Teile Wasser und einen Teil Curasol und rühren mit einer Holzlatte
kräftig um. Nun nehmen wir eine Kindergießkanne zur Hand und befeuchten sowohl Schienen, Schwellen und Schotterbettung als auch
die seitlichen Randstreifen mit etwas Wasser.
Aber bitte nur anfeuchten, nicht überschwemmen! Anschließend schütten wir die in einem
Eimer vorbereitete Curasol-Mischung in die
Gießkanne und berieseln hiermit gleichmäßig
die gesamte Gleisanlage. Sofort danach wischen wir die Schienen mit einem nassen Tuch
sorgfältig ab. Das ist alles! Die ganze Sache ist
so einfach, daß man wirklich nicht viel falsch
machen kann. Nach etwa sechs bis acht Stunden ist das Wasser verdunstet, und die erhärtenden   Kunststoffteilchen   verbinden   nun
Schienen, Schwellen, Schotterbett und Erdbo-

den zu einer festen Einheit. Der dem Vorbild entsprechende Bahndamm ist fertig, das Gleis kann befahren werden!

Für diejenigen Leser, die es ganz genau wissen wollen, und gleichzeitig an die Adresse besorgter Eltern gerichtet, die möglicherweise Bedenken gegen die Verwendung der genannten Kunststoffdispersion in ihrem Garten haben, seien hier noch ein paar zusätzliche Informationen angefügt: Curasol ist weder feuernoch explosionsgefährlich, kann in jedem Verhältnis mit Wasser gemischt werden, ist unempfindlich gegen Wasserhärte und gegen Meerwasser, ist physiologisch unbedenklich und hat keinen schädlichen Einfluß auf die vorhandene Vegetation. Der Grad der Festigkeit wird durch die Curasol-Menge bestimmt, die Eindringtiefe durch die zugegebene Wassermenge und die Saugfähigkeit des Bodens. Je mehr Wasser die Curasol-Mischung enthält, desto tiefer kann sie in den Boden eindringen. Im übrigen muß es nicht unbedingt eine Kindergießkanne mit feinem Brausekopf sein, ebensogut können alle für den Pflanzenschutz gebräuchlichen Spritzgeräte benutzt werden. Auch sollte man wissen, daß ein mit Curasol befestigter Boden mit allen mechanischen Geräten ebenso bearbeitet werden kann wie unbehandelter Boden.

Bevor wir nun das Thema »Gleisbau im Freien« verlassen, noch ein allgemeiner Hinweis: Bekanntlich läßt sich ein und dasselbe technische Problem vielfach auf verschiedene Art und Weise lösen, wobei die Unterscheidungsmerkmale in der Regel wirtschaftlicher Natur sind. Damit soll gesagt sein, daß diejenigen Gartenbahn-Freunde, denen die beschriebene »Steinschotter-Methode« aus welchen Gründen auch immer nicht zusagen sollte, selbstverständlich auch auf andere Art und Weise zu einem funktionstüchtigen Gleisbett kommen können. Selbstgegossene Betonformsteine, Formteile aus Asbestzement oder aus Hartschaum können ebenfalls die an eine Gleisbettung gestellten Forderungen erfüllen. Letztlich kommt es in jedem Einzelfall darauf an, welche Kosten als tragbar erscheinen, wieviel Zeit aufgewendet werden kann und welche Anforde-

rungen an die Vorbildtreue gestellt werden. Eines aber haben alle Freiland-Gleiskörper gemeinsam: Wir müssen sie im Eigenbau, im Do-it-yourself-Verfahren selbst herstellen, was in frischer Luft und in der grünen Umgebung eines Gartens sicher kein Nachteil ist. Lediglich die Freunde der HO-Spur haben die Möglichkeit, auf käufliche Gleiskörper aus Kunststoff zurückzugreifen.

Ist die Gleisanlage fertiggestellt, werden es die meisten kaum erwarten können, den ersten Zug auf die Strecke zu schicken. Und doch müssen wir uns noch etwas gedulden, ehe wir das Anschlußgleis mit dem Transformator verbinden. Es gilt eine ernste Mahnung zu beherzigen: Spielzeugtransformatoren dürfen nur in geschlossenen, trockenen Räumen angeschlossen werden, wir können sie also nicht mit nach draußen nehmen. Da in den Trafogehäusen in aller Regel gleichzeitig der Fahrregler eingebaut ist, gibt es jetzt möglicherweise lange Gesichter zu sehen . . . Vorübergehend, als Provisorium sozusagen, stellen wir das Fahrpult auf die Fensterbank und regeln die Zuggeschwindigkeit gezwungenermaßen vom Zimmer aus. Damit haben wir den Vorschriften Genüge getan. Das nach draußen verlängerte Anschlußkabel zwischen Fahrpult (Bahnstromklemmen) und Anschlußschiene führt nämlich nur zirka 14 Volt Gleichspannung beziehungsweise 16/24 Volt Wechselspannung je nach Fabrikat und System, wir können also sicher sein, daß nichts passieren kann. Auf die Dauer sollten wir uns jedoch nach einer besseren Lösung umsehen. Die Lehmann-Bahn zeigt, wie's gemacht wird. Bei ihr sind Transformator und Fahrregler in getrennten Gehäusen untergebracht, die durch Verbindungskabel verbunden werden. Das Ergebnis: Der Trafo kann im Haus bleiben, so wie es die Vorschrift verlangt. Der Fahrregler dagegen steht draußen im Freien, wie es sich für eine Gartenbahn gehört. Für viele Modellbahner, die ein anderes Fabrikat ihr eigen nennen, wäre es demnach einer Überlegung wert, zusätzlich zum vorhandenen Fahrpult einen Lehmann-Fahrregler anzuschaffen. Diese Lösung funktioniert im Prinzip immer, wenn es sich bei dem vorhandenen

Diese Freilandbahn ist vor dem Hintergrund einer Gebirgslandschaft meisterhaft in Szene gesetzt

Material um eine Gleichstrombahn mit maximal 14 Volt Fahrspannung handelt.

Da wir gerade beim Thema »Stromzuleitung« sind, wollen wir einige weitere hiermit im Zusammenhang stehende Punkte streifen, soweit sie sich bei einer Gartenbahn anders auswirken als bei einer Zimmerbahn. Wir waren uns eingangs schon darüber klargeworden, daß die dem Wetter ausgesetzten Teile nicht rostanfällig sein dürfen. Aus diesem Grund bestehen z. B. die Schienen der Märklin-I-Bahn aus rostfreiem Spezialstahl, die Schienen der Lehmann-Bahn aus Messing. Die in fast allen Industrieländern stark verschmutzte, mit allen möglichen Gasen und Dämpfen angereicherte Außenluft bringt es aber fertig, auch solche Metalle anzugreifen, die im landläufigen Sinne als »nichtrostend« gelten. Dabei überziehen sich die Metalloberflächen mit einer sogenannten Oxydschicht, die leider die unangenehme Eigenschaft hat, den elektrischen Strom sehr schlecht zu leiten. Da die Lokomotiven den Fahrstrom über die beiden Fahrschienen ab-

nehmen, können demnach bei einer Gartenbahn gelegentlich Kontaktstörungen als Folge von verschmutzten und oxydierten Schienen auftreten. Was wir dagegen tun können, ist schnell gesagt: Unsere Gartenbahn sollte so oft und so lange wie möglich in Betrieb sein. Die Kontaktflächen (Schienenköpfe) reinigen sich nämlich während der Fahrt von selbst. Derartige Störungen treten daher vorwiegend nach längeren Betriebspausen auf. Im übrigen versteht es sich von selbst, daß wir die Gleise in regelmäßigen Abständen gründlich säubern müssen. Blätter, Gräser, Holzstückchen usw. entfernen wir mit einem kleinen Handbesen, die Schienenlauffläche reiben wir mit einem Lappen ab. Das dürfte in der Regel genügen. In hartnäckigen Fällen helfen chemische Kontaktpflegemittel (Handelsbezeichnung »Kontakt 60«), die wir in Modellbahn-Fachgeschäften und im Rundfunkhandel kaufen können.

Groß ist die Freude, wenn der erste Zug dann auf die Reise geht. Langsam und gemächlich, ganz dem Vorbild entsprechend, lassen wir un-

seren Oldtimer-Dampfzug durch die Landschaft schnaufen. Der Garten mit seinen Grünflächen, Bäumen und Sträuchern gibt uns das Gefühl der Weite und Ferne, keine Zimmerwand engt uns ein, bei jedem Standortwechsel ergeben sich neue, reizvolle Perspektiven. Nutzen wir den Raum, der sich uns bietet: Unsere Anlage gewinnt an Realismus, wenn wir möglichst lange Fahrstrecken aufbauen und in den Kurven die sogenannten »Parallel-Kreisschienen« mit großem Kurvenradius benutzen.

Im Laufe der Zeit, wenn wir eine gewisse »Freiland-Erfahrung« gesammelt haben, geben wir unserer Anlage den letzten Schliff: Steigungs- und Gefällestrecken, Häuser und Brückenbauwerke, Straßen und Plätze, Flüsse und Seen (mit richtigem Wasser!) werden unsere Gartenbahn ungemein beleben. Schließlich verschönern wir die zum festen Bestandteil des Gartens gewordene Bahn durch die Anpflanzung von Zwergkoniferen und anderen niedrig-

wachsenden Sträuchern. Keine Angst, es sollen nicht etwa die im Garten vorhandenen »normalhohen« Bäume und Sträucher gegen kleinere ausgewechselt werden. Wohl aber können wir die in unmittelbarer Nachbarschaft der Gleisanlage befindlichen Pflanzen in etwa dem Maßstab unserer Bahn anpassen. In den Katalogen der Baumschulen, Gärtnereien und Pflanzenversandhäuser finden wir eine ganze Reihe von schwachwüchsigen Koniferen, die für unsere Zwecke gut geeignet sind, zum Beispiel verschiedene Zwergwacholder, eine Zwergform des Lebensbaums, die Zwergfichte, Zwergkiefern und nicht zuletzt die Zwergzypresse. Damit keine Eintönigkeit aufkommt, kombinieren wir die zur Gruppe der Nadelhölzer zählenden Koniferen mit niedrigwachsenden Laubgehölzen (Zwergmispel, Immergrüne Berberitze) sowie mit geeigneten Polsterstauden und Heidekraut (Erika).

Ergebnis des Wettbewerbs:

Wer macht mit am nächsten Band?

Liebe Jungredakteure,

Kritik ist erfreulich. Als aufbauende Kritik fassen die Herausgeber Eure Beteiligung auf.

Eure Einsendungen – von jener des 10jährigen Bruno bis zu der der 18jährigen Gymnasiastin – bekräftigen unsere Überzeugung, daß Ihr nicht gewillt seid, die »heile Welt«, wie sie Euch viele Erwachsene darstellen, ohne eigenes Nachdenken zu akzeptieren. Ihr versucht, zu den Problemen der Gegenwart Stellung zu beziehen, Hintergründe zu erkennen, und Ihr verlangt das auch von unseren Autoren.

So zeigt sich, daß zum Beispiel innerhalb des Themenkreises »Sport« nicht in erster Linie Rekordtabellen und Medaillenverteilungen interessieren, sondern eine Vielzahl der Leser betrachtet den Hochleistungssport kritisch und weist auf bedenkliche Auswüchse und gesundheitliche Schädigungen hin.

Wir freuen uns, daß die bisherige inhaltliche Gestaltung Eure Zustimmung findet. Davon zeugen die von Euch vorgeschlagenen, breitgefächerten Themen, die zum Teil in bereits erschienenen Bänden behandelt worden sind oder schon für eine der nächsten Ausgaben vorgesehen waren. Viele Themen wurden wiederholt aufgeführt. Die meistgenannten haben wir im folgenden Inhaltsverzeichnis zusammengefaßt:

Probleme

Umweltschutz (Wasser- und Luftverschmutzung, Abfallbeseitigung)
Krisenherde (Vietnam, Irland, Naher Osten)
Krieg oder Frieden? (Ost-West, Wettrüsten–Abrüsten)
Rassendiskriminierung (Minderheitenprobleme, Colored People)
Suchtprobleme (Drogen, Alkohol, Nikotin)
Schule und Erziehung (Notengebung, programmierter Unterricht, Sex)

Berichte aus anderen Ländern

Die Länder Südamerikas (Kontinent im Umbruch)

Das moderne Amerika (New York und
andere Großstädte, Kanada)
Kinder Maos (das China von heute)
Wüsten und ihre Fruchtbarmachung
(Sahara, Negev)
Alte Kulturen (Inkas, Azteken, fernöstliche
+ indianische Frühkulturen)
Vereinigte Staaten von Europa (EWG,
deutsche Annäherung)

Wissenschaft und Technik

Raumfahrt (Apollo-Programm,
Besiedelung fremder Planeten)
Flugwesen (Großraumflugzeuge,
Sicherheitsprobleme)
Astronomie (Sonnensystem, Weltraum,
Ursprung)
Futurologie (die Welt von morgen)
Medizin (Organtransplantationen,
Krebsforschung)
Energieversorgung (Atomreaktor, Erdgas,
Elektrizität)

Sport

Interviews mit bekannten Sportlern
Sinn und Unsinn des
Hochleistungssportes
Publikumssportarten (Fußball, Skisport,
Leichtathletik)
Aufkommende (oder weniger bekannte)
Sportarten
Fit statt fett (Sport für jedermann)

Pflanzen und Tiere

Tiere des Meeres
Die nächsten Verwandten des Menschen –
die Affen
Wie die Tiere schützen (Reservate, WWF)
Sonderlinge im Pflanzenreich (giftige und
fleischfressende Pflanzen)

Geschichten und Dokumente

Wahre Abenteuergeschichten
Lebensbilder bedeutender Menschen
Detektivgeschichten
Science Fiction
Indianergeschichten

Große und kleine Kunst

Malerei (große Maler, moderne
Kunstrichtungen)
Die Musik der Jungen
Schriftkunst
Film
Das Buch (vom Einfall bis zum
Druckerzeugnis)
Kinderzeichnungen

Basteln und Versuche

Versuche im eigenen Chemielabor
Radiobastelei
Kleine Geschenktips
Fotografieren (Aufnahmen und
Dunkelkammer)

Dieses Verzeichnis spiegelt die von Euch
gewählten Schwerpunkte wider.
Allerdings beabsichtigen wir, im ersten
Kapitel eines jeden Bandes nur *einen*
Problemkreis auszuleuchten, diesen aber
eingehend und von verschiedenen
Seiten.
Besonders originelle oder aktuelle Titel,
auch sogenannte »Heiße Eisen«, haben
wir hier in einem besonderen
Inhaltsverzeichnis zusammengestellt. Am
liebsten hätten wir noch viel mehr
Vorschläge erwähnt. Wenn aber sowohl
das Leben der Blattlaus als auch die
soziale Organisation einer Pavianherde,
die grüne Hölle des Amazonas, die weiße
Wüste der Antarktis oder die Hilfe für

hungernde Kinder oder die
Wiedereingliederung des Strafgefangenen
in die Gesellschaft interessiert, würde dies
zu weit führen. Ebenso verzichten wir aus
naheliegenden Gründen, auf den Erfinder
der Rasierklinge, das Privatleben
Bernhard Russis oder gar die
Bastelanleitung zur Herstellung einer H-
Bombe einzugehen. Trotz dieser Verzichte
hat unser »Phantomband« aufgrund Eurer
Vorschläge ein interessantes Gesicht
erhalten:

Probleme

Vietnam – ein Land führt 30 Jahre Krieg
  (Winfried Eschholz, Deutschland)

Sitzen wir auf einem Pulverfaß? Das
Gleichgewicht des Schreckens
  (Claudio de Micheli, Schweiz)

Wie wirken brutale Fernsehfilme auf
Kinder?
  (Daniel Châtelain, Belgien)

Die Liebe
  (Christa Benz, Schweiz)

Wann sterben die Tiere aus, morgen oder
übermorgen?
  (Attila Papp, Schweiz)

Werden die Lehrer überflüssig? –
Elektronische Führung der Schule
  (Konrad Häusler, Schweiz)

Berichte aus anderen Ländern

Das Ungeheuer von Loch Ness
  (Marco Stalder, Schweiz)

Entwicklungshilfe – was geschieht
wirklich mit dem gesammelten Geld?
  (Adrian Schnetzer, Schweiz)

China – Sind Maos Kinder glücklich?
  (Paul Schwingenschlögl, Österreich)

Ein neues Land der unbegrenzten
Möglichkeiten? – Australien
  (Dieter Rainer, Kanada)
Ist die Sahara fruchtbar zu machen?
  (Gerd Röver, Deutschland)

Wissenschaft und Technik

Das umweltfreundliche Auto der Zukunft
  (Helmut Reifsteck, Deutschland)

Kosmische Lebenskeime – Bildet sich
Leben im Weltall?
  (Markus Römer, Schweiz)

Vom entfesselten und gebändigten Atom
– Von der Bombe bis zum Kraftwerk
  (Kurt Reissnegger, Deutschland)

Überleben im Eis?
  (Martin Neier, Österreich)

Krebsforschung – lösungsnahe
  (Fritz Vogel, Schweiz)
Zukunftsforscher – Wissenschaftler oder
Hellseher?
  (Max Rauscher, Deutschland)

Sport

Nacholympisches Tagebuch: Wie
verändert ein Olympiasieg das Leben
eines Sportlers?
  (Michael Schell, Deutschland)

Interview mit einem Besiegten
  (Christiane Plümpl, Deutschland)

Olympia 2000 – Wettkampf der Sportler
oder der Computer?
  (Bernd Schönhofen, Deutschland)

Schulsport – nur auf Leistungsstarke
ausgerichtet?
(Cornelia Weishaar, Deutschland)

Pflanzen und Tiere

Das Pantoffeltierchen – nur eine Zelle und
doch schon Leben!
(Hans-Joachim Eberhard, Deutschland)

Von der Schimmelspore zum Penicillin
(Pius Pelican, Schweiz)

Giftige Pflanzen als Heilmittel
(Manfred Brandner, Österreich)

Die Jagd – nur Sport und Tiermord?
(Burkhard Weimer, Deutschland)

Geschichten und Dokumente

Der fast perfekte Bankeinbruch
(Nik Campiche, Schweiz

Harlekin – Die Geschichte eines einsamen
Clowns
(Uwe Grass, Deutschland)

Was ist wahr an einer Sage? – Analyse
eines Sachverständigen
(Hans Gellersen, Deutschland)

Rain in the Face, Häuptling der Hunkpapa
– Dakota
(Thomas Flühmann, Schweiz)

Drakula – Dichtung und Wahrheit
(René Schaffner, Schweiz)

Große und kleine Kunst

Kinder im Film
(Max Rauscher, Deutschland)

Le Corbusier – Wegbereiter der modernen
Architektur
(Peter Grüneisen, Schweiz)

Kunst aus dem Computer
(Ulrich Österle, Deutschland)

So entsteht ein HELVETICUS (Columbus)
(Hans Frei, Schweiz)

Auch Kinderzeichnungen sind kleine
Kunstwerke
(Werner Gut, Schweiz)

Comic-Strips – sind sie es wert, gelesen
zu werden?
(Ralf Rogge, Deutschland)

Basteln, Bauen, Versuchen

Puzzles – selber gemacht
(Meinrad Bamert, Schweiz)

Was man mit einem alten Plattenspieler
machen kann
(Heinz Pfister, Schweiz)

Wir züchten Kristalle
(Reinhardt Dörner, Deutschland)

Wettbewerb

Wer entwirft das tollste Umschlagbild für
den nächsten Band?
(Ursula Linder, Schweiz)

Eine schwere Aufgabe war es, aus den
vielen guten Arbeiten die besten
auszuwählen. Nach langwierigem Prüfen
und Wägen, das uns aber viel Freude
bereitet hat, einigten wir uns auf die
folgenden sechs Hauptgewinner. Den
ersten Preis, die Reise nach Bern, gewann
durch Auslosen:
Hans-Joachim Eberhard, Deutschland

Die weiteren fünf:
Winfried Michael Eschholz, Deutschland
Werner Gut, Schweiz
Max Rauscher, Deutschland
Fritz Vogel, Schweiz
Cornelia Weishaar, Deutschland

Den zweiten Preis haben gewonnen:
Daniel Châtelain, Belgien
Martin Eberle, Schweiz
Hans Frei, Schweiz
Hans Gellersen, Deutschland
Uwe Grass, Deutschland
Konrad Häusler, Schweiz
Leo Karl, Österreich
Ursula Linder, Schweiz
Ulrich Oesterle, Deutschland
Christiane Plümpl, Deutschland
Dieter Rainer, Deutschland
Paul Schwingenschlögl, Österreich
Marco Stalder, Schweiz

Wir danken allen Teilnehmern, von denen
auch die hier nicht genannten einen
Aufmunterungspreis erhalten haben, und
hoffen auf erneute Beteiligung von Euch
allen beim diesjährigen Fotowettbewerb.

Unser neues Wettbewerbs- thema: Menschen

»Der Mensch« als Aufnahmeobjekt war
wohl schon von allem Anfang an das
liebste Kind der Fotografie.
An unserem Wettbewerb können alle
Leser bis 18 Jahre teilnehmen, die ein
selbst aufgenommenes, gut gelungenes
und sehenswertes Foto einsenden, dessen
Hauptmotiv eine oder mehrere Personen
sind.
Sehenswert ist ein Bild dann, wenn es
sich vom Durchschnitt abhebt. Das gilt
also weder für die Paßfotos, welche ein
Warenhausautomat ausspuckt, noch für
die berühmte »Tante Lisa vor dem
Schiefen Turm von Pisa« (der ihr zum
Kopf herauswächst) oder das
weitverbreitete Erinnerungsbild »Unsere
Klasse auf der Schulreise«, auf dem alle
Kameraden stramm in drei Reihen stehen
und ins Objektiv grinsen.

Gesucht sind außergewöhnliche Bilder!

Solche sind mit jeder Kamera möglich.
Lies die paar Kapitelchen unseres kleinen
Fotokurses durch. Beachte die Angaben
über Bildgestaltung und Beleuchtung
sowie die wichtigsten technischen Regeln.
Versuche, echte Schnappschüsse
einzufangen, welche die Mitmenschen in
einer natürlichen Haltung zeigen; bei der
Arbeit, beim Sport, beim Nachdenken –
also nicht, wenn sie ein steifes
Fotografiergesicht aufgesetzt haben.

Du kannst uns *ein* Papierbild
(schwarzweiß oder farbig) einsenden,
wobei das Bildformat mindestens 6×6 cm
und höchstens 18×24 cm betragen soll.
Dias jeglichen Formats sind auch zulässig,
nicht aber *Negative.*
Stecke dein Wettbewerbsbild in einen
Briefumschlag, auf welchen du Namen,
Alter und deine genaue Adresse schreibst.
Vorher jedoch erfinde ein lustiges
Kennwort, zum Beispiel »Diamantträne«,
»Nordseeschwalbe« oder
»Trilobitenauge«, kurz: etwas möglichst
Ausgefallenes. Schreibe dieses Kennwort
sowohl aufs Wettbewerbsbild als *auch* auf
den Briefumschlag. Schicke dein Bild an:
Edy Hubacher c/o Hallwag Verlag
Nordring 4
CH – 3001 Bern
Einsendeschluß: 28. Februar 1974

Ein Tip: die sogenannte *Großkopie* ist
heute die billigste Möglichkeit, ein
Papierbild zu erhalten. Dabei wird das
ganze Negativ vergrößert. Nun kommt es
vor, daß dieses nicht unbedingt den
bestmöglichen Bildaufbau zeigt, wie er
eigentlich für ein perfektes
Wettbewerbsbild erforderlich wäre.
Abhilfe: Bestelle das größte Format in der
Reihe der billigen Großkopien, decke
anschließend die Randzonen des Bildes
mit vier weißen Blättern Papier
provisorisch ab und versuche durch
Verschieben, den besten Ausschnitt zu
ermitteln. Schneide dann die
überflüssigen Teile des Bildes sorgfältig
weg. Du wirst staunen, wie sich die
Wirkung deiner Aufnahme verbessert
hat.
Staunen wird sicher auch die
Redaktionsjury, die anschließend nach
bestem Wissen und Gewissen versuchen
wird, die schönsten Bilder zu bestimmen.
Ausschlaggebend ist *nicht* die technische
Perfektion, sondern sind *Gestaltung, Idee*
und *Wirkung* des Bildes.
1. Preis: Bücher im Wert von 100.–
2. Preis: Bücher im Wert von 50.–
3. bis 10. Preis: Bücher im Wert von 30.–
Alle Einsender, die nicht zu den
Gewinnern zählen, erhalten einen
Trostpreis.
Die besten Fotos werden im nächsten
Band veröffentlicht.
Nun viel Glück!

Die Herausgeber
Edy Hubacher und Jürgen Blum